中外哲学典籍大全

总主编 李铁映 王伟光

外国哲学典籍卷

尼各马可伦理学

〔古希腊〕亚里士多德 著

廖申白 译注

商務印書館
创于1897 The Commercial Press

Aristotle

THE NICOMACHEAN ETHICS

本书根据娄布古典丛书希-英文本，纽约1926年版译出
ΑΡΙΣΤΟΤΕΛΟΥΣ ΗΘΙΚΩΝ ΝΙΚΟΜΑΧΕΙΩΝ
(with an English translation by H. Rackham)
(The Loeb Classical Library, New York)

中外哲学典籍大全

外国哲学典籍卷

中外哲学典籍大全
总　　序

《中外哲学典籍大全》的编纂，是一项既有时代价值又有历史意义的重大工程。

中华民族经过了近一百八十年的艰苦奋斗，迎来了中国近代以来最好的发展时期，迎来了奋力实现中华民族伟大复兴的时期。中华民族只有总结古今中外的一切思想成就，才能并肩世界历史发展的大势。为此，我们须要编纂一部汇集中外古今哲学典籍的经典集成，为中华民族的伟大复兴、为人类命运共同体的建设、为人类社会的进步，提供哲学思想的精粹。

哲学是思想的花朵、文明的灵魂、精神的王冠。一个国家、民族，要兴旺发达，拥有光明的未来，就必须拥有精深的理论思维，拥有自己的哲学。哲学是推动社会变革和发展的理论力量，是激发人的精神砥石。哲学能够解放思想，净化心灵，照亮人类前行的道路。伟大的时代需要精邃的哲学。

一　哲学是智慧之学

哲学是什么？这既是一个古老的问题，又是哲学永恒的话题。追问“哲学是什么”，本身就是“哲学”问题。从哲学成为思维的那一天起，哲学家们就在不停的追问中发展、丰富哲学的篇章，给出一张又一张答卷。每个时代的哲学家对这个问题都有自己的诠释。哲学是什么，是悬在人类智慧面前的永恒之问，这正是哲学之为哲学的基本特点。

哲学是全部世界的观念形态、精神本质。人类面临的共同问题，是哲学研究的根本对象。本体论、认识论、世界观、人生观、价值观、实践论、方法论等，仍是哲学的基本问题，是哲学的生命力所在！哲学研究的是世界万物的根本性、本质性问题。人们已经对哲学作出许多具体定义，但我们可以尝试再用"遮诠"的方式描述哲学的一些特点，从而使人们加深对"何为哲学"的认识。

哲学不是玄虚之观。哲学来自人类实践，关乎人生。哲学对现实存在的一切追根究底、"打破砂锅问到底"。它不仅是问"是什么（being）"，而且主要是追问"为什么（why）"，特别是追问"为什么的为什么"。它关注整个宇宙，关注整个人类的命运，关注人生。它关心柴米油盐酱醋茶和人的生命的关系，关心人工智能对人类社会的挑战。哲学是对一切实践经验的理论升华，它关心具体现象背后的根据，关心"人类如何会更好"。

哲学是在根本层面上追问自然、社会和人本身，以彻底的态度反思已有的观念和认识，从价值理想出发把握生活的目标和历史的趋势，从而展示了人类理性思维的高度，凝结了民族进步的智慧，寄托了人们热爱光明、追求真善美的情怀。道不远人，人能弘道。哲学是把握世界、洞悉未来的学问，是思想解放与自由的大门！

古希腊的哲学家们被称为"望天者"。亚里士多德在《形而上学》一书中说："最初人们通过好奇—惊赞来做哲学。"如果说知识源于好奇的话，那么产生哲学的好奇心，必须是大好奇心。这种"大好奇心"只为一件"大事因缘"而来。所谓"大事"，就是天地之间一切事物的"为什么"。哲学精神，是"家事、国事、天下事，事事要问"，是一种永远追问的精神。

哲学不只是思想。哲学将思维本身作为自己的研究对象之一，对思想本身进行反思。哲学不是一般的知识体系，而是把知识概念作为研究的对象，追问"什么才是知识的真正来源和根据"。哲学的"非对象性"的思维方式，不是"纯形式"的推论原则，而有其"非对象性"之对象。哲学不断追求真理，是认识的精粹，是一个理论与实践兼而有之的过程。哲学追求真理的过程本身就显现了哲学的本质。天地之浩瀚，变化之奥妙，正是哲思的玄妙之处。

哲学不是宣示绝对性的教义教条，哲学反对一切形式的绝对。哲学解放束缚，意味着从一切思想教条中解放人类自身。哲学给了我们彻底反思过去的思想自由，给了我们深刻洞察未来的思想能力。哲学就是解放之学，是圣火和利剑。

哲学不是一般的知识。哲学追求"大智慧"。佛教讲"转识成智"，"识"与"智"之间的关系相当于知识与哲学的关系。一般知识是依据于具体认识对象而来的、有所依有所待的"识"，而哲学则是超越于具体对象之上的"智"。

公元前六世纪，中国的老子说："大方无隅，大器晚成，大音希声，大象无形，道隐无名。夫唯道，善贷且成。"又说："反者道之动，弱者道之用。天下万物生于有，有生于无。"对"道"的追求就是对有之为有、无形无名的探究，就是对"天地何以如此"的探究。这种追求，使得哲学具有了天地之大用，具有了超越有形有名之有限经验的大智慧。这种大智慧、大用途，超越一切限制的篱笆，具有趋向无限的解放能力。

哲学不是经验科学，但又与经验有联系。哲学从其诞生之日起，就包含于科学形态之中，是以科学形态出现的。哲学是以理性的方式、概念的方式、论证的方式来思考宇宙与人生的根本问题。在亚里士多德那里，凡是研究“实体（ousia）”的学问，都叫作“哲学”。而“第一实体”则是存在者中的“第一个”。研究“第一实体”的学问被称为“神学”，也就是“形而上学”，这正是后世所谓“哲学”。一般意义上的科学正是从“哲学”最初的意义上赢得自己最原初的规定性的。哲学虽然不是经验科学，却为科学划定了意义的范围，指明了方向。哲学最后必定指向宇宙、人生的根本问题，大科学家的工作在深层意义上总是具有哲学的意味，牛顿和爱因斯坦就是这样的典范。

哲学既不是自然科学，也不是文学、艺术，但在自然科学的前头，哲学的道路展现了；在文学、艺术的山顶，哲学的天梯出现了。哲学不断地激发人的探索和创造精神，使人在认识世界的过程中不断达到新境界，在改造世界的过程中从必然王国到达自由王国。

哲学不断从最根本的问题再次出发。哲学史在一定意义上就是不断重构新的世界观、认识人类自身的历史。哲学的历史呈现，正是对哲学的创造本性的最好说明。哲学史上每一个哲学家对根本问题的思考，都在为哲学添加新思维、新向度，犹如为天籁山上不断增添一只只黄鹂、翠鸟。

如果说哲学是哲学史的连续展现中所具有的统一性特征，那么这种“一”是在“多”个哲学的创造中实现的。如果说每一种哲学体系都追求一种体系性的“一”的话，那么每种“一”的体系之间都存在着千丝相联、多方组合的关系。这正是哲学史昭示于我们的哲学之多样性的意义。多样性与统一性的依存关系，正是哲学寻求现象与本质、具体与普遍相统一的辩证之意义。

哲学的追求是人类精神的自然趋向，是精神自由的花朵。哲学是思想的自由，是自由的思想。

中国哲学是中华民族五千年文明传统中最为内在、最为深刻、最为持久的精神追求和价值观表达。中国哲学已经化为中国人的思维方式、生活态度、道德准则、人生追求、精神境界。中国人的科学技术、伦理道德、小家大国、中医药学、诗歌文学、绘画书法、武术拳法、乡规民俗，乃至日常生活都浸润着中国哲学的精神。华夏文明虽历经磨难而能够透魄醒神、坚韧屹立，正是来自于中国哲学深邃的思维和创造力。

先秦时代，老子、孔子、庄子、孙子、韩非子等诸子之间的百家争鸣，就是哲学精神在中国的展现，是中国人思想解放的第一次大爆发。两汉四百多年的思想和制度，是诸子百家思想在争鸣过程中大整合的结果。魏晋之际玄学的发生，则是儒道冲破各自藩篱、彼此互动互补的结果，形成了儒家独尊的态势。隋唐三百年，佛教深入中国文化，又一次带来了思想的大融合和大解放。禅宗的形成就是这一融合和解放的结果。两宋三百多年，中国哲学迎来了第三次大解放。儒释道三教之间的互润互持日趋深入，朱熹的理学和陆象山的心学，就是这一思想潮流的哲学结晶。

与古希腊哲学强调沉思和理论建构不同，中国哲学的旨趣在于实践人文关怀，它更关注实践的义理性意义。在中国哲学当中，知与行从未分离，有着深厚的实践观点和生活观点。伦理道德观是中国哲学的贡献。马克思说："全部社会生活在本质上是实践的。"实践的观点、生活的观点也正是马克思主义认识论的基本观点。这种哲学上的契合性，正是马克思主义能够在中国扎根并不断中国化的哲学原因。

"实事求是"是中国的一句古话，在今天已成为深邃的哲理，成为中国人的思维方式和行为基准。实事求是就是解放思想，解放思想就是实事求是。实事求是是毛泽东思想的精髓，是改革开放的基石。只有解放思想才能实事求是。实事求是就是中国人始终坚持的哲学思想。实事求是就是依靠自己，走自己的道路，反对一切绝对观念。所谓中国化就是一切从中国实际出发，一切理论必须符合中国实际。

二 哲学的多样性

实践是人的存在形式，是哲学之母。实践是思维的动力、源泉、价值、标准。人们认识世界、探索规律的根本目的是改造世界、完善自己。哲学问题的提出和回答都离不开实践。马克思有句名言："哲学家们只是用不同的方式解释世界，而问题在于改变世界。"理论只有成为人的精神智慧，才具有改变世界的力量。

哲学关心人类命运。时代的哲学，必定关心时代的命运。对时代命运的关心就是对人类实践和命运的关心。人在实践中产生的一切都具有现实性。哲学的实践性必定带来哲学的现实性。哲学的现实性就是强调人在不断回答实践中的各种问题时应该具有的态度。

哲学作为一门科学是现实的。哲学是一门回答并解释现实的学问；哲学是人们联系实际、面对现实的思想。可以说哲学是现实的最本质的理论，也是本质的最现实的理论。哲学始终追问现实的发展和变化。哲学存在于实践中，也必定在现实中发展。哲学的现实性要求我们直面实践本身。

哲学不是简单跟在实践后面，成为当下实践的"奴仆"，而是以特有的深邃方式，关注着实践的发展，提升人的实践水平，为社会实践提供理论支撑。从直接的、急功近利的要求出发来理解和从事哲学，无异于向哲学提出它本身不可能完成的任务。哲学是深沉的反思、厚重的智慧，是对事物的抽象、理论的把握。哲学是人类把握世界最深邃的理论思维。

哲学是立足人的学问，是人用于理解世界、把握世界、改造世界的智慧之学。"民之所好，好之，民之所恶，恶之。"哲学的目的是为了人。用哲学理解外在的世界，理解人本身，也是为了用哲学改造世界、改造人。哲学研究无禁区，无终无界，与宇宙同在，与人类同在。

存在是多样的，发展亦是多样的，这是客观世界的必然。宇宙万物本身是多样的存在，多样的变化。历史表明，每一民族的文化都有其独特的价值。文化的多样性是自然律，是动力，是生命力。各民族文化之间的相互借鉴、补充浸染，共同推动着人类社会的发展和繁荣，这是规律。对象的多样性、复杂性，决定了哲学的多样性；即使对同一事物，人们也会产生不同的哲学认识，形成不同的哲学派别。哲学观点、思潮、流派及其表现形式上的区别，来自于哲学的时代性、地域性和民族性的差异。世界哲学是不同民族的哲学的荟萃。多样性构成了世界，百花齐放形成了花园。不同的民族会有不同风格的哲学。恰恰是哲学的民族性，使不同的哲学都可以在世界舞台上演绎出各种“戏剧”。不同民族即使有相似的哲学观点，在实践中的表达和运用也会各有特色。

人类的实践是多方面的，具有多样性、发展性，大体可以分为：改造自然界的实践、改造人类社会的实践、完善人本身的实践、提升人的精神世界的精神活动。人是实践中的人，实践是人的生命的第一属性。实践的社会性决定了哲学的社会性，哲学不是脱离社会现实生活的某种遐想，而是社会现实生活的观念形态，是文明进步的重要标志，是人的发展水平的重要维度。哲学的发展状况，反映着一个社会人的理性成熟程度，反映着这个社会的文明程度。

哲学史实质上是对自然史、社会史、人的发展史和人类思维史的总结和概括。自然界是多样的，社会是多样的，人类思维是多样的。所谓哲学的多样性，就是哲学基本观念、理论学说、方法的异同，是哲学思维方式上的多姿多彩。哲学的多样性是哲学的常态，是哲学进步、发展和繁荣的标志。哲学是人的哲学，哲学是人对事物的自觉，是人对外界和自我认识的学问，也是人把握世界和自我的学问。哲学的多样性，是哲学的常态和必然，是哲学发展和繁荣的内在动力。一般是普遍性，特色也是普遍性。从单一性到多样性，从简单性到复杂性，是哲学思维的一大变革。用一种哲学话语和方法否定另一种哲学话语和方法，这本身就不是哲学的态度。

多样性并不否定共同性、统一性、普遍性。物质和精神、存在和意识，一切事物都是在运动、变化中的，是哲学的基本问题，也是我们的基本哲学观点！

当今的世界如此纷繁复杂，哲学多样性就是世界多样性的反映。哲学是以观念形态表现出的现实世界。哲学的多样性，就是文明多样性和人类历史发展多样性的表达。多样性是宇宙之道。

哲学的实践性、多样性还体现在哲学的时代性上。哲学总是特定时代精神的精华，是一定历史条件下人的反思活动的理论形态。在不同的时代，哲学具有不同的内容和形式。哲学的多样性，也是历史时代多样性的表达，让我们能够更科学地理解不同历史时代，更为内在地理解历史发展的道理。多样性是历史之道。

哲学之所以能发挥解放思想的作用，原因就在于它始终关注实践，关注现实的发展；在于它始终关注着科学技术的进步。哲学本身没有绝对空间，没有自在的世界，只能是客观世界的映象、观念的形态。没有了现实性，哲学就远离人，远离了存在。哲学的实践性说到底是在说明哲学本质上是人的哲学，是人的思维，是为了人的科学！哲学的实践性、多样性告诉我们，哲学必须百花齐放、百家争鸣。哲学的发展首先要解放自己，解放哲学，也就是实现思维、观念及范式的变革。人类发展也必须多途并进、交流互鉴、共同繁荣。采百花之粉，才能酿天下之蜜。

三　哲学与当代中国

中国自古以来就有思辨的传统，中国思想史上的百家争鸣就是哲学繁荣的史象。哲学是历史发展的号角。中国思想文化的每一次大跃升，都是哲学解放的结果。中国古代贤哲的思想传承至今，他们的智慧已浸入中国人的精神境界和生命情怀。

中国共产党人历来重视哲学。1938 年，毛泽东同志在抗日战争最困难的时期，在延安研究哲学，创作了《实践论》和《矛盾论》，推动了中国革命的思想解放，成为中国人民的精神力量。

中华民族的伟大复兴必将迎来中国哲学的新发展。当代中国必须要有自己的哲学，当代中国的哲学必须要从根本上讲清楚中国道路的哲学内涵。中华民族的伟大复兴必须要有哲学的思维，必须要有不断深入的反思。发展的道路就是哲思的道路；文化的自信就是哲学思维的自信。哲学是引领者，可谓永恒的“北斗”，哲学是时代的“火焰”，是时代最精致最深刻的“光芒”。从社会变革的意义上说，任何一次巨大的社会变革，总是以理论思维为先导。理论的变革总是以思想观念的空前解放为前提，而“吹响”人类思想解放第一声“号角”的，往往就是代表时代精神精华的哲学。社会实践对于哲学的需求可谓“迫不及待”，因为哲学总是“吹响”新的时代的“号角”。“吹响”中国改革开放之“号角”的，正是“解放思想”“实践是检验真理的唯一标准”“不改革死路一条”等哲学观念。“吹响”新时代“号角”的是“中国梦”“人民对美好生活的向往，就是我们奋斗的目标”。发展是人类社会永恒的动力，变革是社会解放的永恒的课题，思想解放、解放思想是无尽的哲思。中国正走在理论和实践的双重探索之路上，搞探索没有哲学不成！

中国哲学的新发展，必须反映中国与世界最新的实践成果，必须反映科学的最新成果，必须具有走向未来的思想力量。今天的中国人所面临的历史时代，是史无前例的。14 亿人齐步迈向现代化，这是怎样的一幅历史画卷！是何等壮丽、令人震撼！不仅中国亘古未有，在世界历史上也从未有过。当今中国需要的哲学，是结合天道、地理、人德的哲学，是整合古今中外的哲学，只有这样的哲学才是中华民族伟大复兴的哲学。

当今中国需要的哲学，必须是适合中国的哲学。无论古今中外，再好的东西，也需要经过再吸收、再消化，经过现代化、中国化，才能成为今天中国自己的哲学。哲学的目的是解放人，哲学自身的发展也是一次思想解放，也是人的一次思维升华、羽化的过程。中国人的思想解放，总是随着历史不断进行的。历史有多长，思想解放的道路就有多长；发展进步是永恒的，思想解放也是永无止境的；思想解放就是哲学的解放。

习近平同志在 2013 年 8 月 19 日重要讲话中指出，思想工作就是“引导人们更加全面客观地认识当代中国、看待外部世界”。这就需要我们确立一种“知己知彼”的知识态度和理论立场，而哲学则是对文明价值核心最精炼和最集中的深邃性表达，有助于我们认识中国、认识世界。立足中国、认识中国，需要我们审视我们走过的道路；立足中国、认识世界，需要我们观察和借鉴世界历史上的不同文化。中国“独特的文化传统”、中国“独特的历史命运”、中国“独特的基本国情”，决定了我们必然要走适合自己特点的发展道路。一切现实的、存在的社会制度，其形态都是具体的，都是特色的，都必须是符合本国实际的。抽象的或所谓“普世”的制度是不存在的。同时，我们要全面、客观地“看待外部世界”。研究古今中外的哲学，是中国认识世界、认识人类史、认识自己未来发展的必修课。今天中国的发展不仅要读中国书，还要读世界书。不仅要学习自然科学、社会科学的经典，更要学习哲学的经典。当前，中国正走在实现“中国梦”的“长征”路上，这也正是一条思想不断解放的道路！要回答中国的问题，解释中国的发展，首先需要哲学思维本身的解放。哲学的发展，就是哲学的解放，这是由哲学的实践性、时代性所决定的。哲学无禁区、无疆界。哲学关乎宇宙之精神，关乎人类之思想。哲学将与宇宙、人类同在。

四　哲学典籍

《中外哲学典籍大全》的编纂，是要让中国人能研究中外哲学经典，吸收人类思想的精华；是要提升我们的思维，让中国人的思想更加理性、更加科学、更加智慧。

中国有盛世修典的传统，如中国古代的多部典籍类书（如《永乐大典》《四库全书》等）。在新时代编纂《中外哲学典籍大全》，是我们的历史使命，是民族复兴的重大思想工程。

只有学习和借鉴人类思想的成就，才能实现我们自己的发展，走向未来。《中外哲学典籍大全》的编纂，就是在思维层面上，在智慧境界中，继承自己的精神文明，学习世界优秀文化。这是我们的必修课。

不同文化之间的交流、合作和友谊，必须在哲学层面上获得相互认同和借鉴。哲学之间的对话和倾听，才是从心到心的交流。《中外哲学典籍大全》的编纂，就是在搭建心心相通的桥梁。

我们编纂的这套哲学典籍大全包括四个方面的内容：一是中国哲学，整理中国历史上的思想典籍，浓缩中国思想史上的精华；

二是外国哲学，主要是西方哲学，以吸收、借鉴人类发展的优秀哲学成果；三是马克思主义哲学，展示马克思主义哲学中国化的成就；四是中国近现代以来的哲学成果，特别是马克思主义在中国的发展。

编纂《中外哲学典籍大全》，是中国哲学界早有的心愿，也是哲学界的一份奉献。《中外哲学典籍大全》总结的是经典中的思想，是先哲们的思维，是前人的足迹。我们希望把它们奉献给后来人，使他们能够站在前人的肩膀上，站在历史岸边看待自身。

《中外哲学典籍大全》的编纂，是以“知以藏往”的方式实现“神以知来”；《中外哲学典籍大全》的编纂，是通过对中外哲学历史的“原始反终”，从人类共同面临的根本大问题出发，在哲学生生不息的道路上，彩绘出人类文明进步的盛德大业！

发展的中国，既是一个政治、经济大国，也是一个文化大国，也必将是一个哲学大国、思想王国。人类的精神文明成果是不分国界的，哲学的边界是实践，实践的永恒性是哲学的永续线性，敞开胸怀拥抱人类文明成就，是一个民族和国家自强自立，始终伫立于人类文明潮流的根本条件。

拥抱世界、拥抱未来、走向复兴，构建中国人的世界观、人生观、价值观、方法论，这是中国人的视野、情怀，也是中国哲学家的愿望！

李铁映

二〇一八年八月

关于外国哲学

——“外国哲学典籍卷”弁言

李铁映

有人类，有人类的活动，就有文化，就有思维，就有哲学。哲学是人类文明的精华。文化是人的实践的精神形态。

人类初蒙，问天究地，思来想去，就是萌味之初的哲学思考。

文明之初，如埃及法老的文化；两河流域的西亚文明；印度的吠陀时代，都有哲学的意蕴。

欧洲古希腊古罗马文明等，拉丁美洲的印第安文明，玛雅文化，都是哲学的初萌。

文化即一般存在，而哲学是文化的灵魂。文化是哲学的基础，社会存在。文化不等同于哲学，但没有文化的哲学，是空中楼阁。哲学产生于人类的生产、生活，概言之，即产生于人类的实践。是人类对自然、社会、人身体、人的精神的认识。

但历史的悲剧，发生在许多文明的消失。文化的灭绝是人类最大的痛疚。

只有自己的经验，才是最真实的。只有自己的道路才是最好的路。自己的路，是自己走出来的。世界各个民族在自己的历史上，也在不断的探索自己的路，形成自己生存、发展的哲学。

知行是合一的。知来自于行，哲学打开了人的天聪，睁开了眼睛。

欧洲哲学，作为学术对人类的发展曾作出过大贡献，启迪了人们的思想。特别是在自然科学、经济学、医学、文化等方面的哲学，达到了当时人类认识的高峰。欧洲哲学是欧洲历史的产物，是欧洲人对物质、精神的探究。欧洲哲学也吸收了世界各民族的思想。它对哲学的研究，对世界的影响，特别是在思维观念、语意思维的层面，构成了新认知。

历史上，有许多智者，研究世界、自然和人本身。人类社会产生许多观念，解读世界，解释人的认识和思维，形成了一些哲学的流派。这些思想对人类思维和文化的发展，有重大作用，是人类进步的力量。但不能把哲学仅看成是一些学者的论说。哲学最根本的智慧来源于人类的实践，来源于人类的生产和生活。任何学说的真价值都是由人的实践为判据的。

哲学研究的是物质和精神，存在和思维，宇宙和人世间的诸多问题。可以说一切涉及人类、人本身和自然的深邃的问题，都是哲学的对象。哲学是人的思维，是为人服务的。

资本主义社会，就是资本控制的社会。资本主义社会的文化、哲学，有着浓厚的铜臭。

有什么样的人类社会，就会有什么样的哲学，不足为怪。应深思“为什么？”“为什么的为什么？”这就是哲学之问，是哲学发展的自然律。哲学尚回答不了的问题，正是哲学发展之时。

哲学研究人类社会，当然有意识形态性质。哲学产生于一定社会，当然要为它服务。人类的历史，长期是阶级斗争的历史，而哲学作为上层建筑，是意识形态。阶级斗争的意识，深刻影响着意识形态，哲学也如此。为了殖民、压迫、剥削……社会的资本化，文化也随之资本化。许多人性的、精神扭曲的东西通过文化也资本化。如色情业、毒品业、枪支业、黑社会、政治献金，各种资本的社会形态成了资本社会的基石。这些社会、人性的变态，逐渐社会化、合法化，使人性变得都扭曲、丑恶。社会资本化、文化资本化、人性的资本化，精神、哲学成了资本的外衣。真的、美的、好的何在?！令人战栗!!

哲学的光芒也腐败了，失其真！资本的洪水冲刷之后的大地苍茫……

人类社会不是一片净土，是有污浊渣滓的，一切发展、进步都要排放自身不需要的垃圾，社会发展也如此。进步和发展是要逐步剔除这些污泥浊水。但资本揭开了魔窟，打开了潘多拉魔盒，呜呜！这些哲学也必然带有其诈骗、愚昧人民之魔术。

外国哲学正是这些国家、民族对自己的存在、未来的思考，是他们自己的生产、生活的实践的意识。

哲学不是天条，不是绝对的化身。没有人，没有人的实践，哪来人的哲学？归根结底，哲学是人类社会的产物。

哲学的功能在于解放人的思想，哲学能够使人从桎梏中解放出来，找到自己的自信的生存之道。

欧洲哲学的特点，是欧洲历史文化的结节，它的一个特点，是与神学粘联在一起，与宗教有着深厚的渊源。它的另一个特点是私有制、个人主义。使人际之间关系冷漠，资本主义的殖民主义，对世界的奴役、暴力、战争，和这种哲学密切相关。

马克思恩格斯突破了欧洲资本主义哲学，突破了欧洲哲学的神学框架，批判了欧洲哲学的私有制个人主义体系，举起了历史唯物主义，唯物辩证法的大旗，解放了全人类的头脑。人类从此知道了自己的历史，看到了未来光明。社会主义兴起，殖民主义解体，被压迫人民的解放斗争，正是马哲的力量。没有马哲对西方哲学的批判，就没有今天的世界。

二十一世纪将是哲学大发展的世纪，是人类解放的世纪，是人类走向新的辉煌的世纪。不仅是霸权主义的崩塌，更是资本主义的存亡之际，人类共同体的哲学必将兴起。

哲学解放了人类，人类必将创造辉煌的新时代，创造新时代的哲学。英特纳雄耐尔就一定会实现，这就是哲学的力量。未来属于人民，人民万岁！

尼各马可伦理学

谢　辞

在这部书稿将最后完成并交付出版时，我诚挚地感谢那些曾以各种方式关心、帮助和指导过我的工作的人们。

我首先感谢学界前辈、北京大学周辅成教授。在我翻译、注释《尼各马可伦理学》的过程中，先生给予了我许多宝贵的鼓励与指导。在本书稿完成后，先生阅读了本书的初稿，提出了许多非常重要的修改意见，还以 90 高龄，为这个中文译注本撰写了长序，这对于作为后学的我无疑是最大的褒奖。在 80 年代初读西方伦理学时，先生的著述曾给了我莫大的帮助。最近这些年，我常常问学于先生，先生每次学识渊深的谈话都令我受益良多。我也由衷地感谢已故学界前辈、人民大学苗力田教授。1999 年 4 月，在我送交我的博士论文给先生审阅时，先生同我谈到，亚里士多德的《尼各马可伦理学》等重要著作还应当有详细的中文译注本。是那次以及随后的另一次谈话促动我最终下决心从 1999 年 12 月起投入了这项工作。我也要特别感谢哲学研究所姚介厚研究员，他一直热忱地关心着我的工作，我在翻译、注释方面的许多问题与困难都是经过同他的讨论而得以解决的。我还要特别向《哲学研究》编辑部苏晓离编审表达我个人的诚挚的感谢，他非常仔细地阅读了第一至五卷的译文与注释，并提出了一些十分有益的意见，不仅纠正了这个译注本的一些错误，而且使其在注释的形式上有很多改进。

我也衷心感谢英国学术院为我提供了在牛津大学客访三个月的宝贵机会和所提供的优厚待遇，没有这一条件，我可能现在还完不成这项耗费精力的工作。我要特别感谢英国学术院的文森(J. Vinson)小姐和牛津大学中国研究中心的巴宁(N. Bunnin)博士，在我旅居牛津的三个月中，他们从生活、旅行等各个方面给了我无微不至的非常及时的帮助和照顾。我还要向英国牛津大学克里斯普(R. Crisp)博士致以衷心的感谢，在客访牛津大学圣安娜学院期间，在对《尼各马可伦理学》的一些概念间的区别和若干希腊本文引语的本来意义的理解上，他对于亚里士多德的专门知识、我们在牛津的多次谈话，以及他于2000年出版的《尼各马可伦理学》的新英译本，都给了我多方面的、莫大的帮助。我还要感谢英国圣安德鲁斯大学的阿查德(D. Archard)博士、爱丁堡大学的斯卡尔特萨斯(T. Scaltsas)教授、威尔士大学兰比得分校的姚新中博士和丹尼尔(J. I. Daniel)博士，感谢他们对这项工作的价值的充分肯定。我还要感谢牛津大学圣安娜学院图书馆的斯密(D. Smith)先生、科莱(A. Corley)女士和佘拉特(E. Sheratt)女士，他们的体谅态度和耐心的服务，使得我在牛津的工作进行得非常顺利和愉快。

我也由衷地感谢中国人民大学宋希仁教授。在过去的一年多里他始终关注着这项工作，我从同宋老师的多次面谈和电话交谈得到很大收获，不少对《尼各马可伦理学》的理解上的困难也是通过这些谈话解决的。

我也要特别感谢中国社会科学院哲学研究所。是哲学研究所的优越的研究条件和学术气氛使我得以专心地从事这项工作。我还要特别感谢我的研究室的同事陈瑛、余涌、孙春晨、甘绍平、苑立强、杨通进、龚颖、王延光，感谢他们对我的这项工作的多方面的支持。我还要感谢哲学研究所图书资料室的张敏女士，没有她的理解与耐心，一次次为我查找书籍和办理续借，我的工作不可能进行得这样顺利。

我还从内心里感谢我的妻子仁凤，她所表现出的对我的工作的耐心和对我的充满爱意的照顾，是使我始终保持着完成这项工作的信心的巨大的力量。我也要特别地感谢我的儿子可征，在全书的正文与附录完成后，他牺牲了他假期的部分宝贵时间，帮助我完成了特别困难的"名称索引"和"术语索引"的编辑工作。

最后，我还要感谢商务印书馆领导同意把这本书纳入他们的出版计划，以及感谢本书的责任编辑徐奕春先生为本书的出版付出的辛苦的努力。没有他们的帮助，本书不可能这样快地付梓出版。

廖申白

2001年3月于中国社会科学院哲学研究所

序

周 辅 成

廖申白同志历时一年半多，其中在英国牛津大学三个月，对亚里士多德的伦理学，作了艰苦的研究，完成《尼各马可伦理学》一书的译注工作。这书，就其注释方面讲，对两千多年来西方哲学家对亚里士多德的伦理学著作所作的精细详尽的诠释，作了认真慎重的精选，并加上自己颇有创建的新诠释，可说是在同西方伦理学大师走在共同的创新大道上，取得了可喜的成绩。这表示中国人在介绍西方文化方面，又进了一步。这是可庆的事。至于本书对亚里士多德原著的译文，可说是流畅准确，胜过前人译本，这也是值得一提的。

译注者要我在书前写几句话，这是我乐意做的事。

译注者喜欢亚里士多德的伦理学，我也佩服亚里士多德（当然，我们都不是完全同意亚里士多德各种理论的人）。一个研究西方哲学或伦理学的人，如果忽略了亚里士多德的思想，乃是一件大憾事。德国18世纪末浪漫主义运动的先驱者施莱格尔（F. Schlegel，1772—1829）曾说："一个人，天生不是一个柏拉图主义者，就是一个亚里士多德主义者"，这段话在西方哲学界流传甚广甚火，直至现在。这是因为哲学上柏拉图被列为理想主义始祖，重视“理型”(Idea)、“理想”,甚至重视共产的理想国。亚里士多德重视现实、生命力,主张返于自然,在自然中逍遥,反对君主专制(甚至包括柏拉图的哲学家皇帝[Philosopher King]),拥护立宪政体:人民决定国家的目的,专家依据实行。施莱格尔的话,充分表明亚里士多德在整个西方哲学(包括伦理学)史、文化史上地位的重要。事实上,从后来的发展看,施莱格尔的话也是真的:当柏拉图的学园(Academy)衰落后,继起的是亚里士多德的学园(Lyceum)。亚里士多德曾明确地说:“我爱我的老师,但我更爱真理。”可见师徒二人的理想就不一致。希腊灭亡后,有新柏拉图主义出现。罗马灭亡后,基督教兴起,奥古斯丁(Augustine, 354—430)先是以柏拉图思想讲基督教义,后来又以基督教义讲柏拉图思想。他写下《天城》(*City of God*)来发展柏拉图的《理想国》(*Republic*),这本书在欧洲流行了七八百年。但紧接着出现了托马斯·阿奎那(Thomas Aquinas, 1225—1274),他却采用亚里士多德思想来解释基督教义,这种传统后来盛行一时。至文艺复兴时期、启蒙运动时期,柏拉图与亚里士多德,并立或轮流成为当时人们崇敬的圣哲。英国的莫尔(T. More, 1478—1535)写了一部《乌托邦》,是柏拉图理想国的延伸;培根(F. Bacon, 1561—1626)写了一部《新大西岛》,他是想用科学知识来建立一个理想国,这显然是受了亚里士多德思想的影响。所以,从思想史或文化史的发展情况来看,施莱格尔说的话,可说是完全真实的。柏拉图、亚里士多德两人的思想,确实代表了人类思想和气质的两个不同方向。指出这个线索很有价值,可帮助我们对西方思想与文化作深入的理解。

但是,若专就两人自身思想的发展来讲,情况却不这么简单。

亚里士多德在 18 岁时到雅典师从柏拉图，总共有 18 年或 20 年，直至柏拉图死。柏拉图晚年有大变化，亚里士多德也跟着有大变化，甚至比柏拉图走得更远，以致他后来独自建立 Lyceum 学园。推其原因，大约一是柏拉图原想借意大利南部叙拉古（Syracus）国君实现理想国，两次失败，悲观失望。而亚里士多德在马其顿教太子很成功，亚历山大大帝也非常尊重老师，老师似乎心境甚佳，觉得十分得意，处处春风和煦。但更重要的原因也许还在于，柏拉图是以数学推演他的形上学或哲学，亚里士多德则以生物学、植物学推演他的形上学或哲学，认为世间每一事物都是由内部力量所推动，注意潜在（potentiality）与现实（actuality）。神是有的，但不是创造世界，而是推动世界，即只是世界的总动力的简称。亚里士多德也由于有这种重视外界自然、客观社会的现实的志愿，所以提倡到自然界中去，到现实社会和政治中去。他把柏拉图晚年自称的“次好”（the second best）变为“首好”或“第一好”（the first best）。

这样看问题，柏拉图和亚里士多德，又是不可分割的。两人似对立而又非对立。难怪后来的哲学家、伦理学家，以至思想家，虽知理想主义（Idealism）与现实主义（Realism）的区别，但是实际上，极端的理想主义者很少，极端的现实主义也很少。这也说明施莱格尔的话，也对也不对；在抽象意义上是对的，在具体事例上却并不对。

但我们现在急切要知道的，是亚里士多德伦理学的哲学基础。在哲学上或在人生哲学上，他注意到人的灵魂，称之为“隐德来希”（*entelekhesia*；Entellechy）或“生生之德”，是人的道德意愿（或意志)的根据。这个道理,亚里士多德在伦理学著作中并未明白地讲出来,但他在讲"中道"、追求"适度"时,却明白地承认现实中充满矛盾,这就是生命要求表现或表达出来的现象。人人皆有欲望,欲望也是生命的重要部分。他看重欲望,不像理想主义者反对欲望,甚至主张禁欲、绝欲;这是亚里士多德思想的特点。他认为"生"(也是生物学上的生)或现实既在解决矛盾,又在产生新矛盾;在道德现象上,善与恶的矛盾,也是现实的变化与规律。这个事实和道理,后来斯宾诺莎有所发挥。他在《伦理学》一书上,首先讲道德的形上学或哲学基础:先讲世界的"实体"(substance,或 reality),然后论其属性(attributes),即心与物(笛卡尔称之为 thought 与 extension);再次讲属性的变化形态(modes),即亚里士多德指的个别事物、个别形式。这种个别形式,也是千变万化的形态相遇在一起,当然免不了冲突与矛盾,但斯宾诺莎曾说:"德性就是人的力量的自身"(《伦理学》,中译本第 171 页),即善恶都同是一种力量的两面。他把现象与本体、共相与殊相、动与静,都视为同源异流,相辅相成:没有恶,不会有善;没有丑,不会有美;没有失败,不会有成功。甚至意志与理智也是一回事(《伦理学》,中译本第 82 页)。这和中国老子讲的"道生一,一生二,二生三,三生万物","天下皆知善之为善,斯不善也","有无相生,难易相成",大抵相似。不过,老子重在"无为",亚里士多德则重在说明因有对立,还须奋进有为,这却必须区别。

亚里士多德可算是西方伟大的博学的哲学家。从他的哲学发展出来的伦理学,也是对西方、对人类作出的伟大贡献。亚里士多德的伦理学,在我个人看来,主要的贡献和特征有以下几个方面。

第一，在古希腊时期，伦理道德思想，有两种倾向。一是从苏格拉底传下来的理想主义："知识即道德"；恶行不外是由于无知与思考错误；行为不正常来自"无意"或非志愿或被动（involuntary），人并没有明知故犯的道德弱点（moral weakness；*acrasia*）。亚里士多德认为，这种思想也是一种极端，把有机会读书、能求明师的知识分子抬得过高了。但他也不完全拒绝唯智派的理智道德，仍然被列在一般实践道德之上。另一倾向，是以普罗泰戈拉斯（Protagras）为代表所宣传的"人为一切存在事物的尺度"，以人为中心来讲道德：所谓人，就是一切现实的人，不论智愚贵贱，皆一律平等。亚里士多德，并不曾大声反对"智者"派（Sophist），似乎也关心一般市民，但确实很不尊重当时的奴隶，这是他美中不足之处，但也是当时社会或时代的缺点使之如此。他在这里最大的贡献，是看到了伦理学上自愿或意愿（voluntary）与非自愿或非意愿（involuntary）的区分，强调了意愿或意志的重要。这就为道德建立了稳固的基础，开阔了天地。从此，伦理学者们便知道，道德固然有赖于智识和理性，但也依赖于意志或意愿；否则道德的范围就变得既褊狭而又干枯，成为有特权享受教育者手中玩弄的魔术把戏。在此，亚里士多德似乎有意调和早期苏格拉底、柏拉图与智者派的争论。他不仅以专章来讨论自愿与不自愿之别，也提出"智性之德"与"意愿或意志性之德"的区别：前者或称为"哲学智慧"（philosophic wisdom），包括技艺、科学、明智、直觉理性（*nous*，intuition）；后者又称为"实践智慧"或"道德德行"（如希腊民间流传的勇敢、自制、慎思、公正）。这个区别让后人知道意志自由的重要，造成中世纪以来关于自由意志的热烈论战，也让康德依据他那个时代的心理学大讲关于智、情、意之分，强调道德优于理智；康德的这个论点一直到现在，很少遭受学者们的反对。

第二，亚里士多德的伦理学，大家都知道以“中庸”为原则。但很多人对这个“中”或“中庸”似有误会，以为这是折中派论调，是一种乡愿派观点。其实不然。原来，亚里士多德所谓“中”，虽然有调和妥协意义，可被乡愿利用；但更重要的，是面向一个高远的目的，坚持不偏不倚的态度去接近它，恰如其分地取得它：有如射箭恰中目的，也如天平两面取得其平。这种“中”或“中庸”在物质世界中，在理智世界中，也许得之较易，但在实践道德中，牵涉到感情、欲望，却甚难得其“中”和“平”，即不易“适度”。所以我们不能随便说自己或他人做的事合于中道。离去中道，也就是走向某一极端。这时我们就必须矫正。有时矫枉，还须过正。[①] 这是一般人在日常实践中过生活的态度，亦即所谓道德的真正基础。中，与其说是方法，毋宁说是一种理想或目的。亚里士多德在这里，完全顺从现实，是彻底的现实主义者(Realist)。“中”是现实主义的理想。正如《中庸》上所说：

> 诚者，天之道也；诚之者，人之道也。诚者，不勉而中，不思而得；从容中道，圣人也。

亚里士多德认为，一般人很懂得中道，也力求中庸，还想由此取得快乐幸福，成为有德之人。我们行德，也只能随俗逐渐接近目的或理想，不能妙想天开。亚里士多德的伦理思想，显然并无神秘成分。上世纪美国的希腊哲学史专家富勒(B. A. G. Fuller)曾详

---

① 见《尼各马可伦理学》第二卷第7、8、9章。

细考证，认为柏拉图曾受东方传入的奥菲克密教(Orphic Mystic)的影响，因而在《美诺篇》(*Meno*)和《裴多篇》(*Phaedo*)中主张"现实"只不过是一场梦境，主张梦境之外还有一真实的世界：人只有脱离躯体，灵魂才能接近它；灵魂还能转世。而亚里士多德的思想，并没有这种痕迹。

第三，亚里士多德对正义或公正(justice, righteousness)的论证，至今仍为学术界(特别是哲学、伦理学、法学、政治学界)奉为经典论述。公正是贯彻一切德行的最高原则，个人道德要依靠它，社会道德要依靠它。也许这不仅是亚里士多德个人的创见，而是古代人的普遍认识和普遍道德规范，如古希腊人用 justice 一字表示，古埃及人用 Meat 一字表示，古印度人用 Dharma 一字表示，古希伯来人用 righteousness 一字表示。中国法家始祖管仲讲"礼义廉耻"，墨子讲"贵义"，也是承认义或公正为百德之王。但亚里士多德讲公正，其最大特点，也是最大贡献，则在于走入现实中，详细对现实中的公正作了重要的也很详细的分类。他区分社会中有所谓"自然的公正"(justice by nature)，有所谓"约定的公正"(justice by convention)。换言之，社会上的关系与行为规范，几乎都是"天生之，人成之"。社会上的道德和公正，绝大部分是靠习惯。这一思想，成为今日西方学术界区别社会和道德生活，分别地讲自然(nature)与约成(convention)的先导。亚里士多德进而又分析分配的公正、矫正的公正、回报的公正、政治的公正。这些创见此后成为经济学、法律学、政治学赖以成立的依据，也是亚里士多德在哲学、伦理学等学科上重大的成就与贡献。

第四，亚里士多德在这本《尼各马可伦理学》中还用了两卷的篇幅来论述“友爱”，表明道德伦理生活中，“友爱”占着十分重要的地位。他把家庭中的爱称为“家室的友爱”，把它看作友爱的一种，这种看法大约是受斯巴达社会的影响，或者也是由于雅典的社会生活还是在大氏族时代、还未完全进入家庭生活时期的缘故。不过，他形成这种看法的也许还有个更重要的原因，这就是古代希腊半岛上民族复杂、争战激烈，动辄全民族灭亡、沦为奴隶，人们无法过安静的家庭生活，所以一生只求有朋友互相照顾、慰藉感情，就已觉得足够快乐幸福了。看古代希腊人人必读的《伊利亚特》和《奥德赛》，就可知道他们为民族存亡与荣誉而战斗的生活何等紧张，哪有工夫想念个人家庭？中国人在这方面，似乎走在他们前面，能很早就说：“孝悌也者，其为仁之本欤？”“君子有三乐”，“父母具存，兄弟如故”是第一大快乐。但后来，中国人似乎强调“孝”过度了。但亚里士多德的友爱在后来却迎来了基督教讲的仁爱，这种友爱观讲在上帝面前人人平等，一切人都是上帝的儿女。基督教作为宗教当然不可取，但它说的人人皆兄弟，连奴隶也在内，是比亚里士多德讲的友爱进了一步。总之，若不先有希腊人重“友爱”的基础，这种四海皆兄弟的仁爱恐怕也是难受人欢迎的。我们也可换个说法，友爱是仁爱的基础，仁爱是友爱的扩大。亚里士多德说：

> 友爱还是把城邦联系起来的纽带。立法者们也重视友爱胜过公正。因为城邦的团结，就类似于友爱——若人们都是朋友，便不会需要公正，若他们仅只公正，就还需要友爱。人们都认为真正的公正，就包含着友爱。①

① 本书第八卷第2章。

这番话，把友爱与公正列为同等主德，等于中国古代《国语》上说“爱亲之谓仁”，“利国之谓仁”；孟子说仁内义外；墨子讲“贵义”，又重“兼爱”（这与南宋文天祥说的“唯其义至，所以仁至”非常接近）。他们都看到道德的本质和特点，只是亚里士多德的思想受到城邦生活的限制，只注意友爱的重要，未见到大社会所需的仁爱。所以，他还说：

> 与许多人交朋友，对什么人都称朋友的人，就似乎与任何人都不是朋友，有少数几个，我们就可以满足了。[①]

这是城邦社会中的生活理想、基本道德，也是他们祈求实现的快乐和幸福。当然，我们今天已都听熟了西方追求的情爱、大同、四海皆兄弟的声音，也许会嫌友爱，太狭小、粗浅；但情爱等思想，确实是从亚里士多德的“友爱”上逐渐扩大的，正如中国人从“孝”展开大同思想一样。而在道德上最终的目标，都是治国平天下。

亚里士多德伦理学的特征和贡献，确实很多，我们只举出这几点。他的道德观点或伦理思想，是两千多年来哲学家、伦理学家的指路明灯：立论持平、深刻、扼要，又易实践，很少人能够超过他。

我愿意在此告诉今日中国有一些哲学家、伦理学家，如要深入研究，一定要好好学习亚里士多德。学哲学一定要先把伦理学学好；学伦理学也一定要先把哲学学好。否则，不是空谈，就是琐碎平庸，这种人只能做哲学或伦理学的传道士、宣传员，对于个人与社会并无益处。亚里士多德就不是这样：他的学问，几乎涉及社会

---

① 本书第九卷第10章。

科学自然科学全部,都有独创见解,也都留下不朽的著作。他做的学问,既能分,又能合;他既能讲微分,又能讲积分。这是他的胜人之处。我们应该好好地读他的书。

2001 年 5 月　北大朗润园

译注者序

亚氏的三部伦理学著作

尽管亚里士多德生前撰写过相当多的伦理学对话和其他著作，他名下流传至今的伦理学著作只有三部：《尼各马可伦理学》(*Ethica Nicomachea*)、《欧台谟伦理学》(*Ethica Eudemia*)和《大伦理学》(*Magna Moralia*)。这三部著作之中，据多数研究者的意见，前两部伦理学，就像亚里士多德留下的其他著作那样，是据亚里士多德的授课讲义整理而成的，《大伦理学》则是由亚里士多德后学编写的前两部伦理学的提要。亚里士多德的许多课都是在与学生们漫步交谈时讲授的。他的授课讲义大都是提要式的文稿，讲的时候有所依照，或者有时候也有许多现场发挥。所以讲义后来大概都多多少少地经过增补和修改。这些增补与修改有些是由他本人，有些是他离开雅典后由他的继任者们，还有些也许是后来编辑者们参照学生们的听课笔记做的。据耶格尔(W. Jaeger)[①]和罗

---

① 参见耶格尔：《亚里士多德：他的思想的基本发展过程》(*Aristotle: Fundamentals of the History of his Development*)[英文版第2版，克莱伦顿出版公司，1948年]第230页及以后。

斯(D. Ross)[①]等人的看法,《欧台谟伦理学》的形成当在《尼各马可伦理学》之前。尽管两者相当接近,但前者比后者更接近柏拉图的思想,而且在思考的细致程度、表达的准确和成熟程度上都显然不如后者。《欧台谟伦理学》的初稿极有可能是亚里士多德在小亚细亚的阿索斯和米蒂利尼与朋友们交谈时酝酿,并在稍后的时期完成的。亚里士多德在柏拉图去世后离开雅典来到小亚细亚的阿索斯,在当时的执政者、柏拉图主义者赫尔米亚斯(Hermias)的庇护下,与同来的色诺克拉底(Xenocrates)、另外两名更早回到小亚细亚的柏拉图主义者埃拉斯都(Erastus)和克里斯库(Coriscus),以及后来来到阿索斯的塞奥弗拉斯托(Theophrastus),共同发展了雅典学园的阿索斯分部。亚里士多德的《政治学》(*Politica*)的写作和对动物学的研究都起于那个时期。这部伦理学著作被称作《欧台谟伦理学》,可能是因为它曾经过亚里士多德的一个学生和朋友——来自罗得岛的欧台谟(Eudemus of Rhodes)的编辑。亚里士多德最后离开雅典迁居哈尔克斯之后,欧台谟继续留任于吕克昂学园,主讲数学。而《尼各马可伦理学》的名称的由来,可能或者是因亚里士多德欲以此书纪念其父亲老尼各马可(Nicomachus, father of Aristotle),或者是因此书是经他的儿子小尼各马可(Nicomachus, son to Aristotle)之手编辑而成。不过后种说法似乎会使《尼各马可伦理学》公认的权威性打些折扣。在亚里士多德

① 参见罗斯:《亚里士多德尼各马可伦理学》(*Aristotle: The Nicomachean Ethics*)[阿克瑞尔(J. L. Ackrill)和厄姆森(J. O. Urmson)修订版,牛津大学出版社,平装本,1980 年]“导言”。

去世时，小尼各马可只有十二三岁。所以如果此书的确是经小尼各马可编辑，这也当是在亚里士多德去世多年小尼各马可成人之后。不管怎样，《尼各马可伦理学》较之《欧台谟伦理学》更为系统、思想更为成熟是无可否认的。

这两部伦理学著作间既令人困惑又使人产生兴趣的一点，是《欧台谟伦理学》的第四、五、六卷恰与《尼各马可伦理学》的第五、六、七卷完全相同。当亚里士多德的全部手稿辗转两百多年呈现于罗马人安东尼科（Andronicus）——它的第一个学术编辑者面前时，是亚里士多德本人已经作了这样的安排并表明了这样的关系，还是安东尼科将《欧台谟伦理学》中的这三卷拿到了《尼各马可伦理学》中，使之呈现为我们今天看到的样子？或者，是两部讲义的编辑者们（无论是不是欧台谟或小尼各马可）确定了这样的关系，还是由于其中一部著作的相应部分不慎遗失才产生了这样的安排？我们迄今所获得的材料尚不足以澄清这些问题。但是就文本的总体分析而言，至少可以确定一点，即这个部分在这两部伦理学著作中都可以与上下文承接。的确存在着这样一种可能性：亚里士多德在讲授《尼各马可伦理学》时，认为原有的《欧台谟伦理学》其他各卷需要作较大的改动，这三卷则基本可以照用，所以唯独这三卷没有重新改写。

若我们以主题为线索，追踪这两部伦理学著作各卷之间的联系，这种猜测也许可在一定程度上得到印证。因为，不仅绝大部分主题相同，而且这些主题的被讨论的次序也基本相同。所以，几乎可以断定，最初一定有一个共同的初步提纲。

《欧台谟伦理学》	主题	《尼各马可伦理学》
第一卷 1—8	善	第一卷 1—13
第二卷 1—5	道德德性	第二卷 1—9
第二卷 6—11	行为	第三卷 1—5
第三卷 1—7	具体的德性	第三卷 6—12
		第四卷 1—9
第四卷 1—11	公正	第五卷 1—11
第五卷 1—13	理智德性	第六卷 1—13
第六卷 1—10	自制	第七卷 1—10
第六卷 11—14	快乐	第七卷 11—14
		第十卷 1—5
第七卷 1—12	友爱	第八卷 1—14
		第九卷 1—12
第八卷 1—3	崇高或完全的德性	
	幸福	第十卷 6—9

因为不难看出,《尼各马可伦理学》基本上是《欧台谟伦理学》各卷的依照原顺序的改写与扩展。例外的只是《欧台谟伦理学》第八卷1—3章。这是残缺的一卷。亚里士多德这一卷的全貌已不可得见。但是仅存的这三章的理路在于说明理智德性与道德德性的完美结合,却是可以看得分明的。此种完全的德性,《欧台谟伦理学》的作者在第3章说到,也必须有一标准,这个标准就是按照理智生活。或许,《尼各马可伦理学》第十卷第6—9章,即奏响全书最辉煌的乐章的幸福论,是从这一思想所做的引申,尽管《欧台谟伦理学》只笼统地把这种生活描述为朝向一个不发布命令的目的的沉思生活,《尼各马可伦理学》则进一步把它描述为我们灵魂的最高部分的合德性的实现活动?

《尼各马可伦理学》概观

让我们走近《尼各马可伦理学》。

从他的整个哲学出发，亚里士多德的伦理学总体上是基于对于人的活动的特殊性质的说明的目的论伦理学。我在这里将着力说明《尼各马可伦理学》的这种性质。不过，对亚里士多德的目的论伦理学向来有幸福论与德性论两种诠释。我将努力表明，引出这两种诠释的原因在于，在亚里士多德对人的活动的性质的说明中，目的（幸福）与选择构成基本的、相互联系的两个方面，他的伦理学本质上是基于对人的活动和实现活动的这两个基本前提的理解的伦理学。我以为，亚里士多德的这种伦理学比一些晚近提出的伦理学更切中实践事务的本质。而且我以为，我们显然不应当认为，今天的"我们"的伦理学的问题已经全然地同"我"的伦理学的问题无关了。因为毕竟，"我们"里面依然有"我"。不过，我们先来看看《尼各马可伦理学》罢。

活动与实现活动

活动（ἔργον）在亚里士多德的最宽泛的意义上是属于每种存在物的。[①] 每种存在物的活动，也像它的性质与能力一样属于它自身。无生命物也有它们的活动。但是无生命物的活动主要是就它们的对于人或生命物而言的合目的性来说的，例如石头的活动是用来造房子，锤子的活动是钉钉子，竖琴或长笛的活动是用来演

① 本节内容参照本书第一卷第1章，第二卷第1—2、4—6章。

奏音乐，等等。每种生命物都有它特有的活动。植物共同的活动是营养和发育。动物的活动是以它们各自种属的属性来感觉和运动。在这种概念中，一种存在物的活动也就是它的种属的功能，并且具有某种合目的性；目的，即最终完善状态，蕴涵于活动之中；目的的概念又意味着，一种属的完善的活动与其一般的活动是同种属的，并表现为种属活动的目的。每种较高级的生命物的最终完善状态就在于它的种属的不同于其他低等生命物的特有的活动，以及那种活动蕴涵的目的。所以，人的活动不在于他的植物性的活动（营养、生长等等），也不在于他的动物性的活动（感觉等等）。人的活动乃在于他的灵魂的合乎逻各斯（理性）的活动与实践。因为，理性是人特有的，如果我们假定人具有一种区别于动物的更好的活动，我们就应当把它归之于灵魂的这个理性部分的活动。

这个特别属于人的活动，被亚里士多德称为实践的生命的活动。我们的实践的生命有别于我们的营养的生命和感觉的生命。因而人的生命活动在本质上不再像植物的和动物的活动那样仅仅是功能性的。任何其他生命物都未曾达到具有理性和理性的活动的水平。就是这一点把人的活动的性质同所有低等生命物的活动区别了开来。人的目的也就是我们的实践的生命的目的。其次，实践的生命的活动也有别于职业的活动。就像乐师、鞋匠都各有一种职业的活动一样，实践的生命的活动是我们的非职业的、作为一般的人的活动，它把职业的特殊的制作活动作为它的一个类属。

实践的生命的活动确定着人的种属的可能性的范围。然而它只是人的存在的可能方式，而不是存在的实现。人“是”什么样的人决定于他的实现活动（ἐνέργεια），即他在其实践的生命的活动中所实现的东西。ἐν-在希腊语中的意义是“通过……”、“从……”，έργεια是ἔργον（活动）的名词转形，ἐνέργεια的本义即通过活动而实现、达到的，从活动而来的东西。实现活动，正如苗力田先生[①]所说，也就是实现种的功能的活动。进一层地说，人的实现活动就是实现人的实践生命的目的的活动。在其自身的即本质的意义上，实现活动自身就是目的，因它——如活动那样——自身就蕴涵着目的（最终完善状态）。然而在相对的意义上，正如格兰特（A. Grant）[②]所说，它也可以是实现一外在目的的手段。因为在制作的活动中，实现活动似乎是为着一个外在的产品的完善的。我们的实践生命的活动，在完全的意义上包括理论的、制作的、实践的活动。三者之中，理论的活动最高，实践的活动最重要。所以，实践生命的活动的根本在于实践理性的活动。实践的生命在人一生中有特定的发展周期：一个人应当在青年时期学习好的品质，在壮年时期治理，在老年时期传授智慧。所谓实现活动，如奥斯特沃特（M. Ostwald）[③]所说，其意义就是“积极地”从事这些属于人的实践的生命的活动。生命之德在生生不息，除非腐败的生命，每种生命都积极地实现着它的活动，成为它之所是。这就是亚里士多德所说的“隐德来希”（ἐντελής）。

---

① 苗力田：“品质、德性与幸福”，《中国人民大学学报》1999年第5期。

② 《亚里士多德伦理学》（*The Ethics of Aristotle*）[朗曼斯与格林出版公司，1885年]，卷Ⅰ第422页。

③ 《亚里士多德尼各马可伦理学》（*Aristotle*: *Nicomachean Ethics*）[鲍伯斯-梅瑞尔公司，1962年]，第306页。

这种实现活动的概念包含两个核心的判别。首先,人的目的的实现不同于其他生命物的目的的实现。人的目的,即幸福,是获得的而不是以自然的方式达到的。生命物的活动的目的是自然地实现的;人的活动的目的的实现则要借助人的理性的运用,因而是实践的、非自然的。人的实现活动更由于实践理性的参与呈现更为积极的状态。周辅成先生[①]说,亚里士多德注意到一种事实:人的灵魂的"隐德来希"或生生之德是人的道德意愿(或意志)的根据。一个人可能只过着动物式的生活,但这只是腐败的生命。人的正常的生命活动必定包含灵魂的"隐德来希"。其次,实现活动不同于功能或能力。功能或能力可以作为潜质存在,眼睛的视觉功能、手脚的运动功能即使在未加运用时也存在;实现活动则不是人的本质力量的潜在的质,而是人获得其本质力量的方式。人并不具有没有付诸运用的本质力量;这样的本质力量也就不是他的本质力量。他的本质力量只是他通过其实践生命的实现活动而获得的那些力量,因而只在这些力量被付诸运用时才存在。

善作为目的

人的每种技艺与研究、实践与选择,[②]都以某种善为目的。这深层的解释就在于,活动是人的存在的方式,人唯有在他的实现活动中才能展现其存在。善即某种善的事物。它或者是已在的,或者是我们希望它成为在的:它具有或是我们希望它将具有某种(某

① 参见本书"序"第 3 页。

② 本节内容参照本书第一卷第 1—2、4—5、7—8 章。

些)我们认为可归属于那类事物的性质,因而它与我们作为人的本质力量处于对应的关系中。一种善事物或者是已经作为类而存在但处于我们的能力之外,因而我们正在通过发展自身能力的活动而获得;或者是被期求在某个或某些方面比已经存在的事物更善的,因而尚未存在并且正在通过我们的活动而成为存在的,或成为我们本质力量的对象的。我们对一事物"是"或"显得"如何如何的判别都服从于某种改善的期求及其活动。善与美在希腊人的观念中是不可分离的,美善的事物被称为καλόν(高尚、高贵的)。美善是判别的表语,是判别中的核心的、所欲言说的内容。而美的同时又意味着真的。柏拉图在《菲德罗篇》(*Phaedrus*)把它们在本体世界中设定为合一的。在亚里士多德的哲学中,它从神界下降到人的世界,在这个展开的人的经验世界中,真与美善作为实践的价值则是可以在理论上加以分别的。

既然技艺与研究、实践与选择有多种,目的也就有多种。善的事物不是连续性的事物:它们彼此分离,单独地作为我们的目的。但是按照亚里士多德的看法,各种目的林林总总地并立而互不依赖。因为,如果一项活动中包含着不同种的活动并且这些活动又各有具体的目的,那么这项活动本身的目的就是主导性的,就比那些具体的目的更优越,因为它具有更大的蕴涵。而且,有些事物是因其自身之故,有些事物是因另一些事物之故而被我们追求,有些事物被我们追求是同时因这两者而被我们追求。在所有为我们所追求的事物中,有些事物通常被我们作为手段而极少作为目的,有些事物通常作为目的而极少作为手段,另一些事物则时而作为目的时而作为手段来追求。而且,作为单纯的手段善的事物往往是因我们的需要而成为善,当需要满足后它就不再是善。因其自身故和既因其他事物之故又因自身故而被我们追求的目的善则通常都对我们显得是善。所以,不同的善事物在善的终极性上是不同的。我们在存在着需要时和在不存在需要时以不同的事物为善。因为,在存在着需要时我们只以满足我们当下需要的事物为善,而在不存在紧迫需要时,我们以那些自身便值得我们追求的事物为善。这后一类事物是总体上对我们是善的即具有更为终极性的善。说一个事物自身即善就是说它在总体上对我们是善或具有更为终极性的善。这类善是后需要的,即在需要满足之后对我们而言是善的事物。善的自身的、根本的性质由这种目的性的而不是手段性的善规定。

而如果是这样,如果我们的目的系列中有某种最终的终点,我们追求它没有更进一步的原因,就一定存在着某种最高的、我们所有其他追求都是为着它的那种善。这种最高的善或目的就是人的好的生活或幸福。目的的这种观念上的联系可以从τέλος这个希腊词的用法上发现。τέλος在希腊语中的意义既是目的、终点,又是最好、最高的状态。所以目的就是最好的终点。如果终极的目的意味着在我们一生而不是一个时期或阶段中的目的,那么它就是我们的终极的目的或最高善。

实践与实践的研究

对《尼各马可伦理学》的作者来说,[①]伦理学或政治学是一种实践的研究。实践、制作与理论沉思是人的活动的三种主要形式。

① 本节内容参照本书第一卷第1—3章,第六卷第1—2、4—5、9章。

理论沉思是对不变的、必然的事物或事物的本性的思考的活动。它是不行动的活动。实践(πράξ ις)或制作(ποιήσις)则是人对于可因自身努力而改变的事物的、基于某种善的目的的行动的活动。所以实践或制作是对于我们能力之内的事物,即可能由于我们的原因而成为这种或那种状态的事物的。制作(ποιήσις)是使某事物生成的活动,其目的在于活动之外的产品。实践是道德的或政治的活动,目的既可以是外在的又可以是实践本身。实践表达着逻各斯(理性),表达着人作为一个整体的性质(品质)。

所以,实践与制作的研究与理论的研究不同。尽管所有的研究都以获得对真的把握为目的,实践的研究以及制作的研究却不同于理论的研究,它们把握真是为着善的。理论的研究是知识的。实践的、制作的研究是推理的,而推理与考虑是一回事情。理论的科学包括形而上学、神学、数学和各自然科学。这些科学的题材不属于推理或考虑的范围。凡不变的、必然的(依某种规律而变化的)事物都属于理论的研究的题材,而不是推理或考虑的题材。实践或制作的题材是可变、不必然、不确定的事物。然而,并非所有变动的事物都可以成为实践或制作的题材。实践与制作只以那些可实践、可制作的事物,即可以通过人的实践与制作的活动而改变其状态的事物,为题材。推理或考虑,即实践的或制作的理性,是为着确定行动并以行动为终点的理智活动。而我们要对之确定行动的事物,只能是我们的行动能够对之起一定作用并因此而影响其结果状态的事物。我们显然并不考虑其变化完全没有规律的或完全与我们自身的原因无关的事物。因为对这类事物,我们无论做些什么都同样不能影响其结果。

然而实践的研究也区别于制作的研究。制作的科学包括技艺与修辞学等等。这类研究所以不同于实践的研究，是因为制作活动都有某种外在的目的，即作为活动的结果的某种产品，而凡是以某种活动以外的事物为目的的，那目的就显得比活动更重要，活动就因此而打折扣，成为外在目的的手段。例如，各种技艺只因它们能够制作出产品，修辞学的知识只因它能使人创作出影响人们的感情与心理的演说，而是善的。制作活动既然只以某种外在善为目的，活动本身就只作为手段才是善，或者从本质上说不是善。另一方面，实践虽然也常常以某种外在善——如财富、荣誉、取胜等等——为目的，但实践活动本身也是目的。在这个方面，实践兼有科学或理论活动的性质。科学或理论的活动的目的既在于活动之外又在于活动自身。实践不是屈从于一个外在的善的活动，它自身的善也是目的。这种属于活动自身的善就是德性。所以实践不因它的外在的目的——如果它有——而令自身的善打折扣。但尽管实践是自由精神的活动，不同活动实现它自身的善的程度是不同的。对最好的活动来说，实践的自身的善甚至不显示为目的，因为获得德性与做合于德性的事是一回事。我们不是先获得德性再做合德性的事，而是通过做合德性的事而成为有德性的人。所以重要的只是合德性的活动本身。而对例如政治的活动来说，活动自身的善——德性也如荣誉一样是基本的目的。

对《尼各马可伦理学》的作者来说，尽管在理论的科学、实践的研究和制作的研究这个有差别的序列中，理论的科学占据着最高的位置，它仿佛是科学的王冠，是照耀着所有科学的光，实践的研究与制作的研究才是最与人的事务相关的。与理论的科学相联系的理性活动是我们的灵魂的最高等的东西——努斯的实现活动，似乎超越于人的活动。它是神性的，是我们仿佛要作为我们之中的神来进行的活动。所以，这种活动显然只属于少数人，属于神学家与哲学家。而且，理论理性的活动本身似乎从不发布行动的命令，它消极无为，不出于任何利害，因为它是自足的完善的活动。处于中间的实践的研究则不存在这两个缺点。一方面，实践的研究是对于变动的与多数人相关的人类事务的善的研究，与它相联系的实践理性的活动是属人的、多数人可以从事的活动。另一方面，实践理性是积极的，它把可实践的善作为目的，发布命令并最终引向指向这目的的行为。实践的研究一方面透射出理论理性的光，一方面又把这光直接地投射到人类事务上面。

伦理学与政治学

实践的研究，[①]即关于人可以实践、可以获得的善的研究，包括伦理学和政治学这两个相互联系的科学。不过这两者不是并列的两门科学。因为在这两者之中，政治学是以人可以获得的最大的善为对象的，因而是最高的科学。

最高的善即人的好生活或幸福，亚里士多德认为，应当由最高的科学即政治学来把握。这一点以今天的人们的观点看来大概非常奇特，但是在古代希腊人那里却非常自然。对古代希腊人来说，一个人只有在城邦中才可能获得他的幸福或事业的繁荣。因为，按照亚里士多德在《动物学》(*Historia Animalium*)所做的分类，

① 本节内容参照本书第一卷第2—3章，第六卷第8章，第十卷第9章。

人属于政治性的动物，注定要过社会的生活。作为这样的动物，如莱克汉姆(H. Rackham)[①]所说，一个人注定要在社会中，并且要在一个旨在促进每个公民的福利的、组织良好的社会中，获得他的善。所以对《尼各马可伦理学》的作者来说，政治学的研究首先要弄清楚什么是人的幸福，或者，人的幸福在于何种生活方式；其次要研究何种政制或政府形式能最好地帮助人维护这种生活方式。欲解答前者，就要研究人的道德或习惯，这就是亚里士多德在《尼各马可伦理学》中从事的工作。欲阐明后者，就要研究适合这些道德或习惯的好的、正确的政制，这是他在《政治学》中从事的工作。在《尼各马可伦理学》第十卷的最后一章，亚里士多德最清楚地表明了这两步工作间的这种关系。

作为一种实践的研究，亚里士多德认为，政治学的研究只能获得粗略的确定性。它不可能提供精确的知识。我们不能要求于它像几何学那样的精确性。因为一则，政治学所考察的题材——德性、高尚、公正等等的行为，都包含着许多差异与不确定性。二则，善的事物、德性对于人的影响也不确定：有的人由于富有而毁灭，由于勇敢而丧失生命。所以，当谈论这类题材并且从如此不确定的前提出发来谈论它们时，我们只能大致地、粗略地说明真：若题材与前提基本确定，结论便基本确定；若题材与前提不很确定，结论也就不很确定。而一门学科如果题材与前提不十分确定，它就需要运用经验的材料。所以政治学的研究既是一门需要经验的技

---

① 《亚里士多德尼各马可伦理学》(*Aristotle: The Nicomachean Ethics*)[威廉·海恩曼公司，1926年]，“导论”第 xiv 页。

艺，又是科学。政治学的研究需要两个条件，实践的经验与实践理性的发展。政治学研究的目的是实践而不是单纯的知识，没有生活的经验便无法研究政治学。然而没有实践理性的发展，政治学就将仅仅是技艺而不是科学。而无论是实践的经验还是实践理性，都需要有基本的起点。这种起点就是对我们而言是已知的、好的东西。所以，希望学习政治学的人，必须预先培养起良好的道德品性：爱所当爱的事物，恨所当恨的事物。而所应当的也就是对一个好人而言是正确的。因为一事物对一个好人而言具有的性质具有更大的真实性。一个人对一件事情的性质的感觉，本身就是一个始点。如果它对于一个人是足够明白的，他就不需再问为什么。而受过良好道德教育的人已经就具有或是很容易获得这些起点。所以，伦理学既是政治学的一个部分，又提供着政治学研究的基本出发点。

德性

人所特有的实现活动，[①]即人的实践的生命的活动，在实现程度上可能有很大的差别。有些人“出色地”实现着这种活动，另一些人则只在很有限的程度上——尽管也还是“积极地”——实现着这种活动。德性(ἀρετή)就是人们对于人的出色的实现活动的称赞。德性的概念，正如奥斯特沃特[②]指出的，在所有希腊伦理学体系中都是根本性的概念。在希腊人的最初用法中，它被用来指武士的高贵行为，例如在荷马史诗中，德性(ἀρετή)的意义几乎等同

① 本节内容参照本书第二卷第1—6章，第三卷第5章，第六卷第1—2、12—13章。

② 《亚里士多德尼各马可伦理学》(*Aristotle: Nicomachean Ethics*)[鲍伯斯-梅瑞尔公司，1962年]，第303页。

于勇敢，以后它也被用来指那些卓越的公民在城邦生活中表现出来的公民的美德或品质，并逐步地用来指任何人、生命物或器物的显著具有的优点。在泛义上，亚里士多德把德性的概念用于所有生命物及其实现活动。例如他谈到过眼睛的德性、马的德性，等等。德性是使得一个事物状态好并使得其实现活动完成得好的品质。而如果是这样，那么德性也就是使得一个人好并使得他的实现活动完成得好的品质。而且，德性在人的例子中便有了特别的意义。因为，人的活动不是自然地实现，而是以实践的即积极活动的方式获得的。在欲望与感情事务上有德性、没有德性还是有与之相反的性质，使得人的实现活动显现出如此之大的分别，以至我们把这些方面具有德性的活动与行为就称赞为德性，把具有相反性质的活动与行为谴责为恶；把由于养成了习惯而倾向于做前一种行为的人称为好人，把出于习惯而倾向于做后一种行为的人称为坏人。

所以，人的德性在亚里士多德以及许多其他哲学家那里通常是指相应于灵魂的非逻各斯的即欲望的部分的德性。人的灵魂有一个有逻各斯的部分和一个没有逻各斯的部分。相应地，人的德性可以分为道德的德性与理智的德性两部分。理智德性可以由教导生成，道德德性则需要通过习惯来养成。理智德性又可以分为理论理性的和实践理性的。智慧是理论理性的德性，是人的最高等的德性。明智是实践理性的德性，一方面作为理智德性可以由教导而生成；另一方面由于与道德德性不可分离其育成又离不开习惯。道德德性即德性既不出于自然，也不反乎自然。人的灵魂有三种状态——感情、能力和品质。在这三者中，能力是自然所赋予，德性则并非自然使然；自然能力无需运用便存在，德性则唯有运用它才能获得。所以，我们不称赞或谴责能力，而是称赞德性和谴责恶。但是德性也不是感情，因为一则，称赞与谴责也同样只适用于德性和恶而不适用于感情；二则，德性意味着在先的考虑与主动的选择，感情则不含有这两种性质。

德性作为灵魂的实现活动的品质，并不是与实现活动的目的所包含的那些性质相分离的另外一种品质。出色的实现活动与一般的实现活动是同类的。我们称赞一项竞技比赛或一个竞技者是有德性的，并不是说除了那项竞技活动的完善状态所应当包含的那些性质之外，它（他）的活动还具有其他的某种性质。相反，我们指的是，它（他）的活动出色地，即比一般的这类活动更为突出地具有这类性质。然而，活动既然可以使德性生成也就可以使之毁灭，因为德性只生成于德性的活动。做不公正的事如果成为习惯便毁灭公正的德性，正如蹩脚的建筑活动毁灭一个建筑的德性。好的和糟糕的琴师都出于操琴。所以研究德性就要研究实践。其次，德性同快乐与痛苦，并且尤其同快乐相关，而快乐尤其可能毁灭德性。因为一则，追求快乐的欲望从小就伴随着人，难于从人的感情中消除；二则，对于快乐，做得正确就使人善良，做得错误就使人邪恶。与技艺一样，德性也是同比较困难的事情，即正确地对待快乐与痛苦，相联系的。但是，德性与技艺又有不同。技艺只相关于对象的性质，德性还必须出于一定的心态。因为，仅当一个人知道他要做的行为，并且出于意愿地、因其自身之故地并且出于一种确定的品质而选择它时，这行为才是德性的。

但是，仅仅说德性是使得我们好并使得我们的活动完成得好的品质还是不够的。还必须说明德性如何是一种这样的品质。这需要从人的事务的性质来说明。人的事务除了是可变动的之外，还是连续性的。这就是说，人的事务都含有变量，都容有程度上的差别。例如，对快乐可以享受得多一些、少一些或是适度，脾气可以发得过大、过小或适度。总体上说，在所有连续性的事物中都有过多、过少与适度。德性是使得我们在所有这些事务上做得适度的那种品质。适度有相对于对象的和相对于我们自身的。相对于对象而言的适度是技艺的目标，技艺是使得我们在做事时达到对于对象而言的适度的品质。德性的目标则是在感情与实践事务上达到相对于我们自身的适度。这两者的目标都是正确。但是在实践事务上德性的正确对于我们更好，因为在这些事务上德性比技艺更好。德性是使得我们能在实践事务上命中对我们而言的适度，从而使得我们好并且使得我们的活动完成得好的品质。

选择与意愿

所以，[①]德性就意味着做选择（προαίρεσις）或者以选择为条件。按照亚里士多德的看法，选择对于德性的获得，对于使活动完成得好至关重要。因为，在实践的事务上，错误可以是多种多样的，正确的道路却只有一条。所谓正确，也就是对于我们而言的真。这种真，如前面说过的，是为着善的。所以选择就预含了一个对我们而言是善的目的。我们是因为有目的才要作选择，而不是因为要选择才确定目的。作了错误的选择，德性便无从获得。错误的选择主要发生于两种情形。一是预含了错误的、有害的目的，

---

① 本节内容参照第三卷第1—5章，第六卷第1—2、4—5、8—9章。

或者那目的尽管显得是或在偶性上是善，然而在总体上有害；二是目的虽然是善的，手段却选择错了，或者由于没有能坚持一个正确的选择而妨害了目的的实现。放纵者把错误的即在总体上有害的事物当作善的，他出于选择地沉溺于过度的肉体快乐，认为自己在做正确的事。不能自制者则知道什么是善的却没有能够坚持工确的选择。斯图尔特(J. A. Stewart)①正确地指出，亚里士多德的προαίρεσις概念预设着一种不同于当下快乐的目的的观念，它指的是在追求着某种善的各种能力中伴有技艺上的正确性的那种能力，这种能力使一个人在所面临的危险中做出正确的行为。选择意味着在当下显得令我们愉悦然而总体上有害的事物与本身就有益于善的目的的事物之间作出决定。在这种概念底下，选择常常是一种困难的决定，它包含着对当下的快乐的一个判定和处理：如果它总体上有害，就放弃它。所以选择包含技艺然而不是为着技艺。选择是为着获得德性：我们之所以要作选择是为了做得正确，即像一个好人那样地行为。获得技艺在于知道某种技巧，获得德性则在于正确地选择。

选择必定是出于意愿的。因为，只有我们愿意去做的事情才成为我们的选择。出于意愿意味一个行为是在我们能力范围之内的，并且我们了解那行为的性质、对象、目的、手段等等。一个完全在外力胁迫下作出的、违反我们意愿的行为显然不是被选择的。但是出于意愿的行为未必都是选择。因为，出于欲望、怒气、希望

① 《尼各马可伦理学注释》(*Notes of the Nicomachean Ethics of Aristotle*)[克莱伦顿出版公司，1892 年]，卷Ⅰ第 7、43 页。

和意见的行为都可以是出于意愿的，但是它们却不能说出于选择。选择比行为更能判断一个人的品质。因为行为可能出于欲望、怒气、希望和意见等等，而选择比欲望、怒气、希望和意见更能表现出一个人的品质。对于性质、对象等等无知的行为当然不是出于选择的，但是具有这些具体知识并不等于那个行为就是出于选择。选择除了必须是出于意愿的还必须是经过了预先的考虑的。考虑也就是推理，是实践理性的运用。所以好的选择同实践理性的德性——明智不可分离。如果具有明智，我们就会善于考虑，也就会作正确的选择；如果没有明智，我们就只有依靠聪明。然而我们并不考虑所有的事物。永恒、必然的事物，或全无规律、纯粹偶然的事物不属考虑的范围。我们考虑的是力所能及而又并非永远如此的事物，并且，是手段而不是目的。好的考虑是对于适合一个好目的的正确的手段的考虑。然而好的考虑中包含的不是科学的或意见的正确（真），而是理智的即相对于我们而言的正确（真）。因为理智只表明一般的道理，要经过考虑才能具体。

如果德性是出于意愿和选择，恶就在同样程度上如此。在这点上，亚里士多德反对苏格拉底的观点。因为，如果做一件事情在我们能力之内，不做就也在我们能力之内。放纵者就是出于选择地追求显得愉悦然而总体上有害的快乐。所以人应当对自己的品质负责任。像令一个人成为好人的那些最初的行为一样，使一个人成为坏人的那些最初的行为也是他本可以不去做的。甚至身体的恶，如果是出于我们自身的原因，也受到人们的谴责。恶的行动的初因在我们自身中。但是一个人一旦成为了坏人却不能想成为好人便成为好人，这正如一个病人不可能想好就好。

快乐

虽然作选择与以某种方式对待快乐有关，但选择并不意味要全然放弃快乐。在快乐问题上，亚里士多德显然对于多数人的意见，即快乐是一种善，抱着尊重的态度。因为他相信，“众口相传的事，就绝不会是胡说”。[①] 他并且坚持认为，政治学的研究不应忽略快乐问题。[②] 因为一则，快乐似乎与我们的本性最为相合。快乐与痛苦的感觉从小就伴随着我们。所有的人，甚至儿童和动物都追求快乐和躲避痛苦。而且，多数人都认为幸福就包含着快乐。二则，德性与恶都与我们以何种事物为快乐、为痛苦有关。爱所该爱的和恨所该恨的是培养德性的第一步。三则，在快乐问题上有对立的意见。快乐问题上的争论的核心在于它是不是善的，以及在何种意义上是或不是善的。有些人认为快乐是善的，甚至就是最高善。另一些人则认为快乐或者完全不是善，或者不全是善，或者即便是一种善，也必定不是最高善。以人人都追求快乐的事实，快乐是一种善的常识意见，以及柏拉图关于存在着混杂的快乐的观点为出发点，亚里士多德非常智慧地建立了他的快乐理论。不过他的思想一定经历过发展，因为在第七卷的讨论中他的理论的核心在于快乐是一种活动，而在第十卷的讨论中理论的核心则在于快乐完善活动。

讨论的起点是快乐（ἡδονή）与“令……愉悦”意义的联系。快乐意味有些事物令我们愉悦或显得如此。这可以从快乐一词的基

---

① 1153b28。

② 本节内容参照第三卷第 3 章，第七卷第 11—14 章，第十卷第 1—5 章。

本的动词用法ἥδομαι是被动式的，表明的是“被……愉悦”的意义这一点看出来。然而在本质上，快乐是或者属于我们的正常品质的未受到阻碍的实现活动。这种实现活动自身就令我们愉悦。正常品质是在我们不存在匮乏的状态下的品质。向正常品质的回复则是使匮乏得到充实的过程。在正常品质状态下，我们以总体上令人愉悦的事物为快乐。而在向正常品质状态回复过程中，我们甚至从相反的事物，例如苦涩的东西中感受到快乐。这种回复性活动不是因其自身而令我们愉悦，而是当我们处在这种回复的过程中才对我们显得愉悦的。而且，与正常品质下的快乐相反，回复性的快乐中总是混杂着痛苦。所以，向正常品质回复过程的快乐不是真正的快乐。

一事物或过程可以在总体上的或相对于某个人的意义上是善的。一个总体上好的事物或过程可能对某个人显得不是善的，同样，一个总体上坏的事物或过程有时对某个具体的人却是或显得是善的。对好人显得是善的事物就在总体上是善的。因为，如前面①说过的，事物对好人显得如何，其自身也就如何。在实践事务上，德性即是尺度。所以，重要的是使对人来说真正是善的事物对我们自己也显得是善。所以快乐有性质的不同。来源于高尚事物的快乐是自身就值得欲求的。正常品质的实现活动的快乐是善而不是恶。不正常的品质状态下的快乐则只在偶性上是或显得是善。例如，药品只对于生病的人才是善，冷的东西只对发热的人才是善。因为，正常品质的实现活动与匮乏状态下的品质的实现活

---

① 参见“伦理学与政治学”一节结尾处。

动具有不同的形式，并且以不同的事物为对象。在肉体快乐方面，必要的肉体快乐是一种善，它只当过度时才是恶。与过度的快乐对立的是必要的快乐而不是痛苦。肉体快乐特别被人们追求是因为它能驱开痛苦，并且特别强烈，易于为人们享受。

我们的正常品质的未受到阻碍的实现活动是善的，必要的肉体快乐是善的。因为，快乐与痛苦相反且痛苦是恶；兽类和人都追求快乐；而且，如果快乐与实现活动不是某种善，幸福的人的生活就不是令人愉悦的；而如果幸福就在于所有品质的或其中一种品质的未受到阻碍的实现活动，这种实现活动就是最令人愉悦的。不正常品质的实现活动混杂着痛苦不等于快乐是恶；过度的肉体快乐有害也不等于快乐就是恶。不是一种质并不妨碍快乐是一种善。德性也不是一种质，然而德性是一种善。有程度上的差别也同样如此。因为，例如公正与勇敢也可以具有得多一点或少一点。快乐是或属于实现活动而不同于生成、过程或运动。它是某种整体的、完善的东西，无须时间的延续来完善。生成、过程和运动则要经历时间，因它在每一时刻都不完满。也没有什么事物像目的（最终完善状态）比过程更好那样比快乐更好。因为实现活动的目的（最终完善状态）既可以是外在的，也可以是它自身。快乐既是实现活动，也是目的。快乐不产生于我们已经成为的状态，而产生于我们对自己的力量的运用。快乐感觉的完善只意味最好状态的器官与最好的对象相关联的活动。快乐与感觉的完善的实现活动不可分离并完善着这种活动。

快乐在于品质的实现活动这一理论也引申出另一种关于快乐的种类区别的理论。每种实现活动都有其特殊的快乐。每种快乐都属于一种实现活动并且使得它进行得好。所以,一种活动的特有的快乐必定与另一种活动的不同。一种实现活动为它自身的快乐所完善而为异己的快乐所破坏。例如,做数学题目的快乐使得我们的数学演算进行得更好,谈话的快乐则会妨碍我们做数学演算。所以,对一种实现活动而言,异己的快乐也如自身的痛苦一样会毁灭它。实现活动有好的和坏的,相应的快乐也就有好的和坏的。每种动物都有其特殊的快乐。不过在人类中不同的人有完全不同的快乐。完善着好人的实现活动的快乐是真正的快乐。所以显然,如果想获得德性,我们应当以德性的实现活动的快乐为快乐,并且在肉体快乐方面以享受必要的快乐为满足。

幸福

人们都同意,[①]亚里士多德写道,人的目的,即人的可实践的最高善,就是幸福。但对于什么是幸福则有不同意见。实践的研究需要从人们都承认为真的地方出发。如果我们可以确认对一个好人显得真的事物比对其他人显得真的事物有更大的确定性,研究最好从有良好品质的人所承认的那些事实开始。有三种生活:享乐的、政治的和沉思的。享乐的生活只追求肉体的快乐,是动物式的。政治的生活追求荣誉与德性,但这些也不完善。因为,幸福是相应于人的特有活动的,在于人的合德性的活动。而人特有的活动就是他的灵魂有逻各斯的部分的实现活动。所以幸福就是人

① 本节内容参照本书第一卷第4—5、9—12章,第六卷第12—13章,第九卷第9章,第十卷第6—9章。

的灵魂的有逻各斯的部分合德性的实现活动。然而灵魂的有逻各斯的部分又有理论的与推理的两部分。若幸福是合德性的活动，它必定是合于我们自身中那个最好部分即努斯的德性的活动。这就是沉思的生活。因为，努斯的实现活动最完美、最能够持续、最令人愉悦、最为自足，既有严肃性又除自身外别无目的，且拥有闲暇。这种活动是人的完善的幸福。努斯是我们的真正自我，是我们之中最好的东西。所以，过着沉思生活的、有智慧的人最幸福。如若能够，人在有幸摆脱了物质需要的纷扰、拥有中等财富之后，应当争取过这样的生活。但是我们只有以自身中神性的东西才能过这种生活，因为努斯是神性的。

亚里士多德坚持幸福是人的最好的实现活动的观点，并且把智慧的生活即沉思生活的幸福判定为第一好的。但是他充分意识到，这种幸福有半人半神的意味，因之它虽可实践，却只能有少数人可以达到。他的幸福论是想要顾及到多数人，以对多数人而言的真实的善为指归，虽然他以为多数的人是坏的或不好不坏的。因此，在《尼各马可伦理学》的末卷，亚里士多德转达给我们这样的信息：合于第二好的德性即道德德性的活动是第二好的；它是道德德性的实现活动，是完全属人的生活，是多数人若关怀自身之完善便可以实行、可以努力获得的生活。可实践的幸福，即灵魂的有逻各斯的部分的实现活动，对于多数人来说，就在于我们的实践的生命的合道德德性的活动。合道德德性的活动并不与合理智德性的活动判然分别。相反，按照亚里士多德的看法，它之所以也是幸福，乃是因它也分有人的最好德性的实现活动即沉思：努斯与智慧的光透过实践理性投射于道德德性;理智德性,苗力田先生[①]说,使道德德性的领域拓宽,层次加深,目光放远,使它们不再局限于个别而成为普遍;实践理性的德性——明智的实现活动与道德德性的实现活动不可分离。所以,道德德性之实现活动终归有理智德性的参与。所以人与动物不同:动物因不分有沉思活动而不分有幸福,人则因分有它而分有幸福。

幸福,亚里士多德说道,是学得的而不是靠运气获得的。一个人不依靠自己的努力,就不可能获得幸福。因为幸福在于整个灵魂,尤其是灵魂的欲望部分的合德性的活动。没有通过这种活动获得的灵魂的善,就是拥有全部的外在的善也是枉然。而且,幸福不在于一时一事的合乎德性,不在于不确定的东西,而在于一生中的合德性的活动。尽管不是到生命终结时才可以作结论,一个人只有不是在一时一事上,而是在一生中都努力合德性地活动着,才是幸福的。所以,幸福意味持续的、严肃的活动而不是消遣。消遣也是自身即善的,但它不是终极性的目的。我们要消遣是为恢复精神以继续严肃的追求。

不过幸福也需要外在善作为补充。沉思的幸福需要得较少些:它只要拥有中等的财富。德性的幸福则需要得多些,因为有德性的人需要外在的条件成就其德性的活动。人自身不完善,所以作为人,幸福就需要外在的善。因为,人们都认为幸福是自足完善的,而自足完善就意味着所有善事物一应具备。而在所有的外在善中,朋友就是最大的善。我们需要朋友接受我们的善举和公正

① 苗力田:"品质、德性与幸福",《中国人民大学学报》,1999 年第 5 期。

行为,需要朋友来帮助提升品质。因为,两个人的智慧就比一个人更高。但是我们需要朋友尤其是由于人的活动的特别的性质所致。严肃的活动需要我们与朋友一道进行才能持续。因为,人的生命的活动主要就在于去感觉和去思考。生命自身就是善的和愉悦的。如果是这样,如果幸福的人的感觉与思考是最丰富的,我们就需要感觉朋友的感觉,思考朋友的思考。因为,好人朋友的生命的感觉与思考也自身就是善的。幸福最终是在于我们同朋友一道持续地进行属人的、合德性的活动。

这份匆匆草就的导言目的在于为初步接触亚里士多德伦理学的朋友在阅读前做一点预备。它并不是对亚里士多德的伦理学理论的评论性的研究。对于这种评论性的研究,它仅仅构成一种预备的工作。

读伦理学著作是人一生中的重要经历。一部好的伦理学著作可以帮助我们懂得什么是真正的善以及当如何作选择。这样的著作是作者用心写的,所以也必须用心来读。青年人在有足够准备之前,最好先不要开始读像亚里士多德这样的伦理学著作。人也许是到了中年,尤其在对于人生与社会有了些体验后,才适合开始读这样的书。而且,也许最好是过几年再读一遍,反复读几遍。因为,其中的道理,需要反复地读才能领悟。读好的伦理学著作亦有不同的阶段:读到并记住一些词句,认同一些道理,对生活事务可以提出些意见,此其一;悟到作者的真实体验,进而对作者的思想达到一种整体的理解,并可在实践中借鉴和体会,此其二;对作者的思考可以作批评性的研究,并能旁通若干其他理论,进而对人的生活事务与政治事务作出独立的、融会贯通的思考,不因人附言,也不因人废言，并进而对生活事务、政治事务乃至人类的精神有所贡献，此其三。学无涯，学也无欺。心灵的培育以求真为贵。这真既是对心灵自身的，也是行为的正。讲话真不易，做事真就更加难。不过心灵的品质终归是我们每个人自己的事，让它一生都偏缺着，我们的生命中毕竟少了许多的东西。而这样的书，就像我们的先哲孔子的书那样，可以在多方面帮助我们。

译注者

2001 年 6 月于北京

目　　录

第八卷 [友爱]

第九卷 [友爱(续)]

第一卷

[善]

1. [善作为目的]

每种技艺[①]与研究,[②]同样地,人的每种实践[③]与选择,[④]都以某 1094a

---

① τέχνη,或译技术。在亚里士多德的伦理学中,(1)技艺是灵魂的理智部分的获得真或确定性的五种方式之一,是理智获得与那些不仅可变化而且可制作的事物相关的确定性的方式。理智获得确定性的其他四种方式分别是(2)科学(ἐπιστήμη,或译理论)、(3)明智(φρόνησις)、(4)智慧(σοφιά)和(5)努斯(νοῦς)。这五种形式的理智活动的性质、对象和作用都各有区别。亚里士多德关于这五种理智活动形式的详细讨论见第六卷。

② μέθοδος,或ζήτησις,或译探究、探索,是理智对可变动的事物进行的思考活动。在《尼各马可伦理学》中,亚里士多德没有对研究作过定义,但是他似乎把研究作为科学与技艺、智慧与考虑(明智的一种形式)的泛称(参见 1096a12,1098a29, 1112b20—22, 1142b14)。格兰特(A. Grant)(《亚里士多德伦理学》[朗曼斯与格林出版公司,1885 年]卷I第 421 页)说,研究是"走向科学(理论)的道路"。在此处,亚里士多德之所以不提科学,是因为科学不专以活动之外的善为目的。技艺与研究、实践与选择都相关于可变动的题材并以某种善为目的。

③ πρᾶξίς,实践或行为,是对于可因我们(作为人)的努力而改变的事物的、基于某种善的目的所进行的活动。在亚里士多德的伦理学著作中,实践区别于制作,是道德的或政治的。道德的实践与行为表达着逻各斯(理性),表达着人作为一个整体的性质(品质)。

④ προαίρεσις,意义为自由选择的、有目的的活动。斯图尔特(J. A. Stewart)(《尼各马可伦理学注释》[克莱伦顿出版公司,1892 年]卷Ⅰ第 7、43 页)说,προαίρεσις是对于一种不同于当下快乐的目的的观念,指在追求着某种善的各种能力中伴有技术的正确性的那种能力,这种能力使一个人在所面临的危险中做出正确的行为。依这种诠释,亚里士多德的选择概念是同时包含着意图与能力的追求目的(善)的实践。

种善为目的。所以有人①就说，所有事物都以善②为目的。（但是应当看到，目的之中也有区别。它有时是实现活动③本身，有时是活动④以外的产品。当目的是活动以外的产品时，产品就自然比活动更有价值。）由于活动、技艺和科学有许多，它们的目的也就有多种。医术的目的是健康，造船术的目的是船舶，战术的目的是取胜，理财术的目的是财富。几种这类技艺可以都属于同一种能力，例如制作马勒的技艺和制造其他马具的技艺都属于骑术，

---

① 这可能是指数学家、天文学家欧多克索斯（Eudoxus of Cnidus，约公元前400—前350年）。他曾就学于柏拉图门下，是亚里士多德的好友，以品德高尚得到亚里士多德的称赞。

② τἀγαθὸν，善，那个善；由τό ἀγαθὸν（那个[被追求的]善）合成，是亚里士多德的特殊用法；ἀγαθόν为形容词ἀγαθός（善的）之宾格形式。亚里士多德谈论的善有两种意义：具体的善（ἀγαθός）和最终的善（τἀγαθόν）。具体的善是一个具体的目的。但这种善，如我们在下文中将看到的，有不同的情形：有些只是另一个较远目的的手段，有些则自身就是目的，但也被作为某种更终极的善的手段而被选择。最终的善有总体的性质，因为更高的目的都包含了所有低于它的目的。关于亚里士多德对τἀγαθὸν的特别的用法，我得益于克里斯普（R. Crisp）博士。我在牛津访问期间曾有机会向他请教。他向我说明，τἀγαθὸν这个亚里士多德的专门术语在亚里士多德之后才被某些其他哲学家使用；柏拉图没有以这种方式使用过这个术语，尽管他在《理想国》（*Republic*）中使用过τό ἀγαθὸν。我在下文中将努力表达出他对于具体的善和终极的（总体的）善的区分，因为这种区分对于他十分重要。具体的善在行文中的通常译法是“某种善”，指在某个种属的事物中被看作好事物的东西，或“善事物”，指某种善的复数形式，即多种被看作好东西的事物。另一方面，终极的或总体的善，我在行文中译为“善”，或在亚里士多德指明的地方译为“最高善”。

③ ἐνέργεια。格兰特（同上书，卷I第422页）说，ἐνέργεια在亚里士多德的严格意义上是含目的于自身之中的活动，而在相对的意义上它也可以是实现一外在目的的手段。在亚里士多德的概念中，ἐνέργεια作为实现自身目的或同时既是内在的又是外在的目的的活动，与能力有基本的区别。它是付诸运用的能力，而与作为潜质而未起作用的能力无关。而在泛义上，奥斯特沃特（M. Ostwald）（《亚里士多德尼各马可伦理学》[鲍伯斯-梅瑞尔公司，1962年]第306页）说，ἐνέργεια是指积极的活动状态，意义甚至比实践还要广泛。

④ ἔργα，ἔργον。在亚里士多德伦理学中，活动是一般意义上的运用肉体与灵魂力量的运动，包括道德的行为活动与技艺的（制作）活动。

骑术与所有的军事活动又属于战术，同样地，其他技艺又属于另一些技艺。在所有这些场合，主导技艺的目的就比从属技艺的目的更被人欲求，因为后者是因前者之故才被人欲求的。（并且在这里，选择的目的是活动本身还是活动以外的什么东西这两者并没有多大差别，刚刚提到的那些科学①的情形就是这样。）

2. ［最高善与政治学］

所以，如果在我们活动的目的中有的是因其自身之故而被当作目的的，我们以别的事物为目的都是为了它，如果我们并非选择所有的事物都为着某一别的事物（这显然将陷入无限，因而对目的欲求②也就成了空洞的），那么显然就存在着善或最高善。那么，关于这种善的知识③岂不对生活有重大的影响？它岂不是，像射手有一个标记帮助他一样，更能帮助我们命中正确的东西？如若这样，我们就应当至少概略地弄清这个最高善是什么，以及哪一种科

---

① ἐπιστήμη。科学如已经说过的（第 1 页注①），是理智的把握事物的真或确定性的一种活动方式，这种活动，如文中所说，其目的或在于活动，或在于活动的某种结果即知识，这种区分对于科学并不很重要。所以，ἐπιστήμη一词在亚里士多德的用法中有时指一种特殊的寻求真及确定性的实现活动，有时指这种活动所产生的那些结果，即知识（在这种用法上，ἐπιστήμη一词的意义又大致相等于γνῶσις）。这种知识在严格意义上是对于事物的不变的性质或本质的。技艺则以可制作的事物为题材并且目的在于活动的结果。所以科学与技艺不同。

② ὄρεξις。欲求在亚里士多德的用法中，是人对于任何对象物，例如财富、荣誉、快乐等等的主观倾向性和由这种倾向性引出的活动。在人的欲求之中，亚里士多德把对肉体快乐的欲求称为欲望（ἐπιθυμία）。

③ γνῶσις，γνῶμα，经过了解或理解而已经知道具有确定性的东西。

学与能力[①]是以它为对象的。看起来，它是最权威的科学或最大的
1094b 技艺的对象。而政治学似乎就是这门最权威的科学。[②]因为正是这门科学规定了在城邦中应当研究哪门科学，哪部分公民应当学习哪部分知识，以及学到何种程度。我们也看到，那些最受尊敬的能力，如战术、理财术和修辞术，都隶属于政治学。既然政治学使其他科学为自己服务，既然政治学制定着人们该做什么和不该做什么的法律，它的目的就包含着其他学科的目的。所以这种目的必定是属人的善。尽管这种善于个人和于城邦是同样的，城邦的善却是所要获得和保持的更重要、更完满的善。因为，为一个人获得这种善诚然可喜，为一个城邦获得这种善则更高尚[高贵]、更神圣。既然我们的研究在某种意义上是政治学的研究，这些[③]也就是我们的研究的目的。

3. [政治学的性质]

我们对政治学的讨论如果达到了它的题材所能容有的那种确定[④]程度，就已足够了。不能期待一切理论都同样确定，正如不

---

① δύναμις。亚里士多德认为能力是灵魂的一种状态，另外的两种状态是感情（感觉）与品质（品性）。

② 此处，亚里士多德以科学与技艺两者说政治学，认为政治学同时兼有两者的性质。

③ 指属人的善与城邦的善。

④ ἀκριβής。在亚里士多德的哲学中，确定性是智慧、科学、明智等等在宇宙现象、事实与意见中试图抓住的东西。它包括真与似真（或显得真、看起来真）两个主要的形式。它的相反者是不确定。

能期待一切技艺的制品[1]都同样精确。政治学考察高尚[高贵][2]与公正的行为。这些行为包含着许多差异与不确定性。所以人们就认为它们是出于约定而不是出于本性的。善事物也同样表现出不确定性。因为它们也常常于人有害:今天有的人就由于富有而毁灭,或由于勇敢而丧失了生命。所以,当谈论这类题材并且从如此不确定的前提出发来谈论它们时,我们就只能大致地、粗略地说明真;当我们的题材与前提基本为真时,我们就只能得出基本为真的结论。对每一个论断也应当这样地领会。因为一个有教养的人的特点,就是在每种事物中只寻求那种题材的本性所容有的确切性。只要求一个数学家提出一个大致的说法,与要求一位修辞学家做出严格的证明同样地不合理。

一个人可以对他熟悉了的那些事物作出正确的判断,在这些事物上他是一个好的判断者。所以,对于某个题材判断得好的是在那 1095a
个题材上受过特殊教育的人,在事物总体上判断得好的人是受过全面教育的人。所以青年人不适合听政治学。[1]他们对人生的行为缺

---

① 与自然的制品相对。自然的制品是自然、本性使然,技艺的制品是人力、人为使然,这两者在亚里士多德的学说中一向是相互区别的。

② καλόν。καλόν一词在希腊语中意义极为丰富,指美的、好的、公正的、高尚的等等。总之指人的美善的、正确的行为。莱克汉姆(H. Rackham)(《亚里士多德尼各马可伦理学》[海恩曼公司,1926 年]第 6 页注)说,καλόν是指对正确的行为的崇敬。以字意来说,英语词汇 fine 表美善的意义已足,但表正确的意义不足,noble 则在后一方面亦能充分表达。所以我在行文中将以高尚来译解它。不过这只是近似的表达。因为在正确与美善这两个尺度的区别程度上,在汉语中与古希腊语中似有不同理解习惯。在汉语中,高尚似乎是指远远高于正确的行为,正确是容易做到的,美善则不易做到。而在希腊语中,正确、公正大概都是很高的标准。所以正确的行为本身已经具有美善的性质。大概也因这种习惯意义,希腊语中的高尚本身就是高贵的,不同平常的。所以我以高尚[高贵]来解读它的意义。

少经验，而人的行为恰恰是政治学的前提与题材。此外，青年人受感情左右，他学习政治学将既不得要领，又无所收获，因为政治学的目的不是知识而是行为。一个人无论是在年纪上年轻还是在道德[②]上稚嫩，都不适合学习政治学。他们的缺点不在于少经历了岁月，而在于他们的生活与欲求受感情宰制。他们与不能自制者一样，对于他们知等于不知。[③]但是对于那些其期求和行为合于逻各斯[④]的

---

① 韦尔登(J. E. C. Welldon)(《亚里士多德尼各马可伦理学》[麦克米兰公司，1902年]第4页)说，这句话据信是莎士比亚(W. Shakespeare)在写《特洛伊鲁司与克蕾斯达》(*Troilus and Cressida*)中下面一段话时浮现于脑际的：

> 年轻人，亚里士多德说他们不适合听道德哲学。(第2场第2幕)

② ἦθος，习惯、风俗、道德等等；指由于社会共同体的共同的生活习惯和习俗而在个体成员身上所形成的品质、品性。

③ 莱克汉姆(同上书，第8页注)说，此论据在于，即使年轻人能够获得伦理学的知识(事实是他们不能获得，因为伦理学的知识的获得需要生活经验)，他们也无法运用它去指导行为，因为他们受其感情与欲望的宰制；所以，对伦理学的学习对于他们没有价值，因为伦理学作为实践的学问只能为运用的目的而追求。

④ λόγος是古希腊语中最难今译的词汇之一。据其实际的用法，本指说话、言语、演说、谈论、词等等，进而也指谚语、传说、寓言、箴言、警句、明言等等，以及包含在这些语言形式中的道理、思想、理性、推理、思虑、意见等等。罗斯(D. Ross)(《亚里士多德尼各马可伦理学》，载于《亚里士多德全集》第9卷，牛津，1925年。由于牛津版罗斯译本未具页码，引注有所不便，我在下文中所引用的罗斯译文与注释皆引自他的后学阿克瑞尔(J. L. Ackrill)和厄姆森(J. O. Urmson)1980年于牛津出版的罗斯译本的修订本。下述引文见该书第4页注)于此处说明λόγος在英语中的翻译的困难时说：

> 在《尼各马可伦理学》的所有常见语汇中，λόγος为最难译者。直至最近，公认的译法才是"理性"。但我以为，在亚里士多德那里，λόγος显然不是指人的理性功能，而是指被理性抓住的某种东西，或是有时也指理性功能的某种运用。对亚里士多德来说，理性同其对象的联系是非常之紧密，所以当逻辑迫使他说出那种理性功能的名称时，他常常就说是λόγος。

所以罗斯在译解λόγος时以"理性原则"、"合理理由"、"规则"、"论据"、"推理"、"推理过程"等等对译。在中译上这个困难当然更大。为读者能了解亚里士多德所使用的词汇，我在这些场合一般以"逻各斯"音译，而在亚里士多德将ἀρχή(开端，初始)置于λόγος之前，表达推理的前提和出发点的地方以"始点(或始因)"来译解。不过值得指出的是，"逻各斯"这一音译在中文文献中已形成的所谓"客观规律"的理解与亚里士多德之用法的意义相去甚远。

人，对于这些题材的知识将于他大有帮助。作为开篇的话，关于什么人适合学习这门学问，应当以什么方式来研究它，以及这种研究的目的是什么，我们就说到这里。

4.［幸福作为最高善］

我们再回到开头来说一说，既然所有的知识与选择都在追求某种善，政治学所指向的目的是什么，实践所能达到的那种善又是什么。就其名称来说，大多数人有一致意见。无论是一般大众，还是那些出众的人，都会说这是幸福，[1]并且会把它理解为生活得好或做得好。[2]但是关于什么是幸福，人们就有争论，一般人的意见与爱智慧者的意见就不一样了。因为一般人把它等同于明显的、可见的东西，如快乐、财富或荣誉。不同的人对于它有不

---

① εὐδαιμονία，在英语中，莱克汉姆（第 10 页注 a）说，难于避免以 happiness 来对译，但也许更确切的表达是 well-being 或 prosperity，因为亚里士多德所说的不是一种感情状态而是一种活动。Happiness 在汉语中一般译为幸福，这比较妥当。我在下文中将εὐδαιμονία 统一地译为幸福。但英语中的 well-being 与 prosperity 在汉语的对译上都存在困难。well-being 字面意义为好的存在（或生活），但汉语中此种表达的俗成意义一般是指生活的衣食住行的物质的方面，然亚里士多德的原意是指人的肉体与灵魂活动的圆满的实现，尤其是指人的灵魂的最好的思想活动的圆满实现。另一方面，prosperity 本意是指一种圆满状态，词典多解为运气、成功等等，都不甚达意。

② τὸ δ' εὖ ζῆν καὶ τὸ εὖ πράττειν。εὖ ζῆν即上注所说好的存在（或生活），区别于简单意义上的存在（或活着）。εὖ πράττειν，斯图尔特（卷 I 第 44 页）说其意义比较模糊。莱克汉姆（第 10 页注）认为，εὖ πράττειν在通常的理解中意义更近于进行得好（faring-well）而不是做（行为）得好（acting-well）。我在此处译为“做得好”是因为“进行得好”在汉语中可能与人的行为或活动的意义离得太远。

同的看法，甚至同一个人在不同时间也把它说成不同的东西：在生病时说它是健康；在穷困时说它是财富；在感到了自己的无知时，又对那些提出他无法理解的宏论的人无比崇拜。已经有一些思想家[①]说，除了已经提到的这些善事物，还有另一种善，即善自身，它是使这些事物善的原因。对所有这些意见都作一番考察不会有什么收获。我们只考察那些最流行的、多少有些道理的意见，就已经足够了。

我们也不要忽略，在从始点[②]出发的论据同走向始点的论据之间存在着区别。这个问题是柏拉图正确地提出的。他经常发问：正确的推理应当从始点出发，还是走向它？就像在赛跑时，一
1095b 个人可以从裁判员那一端跑向另一端，也可以从另一端跑向裁判员那一端。我们当然应当从已知的东西出发。[③]但已知的东西是在两种意义上已知的：一是对我们而言的，二是就其自身而言的。

---

① 这当是指柏拉图及其继任者们的观点。

② ἀρχῶν λόγοι，τὰς ἀρχάς，或译最初原理，第一原理。ἀρχῶν与ἀρχᾶς都衍生于名词ἀρχή（最初的东西）。亚里士多德对ἀρχή及其衍生词汇的使用非常频繁，其基本的含义是起点和最初的依据，或相关于思想、意见，以及推理、演绎，或相关于品质、德性，以及行为、事实，用法十分复杂。格兰特（卷Ⅰ第433页）认为，亚里士多德的ἀρχή的基本意义是始点或原理，时常有些含糊。斯图尔特（卷Ⅰ第55页）认为，其中既有一般理解的始点或起点（出发点）等等意义，在某些场合又有推理的最初前提的技术性意义。基于对亚里士多德的ἀρχή的这两种已经得到公认的诠释，我将在亚里士多德的用法与思想以及推理等等相关时将ἀρχή译为始点，在其用法与某种物理上的最初原因相关时译为始因，以便减少术语上的复杂性。

③ 斯图尔特（卷Ⅰ第48—49页）和韦尔登（同上书，第6页注①）认为，亚里士多德在这里并没有特指柏拉图的某一篇对话。韦尔登还认为，亚里士多德可能只指柏拉图对话中“苏格拉底”的总的方法倾向。

也许我们应当从对我们[①]而言是已知的东西出发。所以,希望自己有能力学习高尚[高贵]与公正即学习政治学的人,必须有一个良好的道德品性。因为,一个人对一件事情的性质的感觉本身就是一个始点。如果它对于一个人是足够明白的,他就不需再问为什么。而受过良好道德教育的人就已经具有或是很容易获得这些始点。至于那些既不具有,也没有能力获得这些始点的人,他们应当听一听赫西阿德[②]的诗句:

自己有头脑最好,
肯听别人的劝告也不错,
那些既无头脑又不肯听从的人
是最低等的人。[③]

5. [三种生活]

我再从前面走了题的地方[④]接着说。如果从人们所过的生活来判断他们对于善或幸福的意见,那么多数人或一般人是把快乐等同于善或幸福。所以他们喜欢过享乐的生活。有三种主要的生活:[⑤]

---

① 亚里士多德的著作通常以复数第一人称("我们")写作。"我们"的意义常常要根据上下文判断。莱克汉姆(第10页注)认为,亚里士多德此处的"我们"是相对于柏拉图学派而言,指吕克昂学派。

② Hesiod,希腊诗人,创作时期为公元前8世纪。

③ 《工作与时日》(*Work and Days*)291—295。

④ 1095a30。亚里士多德在此继续考察关于善或幸福的主要的流行意见。

⑤ 据莱克汉姆(第14页注)说,三种生活的说法可追溯到毕达哥拉斯(Pythagoras,公元前580—前560年)。他把这三种人比作游戏中的三种参与者:商人、竞赛者和观者。

刚刚提到的最为流行的享乐的生活、公民大会的或政治的生活，和第三种，沉思的生活。一般人显然是奴性的，他们宁愿过动物式的生活。[1] 不过他们也不是全无道理，因为许多上流社会的人也有撒旦那帕罗[2]那样的口味。另一方面，那些有品味的人[3]和爱活动的人则把荣誉等同于幸福，因为荣誉可以说就是政治的生活的目的。然而对于我们所追求的善来说，荣誉显得太肤浅。因为荣誉取决于授予者而不是取决于接受者，而我们的直觉是，善是一个人的属己的、不易被拿走的东西。此外，人们追求荣誉似乎是为确证自己的优点，至少是，他们寻求从有智慧的人和认识他们的人那里得到荣誉，并且是因德性而得到荣誉。这就表明，德性在爱活动的人们看来是比荣誉更大的善，甚至还可以假定它比荣誉更加是政治的生活的目的。然而甚至德性这样一个目的也不完善。因为一个人在睡着时也可以有德性，一个人甚
1096a 至可以有德性而一辈子都不去运用它。而且，有德性的人甚至还可能最操劳，而没有人会把这样一个有德性的人说成是幸福的，除非是要坚持一种反论。关于这个题目就说到这里，因为我

---

① 即只求活着而不追求好的生活的生活。这两种生活在亚里士多德的著作中与在柏拉图的著作中一样是始终相互区分的。参见亚里士多德在本卷后面关于人与动、植物共有的植物功能的论述。

② Sardanapallus，传说中的一位亚述王。莱克汉姆（第 14 页注 b）说，阿森纽司（Athenaeus）记录了他的墓志铭的两段话，一段说，“吃吧，喝吧，玩吧，其余不必记挂”；另一段说，“我吃的和我享受的快事仍为我有，而所有财富则离我而去”。

③ χαρίεις，体面的、优美的、有魅力的、机智的，亚里士多德在这里指上层社会中另一种人，不过这种人仍然不是爱智慧者。依据他引用的赫西阿德的诗句，这大概是指肯听别人的智慧的人。

们在普通哲学讨论①中已经谈得很多了。第三种生活，即沉思的生活，我们将留到以后考察。② 牟利的生活③是一种约束的生活。而且，财富显然不是我们在寻求的善。因为，它只是获得某种其他事物的有用的手段。人们也许更愿意把前面提到的三种对象④当作目的，因为它们是因其自身而被我们所爱的。但是显然它们也不是目的，尽管也有许多支持⑤它们作为目的的论点。不过我们可以先谈到这里。

---

① τὰ ἐγκυκλία φιλοσοφήματα。关于亚里士多德这一提法的意义，研究者中一直有不同意见。韦尔登本与斯图尔特本都成书于上世纪末，韦尔登(第 8 页)认为这是指吕克昂学院举办的对公众的哲学讲演，相当于“公开讲演(ἐξωτέρικοι λόγοι)”，斯图尔特(卷 I 第 68、162 页)则认为ἐξωτέρικοι λόγοι未必是指对公众的通俗讲演，最好是把它理解为“在其他地方”这样宽泛些的短语。斯图尔特并说新近的研究者多放弃了亚里士多德是指某类通俗讲演的看法。不过成熟于晚些时的莱克汉姆译本(第 16 页注)坚持了韦尔登的见解，并以为这一提法同亚里士多德《论灵魂》(*De anima*)(407b29)中所说的“公众讨论τοῖς ἐν κοινῷ γινομένοις”所指相同。韦尔登同莱克汉姆的看法恰好同拉尔修(D. Laertius)《名人传》(*Lives of Eminent Philosophers*)(第 1 卷)中的判断相合。拉尔修距亚里士多德的年代较近，他的判断很可能较为真确些。所以我在此以“普通讨论”译解。

② 1177a12—1178a8，1178a22—1179a32。

③ 牟利的生活，亚里士多德指的不是家庭的经济生活，而是以赚钱为目的的生活，例如《政治学》(*Politics*)中提到的交易(1257a6—19)、商贩(1257a17，1258a39，b12—25)、雇工(1258b25—27)、放贷(1258b2—9，25)的生活。在这些生活方式中，亚里士多德认为这些生活方式是反自然、反本性的。例如高利贷者为放贷而节衣缩食，就像运动员为保持体重而节食。

④ 即快乐、荣誉、德性。

⑤ 莱克汉姆此处作“反对”。此处依娄布希腊文本和罗斯英译本。亚里士多德此处的意思似乎是说，那些支持的论据也都不能胜过上面已提出的反驳。

6. ［柏拉图的善概念］

也许，我们最好先考察一下普遍善的概念，研究一下它的含义是什么，尽管这种讨论令人为难，因为它要谈及我们自己的朋友[①]所提出的理论。不过我们最好还是这样选择。的确，为了维护真而牺牲个人的所爱，这似乎是我们，尤其是我们作为爱智慧者[②]的责任。因为，虽然友爱与真两者都是我们的所爱，爱智慧者的责任却首先是追求真。倡导这一理论的人们对于他们排列了先后次序的事物从不提出型[③]（所以他们不提出一个涵盖所有数的型）的概

---

① 指柏拉图及其继任者。希腊语中朋友（φίλος）的意思为"所爱者"，或者指爱者，或者指被爱者，是一个人对之倾注友爱感情的另一个人。所以亚里士多德在下文中说到为了真而牺牲个人的所爱。

② φιλόσοφους，即今天所说的哲学家。

③ ἰδέα。柏拉图的关于事物的普遍本质的概念。由εἶδος变形而来。汪子嵩等的《希腊哲学史》（卷 2）（人民出版社，1993 年）（参见第 657—660 页）引证陈康先生，指出ἰδέα与εἶδος来源于动词εἴδω（看，观看），并取陈先生建议将此两者译为"相"。罗念生（参见同上）认为此两词所指为"型"，具体物之原貌。我以为在中文中"型"的译法比"相"更好。因为它一则与视觉形象相联系，二则含有原貌之意。但鉴于εἶδος为亚里士多德及其他一些哲学家通用，我在下文中将它译为"型式"（区别于亚里士多德的"形式"）。柏拉图专门的概念ἰδέα，我将译为"型"。

④ 亚里士多德认为在有先后次序的事物中无法提出一个普遍的定义，这种定义只有对互不包含的事物的种提出。例如在《政治学》（1275a34）中他注意到在有先后次序的各种政体中无法提出一个普遍的政体的定义。参见斯图尔特（卷 I 第 77—79 页）。斯图尔特认为，亚里士多德所针对的不是柏拉图学派的"型式数字（εἰδήτικοι ἀριθμοί）"，而是"科学数字（μὰθημὰτικοι ἀριθμοί）"。科学数字中的每一个都把前面的数字包含于内，例如 2＝1＋1，3＝2＋1，4＝3＋1 或 2＋1＋1，等等。柏拉图学派在这样的事物系列中不提出普遍的、分离的型式概念。然而，柏拉图学派却在同样具有先后次序的善事物中提出了普遍的、分离的善的型式概念。亚里士多德的第一条批评是针对柏拉图学派的型式论的逻各斯上的这种矛盾而提出的。

念。④但是他们却既用善来述说实体，也用善来述说性质和关系。而绝对或实体在本性上优先于关系，关系似乎是实体的派生物或偶性。① 所以，不可能有一个型适合这两种不同的善。其次，善像“是”一样有许多种意义（它可以述说实体，如神或努斯；可以述说性质，如德性；可以述说数量，如适度；可以述说关系，如有用；可以述说时间，如良机；可以述说地点，如适宜的住所，等等），所以它不可能是一个分离的普遍概念。因为否则它就不可能述说所有范畴，而只能述说某一个范畴。第三，既然凡属于同一个型的事物必定是同一门科学的对象，那么就本应当有一门科学研究所有的善事物。但事实上，甚至对属于同一范畴的善事物都有许多科学来研究。例如，时机在战争上由战术学来研究，在疾病上由医学来研究；适度在食物上由医学来研究，在锻炼上由体育学来研究。此外，如果同一个关于人的定义既适用于“人自身”又适用于一个具体的人，“某物自身”是否真有什么含义就很可疑。因为，就“人自身”和一个具体的人都是人而言，它们没有什么区别。如若这样，“善自身”与具体的善事物，就它们都是善的而言，也就没有什么区别。“善自身”也并不因其永恒就更善，因为长时间的白并不比一天的白更白。

毕达哥拉斯学派对善的说明似乎更真切些。他们把数目一归在善事物之中。② 斯彪西波③似乎在追随他们。但是这个问题

① συμβεβηκός，亚里士多德有时也用τύχης，偶性是亚里士多德的一个重要的性质概念，相对于“自身”或“本性”。

② 毕达哥拉斯派说一是善，而不是像柏拉图学派那样说善是一。参见莱克汉姆第 20 页注。

③ Speusippus，柏拉图的侄子，继柏拉图之后主持雅典学园。

我们在别的地方[1]再谈罢。

我们可以看出一种反对意见，即这种理论所说的不是所有的善事物；那些因其自身故而为我们所爱、所追求的善事物是因属于一个单独的型式[2]而被称作善的；任何产生或保持着这些善或阻止着它们的对立物的善事物，都是因作为它们的手段而被称为善的。这样，善事物就可以有两种：一些是自身即善的事物，另一些是作为它们的手段而是善的事物。那么，我们就把自身即是善的事物同那些有用的事物区分开，考察一下自身即善的事物被称为善是否是因为它们属于一个单独的型式。哪种事物是自身即善的呢？是那些无需其他事物之故自身就被追求的事物，如智慧、视觉以及某些快乐与荣誉吗？因为，尽管我们也因其他事物而追求它们，我们还是把它们算作自身即善的事物。或者，除了善的型[3]之外便再没有事物自身即善吗？如若这样，这个型式[4]就是空洞的。而如若所提到的那些事物也属于自身即善的事物，善的概念就必须显现于所有同类事物中，就如白要显现于白雪与白漆中一样。然而荣誉、智慧与快乐的概念却是不同的。所以，善不是产生于一个单独的型的。

但是不同事物是在何种意义上被称为善的呢？它们肯定同

---

① 参照《形而上学》(*Metaphysica*)986a22—26，1028b21—24，1072b30—1073a3，1091a29—b3，b13—1092a17。亚里士多德在这些地方谈到毕达哥拉斯派的观点，并且把这些观点放置在一种柏拉图的观点背景下作对比的考察。

② εἶδος。格兰特(卷Ⅰ第205、443页)与斯图尔特(卷Ⅰ第85页)认为，亚里士多德此处使用这个词同柏拉图的型式概念有区别，其意义是种(形式)。

③ ἰδέα。

④ εἶδος。

那些只碰巧地被称为善的事物不同。它们是由于出自或趋向于同一个善而被称为善呢？还是由于某种类比而被称为善，就像如果视觉是身体的善，努斯[①]就是灵魂的善以及其他一些例子一样？[②] 不过我们暂时得把这个问题放在一边。因为对这个问题的缜密研究属于哲学的另一个分支。[③] 对于善的型也只得这样。就算有某种善是述说着所有善事物的，或者是一种分离的绝对的存在，它也显然是人无法实行和获得的善。而我们现在在研究的是人可以实行和获得的善。然而有人可能认为，对于善的型的知识，作为可以帮助我们获得那些可实行和获得的善事物的手段，1097a
还是值得去获得的。因为，有了这样一种型，我们就更清楚哪些事物对我们是善的；清楚了哪些事物是善的，就更能够获得它们。这个论点虽然有几分道理，但是却不合乎科学的实际。因为，尽管所有科学都在追求某种善并且尽力补足自身的不足之处，它们却不去理会这种善的知识。如若它果真有如此重要的

① νοῦς。在《尼各马可伦理学》(*Nicomahean Ethics*)中，νοῦς在具体的意义上，如已说明的(第1页注①)，是灵魂的διά νοια(理智)部分的获得真或确定性的五种方式之中的最高的方式。在较宽泛的意义上，亚里士多德有用它指整个διάνοια或它的把握与可变动的题材相关的真的部分。参见第182页注⑦和第185页注①。在这种意义上，νοῦς就是或接近于διάνοημα。所以有些译者将νοῦς译为理智。但是鉴于亚里士多德赋予了νοῦς那种具体的意义，并且以διάνοια作为理智的活动方式的总概念(参见他在第六卷的讨论)，我认为对这两个术语做不同的处理比较适宜。我将以“努斯”来音译亚里士多德的νοῦς概念，以理智来译解διάνοια一词。这两者间的联系相信不致因这样的处理而受到损害。

② 这后一种观点是亚里士多德主张的。善事物被视为善，不是因它们共属于某种善的型式，而是因它们在类比的意义上是善，或相对于某种目的或某个其他的事物是善。类比是通过同某个其他事物的关系对一事物的述说。参见《范畴篇》(*Categoria*)第7章。

③ 亚里士多德在这里所指的应当是形而上学。

帮助，所有的技匠就不会不知道它、不去追求它。很难看清，善的型式将给一个织工、一个木匠什么帮助。也很难看出，对善的型进行沉思如何能使一个人成为一个更好的医生或将军。因为，一个医生甚至不抽象地研究健康。他研究的是人的健康，更恰当地说，是一个具体的人的健康，因为他所医治的是一个具体的人。但是这个话题就谈到这里罢。[①]

7. ［属人的善的概念］

我们再回到所寻求的善，看看它究竟是什么。它看来在每种活动与技艺中都不同。医术的善不同于战术的善，其他类推。那么每种活动和技艺中的那个善是什么？也许它就是人们在做其他每件事时所追求的那个东西。它在医术中是健康，在战术中是胜利，在建筑术中是一所房屋，在其他技艺中是某种其他东西，在每种活动和选择中就是那个目的，其他的一切都是为着它而做的。所以，如果我们所有的活动都只有一个目的，这个目的就是

---

① 亚里士多德本章对柏拉图学派的善型式理论的批判有四个要点。(一)从范畴论来看，(1)如果善既述说在先的范畴(实体)，又述说后面的范畴(性质与关系)，它就不可能是一个分离的型式；(2)如果它可以述说这些不同范畴的事物，它就不是一个单独的概念；(3)善不是某一门科学研究的对象，即使只述说某一个范畴的事物的善也可以是不同科学研究的对象。(二)从所指(意义)来看，以善的型式同时指善的概念和某一善事物是肤浅的。(三)从述说的对象来看，善的型式甚至不适用于述说那些自身即善的事物，因为它们是以不同方式而善的。(四)从我们研究的目的来看，善的型式也同伦理学无关，因为它是不可实行和不可获得的。

那个可实行的善,如果有几个这样的目的,这些目的就是可实行的善。这样,我们就从一条不同的理路达到了与前面[①]同样的结论。但是我们还要把它进一步说清楚。如果目的不止一个,且有一些我们是因它物之故而选择的,如财富、长笛,总而言之工具,那么显然并不是所有目的都是完善的。[②] 但是最高善显然是某种完善的东西。所以,如果只有一种目的是完善的,这就是我们所寻求的东西;如果有几个完善的目的,其中最完善的那个就是我们所寻求的东西。我们说,那些因自身而值得欲求的东西比那些因它物而值得欲求的东西更完善;那些从不因它物而值得欲求的东西比那些既因自身又因它物而值得欲求的东西更完善。所以,我们把那些始终因其自身而从不因它物而值得欲求的东西称为最完善的。与所有其他事物相比,幸福似乎最会被视为这样一种事物。因为,我们永远只是因它自身而从不因它物而选择它。而荣誉、快乐、努斯和每种德性,我们固然因它们自身故而选择它们(因为即使它们不带有进一步的好处我们也会选择它们),但是我们也为幸福之故而选择它们。然而,却没有一个人是为着这些事

---

① 本卷第 2 章第一段。从论据上考察,亚里士多德在那里从活动的那些“因其自身而被欲求的目的”解说善;而在此处,他是从人的“可实行的、可获得的”目的解说善。从论据上有所前进。“从一条不同的”,亚里士多德此处使用的是μεταβαίνων,意思是通过、继续。罗斯解读为通过一条不同的路,大概是基于上述的论据上的考量。斯图尔特(卷Ⅰ第 91 页)则认为这里没有足够理由把它理解为通过一条不同的路,毋宁说当理解为一步一步地达到结论。这两种理解可能各有其理由。因为亚里士多德在这里表达得并不很明确。

② τέλειος。在希腊语中,完善的一词的词根即是目的(τέλος),目的是活动的终点或完成了的东西,完善的也就是目的(终点)或完成了的东西的性质。

物或其他别的什么而追求幸福。从自足[①]的方面考察也会得出同样的结论。人们认为,完满的善应当是自足的。我们所说的自足不是指一个孤独的人过孤独的生活,而是指他有父母、儿女、妻子,以及广言之有朋友和同邦人,因为人在本性上是社会性的。[②]但是这里又必须有一个限制。因为,如果这些关系要扩展到一个人的祖先和后代,以及朋友的朋友,那就没有完结了。不过,这个问题还是留到后面[③]讨论。我们所说的自足是指一事物自身便使得生活值得欲求且无所缺乏,我们认为幸福就是这样的事物。不仅如此,我们还认为幸福是所有善事物中最值得欲求的、不可与其他善事物并列的东西。因为,如果它是与其他善事物并列的,那么显然再增添一点点善它也会变得更值得欲求。因为,添加的善会使它更善,而善事物中更善的总是更值得欲求。所以幸福是完善的和自足的,是所有活动的目的。

不过,说最高善就是幸福似乎是老生常谈。我们还需要更清楚地说出它是什么。如果我们先弄清楚人的活动,这一点就会明了。对一个吹笛手、一个木匠或任何一个匠师,总而言之,对任何一个有某种活动或实践的人来说,他们的善或出色就在于那种活动的完善。同样,如果人有一种活动,他的善也就在于这种活动

---

① αὐτάρκεια,自足,自身完备;αὐτ-,自身;ἀρκεια来源于动词ἀρκέω,意思是保持、帮助充足地供给。所以αὐτάρκεια由在希腊语中是指能够自身(从神佑或自然界)获有或产生的一切资源的丰足而无所匮乏、无所依赖的状态。这个概念在希腊语常常与幸福的概念联系在一起。

② φύσει πολιτικὸν ὁ ἄνθρωπος。或者,人在本性上是政治的。亚里士多德在《政治学》(1253a2)中加上了ζῷον,意为生命物、动物。

③ 本卷第10、11章;第9卷第10章。

的完善。那么，我们能否认为，木匠、鞋匠有某种活动或实践，人却没有，并且生来就没有一种活动？或者，我们是否更应当认为，正如眼、手、足和身体的各个部分都有一种活动一样，人也同样有一种不同于这些特殊活动的活动？那么这种活动究竟是什么？生命活动也为植物所有，而我们所探究的是人的特殊活动。所以 1098a
我们必须把生命的营养和生长活动放在一边。下一个是感觉的生命的活动。但是这似乎也为马、牛和一般动物所有。剩下的是那个有逻各斯的部分的实践的[①]生命。（这个部分有逻各斯有两重意义：一是在它服从逻各斯的意义上有，另一则是在拥有并运用努斯[②]的意义上有。[③]）实践的生命又有两种意义，但我们把它理解为实现活动意义上的生命，这似乎是这个词的较为恰当的意义。如果人的活动是灵魂的遵循或包含着逻各斯的实现活动；如果一个什么什么人的活动同一个好的什么什么人的活动在根源上同类（例如一个竖琴手和一个好竖琴手，所有其他例子类推），且后者的德性上的优越总是被加在他那种活动前面的（一个竖琴手的活动是演奏竖琴，一个好竖琴手的功能是出色地演奏竖琴）；如果是这样，并且我们说人的活动是灵魂的一种合乎逻各斯的实

① 实践的在亚里士多德的用语中始终是有选择目的的行为。至于这目的是伦理的还是也包括技艺的，有不同的解说。依格兰特（卷Ⅰ第 449 页）的意见，亚里士多德所说的实践专门是指伦理的或道德的行为的。这种行为的目的在于行为之中，或者是自身即是善的事物。斯图尔特（卷Ⅰ第 99 页）根据人的更高的沉思活动不是伦理的或道德的这一亚里士多德论据，认为亚里士多德的实践是指包含伦理的以及更高的思辨的有选择目的的运用的活动。

② ἔχον καὶ διανοούμενον具有和运用努斯。

③ 括号内的短语，格兰特（卷Ⅰ第 449 页）认为是后人所加。

现活动与实践，且一个好人的活动就是良好地、高尚[高贵]地完善这种活动；如果一种活动在以合乎它特有的德性的方式完成时就是完成得良好的；那么，人的善就是灵魂的合德性的实现活动，如果有不止一种的德性，就是合乎那种最好、最完善的德性的实现活动。不过，还要加上“在一生中”。一只燕子或一个好天气造不成春天，一天的或短时间的善也不能使一个人享得福祉。[①]

以上是对于善的一个概略的说明。恰当的方式是先勾画一个略图，然后再添加细节。似乎每个人都能在这幅略图上面添加些东西，并说出他所勾画了的东西。而时间在这里也是一个好的发现者和参与者。技艺的进步就是在时间中实现的。因为任何人都能够填充其中的空缺。同时，我们又必须记住前面[②]所说过的话：我们不能要求所有的研究同样确定，而只能在每种研究中要求那种题材所容有的、适合于那种研究的确定性。木匠与几何学家都研究直角，但是方式不同。木匠只要那个直角适合他的工作就可以了，几何学家关照的则是真，他要弄清直角的本性与特性。我们在其他题材上也应当这样做，这样才不会抓住了次要的东西而忽略了主要的东西。同时，也不需要在所有问题上要求同样
1098b 的始点。有时它是已变得明白无误——就如始因那样——的事实。事实就是最初的东西，它就是一个始点。不同的始点是以不同的方式获得的。有的是通过归纳，有的是通过感觉，还有的是通过习惯

---

① μακάριος，神佑的或至高的福分。在词源上由形容词μάκαρ衍生。μάκαρ在荷马与赫西阿德笔下用于说那些神以及死后被接纳到福人岛享得福祉的人们。

② 本卷第 3 章。

等等而获得的。对每种始点，我们必须以它的本性的方式理解，必须正确地定义它们，因为它们对于尔后的研究至关重要。始点是研究的一半，它使所要研究的许多问题得以澄清。

8. [属人的善概念的辩护]

我们不能仅仅把这个始点[①]当作某些前提和从中引出的逻各斯，而且应当借助这个问题上的那些普遍意见来研究它。因为，如果一个前提是真实的，所有的材料就都与它吻合，如果它是虚假的，所有事实就与它冲突。善的事物已被分为三类：一些被称为外在的善，另外的被称为灵魂的善和身体的善。[②] 在这三类善事物中，我们说，灵魂的善是最恰当意义上的、最真实的善。而灵

---

① 即前面关于人的善或幸福的定义。

② 这种区分，斯图尔特(卷Ⅰ第119页)说，可能在柏拉图和亚里士多德之前很久就有了，例如柏拉图在《菲力布斯篇》(*Philebus*)(48)、《欧叙弗伦篇》(*Euthyphron*)(279)和《法律篇》(*The Laws*)(743)中，就将善事物分为外在的、身体的、灵魂的三类；但是只是在吕克昂学园里，三类善才同对幸福的讨论紧密联系起来。他还认为，在亚里士多德和他的学生们中间，大概有像下面这样的这三类善的某种对比表：

身体的善	灵魂的善	外在善
健康(ὑγίεια)	节制(σωφροσύνη)	财富(πλοῦτος)
强壮(ἰσχύς)	勇敢(ἀνδρεία)	高贵出身(ἀρχή)
健美(κάλλος)	公正(δικαιοσύνη)	友爱(φιλία)
敏锐(εὐαίσθησια)	明智(φρόνησις)	好运(εὐτυχία)

亚里士多德谈到三类善的其他地方有《修辞学》(*Rhetorica*)(1360b25)、《政治学》(1323a22)、《欧台谟伦理学》(*Ethica Eudemia*)(1218b32)、《大伦理学》(*Magna Moralia*)(1184 b2)。

魂的活动[①]也应当归属于灵魂。所以我们的定义是合理的，至少按照这种古老的、被哲学家们广泛接受的观点是这样。其次，我们的定义把目的等同于某种活动也是正确的。因为这样，目的就属于灵魂的某种善，而不属于外在的善。第三，那种幸福的人既生活得好也做得好[②]的看法，也合于我们的定义。因为我们实际上是把幸福确定为生活得好和做得好。此外，人们所寻找的幸福的各种特性也都包含在我们的定义中了。有些人认为幸福是德性，另一些人认为是明智，另一些人认为是某种智慧。还有一些人认为是所有这些或其中的某一种再加上快乐，或是必然地伴随着快乐。另外一些人则把外在的运气也加进来。这些意见之中，有的是许多人的和过去的人们[③]的意见，有的是少数贤达的意见。每一种意见都不大可能全错。它们大概至少部分地或甚至在主要方面是对的。我们的定义同那些主张幸福在于德性或某种德性的意见是相合的。因为，合于德性的活动就包含着德性。但是，认为最高善在于具有德性还是认为在于实现活动，认为善在于拥有它的状态还是认为在于行动，这两者是很不同的。因为，
1099a 一种东西你可能拥有而不产生任何结果，就如一个人睡着了或因

---

① τὰς ψυχικὰς περὶ ψυχὴν，ψυχικὰς是形容词ψυχικός的复数宾语形式，意义为精神的、活的。亚里士多德以此指灵魂的有生命力的活动。韦尔登（第 18 页）说，τὰς ψυχικὰς περὶ ψυχὴν在英语中没有适合的对应语。我在此姑以“灵魂的积极活动”译之。

② 参见本卷第 4 章。

③ 罗斯此处作“老年人”。莱克汉姆、韦尔登均作古老的、过去的。从亚里士多德使用的παλαιοὶ来看，很可能是指过去的人们。

为其他某种原因而不去运用他的能力时一样。但是实现活动不可能是不行动的，它必定是要去做，并且要做得好。在奥林匹克运动会上桂冠不是给予最漂亮、最强壮的人，而是给予那些参加竞技的人（因为胜利者是在这些人中间）。同样，在生命中获得高尚［高贵］与善的是那些做得好的人。而且，他们的生命自身就令人愉悦。因为，快乐是灵魂的习惯。[①] 当一个人喜欢某事物时，那事物就会给予他快乐。例如，一匹马给爱马者快乐，一出戏剧给予爱剧者快乐。同样，公正的行为给予爱公正者快乐，合德性的行为给予爱德性者快乐。许多人的快乐相互冲突，因为那些快乐不是本性上令人愉悦的。[②] 而爱高尚［高贵］的人以本性上令人愉悦的事物为快乐。合于德性的活动就是这样的事物。这样的活动既令爱高尚［高贵］的人们愉悦，又自身就令人愉悦。所以，他们的生命中不需要另外附加快乐，而是自身就包含快乐。因为，除了我们所说过的，不以高尚［高贵］的行为为快乐的人也就不是好人。一个人若不喜欢公正地做事情就没有人称他是公正的人；一个人若不喜欢慷慨的事情就没有人称他慷慨，其他德性亦可类推。如若这样，合德性的活动就必定自身就令人愉悦。但它们也

---

① 亚里士多德此处使用的是ἥδεσθαι，指在过去的经验中自然形成的东西。

② 这种冲突产生的原因，按照亚里士多德的看法，在于一般的人，或不能自制者，尽管也企望对于他是善的东西，爱的只是那些由于某种偶性才令他愉悦的事物（1166b10—11）。那些愉悦和快乐并不是本性上令人愉悦和快乐的。所以，他一会儿爱这样东西，一会儿爱那样东西，因而总是今天为昨天的沉溺和放纵而后悔。而且，他常常同时地爱那些本性上不相容的事物，或者以这一部分本性爱一样东西，以另一部分本性爱另一样东西。所以，在他的各种欲望中，或者，在他的欲望同他的追求他的善的愿望之中，始终存在冲突。参见莱克汉姆第 40 页注。

是善的和高尚[高贵]的，而且是最善和最高尚[高贵]的。因为，好人对于这些活动判断得最好，而他们的判断就是这样的判断。所以幸福是万物中最好、最高尚[高贵]和最令人愉悦的，这些特性不是像提洛岛上的铭文

公正最高贵
健康最良好
实现心之所欲最令人愉悦

所说的那样彼此分离。因为最好的活动同时拥有它们。而我们所说的幸福也就是那些或那一种最好的活动。不过，如所说过的，[①]幸福也显然需要外在的善。因为，没有那些外在的手段就不可能或很难做高尚[高贵]的事。[②] 许多高尚[高贵]的活动都需要有朋友、财富或权力这些手段。还有些东西，如高贵出身、可爱的
1099b 子女和健美，缺少了它们福祉就会暗淡无光。一个身材丑陋或出身卑贱、没有子女的孤独的人，不是我们所说的幸福的人。一个有坏子女或坏朋友，或者虽然有过好子女和好朋友却失去了他们的人，更不是我们所说的幸福的人。所以如所说过的，幸福还需要外在的运气[③]为其补充。这就是人们把它等同于好运（不过另

① 1098b26—29。

② 高尚[高贵]的事，亚里士多德在这里是指富有公民出资举办的公益活动。在雅典，富有的公民有义务资助公益活动，例如为合唱队或戏剧演出提供服装、道具和演出经费等等。亚里士多德这里所说的做高尚[高贵]的事的外在手段，主要指这些物质的资料的提供。参见莱克汉姆第 42 页注。

③ τύχη，τύχας，运气或命运。在亚里士多德的伦理学中，τύχη是从个人的实践与活动的方面来考察的。τύχη对于一个人的实践是外在的而不是本己的东西。好运（εὐτυχη，εὐτύχας）对一个人的实践起促进的作用，厄运（ἀτυχή，ατυχάς）对之起阻滞的作用，但是它们对于实践与活动的目的与选择而言并不是根本的东西，尽管重大的厄运可能严重地阻滞实践和活动。然而，对于幸福或完善的实践来说，运气作为条件又是需要的。参见下面两章的讨论。

一些人把它等同于德性[1])的原因。

9. [幸福的获得]

从这里产生了一个问题,幸福是通过学习、某种习惯或训练而获得的,还是神或运气的恩赐。如果有某种神赐的礼物,那么就有理由说幸福是神赐的,尤其是因为它是人所拥有的最好的东西。不过这个问题也许更适合由另一项研究[2]来讨论。不过,即使幸福不是来自神,而是通过德性或某种学习或训练而获得的,它也仍然是最为神圣的事物。因为德性的报偿或结局必定是最好的,必定是某种神圣的福祉。从这点来看,幸福也是人们广泛享有的。因为,所有未丧失接近德性的能力的人都能够通过某种学习或努力获得它。而如果幸福通过努力获得比通过运气获得更好,我们就有理由认为这就是获得它的方式。因为在自然中,事物总是被安排得最好。在艺术以及所有因果联系,尤其是在最好的因果联系中,也都是如此。如果所有事物中最大、最高贵的事物竟听命于运气,那就同事物的秩序相反了。

我们的幸福的定义也有助于回答这个问题。因为我们已经

---

① 对于括号里的话,莱克汉姆及其他一些注释家,如吉法纽司(O. Giphanius)、莱姆索尔(G. Ramsauer)、苏斯密尔(F. Susemihl),认为是后人所添加,不过斯图尔特(卷Ⅰ第130页)持相反看法。他认为,既然亚里士多德在本章的主旨是阐述与幸福在于德性的观点相符合的幸福概念,在说明那些把幸福归诸于外在的运气的人们的观点时提到幸福在于德性的观点是很自然的。斯图尔特的理解可能更为合理一些。

② 莱克汉姆认为,亚里士多德此处所指也许是神学。从字面看,这既可能是指另一项研究,也可能是指另一个研究领域,意义不甚明确。

把幸福规定为灵魂的一种特别的活动,[1]并且把其他的善事物规定为幸福的必要条件或有用手段。这个结论[2]还与我们在一开始[3]说过的话相符合。我们在那里说,政治学的目的是最高善,它致力于使公民成为有德性的人、能做出高尚[高贵]行为的人。所以,我们有理由说一头牛、一匹马或一个其他的动物不幸福,因为它们不能参与高尚[高贵]的活动。由于这一理由,小孩也不能说是幸福的,因为他们由于年纪的原因还不能做出高尚[高贵]的行为。当人们说他们幸福时,那是在说希望他们将来会幸福。幸福,如所说过的,[4]需要完全的善和一生的时间。因为,人一生中变化很多且机缘不卜,并且最幸运的人都有可能晚年遭受劫难,就像史诗中普利阿摩斯[5]的故事那样。然而没有人会说遭受那种劫难而痛苦地死去的人是幸福的。

10.[在世幸福]

这是不是说,只要一个人活着他就不幸福呢?我们是否要同

---

① 1098a16。

② 即幸福决定于我们自己而不是决定于命运。

③ 1094a27。

④ 1098a18—20。

⑤ Πριάμος, Priamus,特洛伊城的最后一个国王,据说有 50 多个儿子和许多女儿,曾被希腊人看作是最幸运的人。但在特洛伊战争中,他的许多儿子战死,他自己也在城破后被阿客琉斯(Achilles)的儿子所杀。

意梭伦所说的要“看到最后”？① 而如果我们真要确立这样一种理论，一个人不是要在死后才真正幸福吗？这真是一个荒唐的观念，对于主张幸福是一种活动的我们就更荒谬。而如果我们不是说一个死去的人才幸福，如果梭伦的话也不是这个意思，而是说只有当一个人死去时他才最终不再会遭受恶与不幸，因而才能可靠地说是至福的人，这同样会引起争论。因为人们认为，某些恶与善会在人死后降临在他头上，就如它们在活着的人不知觉时落到他们身上一样，例如子女或后人的荣誉与耻辱、好运与不幸。但是这种说法也有一个困难。假如一个人一生直至晚年都享得福祉且幸福地离世，也可能有许多变故降临在他的后人身上：一些人可能是好人并且得到应得的好运，另一些人则可能相反，这些后人同这位祖先的关系可能是有远有近的。如果这位死者的幸福也要随着他家人的运气而变化，有时幸福，有时不幸，那是很荒谬的。另一方面，如果说祖先完全不受他们的后人的运气的影

---

① 对梭伦的意见的记述见于希罗多德（Herodotus）的《历史》（*Historiae*）第一卷30—33。梭伦访问吕底亚国王克洛伊索斯（Croesus），克洛伊索斯向他展示他的贵重华美的珍宝，但是梭伦不认为克洛伊索斯因此就是最幸福的人。他对克洛伊索斯说，

> 人间的万事真是无法逆料啊。说到你本人，我认为你极为富有并且是统治着许多人的国王，然而对于你的问题，只有在我听到你幸福地结束了你的一生时，才能给你回答。拥有最多的东西，把它们保持到临终的那一天并安乐地死去的人，国王啊，我看才能给他加上幸福的头衔。

对于梭伦的意见，亚里士多德的不同意处主要在于，幸福本性上在于活动的方式而不是在于命运；我们应当根据一个人的活动的性质，而不是根据命运，作出关于他是否幸福的判断；当由于当事人的合德性的活动的品质而有充分把握作出判断时，就不应当只在人去世之后才作出。

响，甚至在很短的一个时期中也不受这种影响，那也是荒谬的。我们先回过来谈第一个困难。[1] 因为它对我们正在考虑的问题也许有启发。如果我们应当看到最后，应当到一个人死后再说他以前而不是现在是享得了福祉的，这显然十分荒谬。因为，我们竟
1100b 由于顾虑运气的可能变故而不愿意说一个活着的人幸福，由于认为幸福是永恒的、不受可能的变故影响的，由于认为活着的人还可能经历某种变故，而不能在他还幸福的时候说出这一真实的事实。显然，如果遵循这种运气的观念，我们就要此时说一个人幸福，彼时说一个人不幸，就要把幸福的人说成是“一个福祸不定的存在”。所以，遵循这种观点看来是错误的。因为，幸福和不幸并不依赖于运气，尽管我们说过[2]生活也需要运气。造成幸福的是合德性的活动，相反的活动则造成相反的结果。这里讨论的这个问题也进一步肯定了我们的幸福定义。因为，合德性的活动具有最持久的性质。它们甚至比科学更持久。在这些活动中，最高级的活动就更加持久。因为那些最幸福的人把他们的生命的最大部分最持续地用在这些活动上。这大概就是这些活动不易被人忘记的原因。[3] 所以，幸福的人拥有我们所要求的稳定性，并且在一生中幸福。因为，他总是或至少经常在做着和思考着合德性的

---

[1] 即本章开首提出的问题。亚里士多德在这里共提出三个问题：是否要到一个人死后才能说他幸福？人是否死后才不受恶与不幸的影响？人的幸福与否究竟是否受后人的命运的影响？这里他先从第一个问题开始讨论。

[2] 1099a31—b7。

[3] 亚里士多德在这里的看法似乎是：基于知识的科学的活动容易被人忘记，基于品质的合德性的活动则不容易被忘记，因为德性的品质一旦获得，比科学的知识更稳定。参见韦尔登第25页注。

事情。他也将最高尚[高贵]地、以最适当的方式接受运气的变故,因为他是“真正善的”、“无可指责的”。[1] 但是运气的变故是多种多样且程度上十分不同的。微小的好运或不幸当然不足以改变生活。但是重大的有利事件会使生命更加幸福(因为它们本身不仅使生活锦上添花,而且一个人对待它们的方式也可以是高尚[高贵]的和善的)。[2] 而重大而频繁的厄运则可能由于所带来的痛苦和对于活动造成的障碍而毁灭幸福。不过,就是在厄运中高尚[高贵]也闪烁着光辉。例如,当一个人不是由于感觉迟钝,而是由于灵魂的宽宏和大度而平静地承受重大的厄运时就是这样。如果一个人的生命如所说过的决定于他的活动,一个享得福祉的人就永远不会痛苦。因为,他永远不会去做他憎恨的、卑贱的事。我们说,一个真正的好人和有智慧的人将以恰当的方式,以在他的境遇中最高尚[高贵]的方式对待运气上的各种变故。就像一个将军以最好的方式调动他手中的军队,一个鞋匠以最好的方式运用他手中的皮革,以及其他匠师那样。如若这样,幸福的人就永远不会痛苦,尽管假如他遭遇了普利阿摩斯那样的不幸他就不能说享得了福祉。幸福的人不会因为运气的变故而改变自己。他不会轻易地离开幸福,也不会因一般的不幸就痛苦,只有重大而频繁的灾祸才使他痛苦。他也不易很快从这种灾祸中恢复过

---

[1] 出自柏拉图的《普罗塔格拉斯篇》(*Protagoras*)(339)所引西蒙尼德斯(Simonides)的诗句。

[2] 对于好运,亚里士多德也像对待其他因其自身之故而被我们选择的外在善一样,从它们自身的善和对于我们的善或有用性(相对的善)这两个方面来解说。一方面,它们自身即是善的;另一方面,它们对于我们是适合的,因而对我们是一种善,或者我们对它们的利用是一种善。参见 1099a31—b1。

来并重新变得幸福，除非经过一段长时间，并且在其间取得了重大的成功。那么，我们是否可以说，一个不是只在短时间中，而是在一生中都合乎完满的德性地活动着，并且充分地享有外在善的人，就是幸福的人？或者是否要加上，他还一定要这样地生活下去，直至这样地死去？因为我们主张幸福是一个目的或某种完善的东西，而一个人的将来却是不可预见的。如若这样，我们就可以在活着的人们中间，把那些享有并将继续享有我们所说的那些善事物的人称为至福的人，尽管所说的是属人的至福。关于这个问题就说到这里罢。

11. ［后人的命运对幸福的影响］

如果说一位已故者的后人或朋友的运气对于他的幸福完全没有影响，又未免太过绝情，并且也与人们所持的观点相悖。但是生命中的变故是大量的，不仅性质不同，程度上也有差异。逐一地详加讨论将使讨论旷日持久、永无终结。对此作一概括的讨论就已足够了。既然我们自己的意外事件也有的会对生命造成重大影响，有的则不甚重要，朋友的各种意外也是如此。而且，变故是发生在一个人在世时还是发生在他死后也是很不同的。这种区别远远大于被认为是真实地发生的罪行和只在舞台上表演的罪行间的区别。我们应当考虑到这些区别。也许，还应当把对已故者真能分享善与恶的怀疑也考虑进来。这些考虑似乎表明，即使善与恶的确影响到已故者，这种影响不论就其本身还是就对于他们的作用而言都只是微乎其微的。或者如果不是无关紧要的，
1101b 这种影响的程度与性质也不足以使一个不幸者变得幸福，或使一

个享得福祉的人失去幸福。① 所以，已故者似乎在一定程度上受朋友的好运或不幸的影响。但是这种影响达不到使幸福者不幸或使不幸者幸福的程度。

12. [称赞与幸福]

在回答了这些问题后，我们来考虑，幸福是我们所称赞的东西，还是我们所崇敬的东西，因为它显然不属于作为能力而存在的②事物。我们称赞一事物，似乎是因为它具有某种性质并同某个其他事物有某种关系。我们称赞一个公正的人、勇敢的人，总之一个有德性的人，以及称赞德性本身，是因那种行为及其结果之故。我们称赞一个强壮的人、一个善跑者等等，是因他具有某些自然的性质，且与某种善的、出色的事物相联系。从对众神的称赞可以看出这一点。按照人的标准称赞神的确是荒谬的。但是我们正是这样称赞他们的，因为如所说过的，称赞总要以另一个东西为参照。③ 而如果称赞的本性就是这样，适合于最好的事

---

① 在本章中，亚里士多德对第三个问题，即人的幸福与否是否受后人的命运的影响，作对辩的推理。他的目的是确定讨论这个问题的前提（προτάσις）。对辩推理的前提，亚里士多德在《论题篇》（*Topica*）（100a30）中说，有两个性质。首先，它不能同人们的宗教的、道德的感情相抵触。所以，怀疑已故者是否全无感受后人的幸福与不幸的能力是绝情的，是不适合对辩的推理的。其次，它不可以与流行的意见相冲突，除非有事实根据。所以，不可以以已故者可能是没有感受能力的这种意见为前提。但是，这种怀疑的意见如果存在，它也应当被考虑进来。亚里士多德因而得出下文中的结论。斯图尔特（卷I第 149 页）说，亚里士多德在这里尽管不愿意否定“已故者能够分享善与恶”这个流行的意见，他却毫不迟疑地弱化了它的意义。

② τῶν γε δυνάμεων，或作为潜能而存在的。

③ 就是说，称赞一个事物总要以某种出色的东西（好的结果或杰出的事物）作比照。既然在称赞神时找不到可比照的东西，人们便只能以自身作为比照。

物的就不是称赞，而是更伟大、更善的东西。这其实是很显然的事，比如我们说到神和像神那样的人时是说他们是至福的或幸福的。适合于善的事物也同样不是称赞。没有人会像称赞公正的行为那样称赞幸福。我们说幸福是至福，是把它看作更善、更神圣的东西。欧多克索斯说明快乐属于最高善的那个理由也是对的。他认为，快乐尽管是一种善却得不到称赞这件事表明，快乐像神和善一样，是比那些受到称赞的事物更好的东西，那些事物就是因它们才被认为是善的。称赞是对于德性的，人由于德性而倾向于做高尚[高贵]的事；而歌颂[①]则是对完成了的行为的，无论是身体的行为还是灵魂的行为。对这个问题的进一步的探讨应当是颂词研究者们的事情。但我们显然可以从上面所
1102a 说的得出结论，幸福是受崇敬的、完善的事物。从幸福是一个始点这个事实也可以看出这一点。因为我们做所有其他事情都是为了幸福。而属于始点的和善事物的原因的东西，我们认为，也就是值得崇敬的和神圣的东西。

13. [德性引论]

既然幸福是灵魂的一种合于完满德性的实现活动，我们就必须

---

①　ἐγκώμια，或作赞颂，按照亚里士多德的看法，是展示性演说的主要的形式。亚里士多德区分三种主要的修辞演说，除展示性演说外，其他两种分别是议事演说和法庭演说。展示性演说，亚里士多德认为，主要是对于行为的结果或者已经完成了的行为(ἔργα)的。称赞与歌颂虽然都是展示性演说的形式，但它们有所区别。称赞适用于行为、选择或实践(πρᾶξις)。歌颂则只适用于完成的行为或业绩。所以歌颂是对于更完全的善的。参见《修辞学》第一卷第3章，第9章。

考察德性的本性。这样我们就能更清楚地了解幸福的本性。真正的政治家,(例如克里特和斯巴达的立法者,以及其他的类似立法者,)都要专门地研究德性,因为他的目的是使公民有德性和服从法律。如果对德性的研究属于政治学,它显然就符合我们最初的目的。但我们要研究的显然是人的德性。因为,我们所寻求的是人的善和人的幸福。人的善我们指的是灵魂的而不是身体的善。人的幸福我们指的是灵魂的一种活动。但如若这样,政治家就需要对灵魂的本性有所了解,就像打算治疗眼睛的人需要了解整个身体[①]一样。而且政治家对灵魂本性更需要了解,因为政治学比医学更好、更受崇敬。聪明的医生总是下功夫研究人的身体,政治家也必须下功夫研究灵魂。不过,他应当着眼于他的特殊对象,并且研究到适合他的目的的程度。追求过分的确定性将要求繁冗的工作,这会超出我们的目的。在普通讨论[②]中,对于灵魂的本性这个话题已经谈得很充分。这些内容,如灵魂有一个无逻各斯的部分和一个有逻各斯的部分的说法,我们可以在这里采用。(至于这两个部分是像身体或其他可分的事物的部分那样地分离的,还是只在定义上相区别,而在本性上就如曲线的凹面和凸面那样不可分,对

① 莱克汉姆此处译作,“打算治疗眼睛或身体其他部分的人必须了解它们的[即眼睛的]肌体组织”。他认为亚里士多德此处似乎在反驳“打算治疗眼睛的人也必须了解整个身体”,后者是对柏拉图《查米得斯篇》(*Charmides*)中观点的概括。不过从文意来看,这两种表达没有原则的不同。

② ἐξωτέρικοὶ λόγοι原意为外面或外层的讨论,接近于第 5 章提到的τὰ ἐγκυκλία φιλοσοφήματα(普通讨论)。关于对这两个短语所指的不同理解见第 10 页注②。以斯图尔特(卷 II 第 162 页)的看法,这两个提法的意义是接近的,但未必有文献或具体课程活动上的指意。莱克汉姆(第 62 页注 b)则认为ἐξωτερικοὶ λόγοι的所指不甚同于τὰ ἐγκυκλία φιλοσοφήματα,后者指某种通俗性的哲学讨论活动,前者一般指亚里士多德学派的那些熟知的理论与论点,不过在此处可能特别是指雅典学院中的那些信条。

我们目前的问题并不重要。)在无逻各斯的部分，又有一个子部分是普遍享有的、植物性的。我指的是造成营养和生长的那个部
1102b 分，我们必须假定灵魂的这种力量存在于从胚胎到发育充分的事物的所有生命物中。这比假定后者中存在一种不同的能力更合理些。这种能力的德性是所有生物共有的，而不为人所独有。因为，这部分活动在睡眠时最为活跃，而好人同坏人的区别则在睡眠时最小。(所以人们说，在生命的一半时间里，快乐的人同痛苦的人没有区别。)这是很自然的，因为睡眠是灵魂在可以辨别善与恶那个方面的不活动状态。在睡眠中，只有极小程度的身体活动影响到灵魂，并使好人的梦不同于常人的梦。这一点就说到这里。我们可以放下这个营养的部分，因为它不属于人的德性。灵魂的无逻各斯的部分还有另一个因素，它虽然是无逻各斯的，却在某种意义上分有逻各斯。因为我们既在自制者中，也在不能自制者中称赞他们灵魂的有逻各斯的部分，这个部分促使他们做正确的事和追求最好的东西。但是在他们的灵魂中，还有一个和这个部分并列的、反抗着逻各斯的部分。就像麻痹的肢体，当我们要它向右时，它偏偏要向左。灵魂中的情形也是这样。不能自制者的冲动总是走向相反的方向。在身体中我们看得到这个部分在反向地行动，在灵魂中则看不到。但是在灵魂中显然有一个不同于逻各斯部分的部分，抵抗、反对着逻各斯的部分(至于这两者是在何种意义上不同对我们并不重要)。然而这第二个部分，如所说过的，[①]又似乎分有逻各斯。至少在自制者身上它听从逻各

---

① 1102b14。

斯。在节制者或勇敢者身上它更是听从逻各斯,因为他们的本性是完全合于逻各斯的。这样地说,这个无逻各斯的部分就是两重性的。因为,那个植物性的部分不分有逻各斯,另一个部分即欲望的部分则在某种意义上,即在听从(实际上是在考虑父亲和朋友的意见的意义上,而不是在服从数学定理的意义上听从[①])逻各斯的意义上分有逻各斯。这个无逻各斯的部分在一定程度上可以受到逻各斯的部分的影响,这一点表现在我们的劝诫、指责、制止的实践中。另一方面,如果欲望的部分更适于说是有逻各斯 1103a
的,那么灵魂的逻各斯的部分就是分为两个部分的:一个部分是在严格意义上具有逻各斯,另一个部分则是在像听从父亲那样听从逻各斯的意义上分有逻各斯。德性的区分也是同灵魂的划分相应的。因为我们把一部分德性称为理智德性,把另一些称为道德德性。智慧、理解和明智是理智德性,慷慨与节制是道德德性。当谈论某人的品质时我们不说他有智慧或善于理解,而是说他温和或节制。不过一个有智慧的人也因品质而受称赞,我们称那些值得称赞的品质为德性。

---

① 罗斯(第 27 页注)说,在英语中不可能准确地说出λόγον ἔχειν(有逻各斯),只能译成 have a rational principle(有理性),或 take account of(考虑)、account for(提出,说出);亚里士多德的本意是说,那个无逻各斯的部分(欲望)只在它能服从理性向它提出的一个逻各斯的意义上分有逻各斯,而不是说它能够提出一个逻各斯,就像许多人能够考虑父亲的劝告而不能说出一个数学定理一样。

第 二 卷

[道德德性]

1. [道德德性的获得]

所以，德性分两种：理智德性①和道德德性。② 理智德性主要通过教导而发生和发展，所以需要经验和时间。道德德性则通过习惯养成，因此它的名字“道德的”也是从“习惯”这个词演变而来。③

---

① διανοητικὴ ἀρετή。διανοητική，理智的，是διάνοια（理智）的形容词形式。亚里士多德通常在既有联系又有区别意义上使用διάνοια和 νοῦς，参见第 15 页注①、第 181 页注①和第 182 页注⑦。亚里士多德对理智把握真的各种方式的讨论，见后面的第 6 卷。

② ἠθικὴ ἀρετή。ἠθική 是ἦθος（道德、风俗）的形容词形式。参见第 6 页注②及下注。

③ 在希腊语中，元音字母η音长，ε音短；ε 转变为η是元音发音上的强化；ἔθος是阳性单数名词，意义是习惯；在转变为ἦθος时，习惯的原意仍然保持，但融合了一些较具体的意义，如状态、品性、品质、脾气等等；在转变为形容词时，加进了元音ι，以改变发音的节奏，形式演变为ἠθικός，其意义也更接近名词中那些较具体的意义，即状态、品性、品质等等。所以在希腊语中，“伦理的”或“道德的”（这两者在希腊语中是同一个词）是指通过习惯而获得的品性、品质，即人们所说的道德。

由此可见,我们所有的道德德性都不是由自然[1]在我们身上造成的。因为,由自然造就的东西不可能由习惯改变。例如,石头的本性是向下落,它不可能通过训练形成上升的习惯,即使把它向上抛千万次。火也不可能被训练得向下落。出于本性而按一种方式运动的事物都不可能被训练得以另一种方式运动。因此,德性[2]在我们身上的养成既不是出于自然,也不是反乎于自然的。首先,自然赋予我们接受德性的能力,而这种能力通过习惯而完善。其次,自然馈赠我们的所有能力都是先以潜能形式为我们所获得,然后才表现在我们的活动中(我们的感觉就是这样,我们不是通过反复看、反复听而获得视觉和听觉的。相反,我们是先有了感觉而后才用感觉,而不是先用感觉而后才有感觉)。但是德性却不同:我们先运用它们而后才获得它们。这就像技艺的情形一样。对于要学习才能会做的事情,我们是通过做那些学会后所应当做的事来学的。比如,我们通过造房子而成为建筑师,通过弹奏竖琴而成为竖琴手。同样,我们通过做公正的事成为公正的 1103b 人,通过节制成为节制的人,通过做事勇敢成为勇敢的人。这一点也为城邦的经验所见证。立法者通过塑造公民的习惯而使他们变好。这是所有立法者心中的目标。如果一个立法者做不到这一点,他也就实现不了他的目标。好政体同坏政体的区别也就在于能否做到这点。第三,德性因何原因和手段而养成,也因何

---

① φύσει,自然、出生、起源、性,等等,我们通常可以把它理解为由自然造成的作为原因的东西。我们将在作者把它作为主动者来述说的地方译为自然,在把它作为由自然所造成的性质的地方译为本性。依据亚里士多德的原意,本性的也就是出于自然的。

② 德性在本卷及以下几卷,通常指道德德性。

原因和手段而毁丧。这也正如技艺的情形一样。好琴师与坏琴师都出于操琴。建筑师及其他技匠的情形也是如此。优秀的建筑师出于好的建造活动，蹩脚的建筑师则出于坏的建造活动。若非如此，就不需要有人教授这些技艺了，每个人也就天生是一个好或坏的技匠了。德性的情形也是这样。正是通过同我们同邦人的交往，有人成为公正的人，有人成为不公正的人。正是由于在危境中的行为的不同和所形成的习惯的不同，有人成为勇敢的人，有人成为懦夫。欲望[①]与怒气也是这样。正是由于在具体情境中以这种或那种方式行动，有人变得节制而温和，有人变得放纵而愠怒。简言之，一个人的实现活动怎样，他的品质[②]也就怎样。所以，我们应当重视实现活动的性质，因为我们是怎样的就取决于我们的实现活动的性质。从小养成这样的习惯还是那样的习惯绝不是小事。正相反，它非常重要，或宁可说，它最重要。[③]

---

① ἐπιθυμία，指对于与肉体生活有关的那些快乐，例如性快乐与食欲相联系的那些快乐的主观倾向。所以，ἐπιθυμία在亚里士多德的用法中是更宽泛的ὄρεξις（欲求）的一个部分，因为肉体快乐是快乐的一个特殊的部分。参见第1页注①。

② ἕξις，来源于动词ἕξ-εἶμι，前缀εξ-为出来即离开人之自然之意，动词εἰμί的基本意义是在，生活。所以，ἕξις的基本的意义是出来而形成（在）的东西，即人的品质状态，是指人自身中作为与感情与行为的选择的原因的东西。亚里士多德认为，ἕξις既不反乎于自然（本性），又由于是出来而形成的东西而不再是自然（本性）。亚里士多德在讨论品质时有时用διάθεσις，两个词一般是在相同的意义上替换地使用的。

③ 亚里士多德这里的核心论点，即德性既不出于自然也不反乎于自然，要旨如上所示有三：(1)我们的接受德性的能力为自然所赋予，所以德性不反乎于自然，然而它又要通过习惯才形成，所以又不是出于自然；(2)德性能力不同于其他功能，我们要先去做它要求做的事，然后才可以获得它，以这点说，德性不是出于自然；(3)德性由于是在好的活动中养成的品性，所以也会毁灭于同样的但是坏的活动，所以德性既不是出于自然也不是毁灭于自然的。在这三点中，第一点是最初的和优先的，后两个论点都从它引申。在述说这三个论点尤其是第三点时，亚里士多德似乎始终在把技艺或艺术作为类比来参照。

2. ［实践的逻各斯的性质］

既然我们现在的研究与其他研究不同，不是思辨的，而有一种实践的[①]目的（因为我们不是为了解德性，而是为使自己有德性，否则这种研究就毫无用处），我们就必须研究实践的性质，研究我们应当怎样实践。因为，如所说过的，[②]我们是怎样的就取决于我们的实现活动的性质。

我们的共同意见是，要按照正确的逻各斯去做（这种逻各斯是什么，以及它同其他德性的关系，我们将在后面[③]讨论）。但是，实践的逻各斯只能是粗略的、不很精确的。我们一开始[④]就说过，我们只能要求研究题材所容有的逻各斯。而实践与便利[⑤]问题就像健康[⑥]问题一样，并不包含什么确定不变的东西。而且，如果总的逻各斯是这样，具体行为中的逻各斯就更不确定了。因为具体行为谈不上有什么技艺与法则，只能因时因地制宜，就如在医疗与

---

① πραγματεία。

② 1103a31—b25。

③ 第六卷第 13 章。

④ 第一卷第 3 章。亚里士多德在那里谈到我们所能要求的研究的确切性问题。

⑤ συμφέροντα，有益、有利，指对于某个外在目的的实现或获得有用处。

⑥ 亚里士多德时常将道德与健康加以比较。格兰特（卷Ⅰ第 488 页）说，亚里士多德喜欢把健康当作身体结构的一种相对的而不是绝对的平衡状态，正如把道德当作灵魂的一种相对的而不是绝对的平衡状态。

航海上一样。[①] 不过尽管这种研究是这样的性质，我们还是要尽力而为。

首先我们来考察这样一点，即不及与过度都同样会毁灭德性。这就像体力与健康的情形一样（因为我们只能用可见的东西来说明不可见的东西）。锻炼得过度或过少都损害体力。同样，饮食过多或过少也会损害健康，适量的饮食才造成、增进和保持健康。节制、勇敢和其他德性也是同样。一切都躲避、都惧怕，对一切都不敢坚持，就会成为一个懦夫；什么都不怕，什么都去硬碰，就会成为一个莽汉。同样，对所有快乐都沉溺，什么都不节制，就会成为一个放纵的人；像乡巴佬那样对一切快乐都回避，就会成为一个冷漠的人。所以，节制与勇敢都是为过度与不及所破坏，而为适度所保存。

但是德性不仅产生、养成与毁灭于同样的活动，而且实现于同样的活动。[②] 其他那些较为可见的性质也是这样。比如体力来自多吃食物和多锻炼，而强壮的人也进食多和锻炼多。德性也是这样。我们通过节制快乐而变得节制，而变得节制了就最能节制
1104b 快乐。勇敢也是一样。我们通过培养自己藐视并面对可怕的事物的习惯而变得勇敢，而变得勇敢了就最能面对可怕的事物。

---

① 所以，存在着三类事物。第一类是不变的事物，它们是科学与智慧的对象。第二类是可以有某种普遍法则的可变事物，例如文法与演奏竖琴，它们的不变法则是科学的对象，其可变的方面是技艺与明智的对象。第三类是具体的、个别的可变事物，它们是不确定的，不存在普遍的技艺法则，是具体的制作活动的对象。这些具体的活动与行为中，有些是准技艺的，例如航海术与医疗。医疗是获得或恢复身体的平衡状态的活动，航海术是获得船舶在海上的平衡状态的活动。与此相似，实践（行为）是使灵魂获得道德的平衡状态的具体的活动。

② 这句话的意义与第 1 章尾相衔接，下面的讨论在意义上又有所发展。

3.［快乐与痛苦作为品质的表征］

我们必须把伴随着活动的快乐与痛苦看作是品质的表征。因为，仅当一个人节制快乐并且以这样做为快乐，他才是节制的。相反，如果他以这样做为痛苦，他就是放纵的。同样，仅当一个人快乐地，至少是没有痛苦地面对可怕的事物，他才是勇敢的。相反，如果他这样做带着痛苦，他就是怯懦的。这是因为，道德德性与快乐和痛苦相关。首先，快乐使得我们去做卑贱的事，痛苦使得我们逃避做高尚［高贵］的事。所以柏拉图说，[①]重要的是从小培养起对该快乐的事物的快乐感情和对该痛苦的事物的痛苦感情，正确的教育就是这样。其次，如果德性同实践与感情有关，而每种感情和实践又都伴随着快乐与痛苦，那么德性也由于这个原因而与快乐与痛苦相关。这一点也见证于快乐和痛苦被用作惩罚的手段这件事。因为惩罚是一种治疗，而治疗就是要借助疾病的相反物来起作用。[②] 第三，如已说过的，[③]灵魂的品质在本性上与那些会使它变好或变坏的事物相联系。如果我们追求或躲避不应该追求或躲避的快乐或痛苦，或者，如果我们在不适当的时间，以不适当的举止，或是以其他不适当的方式追求或躲避它们，

---

① 《法律篇》653a—c。

② 例如，热要用冷来降温治疗，反之亦然。亚里士多德这里表达的观念是，如果一种恶是由过度的快乐造成，其治疗的手段便是施加痛苦，即惩罚，如果一种恶是由痛苦造成，其治疗就必定是快乐。人们这样使用着快乐与痛苦，由此可知它们与德性有关。

③ 1104a27—b3。

快乐与痛苦就成为品质变坏的原因。由于这个原因，有人就把德性规定为某种不动心或宁静的状态。[①] 但是他们说得过于绝对，没有加上正确或错误的方式、时间等等限定。所以我们要这样说，德性是与快乐和痛苦相关的、产生最好活动的品质，恶是与此相反的品质。以下的考虑可以进一步说明这一点。首先，有三种东西为人们所选择，即高尚[高贵]的[②]东西、有利的东西和令人愉悦的东西；有三种东西为人们所躲避，即卑贱的东西、有害的东西和令人痛苦的东西。在所有这些事物上，好人都做得正确，坏人则做得不正确。这尤其是在快乐这个方面。快乐既为人与动物所共有，又伴随着选择的对象。因为，即便高尚[高贵]的和有利的事物也显得令人愉悦。[③] 其次，快乐从小就伴随着我们。所以我们很难摆脱掉对快乐的感觉，因为它已经深深地植根于我们的生命之中。第三，我们或多或少地都以快乐和痛苦为衡量我们行为的标准。所以我们现在的研究无可避免地与快乐与痛苦相关。因为，是正确地还是错误地感觉到快乐或痛苦对于行为至关重

---

① 不动心，ἀπαθείας，即不受感情之纷扰的状态。罗斯（第 32 页）和莱克汉姆（第 81 页注）认为此处是指斯彪西波（Speusippus），斯图尔特（卷I第 180 页）和韦尔登（第 39 页注）认为是指昔尼克学派。亚里士多德在措辞上是指某一个人，所以指斯彪西波的可能性较大些。斯彪西波坚持以不动心为目标（στοχάξεθαι τοὺς ἀγαθούς ἀοχλησίας）的态度。不过这是希腊时代许多哲学家的观点，例如德谟克利特（Democritus），以及斯多葛学派，等等。

② 如已说明的（第 5 页注②），希腊语中的καλόν指美的、好的、公正的、高尚的等等。其反面αἰσχρόν指丑的、坏的、不公正的、耻辱的或卑贱的等等。亚里士多德在伦理学著作中使用的καλόν和αἰσχρόν，不仅是在审美的意义上，而且是在道德的意义上的。

③ 换言之，好人所选择的事物并不因它高尚[高贵]而不令人愉悦。因为高尚[高贵]的事物本身就令人愉悦。

要。第四，战胜快乐比赫拉克利特所说战胜怒气[①]更难，而技艺与德性却总是同比较难的事务联系在一起的。因为事情越难，其成功就越好。由于这种原因，德性与政治学也就必然地与快乐与痛苦相关。因为，对快乐与痛苦运用得好就使一个人成为好人，运用得不好就使一个人成为坏人。所以说，德性与快乐和痛苦相关；德性成于活动，要是做得相反，也毁于活动；同时，成就着德性也就是德性的实现活动。

4. ［合德性的行为与有德性的人］

可能提出这样的问题，在什么意义上才可以说，行为公正便成为公正的人，行为节制便成为节制的人？[②] 因为，如果人们在做着公正的事或做事有节制，他们就已经是公正的或节制的人了。这就像一个人如果按文法说话就已经是文法家，按乐谱演奏就已经是乐师了一样。但是技艺方面的情形并不都这样。因为，一个人也可能碰巧地或者由于别人的指点而说出某些合文法的东西。可是，只有当他能以合语法的方式，即借助他拥有的语法知识来说话时，他才是一个文法家。[③] 而且，技艺与德性之间也不相似。技艺的产品，其善

---

① 赫拉克利特（Heracleitus）《残篇》（*Fragments*），105。原话是：困难的是战胜怒气（莱克汉姆［第 82 页］说，怒气（θυμῷ）在荷马（Homer）史诗的意义上也就是欲望），无论你想从这种胜利中获得什么，都要以灵魂的损失为代价。这在亚里士多德的时代可能是流传甚广的名句。亚里士多德在《欧台谟伦理学》（1223b23）和《政治学》（1315a30）中都引用了赫拉克利特的这句话或类似的话。

② 参照 1103a31—b25，1104a27—b3。

③ 所以合技艺的活动有些是出于技艺的，这是本义上的技艺的活动，有些则是出于某种偶然条件，例如碰巧地或经别人指点，这是合技艺的活动。

在于自身。只要具有某种性质，便具有了这种善。但是，合乎德性的行为并不因它们具有某种性质就是，譬如说，公正的或节制的。除了具有某种性质，一个人还必须是出于某种状态的。首先，他必须知道那种行为。[①] 其次，他必须是经过选择而那样做，并且是因那行为自身故而选择它的。第三，他必须是出于一种确定了的、稳定的品质而那样选择的。说到有技艺，那么除了知这一点外，另外两条都不需要。而如果说到有德性，知则没有什么要紧，这另外的两条却极其重要。它们所述说的状态本身就是不断重复公正的和节制的行为的结果。因此，虽然与公正的或节制的人的同样的行为被称为公正的和节制的，一个人被称为公正的人或节制的人，却不是仅仅因为做了这样的行为，而是因为他像公正的人或节制的人那样地做了这样的行为。所以的确可以说，在行为上公正便成为公正的人，在行为上节制便成为节制的人。如果不去这样做，一个人就永远无望成为一个好人。但是多数人不是去这样做，而是满足于空谈。他们认为他们自己是爱智慧者，认为空谈就可以成为好人。这就像专心听医生教导却不照着去做的病人的情形。正如病人这样做不会使身体好起来一样，那些自称爱智慧的人满足于空谈也不会使其灵魂变好。

5.［德性的定义：种］

我们接下来讨论德性究竟是什么。既然灵魂的状态有三种：感

---

① 在第三卷第 1 章中，亚里士多德把“知道那种行为”进一步地解释为对于所做的事的环境与性质是有意识的。这是亚里士多德同苏格拉底的行为观点的共同之点。但是接下去的对于选择和品质状态的讨论则是与苏格拉底的观点（尽管他并没有表明这种背景）的不同处。参见第三卷第 2 章。

情、能力与品质，德性必是其中之一。[①]感情，我指的是欲望、怒气、恐惧、信心、妒忌、愉悦、爱、恨、愿望、嫉妒、怜悯，总之，伴随着快乐与痛苦的那些情感。[②]能力，我指的是使我们能获得这些感情，

---

① 亚里士多德没有说明过他根据什么把灵魂的状态区分为感情(πάθη，πάθος)、能力(δύναμεις)、品质(ἕξις)三者。格兰特(卷Ⅰ第496页)说，亚里士多德的这一区分的前提是他的性质学说。性质作为基本范畴，在《范畴篇》(8b25—9a33)中分为：(1)品质与习性；(2)能与不能的性质；(3)感受性；(4)广延与形状。这四种性质中，显然最后一种不适用于灵魂。因此，灵魂的状态只有余下的三种。所以，我们应当把亚里士多德在这里说的灵魂状态了解为灵魂的性质状态。

② 把几种主要的英译本对亚里士多德的这组感情名词的译名加以对照也许对于读者有些帮助：

ἐπιθυμία	appetite, desire	欲望
ὀργή	anger	怒气
φόβος	fear	恐惧
θράσις	confidence, courage	信心
φθόνος	envy	妒忌
χαρά	joy	愉悦
φιλία	friendly felling, love, friendship	友爱
μῖσος	hatred, hate	恨
πόθος	longing, regret	愿望，悔恨
ζῆλος	emulation, jealousy	嫉妒，攀比，仿效，竞争
ἐλεός	pity	怜悯

亚里士多德所列的感情种类，同中国传统的喜怒哀乐爱恶欲七分法，既有一些相同点，又有很大的区别。就相同点来说，χαρά相当于喜，ὀργή相当于怒，φιλία接近于爱，μῖσος接近于恨(恶)，ἐπιθυμία相当于欲。不过其中的含义又有些相异处。就不同处来说，亚里士多德，大概也是西方人对感情的区分传统，也把一些其他的感情，例如信心、妒忌，怜悯等等列入主要的感情之列。这些在希腊语与汉语中还大致地可以找到接近的对应语。在汉语中，主要困难在于表达希腊词πόθος与ζῆλος的意义。πόθος，亚里士多德用以指一个人的希望、向往、愿望等等。πόθος是对于某种善的事物的，因而不同于完全不分有逻各斯的、盲目追求着快乐的欲望；但是πόθος中又同时包含着对由于没有做出正确的选择而未能够实现愿望的悔恨，所以韦尔登将πόθος译做悔恨。ζῆλος的原意极为

(接下页注文)

例如使我们能感受到愤怒、痛苦或怜悯的东西。品质，我指的是我们同这些感情的好的或坏的关系。例如，如果我们的怒气过盛或过弱，我们就处于同怒的感情的坏的关系中；如果怒气适度，我们就处于同这种感情的好的关系中。其余感情也可类推。德性与恶不是感情。因为首先，我们并不是因我们的感情，而是因我们的德性或恶而被称为好人或坏人的。我们被称赞或谴责也不是因我们的感情（一个人不是因感到恐惧或愤怒而受到谴责，也不是因怒气本
1106a 身而受到谴责，而是因以某种方式发怒而受到谴责），而是因我们的德性与恶。其次，我们愤怒或恐惧并不是出于选择，而德性则是选择的或包含着选择的。[①]第三，我们说一个人被感情“感动”，可是对于德性与恶，我们则不说他被“感动”，而说他被“置放于”某种状态中。[②]同样由于这些原因，德性也不是能力。因为首先，

（续前页注文）复杂，有热情、激情、嫉妒、仿效、崇拜等意义，与φθόνος的意义有接近的方面。φθόνος指对于他人的善的妒忌感情，ζῆλος则有出于此种妒忌而不甘示弱、起而竞争、意欲超过的感情。不过译作竞争可能会带来更大的误解，因为它在汉语中主要被理解为一种活动而不是一种感情。ζῆλος我在文中译作攀比，是因为在汉语中没有对应的词。

① 韦尔登（第43—44页）将此句译为：“在某种意义上是选择的，或不存在于无选择之中”。

② διάκεισθαι动词διάκειμαι的被动形式，原意是处于某种状态，被塑造成，或被置放于某某状态，等等。斯图尔特、罗斯、莱克汉姆译作 be disposed 是比较妥当的。在英语中也同在古希腊语中相类似，这个动词的被动语态并不必然表明行为者被某个其他事物影响，它的通常的意义是指被自己以往的行为塑造。所以一个人的品质状态在希腊语中被称为διάθεσις或ἕξις，意思是被塑造成的品质状态。动词κινέω的被动形式κινεῖσθαι在意义上则十分不同，它通常是指被某个其他事物影响而动，如被移动，被感动，因为感受即接受，因而是受动的而不是主动的。亚里士多德此处以这种对比说明，德性与恶在于我们自身，不同于感情（他的理论认为，一个人不等同于他的感情），我们的品质不是受动而致的感情，而是因以某种方式对待感情而形成的倾向。

我们不是仅仅由于感受到这些感情的能力而被称为好人或坏人，而被称赞或谴责的。其次，能力是自然赋予的，善与恶则并非自然使然。但是这点我们已经谈过了。[1] 既然德性既不是感情也不是能力，那么它们就必定是品质。这样我们就从种类上说明了德性是什么。

6. [德性的定义：属差]

但我们不仅仅要说明德性是品质，而且要说明它是怎样的品质。[2] 可以这样说，每种德性都既使得它是其德性的那事物的状态好，又使得那事物的活动完成得好。比如，眼睛的德性既使得眼睛状态好，又使得它们的活动完成得好（因为有一副好眼睛的意思就是看东西清楚）。同样，马的德性既使得一匹马状态好，又使得它跑得快，令骑手坐得稳，并迎面冲向敌人。如果所有事物的德性都是这样，那么人的德性就是既使得一个人好又使得他出色地完成他的活动的品质。这后面一点的意思我们已经说明过。[3] 但是对德性的本性的研究也有助于说明这一点。在每种连

---

[1] 1103a18—b2。

[2] 在对德性作了最基本的、基于活动的说明之后，前面的第5章，如格兰特（卷Ⅰ第495页）所说，是从性质范畴对德性的述说。这一章则是从数量和关系两个范畴述说德性。从数量说，德性是数量上连续而可分的那种实践事务上的一种数量。在这种事务上也有较多、较少与中间。从关系说，德性同这些事物上的过多与过少的数量相关。然而它不简单地是相对于过多或过少而言的中间，而是在这两者之间的、相对于实践者的、几何比例的中间（关于亚里士多德的几何比例的概念，见第五卷第3章的讨论），即适度。

[3] 1097b22—1098a20。

续而可分的事物[1]中，都可以有较多、较少，和相等。这三者既可以相对于事物自身而言，也可以相对于我们而言，而相等就是较多与较少的中间。就事物自身而言的中间，我指的是距两个端点距离相等的中间。这个中间于所有的人都是同一个一。相对于我们的中间，我指的是那个既不太多也不太少的适度，它不是一，也不是对所有的人都相同的。[2] 例如，如果 10 是多，2 是少，6 就是就事物自身而言的中间，因为 6－2＝10－6，这是一个算术的比例。[3] 但是相对于我们的中间不是以这种方式确定的。如果 10 磅食物太多，2 磅食物太少，并不能推定教练将指定 6 磅食物。因为这对于一个人可能太多或太少：对米洛[4]来说太少，对一个刚开始体育训练的人又太多。赛跑和摔跤也是这样。每一个匠师都是这样地避免过度与不及，而寻求和选择这个适度，这个不是事物自身的而是对我们而言的中间。如果每一种科学都要寻求适

---

① 这可能如彼得斯(F. H. Peters)(《亚里士多德尼各马可伦理学》[基根保罗出版公司，1893 年]第 44 页)所说，是亚里士多德学派内部对事物的数量方面的一种划分。在数量上连续的事物不同于在数量上间断的事物。前者如线、面、体、时间、地点等等，后者如数目、语言。连续的事物在任何部分都可以分割，分离的事物则只在那些可以分离的地方才可以分割，例如语言中可以自然地分割的是音节，在音节之中不能再加以分割。参见《范畴篇》第 6 章。亚里士多德学派的观点是，对连续的事物，我们可以根据意愿取得较多或较少，对分离的事物则不可能这样做。

② 莱克汉姆(第 90 页注)解释说，取相对于事物自身的中间，意思是使取走的部分相等于留下的部分，即一半；取相对于我们的中间，意思是取相对于我们的正确的数量(因为已经假定在任何一点上都可以分割)，不过这个数量必定是处在过多与过少之间的那个正好。

③ 亚里士多德谈论事物的数量关系时区分算术比例的关系与几何比例的关系。不过他在此处称为算术比例的数的关系更适合被称作算术数列。

④ 一个著名运动员。

度，并以这种适度为尺度来衡量其产品才完成得好（所以对于一件好作品的一种普遍评论说，增一分则太长，减一分则太短。这意思是，过度与不及都破坏完美，唯有适度才保存完美）；如果每个好技匠都在其作品中寻求这种适度；如果德性也同自然一样，比任何技艺都更准确、更好，那么德性就必定是以求取适度为目的的。我所说的是道德德性。[①] 因为首先，道德德性同感情与实践相关，而感情与实践中存在着过度、不及与适度。例如，我们感受的恐惧、勇敢、欲望、怒气和怜悯，总之快乐与痛苦，都可能太多或太少，这两种情形都不好。而在适当的时间、适当的场合、对于适当的人、出于适当的原因、以适当的方式感受这些感情，就既是适度的又是最好的。这也就是德性的品质。在实践中也同样存在过度、不及和适度。德性是同感情和实践相联系的，在感情和实践中过度与不及都是错误，适度则是成功并受人称赞。成功和受人称赞是德性的特征。所以，德性是一种适度，因为它以选取中间为目的。其次，错误可以是多种多样的（因为，正如毕达哥拉斯派所想象的，恶是无限，而善是有限[②]），正确的道路却只有一条（所以失败易而成功难：偏离目标很容易，射中目标则很困难）。也是由于这一原因，过度与不及是恶的特点，而适度则是德性的特点：

① 所以亚里士多德是说，这个对相对于我们的适度的分析不适用于理智德性。按亚里士多德的看法，理智即灵魂的有逻各斯的部分除了不是靠习惯养成外，也不具有连续的事物的那种可分割的性质。

② 毕达哥拉斯学派从一种神秘的数的意义出发，认为有限的事物是善的，无限的事物是恶的。

善是一，恶则是多。[①]

所以德性是一种选择的品质，存在于相对于我们的适度之
1107a 中。这种适度是由逻各斯规定的，就是说，是像一个明智的人会做的那样地确定的。德性是两种恶即过度与不及的中间。在感情与实践中，恶要么达不到正确，要么超过正确。德性则找到并且选取那个正确。所以虽然从其本质或概念来说德性是适度，从最高善的角度来说，它是一个极端。[②]

但是，并不是每项实践与感情都有适度的状态。有一些行为与感情，其名称就意味着恶，例如幸灾乐祸、无耻、嫉妒，以及在行为方面，通奸、偷窃、谋杀。这些以及类似的事情之所以受人谴责，是因为它们被视为自身即是恶的，而不是由于对它们的过度或不及。所以它们永远不可能是正确，并永远是错误。在这些事情上，正确与错误不取决于我们是否是同适当的人、在适当的时间或以适当的方式去做的，而是只要去做这些事就是错误的。如

---

① 出处不详，韦尔登（第 47 页）认为可能出自某个毕达哥拉斯学派作者之手。斯图尔特（第 200 页）和莱克汉姆（第 94 页注）认为这句诗当接在上面的第二个括号中的话之后。格兰特（卷Ⅰ第 254 页）这样说明毕达哥拉斯学派的这种观点：

> 他们谈论的是相对于他们自己的心灵的善。有限是可计数的，是心灵能够把握的；无限是不可计数的、心灵无法把握的、无法还原为法则的、不可知的。在这种意义上，无限对毕达哥拉斯学派是一个厌恶的对象。所以，他们举出善的与恶的两种对立事物，把奇数算在善的一边，把偶数放在恶的一边。[因为]他们把无限的概念同偶数联系起来。

② 格兰特（卷Ⅰ第 502 页）此处有一重要评论。他写道，这段话是对于德性的一个意义深刻的阐述，说明适度一方面是对于德性法则的一种形而上学的表达，即它是两种恶之间的适度，需要借助理解来把握；然而从善的观点来看，德性又仅仅是一种极端，即要离开恶或与恶相对立；亚里士多德的这段阐述表明他始终在一种抽象的道德观点与一种具体的道德观点之间寻找平衡。

果认为，在不公正、怯懦或放纵的行为中也应当有适度、过度与不及，这也同样荒谬。因为这样，就会有一种适度的过度和适度的不及，以及一种过度的过度和一种不及的不及了。但正如勇敢与节制方面不可能有过度与不及——因为适度在某种意义上也是一个极端——一样，在不公正、怯懦或放纵的行为中也不可能有适度、过度与不及。因为一般地说，既不存在适度的过度与适度的不及，也不存在过度的适度或不及的适度。

7. ［具体的德性引论］

然而我们不应当只是谈论德性的一般概念，而应当把它应用到具体的事例上去。因为在实践话语[①]中，尽管那些一般概念适用性较广，那些具体陈述的确定性却更大些。实践关乎那些具体的事例，我们的理论也必须同这些事例相吻合。我们可以从我们的德性表[②]中逐一地讨论。恐惧与信心方面的适度是勇敢。其过度的形式，在无恐惧上的过度无名称（许多品质常常没有名称），1107b

① πράξεις λόγοις，实践事务的以语言说出的东西。实践的事务，在亚里士多德的用法上主要是与伦理的、政治的目的性的行为和活动相关的事务。

② 莱克汉姆（第 98 页注）说，亚里士多德在讲课时显然列出了一份德性表，表明每种德性是在哪两种极端之间。这个推测很可能是正确的。因为在《欧台谟伦理学》（1220b37—1221a12）中，我们看到他列举了一份这样的表。我们不可能充分确定这是否就是同一份德性表，但是即使不是同一份，它们也至少十分接近。为了读者理解的方便，我把这份德性表的希腊原文及其主要英译和中译名作为附录（见“附录一”）列举于书后。其中的英译名主要是出现于所参照的几个英译本的。不过，关于义愤的不足形式，亚里士多德在《欧台谟伦理学》中说是无名称，《尼各马可伦理学》中则以ἐπιχαιρεκακία（幸灾乐祸）名之，此表中所依为《尼各马可伦理学》。

在信心上过度是鲁莽。[①] 快乐和痛苦——不是所有的，尤其不是所有的痛苦——方面的适度是节制，[②]过度是放纵。我们很少见到在快乐上不及的人，所以这样的品质也无其名，不过我们可以称之为冷漠。在钱财的接受与付出方面的适度是慷慨，过度与不及是挥霍和吝啬。这两种人的过度与不及刚好相反：挥霍的人在付出上过度而在接受上不及，吝啬的人则在接受上过度而在付出上不及。我们暂且作这一粗略而概要的说明，就眼下的目的而言这已足够了。我们还将在后面[③]更缜密地考察这些品质。[④] 在钱财方面还有其他一些品质。其中那种适度的品质是大方（大方的人不同于慷慨的人，前者与对大笔钱财的处理有关，后者只与对小笔钱财的处理有关），其过度形式是无品味或粗俗，不及形式是小气。

---

① 斯图尔特（卷Ⅰ第 212 页）引证米奇莱特（Michelet）对亚里士多德此段陈述的要旨作了如下说明：

［过度］		［不及］	
恐惧的不及——［无惧］		恐惧的过度	怯懦
	勇敢		
信心的过度——鲁莽		信心的不足	

斯图尔特说，在这两端中存在一种不同：恐惧的过度和信心的不足两者总是不可分，它们构成同一种恶——怯懦；然而恐惧的不及和信心的过度则可能分开而构成两种恶。恐惧的不及米奇莱特称为无惧，一种消极的恶，后者即亚里士多德所说的鲁莽，是一种积极的恶。他说，由于怯懦通常被看作一种不及的恶，亚里士多德便把“无惧”与“鲁莽”都作为过度来说明。我在这里用“无惧”而不是“无畏”，是因为在汉语的习惯理解中，无畏与勇敢基本是同义的，而无惧则不是一个已经俗成的词。

② σωφροσύνη明智、谨慎、自我控制等等。参见后面第 95 页注①。

③ 见第四卷第 1 章。那里对慷慨、吝啬与挥霍作了更详尽的讨论。

④ 韦尔登（第 49 页注 3）将“我们暂且……考察这些品质”括起来，理由是这几句话打断了对钱财的使用上的德性的讨论。

大方的过度与不及不同于慷慨的过度与不及，我们将在后面[1]谈到这种区别。荣誉与耻辱方面的适度是大度。其过度形式是人们所说的虚荣，不足形式是谦卑。[2] 正如慷慨同大方的区别，如已说过[3]的，在于它只涉及对小笔钱财的处理一样，也有一种品质以这种方式同大度相联系，而只同对微小的荣誉的处理有关。因为，对微小荣誉的欲求也可以有适度、过度与不及。过度地欲求这种荣誉的人称为爱荣誉者，在欲求这种荣誉上不及的人则被称为不爱荣誉者，而欲求得适度的人则无名称。这些品质也都没有名称，只有爱荣誉者的品质被称为好名。结果，那两种极端反倒要占据适度品质的位置。我们自己也有时把有适度品质的人称为爱荣誉者，有时又把他们称为不爱荣誉者；有时称赞爱荣誉的人，有时又称赞不爱荣誉的人。这是什么原因，我们下面[4]将会讨论。不过现在，我们还是先按上面的叙述方式把其他的德性讲完。在怒气方面，也是存在着过度、不足与适度。它们可以说没有名称。不过，既然我们称在怒气上适度的人是温和的人，我们姑且称这种品质是温和。在两种极端的人之中，怒气上过度的人可以被称为愠怒的，这种品质可以称为愠怒；怒气上不足的人可以被称为麻木的，而这种品质也可以称为麻木。此外，还有三种

---

① 第四卷第2章，1122a20—29，b10—18。

② μικροψυχία。我在这里没有译为谦虚，因为谦虚在汉语中被看作一种美德。不过在基督教的道德中，谦卑也被视为一种德性。参见包尔生(F. Paulsen)《伦理学体系》(*A System of Ethics*)第3编第6章第4节。所以这里讨论的某些德性观念只在希腊时代有较大的适用性。

③ 1107b17—19。

④ 1008b11—26，1123b14—18。

品质相互间有些相似，又有所不同。它们都同语言与行为的共同体[①]有关。不过，一个是关系到这种语言与行为的诚实性，另两个则关系到语言与行为的愉悦性：其中一个表现于娱乐的愉悦性中，另一个则存在于生活的所有场合中。我们必须对它们加以讨论，以便能更加看清，在所有事务中，适度的品质都会受到称赞，而那些极端则既不正确，又不值得称赞，而是应受谴责。大多数这类品质也是无名称的。但是我们必须像在其他那些地方一样，尽力地给出它们的名称，以便使我们的讨论明白易懂。在交往的诚实性方面，具有适度品质的人可以被称作诚实的。这种适度的品质也可以称作诚实。[②] 在虚伪的品质中，夸大自己的形式可称作自夸，这种人可称作自夸的人。贬低自己的形式可称作自贬，这种人可称作自贬的人。在娱乐的愉悦性方面，具有适度品质的人是机智的，这种品质是机智。过度的品质是滑稽，这种人也就是滑稽的人。具有不及的品质的人是呆板的，这种品质也就称为呆板。在一般生活的愉悦性方面，那种让人愉悦得适度的人是友爱的，这种品质也就是友爱。过度的人，如果是没有目的的，便是谄媚；如果是为得到好处，便是奉承。那种不及的、在所有这些事务上都令人不愉快的人，则是好争吵的、乖戾的人。还有一些适

---

① κοινωνία，共同体，即通过交谈、交往、交易、交流等等而形成的有共同的话语与理解背景的社会群体。亚里士多德认为社会的行为以及道德德性，如友爱与公正，都存在于一定的共同体之中。关于友爱与共同体的关系的讨论，见第八卷第 9 章。

② ἀληθινός，真诚、诚实，衍生于名词ἀληθής（真）。亚里士多德在第四卷第 7 章中说，这种交往的诚实品质没有名称。所以诚实在此处其实是亚里士多德为讨论得明白而“尽力给出的名称”。

度的品质是感情中的或同感情相关的[①]品质。因为尽管羞耻不是一种德性，一个知羞耻的人却受人称赞。[②] 在这些事情上，我们也说一个人是适度的，或者另一个人是过度的。例如，羞怯的人对
什么事情都觉得惊恐，而在羞耻上不足的人则对什么事情都不觉 1108b
羞耻，具有适度品质的人则是有羞耻心的。此外，义愤是妒忌与幸灾乐祸之间的适度。它们都与我们为邻人的好运所感受的快乐或痛苦有关。义愤的人为邻人的不应得的好运感到痛苦。妒忌的人在痛苦上更盛于义愤的人，他为别人的一切好运都感到痛苦。[③] 而幸灾乐祸的人则完全缺少此种痛苦，而是反过来为邻人的坏运气感到高兴。[④] 我们在后面还有机会讨论这些品质。[⑤] 关

---

① 亚里士多德在这里谈到的，似乎是只涉及感情而不诉诸行为的品质，所以同上面谈过涉及行为的感情或伴有感情的行为的品质有所不同。

② 莱克汉姆(第 105 页)将“尽管羞耻不是一种德性，一个知羞耻的人却受人称赞”置于“具有适度品质的人则是有羞耻心的”之后，认为这是句序上的误置。

③ 莱克汉姆(第 105 页)认为此处遗漏了“义愤的人则为他人的不应得的不幸感到痛苦”。

④ χαίρειν，字面意义是为某某事务感到高兴。格兰特、斯图尔特和罗斯都认为亚里士多德此处说的是幸灾乐祸者为邻人的坏运气感到高兴。罗斯(第 43 页注)说，亚里士多德的意思必定是，妒忌者为邻人的所有好运，不论是否应得，感到痛苦；幸灾乐祸者则为邻人的所有坏运气，不论应得与否，感到高兴，如他把话说完整，他必定会看到这两者之间没有对立。这种意见与格兰特的是一致的。格兰特(卷I第 508—509 页)也认为，亚里士多德在此处有一种混淆，因为一个人可能同时既妒忌又幸灾乐祸。而且，妒忌的人为好人的成功感到痛苦，但幸灾乐祸的人也并不为好人的成功感到高兴，而是为他的坏运气感到高兴，说这两者构成对立的两个极端似乎是个错误。不过斯图尔特(卷I第 216 页)建议把亚里士多德指出的分别看作一个逻辑的区别。以许多人的感情经验来说，我以为格兰特与罗斯说明的经验可能是真实的。妒忌与幸灾乐祸的确可能发生于同一个人的感情中。但是也可能有这样的情形：有人不存在妒忌而只怀着幸灾乐祸的感情。所以不妨说亚里士多德所指出的也仍然是一种事实，尽管也许不是最重要的一种。

⑤ 参见第三卷第 6 章至第四卷第 9 章对于上面谈到的各种德性的进一步的讨论。

于公正，由于它是在多种不同意义上使用的，我们将在讨论这些品质之后[①]区分这些意义，并且表明它们各自在何种意义上是适度的品质（我们也将以同样的方式讨论逻各斯的德性）。[②]

8.［适度同过度与不及的关系］

所以，有三种品质：两种恶——其中一种是过度，一种是不及——和一种作为它们的中间的适度的德性。这三种品质在某种意义上都彼此相反。[③]两个极端都同适度相反，两个极端之间也彼此相反。适度也同两个极端相反。正如相等同较少相比是较多，同较多相比又是较少一样，适度同不及相比是过度，同过度相比又是不及。在感情上和实践上都是如此。例如，勇敢的人与怯懦的人相比显得鲁莽，同鲁莽的人相比又显得怯懦。同样，节制的人同冷漠的人相比显得放纵，同放纵的人相比又显得冷漠。慷慨的人同吝啬的人相比显得挥霍，同挥霍的人相比又显得吝啬。所以每种极端的人都努力把具有适度品质的人推向另一端。怯懦的人称勇敢者鲁莽；鲁莽的人又称勇敢者怯懦，余类推。但

---

① 第五卷。

② ὁμοίως δὲ καὶ περὶ τῶν λογικῶν ἀρετῶν。这句话被格兰特（卷Ⅰ第509页）加上了括号，理由是：(1)亚里士多德在《尼各马可伦理学》和《欧台谟伦理学》的其他地方从未将“逻各斯的”这一限定语用于德性之前，(2)亚里士多德也不可能说他将表明理智德性是“适度（中间）”，所以(3)这极可能是后人所加。

③ 在这一章，格兰特（卷Ⅰ第509页）说，亚里士多德提出了德性与两个极端中每一个极端的关系是某种相反者的关系的思想。亚里士多德在《范畴篇》（第7、8章）中说，德性作为性质与关系包含有相反者。但不是德性与德性相反，而是每种德性都与作为恶的其他性质相反。不过，亚里士多德分析说，一种德性很可能与两种相关的恶中的一种（而不是另一种）更为对立和相反。

尽管两个极端同适度相反，最大的相反却存在于两个极端之间。因为首先，两个极端相互间的距离比它们各自同适度品质的距离更大些。这正如较多离较少、较少离较多的距离比它们各自同相等的距离更大一样。其次，有些极端与适度之间还有某种程度的相似，如鲁莽与勇敢，挥霍与慷慨，但是两个极端之间却总是表现出最大的不相似。既然相互远离的事物被规定为相反物，那么越相互远离的事物也就越相反。在某些场合，不及与适度较为相反。在另一些场合，过度同适度又较为相反。例如，与勇敢较为相反的不是作为过度的鲁莽，而是作为不及的怯懦。与节制较为相反的不是作为不及的冷漠，而是作为过度的放纵。其原因有二。一是由于事物自身的性质。由于两个极端中有一个同适度的品质较接近、较相似，我们就不把这个极端，而把它的相反者与它相对立。例如，由于鲁莽显得比怯懦更接近于勇敢，我们把怯懦而不是把鲁莽看作勇敢的相反者。因为，离适度的品质越远的极端就显得越与它相反。这就是事物自身中的原因。第二个原因是我们自身的性质。那些我们越是出于自身本性而爱好的事物，就越显得与适度的品质相反。例如，我们比较倾向于快乐，所以比较容易放纵（而不是做事体面）。[①] 我们把我们本性上更容易去爱好的那些事物看作适度品质的相反者。所以作为过度的放纵就更被看作是同节制相反的。

---

① ἢ πρὸς κοσμιότητα。κοσμιότητα，行为合体面之意。斯图尔特（卷Ⅰ第218—219页）认为亚里士多德在这里指的是节制，理由是κόσμιος（体面的）与σώφρων（节制的）在希腊语中意义非常接近。但是斯本格尔（L. von Spengel）和莱克汉姆（第109页）认为它可能为后人所加。

9. [适度的获得]

我们已经详尽地说明了道德德性是适度，以及它是这种适度的意义，即第一，它是两种恶即过度与不及的中间；第二，它以选取感情与实践中的那个适度为目的。就是由于道德德性是这样的适度，做好人①不是轻松的事。因为，要在所有的事情中都找到中点②是困难的。譬如，不是每个人都能找到一个圆的圆心，只有一个懂得这种知识的人才能找到它。同样，每个人都会生气，都会给钱或花钱，这很容易，但是要对适当的人、以适当的程度、在适当的时间、出于适当的理由、以适当的方式做这些事，就不是每个人都做得到或容易做得到的。所以，把这些事做好是难得的、值得称赞的、高尚[高贵]的。要做到适度，首先就要按照卡吕普索③所指点的，

牢牢把住你的船
远离那巨涛与浪雾，④

---

① σπουδαῖος，好的，引申义为好人、诚实的人。亚里士多德说好人常常使用σπουδαῖος、ἀγαθός、ἐπιείκει三个词。由于ἐπιείκει来源于ἐπιείκεια（公道），我在文中译为公道的人；σπουδαῖος和ἀγαθός基本上是在相同意义上使用，我在文中译为好人。

② μέσον。这里说的中点及下面所说的圆心显然都是在数学与几何学的意义上说的。韦尔登（第55页）说，亚里士多德在这里似乎忽略了他在前面区分的相对于事物的（即数学与几何学的）中间与相对于我们的适度之间的区别。

③ Καλυψώ，Calypso，希腊神话中提坦巨人之一阿特拉斯（Atlas）的女儿，俄古癸亚岛上的仙女。下面的话亚里士多德认为是她奉宙斯（Zeus）之命放奥德赛（Odysseus）回乡时提醒他的。实则这句原话是奥德赛对他的舵手转达埃亚岛的仙女喀耳刻（Circe）预先提出的警告的话。

④ 《奥德赛》（*Odysseus*）第12章219。

避开最与适度相反的那个极端。因为在两个极端之中，有一个比另一个错误得更严重些。既然要准确地选取适度非常困难，我们的不得已而求其次的选择[①]就只能是——如谚语所说——在两恶中择其轻。而两恶权其轻的最好的办法，就是如上所说明的方 1109b 法。其次，我们要研究我们自身容易去沉溺于其中的那些事物(因为不同的人会沉溺于不同的事物)。借助我们所经验的快乐与痛苦，我们便可以弄清楚这些事物的性质。然后，我们必须把自己拉向相反的方向。因为只有远离错误，才能接近适度。这正如我们在矫正一根曲木时要过正一样。第三，在所有事情上，最要警惕那些令人愉悦的事物或快乐。因为对于快乐，我们不是公正的判断者。所以正确的做法是，像年长的人对待海伦[②]那样对待快乐，并且在每个这样的场合都复诵他们所说过的话。[③] 如果我们像他们那样地打发走快乐，我们就不大可能做错。总之，这种做法能够帮助我们选中适度。但这当然是一件困难的事情，尤其是在具体的场合中。譬如，我们很难确定一个人发怒应当以什么方式、对什么人、基于什么理由，以及该持续多长时间。我们有时称赞那些在怒气上不足的人，称他们温和。有时又称赞那些容易动怒的人，称他们勇敢。然而，尽管我们不谴责稍稍偏离正确——无论是向过度还是向不及——的人，我们却的确谴责偏离得太多、令人不能不注意到其偏离的人。至于一个人偏离得多

① 次好的选择，希腊的谚语是，“只要风停了，我们就得操桨划船”。

② ‘Ελένη，Helen，海伦。

③ 《伊里亚特》(*Iliad*)第3章156—160。

远、多严重就应当受到谴责，这很难依照逻各斯来确定。这正如对于感觉的题材很难确定一样。这些事情取决于具体情状，而我们对它们的判断取决于对它们的感觉。所以十分明白，在所有品质中适度的品质受人称赞。但是我们有时要偏向过度一些，有时又要偏向不及一些，因为这样才最容易达到适度。

第 三 卷

[行为]

1. [意愿行为]

既然德性同感情与实践相关,既然出于意愿的感情和实践受到称赞或谴责,违反意愿[①]的感情和实践则得到原谅甚至有时得到怜悯,研究德性的人就有必要研究这两种感情和实践的区别。[②]这种研究对立法者给人们授予荣誉或施以惩罚也同样有帮助。看起来[③],违反意愿的行为是被迫的或出于无知的。一项行为,

---

① ἑκούσιον,出于意愿的,前缀ἐκ-意义为出于-。ἀκούσιον,违反意愿的,前缀α-就其语源学意义来说有两种意义:反-或非-(无-);在有些词汇中指前者,在另一些词汇中是指后者,亚里士多德在本卷的用法基本上是前种意义。此外,亚里士多德还区分了第三种意愿性,οὐχ ἑκούσιον,即非意愿或无意愿的。但是正如莱克汉姆(第116页注)所说,亚里士多德在后面的讨论中又常常把无意愿的感情与行为当作违反意愿的来谈论,这似乎同α-的语义上的双重性有关。

② 德性,ἀρετή,在希腊人的概念中是同意愿联系在一起的。斯图尔特(卷Ⅰ第224页)说,ἀρετή是(1)可称赞的品质和(2)选择的品质。我们称赞出于意愿的感情和行为,选择的也就是出于意愿的,是意愿在人身上的特殊的形式。

③ δοκεῖ,似乎是、看起来,等等。亚里士多德习惯于以此方式引入一个人们普遍承认的、可以作为谈论的出发点的意见。

1110a 如果其始因是外在的，即行为者就如人被飓风裹挟或受他人胁迫那样对这初因完全无助，就是被迫的行为。但是，如果人们所做的行为是由于惧怕某种更大的恶，或出于某种高尚[高贵]的目的，它是出于意愿的还是违反意愿的就可能有争论。例如，如果一个僭主以某人的父母或子女为人质，迫使他去做某种可耻的事，如若做了就释放他的亲属，如果不做就将他们处死，情形就是这样。在船遭遇风暴时抛弃财物也属于这类情形。因为一般地说，没有人会自愿地抛弃个人的财物。但是，为了拯救自己和同伴，头脑健全的人就会这样做。所以，这些实践是混合型的，[①]但是更接近于出于意愿的。因为，在那个特定的时刻，它们是被选择的，而行为的目的就取决于做出它的那个时刻。行为是出于意愿的还是违反意愿的，只能就做出行为的那个时刻而言。因此，那个人[②]的行为是出于意愿的，因为发动他的肢体去行动的那个始因是在他自身之中的，而其初因在人自身中的行为，做与不做就在于人自己。所以，这些行为[③]是出于意愿的，尽管如果抛开那个环境它们便是违反意愿的。因为，没有人会因其自身而选择这种行为。这些混合型行为在有些时候，即当人们做耻辱的和痛苦的事是为着伟大而光荣的目的时，甚至受到赞扬。在相反的场合

---

① μικταὶ，即部分地是出于意愿的，部分地是违反意愿的。亚里士多德讨论伦理学和政治学的问题时，区别两种极端的情形和中间的情形是他的基本的方法。第二卷对道德德性的讨论和此处对行为的讨论都采取了这种方法。

② 即上文中所说的不得不按照那个僭主的命令去做的人和在遭遇风暴时抛弃个人财物的人。

③ 韦尔登(第 59 页)在此处加上了“在实践的意义上”。

它们则受到谴责。因为，没有高尚［高贵］的目的或只为微小的目的而承受巨大的耻辱是坏人的特点。另外一些混合型的行为则得到原谅，尽管不是受到称赞。例如当某人是由于超过人性限度因而是无法忍受的压力而做了错事时，情况就是这样。不过，有些行为是我们即使受到了强制也不大可能做的，或者是我们宁可受尽蹂躏而死也不肯去做的。例如，欧里庇德斯的戏剧中的阿尔克迈翁被迫杀死母亲①的那种理由就是可笑的。② 我们有时很难决定，究竟应当牺牲什么、选择什么，或者，究竟应当为获得某种东西而忍受些什么。但是更加不易的是坚持已作出的决定。因为在这类情况下，所预期的东西总是令人痛苦的，而被迫去做的事情又总是耻辱的。正因为这样，不屈从于强迫才受到称赞，屈 1110b
从于强迫才受到谴责。那么什么样的行为才应当叫做被迫的？在一般意义上，初因在当事者自身之外且他对之完全无助的行为

---

① 欧里庇德斯(Euripides)的一个已佚失的戏剧中的故事。厄里费勒(Eriphyle)，阿尔克迈翁(Alcmaeon)的母亲，因接受一条项链贿赂而引诱她丈夫安非阿拉俄斯(Amphiaraus)，阿戈斯的国王，参加征讨忒拜的战争。临行时，由于预见到自己将丧命疆场，安非阿拉俄斯要求儿子阿尔克迈翁和安非洛斯科(Amphilochus)在他死后向厄里费勒复仇，并咒他们如不服从就将遭饥馑和无子之报应。阿尔克迈翁害怕遭到报应，按父亲的遗嘱杀死了母亲厄里费勒。他为此发了疯，并被复仇女神厄里倪厄斯(Erinyes)追杀。

② 亚里士多德在这里讨论了四种混合型的而又多少存在着选择的行为：(1)为着伟大而高尚［高贵］的目的的，这种行为甚至受到称赞；(2)只为着微小的善的，这种行为受到谴责，是坏人的品性；(3)由于超出人性限度的压力而做出的错误行为，这种行为接近于然而又不是被迫的行为，这种行为常常得到原谅；(4)极其耻辱或卑贱的、人们通常宁可饱受蹂躏而死也不大会做的行为，一个人如果做了这种行为，即使是由于超出人性限度的压力，就常常得不到原谅。在(3)、(4)这两种行为中，后一种行为之所以得不到原谅，是因为人们对这些行为的恶的恐惧甚至比对痛苦死亡的恐惧更大。所以如果有人做了这样的事情，他必定是选择那样做的。

就是被迫的。但是，如果一项行为尽管就其自身而言是违反意愿的，然而在一个特定时刻却可以为着一个目的而选择，其初因就在当事人自身中。这种行为就以其自身而言是违反意愿的，但是以那个时刻和那个选择来说又是出于意愿的。这类行为更像是意愿的行为。因为，实践属于个别[①]的范畴，而这类个别行为是出于意愿的。究竟选择哪种行为更好，这很难说清楚。因为，具体情境中有许多差异。[②]但是，如果有人说，快乐和高尚[高贵]的事物也是强制的(从外部强制着我们的)，他就把一切行为就都说成是被迫的了。因为首先，我们每个人所做的一切都是为着这些事物的。其次，那些被迫的、违反意愿的行为伴随着痛苦，而那些旨在获得令人愉悦的事物的行为则伴随着快乐。而且，只谴责外在事物而不责怪我们太容易被它们俘虏，只把高尚[高贵]行为的原因归于自己，把卑贱行为的原因归于快乐，也是很荒唐的。所以似乎是，一个行为仅当其初因在外部事物上且被强迫者对此全然无助时，才是被迫的。

出于无知的行为在任何时候都不是出于意愿[③]的，然而它们只是在引起了痛苦和悔恨时才是违反了意愿的。诚然，如果一个人由于无知而做了某件事情，但是对这种行为并无内疚感，我们当然不能说他那样做时是出于意愿的。因为，他并不知道他在做

---

① ἕκαστα，原意是每一个、每一件事物。

② 伯尼特(J. Burnet)(《亚里士多德伦理学》[麦修恩公司，1899年]，第116页)说，像行为这样的事物没有不是发生在这种具体情境中的，所以，说某一类行为是违反意愿的是不真实的，只能说这个或那个行为是违反意愿的，在这里不可能找到科学的规则。斯图尔特(卷Ⅰ第233页)说，我们应当这样理解亚里士多德，即在讨论痛苦的环境下的行为的意愿性时，我们必须把行为本身看作一个"个别事务"，一定不要提出关于它的善的一般问题。

③ οὐχ ἑκούσιον，或非意愿的(韦尔登)。

些什么。然而,既然他不觉得痛苦,也不能说他那样做是违反其意愿的。一个由于无知而做了某件事并感到悔恨的人,才可以说在那样做时是违反其意愿的。不感到悔恨的人,既然是另外的一种,可以说是无意愿①的。因为,既然存在区别,最好这种人有自己特殊的名称。出于无知而做出的行为和处于无知状态的行为②也存在区别。一个喝醉的人或处于盛怒中的人所做的事不被认为是出于无知,而被认为是由于醉酒或盛怒,尽管他在那样做时的

---

① οὐχ ἑκών意义上与οὐχ ἑκούσιον相同。ἑκών为ἑκούσιον的变异形式。亚里士多德在此处希望给无悔恨的无知行为者命名,所以使用了一个替换的词汇。

② τὸ δι' ἄγνοιαν πράττειν τοῦ ἀγνοοῦντα。出于无知的行为,即由于对行为本身和环境无知识或不知情而做出的行为,所以出于无知而做出的行为是无知者的行为。处于无知状态的行为,即对行为本身和环境处于无意识状态,这种行为不是一个本无知识的人的行为,而是一个有知识但没有实际地去运用知识的人的行为。这后一种行为,类似于我们在汉语中所说的不经心地或由于疏忽而做出的行为。这两种行为的区别,斯图尔特(卷Ⅰ第234—236页)说,出于无知而做出的行为是不可避免的,处于无知状态的行为则是可以避免的。他还进一步说,出于无知而做出的行为按亚里士多德的观点只是个别(ἡ καθ' ἕκαστα,mere particulars),处于无知状态的行为则是完全的无知(ἡ καθόλου ἄγνοια)。所以按亚里士多德的看法,处于无知状态的行为才是真正意义上出于无知的行为。这从汉语方面理解有一定障碍。其原因在于汉语中无知与无意识这两种意义几乎是分开的,然而在希腊语中这两层意义在语汇上同源:动词ἀγνοέω原本这两层意义都包含,在动词ἀγνωμονέω中由于不经心或无意识而无知的意义才分离出来。我在文中把后者译为处于无知,但这不是一个合意的译法。但是译为处于疏忽将更为不妥。因为这将完全丧失这个词中对行为本身与环境的知识的含义,以及在那个环境下行为者仍有选择(意愿)的含义。由于希腊语语汇中的这种区分,那种处于无知状态的行为才是无知的行为的充分的意义。因为行为者对自己的行为的结果负有责任,对自己所形成的不经心的品质负有责任。不过,斯图尔特(卷Ⅰ第236页)认为,亚里士多德说出于无知而做出的行为是无意愿的或违反意愿的会造成混乱。严格地说,这种(偶然的)无知行为的当事人只是不能对行为的结果负责任,因为他没有能力预见这种后果,但是不能说他在行动时是违反其意愿的,尽管他事后悔恨。不过,依斯图尔特此种见解,出于无知的行为就不存在行动时违反意愿的情况。这个问题在伦理学中的确是一个需要讨论的重要问题。

确不是有知，而是处于无知之中。我们应当承认，所有的坏人都不知道他们应当做什么，不应当做什么，这种无知是不公正的行为的，总之是恶的原因。[①] 然而，把由于不知何种事物有益而做错的行为说成是违反意愿的是不妥当的。因为，选择上的无知所造成的并不是违反意愿（而是恶）。违反意愿的行为并不产生于对普遍的东西的无知（这种无知受到人们谴责），而是产生于对个别的东西，即对行为的环境和对象的无知。原谅和怜悯是对于对这些个别事物的无知的。因为，一个对这一切都不知道的人自然是在违反其意愿地做事的。也许最好明确一下这些个别事物的性质与数目。一个人的无知，在于对自己是什么人，在做什么，在对什么人或什么事物做什么的无知；有些时候，也包括对要用什么手段——例如以某种工具——做，为什么目的——如某个人的安全——而做，以及以什么方式——如温和的还是激烈的——去做等等的无知。一个人除非疯了，否则绝不会对这些全然不知。他也显然不可能不知道谁在做事情。一个人怎么会不知道自己呢。但是，他可能不知道他在做什么。例如，人们会像埃斯库罗斯在说到那些秘密时所说的，“话从他们嘴边溜了出来”，或“他们不知道那不能说”。[②] 或者，他们会像一个弓弩手辩解的那样，只是想

---

① 这句话所指的应当是苏格拉底的观点。

② 奥斯沃特（第 56 页）引证克雷芒（Clement of Alexandria，公元 2—3 世纪基督教哲学家）《斯特罗麦忒斯》（*Stromateis*）第 2 卷第 14 章：埃斯库罗斯（Aeschylus）在阿雷奥帕古斯（Areopagus）被控在其悲剧中泄露了得墨忒尔（Demeter，希腊古神，传说她女儿把她的宗教密仪泄露给埃勒夫西斯人）的密仪，埃斯库罗斯以不知道那是秘密请求赦免并被判无罪。剧中的一句话，“它到了我嘴边”，成了谚语。亚里士多德此处所指的可能是这句话。

告诉人家弓弩怎样使用，却不小心把箭放了出去。其次，人们有时会像麦罗帕①那样错把儿子当敌人，或是把一个尖锐的矛头误作戴着套子的矛头，或把一块重石头误作轻石头。或者，他会把药水给人家喝，②想救人性命，却反把人毒死。或者，他会在拳击练习时，原想轻轻一击，却致人伤残。③ 所以，无知是与所有这些个别方面联系着的。对任何一件事，特别是对那些最重要的东西，即行为的环境④与后果无知，其行为就是违反意愿的。不过，要说一个行为处于这种无知状态而违反当事者的意愿，它还必须是痛苦并引起了他的悔恨的。⑤

既然违反意愿的行为是被迫的或出于无知的，出于意愿的行为就是行动的始因在了解行为的具体环境的当事者自身中的行为。把出于怒气和欲望的行为称为违反意愿的行为似乎不妥。因为首先，按这种说法，我们就不能再说其他的动物，以及孩子，能够出于意愿地行动了。其次，是任何出于怒气与欲望的行为都是违反意愿的，还是高尚[高贵]的行为是出于意愿的，卑劣的行

① Merope，欧里庇德斯戏剧《克莱斯丰提斯》中克莱斯丰提斯(Cresphontes)之妻，她险些误把自己的儿子杀死。亚里士多德在《诗学》(*De Poetica*)中(第14章)也提到这个故事。

② 各校本此处不尽相同。考德(Codd)校本此处为ποτίσας，意思是把东西给人家喝。鲍尼特(M. Bonite)校本此处为παισάς，意思是失手猛击。韦尔登(第63页)从此校本，译作原想救人却失手将人击毙。伯内斯(A. Bernays)校本为πίσας，意义与ποτίσας同，罗斯(第52页)与莱克汉姆(第127页)从此校本。此处从罗斯与莱克汉姆。

③ 罗斯(第52页)此处译作“致人丧命”。亚里士多德此处使用的是πατάξειεν，击伤与击杀两种意义都有。

④ 莱克汉姆(第127页)此处作“行为的性质”。

⑤ 莱克汉姆(第127页)此句作：我们可以依据这些方面的无知、公正地称一个行为为违反当事者意愿的，但是有一个前提，即当事者对那样做感到痛苦和悔恨。

为是违反意愿的？既然出于同样的原因，[①]做这样的区别当然荒唐。但是，说我们是在违反我们的意愿地追求我们应当欲望的东西，这也不合理。对有些事情我们应当生气，对有些事物，如健康和学习，也应当欲求。第三，人们都认为，违反意愿的东西是痛苦的，符合于欲望的东西则是令人愉悦的。第四，出于推理而犯错误同出于怒气而犯错误，这两者在违反意愿这点上又有什么区别
1111b 呢？它们都是应当避免的。违反逻各斯的感情[②]也同样是人的感情。出于怒气与欲望的行为显然也同样是人的行为。把它们看作是违反意愿的是没有道理的。

2. ［选择］

在说明了出于意愿的行为和违反意愿的行为之后，我们接下来讨论选择。[③] 它显然与德性有最紧密的联系，并且比行为更能

---

① 指怒气或欲望。

② ἄλογα πάθη。πάθη同θυμός的区别在于，它指的只是一般所说的感情或激情。

③ προαίρεσις，我已经在前面（第 1 页注④）说明，亚里士多德的选择概念是同时包含着意图与能力的追求目的（善）的实践。一些译者鉴于其相关于目的与意图的含义，用意图来译解。但是在汉语中意图与实践或行为有很大距离。在大多数场合，我将以选择来译解这个词，只在作者强调其目的的方面时作必要变通。而且，在亚里士多德的用法上，προαίρεσις主要是对手段和方法的选择，即在行为的时刻在可能的范围中对最能实现目的的手段和使用这种手段的方法的选择。这种选择，由于不是对于目的的，所包含的目的性意图已经不是目的本身，而是从属性的目的性意图。但是亚里士多德在后面的第六卷第 7、8 章中似乎采取了对目的或对目的和手段两者的选择的概念。参见莱克汉姆第 128 页注。

判断一个人的品质。选择显然是出于意愿的,但两者并不等同。出于意愿的意义要更广些。因为首先,儿童和低等动物能够出于意愿地行动,但不能够选择。其次,突发的行为可以说是出于意愿的,但不能说是出于选择的。有些人把选择等同于欲望、怒气、希望[1]以及某种意见,这显然都不对。首先,选择不像欲望和怒气那样,为无逻各斯的动物所共有。其次,不能自制者的行为是出于欲望的,而不是出于选择的。与此相反,自制者的行为则是出于选择的,而不是出于欲望的。第三,欲望和选择相反,欲望却不与欲望相反。[2] 第四,欲望是对于令人愉悦的或痛苦的事物的,选择则不是。选择更不是怒气。出于怒气的行为和出于选择的行为相去甚远。选择也不能说是希望,虽然这两者显得很相近。首先,选择绝不是对于不可能的东西的。如果有人说,他能对不可能的东西进行选择,他一定是说傻话。希望则可以是对于不可能的东西的,例如不死。其次,希望可以是对于自己力所不能及的东西的,例如希望某个演员或运动员在竞赛中获胜。但没有人能选择这样的事情。人们只选择通过自己的活动可以得到的东西。第三,希望更多地是对于目的的,而选择则更多地是对于手段的。

---

① βουλή,或βούλησις,动词形式为βούλομαι,意思是希望、愿望、想、愿意、选择等等。βουλή 或βούλησις在英语译本中通常译为 wish 或 will。后者在汉语中又常常被翻译为意志,然而它的本意是希望最终将发生的事。所以遗嘱在英语中称作 will。因βουλή或βούλησις意义上包含(对目的的)选择,亚里士多德在本章中讨论到选择和希望的关系。

② 莱克汉姆(第 130 页)注:这就是说,你无法同时感觉两种相互矛盾的欲望(尽管你可以感觉到两种不相容的欲望,但是不可能同时既欲望着一个事物又欲望着不去欲望它),但是你可以同时既欲望着做一件事又选择不去做。

例如我们希望的是健康，选择的是能够使我们健康的东西。又如，我们希望幸福并且说我们幸福，但是说我们选择幸福就不妥当了。因为一般地说，选择似乎总是对于我们力所能及的事物的。选择也不可能是意见。① 首先，意见是对于所有事物的。它既可以是对于我们力所能及的事物的，也可以是对于永恒的和不可能的事物的。其次，意见只有真和假的区别，没有善与恶的区别。而选择的区别则主要在于善与恶。所以，人们不大可能把选 1112a 择等同于一般意见。但是选择也不等同于某种具体意见。② 因为首先，我们成为具有某种品质的人，是由于对于善的或恶的东西的选择，而不是关于何者善何者恶的意见。我们选择的是获得善的东西或避开恶的东西，我们提出意见则是关于某物是什么，它对谁有益，或者对他怎样有益的。我们不就去获得什么或避开什么的问题提出意见。其次，我们称赞一个选择，是由于它选择了正确的东西；我们称赞一种意见，则是由于它真实。第三，我们只选择我们知其为善的东西，我们对之提出意见的则是我们并不完全知道的东西。第四，最善于选择的人并不是那些最善于提出意见的人。有些人善于提出意见，但是却由于恶而做了错误的选择。至于是意见先形成，还是选择和意见同时形成，这并不重要。

---

① δόξα，关于事物的一般的或总体上的意见。δόξα的动词形式是δοξάζω，意思是想、相信、认为、以为，与做、实践、行为等等相对立而言。所以，在希腊语中，δόξα不是就做什么而言的，而只与是什么有关。所以δόξα与知识有相关的关系：知识是对于充分了解的事物提出的认识或见解；意见则是对于还不充分了解的事物提出的认识或见解。

② δόξα τὶς，即对于某某事物是善的或恶的的见解，与上文的一般意义上的δόξα相区别。

因为，我们要研究的不是这个，而是选择是否等同于某种意见。[1]然而如果选择不是上面说到的那些东西，它究竟是什么，又属于哪种事物？它显然属于出于意愿的行为，但并非所有出于意愿的行为都是选择。那么我们是否可以认为，选择是包含着在先的考虑的意愿的行为？其实，选择这个名词就包含了逻各斯和思想，它的意思就是先于别的而选取某一事物。[2]

3.［考虑］

我们是考虑[3]所有事物，或者，是所有事物都可以考虑，还是有些事物不能作为考虑的题材？我们所说的考虑的题材，并不是指疯子和傻子所想到的东西，而是指有理智的人所考虑的事情。我们不会去考虑永恒的事物，例如去考虑宇宙，或者正方形的对角线和边的不等关系。我们也不会去考虑总是以同一方式运动的事物，无论是出于必然的，出于自然的，还是出于某种其他原因

---

① 亚里士多德此段对选择与意见的区别的讨论的主要论点可要述如下。(1)选择不同于一般的即不涉及具体对象的意见，因为 a)意见可以涉及不可能的事情，选择只是对于可能的事情的；b)意见的不同在于真与假，选择的不同在于好与坏。(2)选择也不同于具体的意见，因为 a)我们选择的是得到什么和避开什么，而这些不是意见的题材；b)选择受称赞的是它的善，意见受称赞的是它的真；c)选择某某事物是因为认为它善，对某物提出意见则没有这种考虑；d)善于提出意见的人并不一定是善于选择的人。

② 就是说，选择不仅像知识与意见一样地包含着逻各斯与理智，而且(也是更重要的)包含着预先的考虑。所以，它就是包含了在先的考虑的意愿的行为(即实践)。

③ βουλεύσις，考虑、考量，或思虑、思量。在这一章中亚里士多德的目的在于对考虑的题材(对象)作出规定。

的，例如冬至和日出。[①] 我们也不去考虑经常不以同一方式出现的事物，如干旱和降雨，以及找到珍宝这类碰运气的事情。对于人间的事务，我们也不是全都加以考虑。例如，没有一个斯巴达人考虑为西徐亚人设计最好的政体。[②] 因为，这些事情不是我们力所能及的。所以其次，我们能够考虑和决定的，只是在我们能力以内的事情（这也是我们唯一还没有讨论过的东西。因为被看作原因的东西中包括自然、必然和运气的东西，以及努斯和人为的东西）。每一种人所考虑的都是他们可以努力获得的东西。对
1112b 于像科学那样准确和完善的事物，例如文法，不需要作考虑（因为我们对于一个词该如何拼写没有什么疑问）。但是，那些既属于我们能力之内又并非永远都如此的事情，如医疗或经商上的事情，就需要作考虑。我们考虑航海的事多于锻炼上的事，因为航海的事更不确定，其他这类技艺也是同样。而且，我们考虑技艺多于科学，因为对技艺更难判断。考虑是和多半如此、会发生什么问题又不确定，其中相关的东西又没有弄清楚的那些事情联系在一起的。在重大事情上，如果我们不相信自己能够作出判断，我们就会邀请其他人一道来考虑。此外，我们所考虑的不是目的，

---

① 斯图尔特（卷Ⅰ第 257、259 页）指出，尽管亚里士多德一般地以必然（ἐξ ἀνάγκης）述说无机界的运动法则，以自然（φύσις）述说有机界的运动法则（例如出生、生长等等），他也用自然来述说无机界的法则，例如第二卷第 1 章谈到的石头的本性（自然）。所以，斯图尔特说，亚里士多德所说的必然与自然不能被看作是完全相互排除的，但是在他的用语中，自然的东西是在必然所许可的范围之内的，所以必然的东西是优先的。

② 在莱克汉姆本（第 135 页）中，“对于人间的事务，我们也不是全都加以考虑。例如，没有一个斯巴达人考虑为西徐亚人设计最好的政体”，被置于“我们能够考虑和决定的，只是在我们能力以内的事情（这也是……）”之后。

而是朝向目的的实现的东西。医生并不考虑是否要使一个人健康，演说家并不考虑是否要去说服听众，政治家也并不考虑是否要去建立一种法律和秩序，其他的人们所考虑的也并不是他们的目的。他们是先确定一个目的，然后来考虑用什么手段和方式来达到目的。如果有几种手段，他们考虑的就是哪种手段最能实现目的。如果只有一种手段，他们考虑的就是怎样利用这一手段去达到目的，这一手段又需要通过哪种手段来获得。这样，他们就在所发现的东西中一直追溯到最初的东西(因为进行考虑的人似乎像上面所说的那样，研究的是解析一个几何图形那样的方法。[①] 当然，似乎并非所有的研究，例如数学的研究，都是考虑，但所有的考虑却都是研究。并且，分析的终点也就是起点[②])。如果恰巧碰到不可能的事情，例如需要钱却得不到钱，那么就放弃这种考虑。而所谓可能的事情，就是我们自身能力可以及达的那些事情。这在某种意义上也包括我们的朋友们力所能及的事情，因为这种行为的始因是在我们这里。[③] 人们所研究的有时是工具，有时是利用这些工具的方法。在其他场合[④]

---

① 亚里士多德此处在以几何证明的过程类比考虑的过程。在几何证明中，我们假定一个几何命题成立，然后分析使它成立的条件，“把它分析成越来越简单的成分，直到达到某种自明的、足以作为解决那个问题的出发点的东西”(斯图尔特卷Ⅰ第 252 页；参见罗斯第 57 页注、韦尔登第 70 页注和莱克汉姆第 138 页注)。在亚里士多德看来，考虑的研究有时也是在这样地研究方法。

② τῇ γενέσει。亚里士多德此处的意思似乎是指完成一种考虑的起点。考虑就是考虑做事情要从哪里着手。所以找到了这个点(起点)，考虑便完成，行动便开始。

③ 因为，朋友就是另一个自身(1166a34)。在希腊的古老的友爱观念中，朋友是属于自身的，是自身力量的延伸。

④ 如果亚里士多德在上面所说的是指对技艺的考虑，这里接下去说的就是其他的活动中的对方法的考虑，就像莱克汉姆(第 139 页)所建议的那样。或者也可以把这两种所指反过来领会。

也是这样。所研究的有时是用何种手段，有时是以何种方式利用它。所以人，如所说过的，似乎是行为的始因。考虑就是对以自身努力可以去做的事情的考虑。而行为都是为着别的事物
1113a 的。[①]所以所考虑的东西并不是目的，而是达到目的的手段。同时，我们所考虑的也不是个别的东西，例如这是不是一块面包，以及它是不是按应该的样子烤出来的。这些事情是感觉[②]的对象。如果考虑不断继续下去，就会陷入无穷。考虑的对象也就是选择的对象，除非是选择的对象已经确定了。因为这时，考虑的那个结论已经被选择了。一个人如果已经把行为的始因归于自身，归于自身的那个主导的部分，[③]他也就不用再考虑该怎么做的问题了。因为，我们自身中作选择的也就是这个部分。[④]这可以由荷马述说的古代政体[⑤]的例子得到说明。在这些政体中，王向人民宣布他们的选择。既然所选择的是我们在考虑之后所期求的东西，那么选择也就是经过考虑之后的、对力所能及的事物的期望。因为，在选择了某种经过考虑而确定的事物时，我们也就会按照所作的考虑而期求它。关于选择我们就概要地说明到这里。我们已经表明了它的题材的性质，以及它是对于朝向目

① 就是说，行为都是为着某种目的的，都是手段而不是目的本身。

② αἰσθήσεως，感觉、知觉。

③ 即有逻各斯的或理性的部分。

④ 所以，如果是灵魂的有逻各斯的部分在作选择，我们便不再需要作考虑。

⑤ 按照亚里士多德的看法，荷马述说的古代政体是未退化的王政。这种政体中的主导的部分是王。人的有逻各斯的（理性的）部分告诉他应当选择什么，正如王向臣民宣布法律。

的的实现的东西的。[1]

4. [希望]

如已说过的,[2]希望却是对于目的的。但是有人说,所希望的东西是善,有的人则说,所希望的是显得善的东西。[3] 然而,那些认为所希望的东西是善的人无法避免一种结论,即如果一个人的选择不正确,他所希望的东西就不是他真正希望的(因为假如他希望的是他真正希望的东西,这就应当是善;但是在所假定的这种情形下,他希望的东西却对他是恶)。另一方面,那些认为所希望的是显得善的东西的人也不能逃避一个结论,即除了对各个个人显得善的东西,并没有什么事物自然地就显得善。然而对于不同的人显得善的东西却是不同的甚至可能是对立的。如果这两种结论[4]都不令人满意,那么是否应当说,在一般的或真正的意义上,所希望的东西就是善;而每个个人所希望的则是对于他显得善的东西:好人所希望的善就是他真正希望的善,坏人所希望的善则碰到什么就是什么(正像在身体方面,那些真正有益的东西

---

① 亚里士多德本章对于选择的题材的讨论在结构上分三个部分:(1)选择的题材不是我们能力以外的事务,例如 a)疯子或傻子所考虑的东西,b)永恒法则,c)必然或自然的变化,d)无规则性的变化,e)偶性的或碰巧的事情,f)超出我们能力的人类事务;(2)选择的题材是那些在能力之内而又不确定、需要作判断的事务;(3)选择的题材不是目的,而是达到目的的手段。

② 本卷第 2 章。

③ 这两种意见中,前者是柏拉图的观点,后者是智者派的观点。参见柏拉图《高尔吉亚篇》(*Georgia*)466 及以下。

④ 指上面两种观点各自不能避免的结论。

就对那些体质好的人有益，对那些生病的人，有益的则是另外一些东西，如苦的、甜的、热的或硬的东西，[①]等等)？因为，好人对每种事物都判断得正确，每种事物真地是怎样，就对他显得是怎样。每种品质都有其高尚[高贵]的东西和愉悦的东西。而好人同其他人最大的区别似乎就在于，他能在每种事物中看到真。他仿佛就是事物的标准和尺度。[②] 许多人似乎是被快乐引入歧途的。因为它们尽管不是，却显得是某种善。结果，人们都把快乐当作善来选择，而把痛苦当作恶来逃避。

5.［德性、恶与能力］

既然希望是对于目的的，实现目的的手段则是考虑和选择的题材，那么与手段有关的行为就是根据选择而确定的，就是出于意愿的。但是德性的活动也是同手段相关的。德性是在我们能力之内的。恶也是一样。因为，当我们在自己能力范围内行动时，不行动也在我们的能力范围之内，反之亦然。所以，如果做某件事是高尚[高贵]的，不去做是卑贱的，那么如果去做那件事是在我们能力之内的，不去做就同样是在我们能力范围之内的。如

① 即其真实的本性是苦的、甜的等等的东西。

② 亚里士多德的观点总体上处于柏拉图与智者派之间。希望在一般意义上是对于善的，在经验意义上是对于显得善的事物的；但对好人显得善的也就是真正善的，因为他的品质使他对何事物是善的看法与事物本身的逻各斯一致。这里值得注意的是，在确定善的根据时，亚里士多德最终引入了真的尺度。

果不去做某件事是高尚[高贵]的，去做是卑贱的，[①]那么如果不去做那件事是在我们能力之内的，去做就同样是在我们能力范围之内的。既然做还是不做高尚[高贵]的行为，做还是不做卑贱的行为，都是我们能力范围之内的事情，既然做或不做这些，如我们看到的，[②]关系到是一个人是善还是恶，做一个好人还是坏人就是在我们能力范围之内的事情。有句话说，

> 无人愿意作恶，也无人不愿意享得福祉。[③]

这说得半对半不对。说无人不愿意享得福祉是对的，但是说无人愿意作恶却不正确。若不然，我们就至少要推翻我们上面所说的，并且承认，人不是像是他自己的子女的父亲那样地是他自己的行为的始因。而如果我们上面所说的那些是对的，如果我们不能把我们的行为的始因说成是在我们之外的，那么其始因是在我们自身的行为就是在我们能力范围之内的，就是出于我们的意愿的。这一点在私人的和立法者们自己的活动中都可以得到见证。因为首先，私人与立法者都惩罚和报复做坏事的人——除非那个人的行为是被迫的或出于他不能负责的无知的[④]——并褒奖行为高

---

① αἰσχρὸν，丑的、耻辱的、卑贱的。

② 1112a1—4。

③ 斯图尔特(卷Ⅰ第275页)引证伯格克(T. Bergk)，认为此语出于梭伦，莱克汉姆(第144页)也持这种意见。

④ 参见本卷第1章(1110b25—1111a2)对出于无知的行为的讨论。格兰特(卷Ⅱ第27页)对于亚里士多德这一段话的观点有一出色的评论："这一[褒奖与惩罚的]事实并不足以否定一个形上学的理论，即立法、法官、罪犯等等都是在由于不可抗拒的因果链而做着他们所做的事情。但是在伦理学上和政治学上，亚里士多德的论点足以确立一个实践的自由假定。任何一个理论体系都必须考虑这个假定。"

尚[高贵]的人，以鼓励后者，遏止前者。但是，没有人会鼓励我们做任何我们能力之外的、并非出于我们意愿的事情。因为，要说服我们不觉得热、不觉得疼或不觉得饿等等是没有用的，①我们还是同样地感觉到它们。② 其次，如果一个人是应当对于他的无知负责任的，我们还要因这种无知本身③而惩罚他。④ 例如，对于醉酒后肇事的人加倍量刑，⑤因为肇事的始因是在醉酒的人自身：他无知的原因是他喝醉，而他本可以不喝醉。第三，如果一个人本应当知道法
1114a 律的规定，并且获知它也并不困难，却由于不知道它而犯了罪，我们也要惩罚他。此外，我们也惩罚其无知是出于疏忽的犯罪者。我们认为他们本不应当无知，因为他们有能力做事小心。有人可能提出争论，说有的人也许天生就不会做事小心。但是，这些人还是要自己来对他们形成了这种不会做事小心的品质负责任。这正像如果他们由于做事不公正或把时光消磨在饮酒等等上面而变得不公正或放纵，他们就要自己对这件事负责任一样。因为首先，一个人的品质就决定于他怎样运用他的能力。这从人们为着竞赛活动而训练自己的例子就可以看出来：他是不间断地锻炼的。

---

① 亚里士多德在此处以感觉作类比。

② 即，即使有人努力地说服我们，我们还是同样感觉到热、疼和饿等等。

③ 前已说明（参见第 65 页注②），亚里士多德把疏忽的无知（处于无知），即具有有关知识然而失之疏忽的无知，看作是本来意义上的出于无知。

④ 这句话是接着上文“除非那个人的行为是被迫的或出于他不能负责的无知的”的，在讨论与之相反的情形。

⑤ 这是一条毕达库斯（Pittacus of Mitylene）法。《政治学》1274b19：毕达库斯法的一个特点是人在醉中犯罪，课刑加重。

如果一个人不知道品质是养成于行为的，他就是全无感觉了。其次，说一个做事不公正或行为放荡的人并不希望成为不公正的人或放荡的人是不合逻各斯的。如果一个人不是不知道，却做着会使他变得不公正的行为，那么就必须说他是出于意愿地变得不公正的。[1] 但是这并不意味着，只要他希望，他就能够不再不公正并且变得公正。这就好比，一个病人不可能希望病好就病好。当然，他可能是出于意愿地、由于生活不节制或者不听从医生的话而得的病。如若这样，他曾经是能够不得病的，但是一旦他丢掉了这个机会，他就不再能那样[2]了。这就好比，你把石头扔出去了就不能再收回来。但是你能够不把它扔出去，因为行为的始因在你自身之内。同样，不公正的人或放纵的人一开始是能够不变得那样的，所以他们是出于意愿地变得不公正的或放纵的。但是在他们已经变得不公正或放纵之后，他们就不能不是不公正的或放纵的了。第三，不仅灵魂的恶，而且身体的恶也有时是出于意愿的，因而受到谴责。尽管没有人会谴责一个人生得丑陋，我们却谴责一个人由于不当心或缺乏锻炼而造成的丑陋。对于身体的孱弱和发展障碍也是这样。没有人会谴责一个生来失明或由于得病或意外而失明的人，相反，我们反而怜悯他。但是我们谴责一个因不节制或放纵而失明的人。所以在身体的恶之中，受到谴责的是由我们自己的原因造成的恶，

---

① “如果一个人不是不知道，却做着会使他变得不公正的行为，那么就必须说他是出于意愿地变得不公正的”这句话，莱克汉姆(第 147 页)放在“其次……”之前。

② 即不得那种病，或想不得那种病就不得。

而不是我们不能对之负责任的那些恶。如若这样,我们所谴责的其他的恶就也是在我们能力之内的。可能有人会说[①]:“我们都追求对我们显得善的东西,但是它们对我们显得善这件事却不在我们能力之内。而每个人的善观念又是由他的品质决定的。所以,如果一个人在某种意义上对他的品质负有责任,[②]他也在某种意义上要自己对其善的观念负有责任。如果一个人对自己的善观念不负有责任,就没有人对他所作的恶负有责任:每个人就都是出于对其目的的无知而做事情的,并且认为这样做就将获得他的最大的善,他追求其目的的行为也就不是出于选择的行为。所以一个人似乎需要天生具有一种视觉,使他能形成正确的判断和选择真正善的事物。一个生来就具有善品质的人也就是在作这种判断上有自然禀赋的人。因为,这种禀赋是最好、最高尚[高贵]的馈赠,它不是我们能够从别人那里获得或学会的,而是像生来就具有那样始终具有的东西。[③] 具有了这样

---

① 下面这段话,似乎是亚里士多德用他自己的话来描述反对者对他的观点的反驳,引号为本文中原有的(见莱克汉姆第148、150页)。其要点有四:(1)一事物对我们显得善这件事并不在我们的能力之内;但是(2)亚里士多德要求我们对这件不在我们能力之内的事负责任,因为他认为我们对自己的品质负有责任;(3)如果我们承认亚里士多德的要求是合理的,我们就需要有一种天生的(由自然赋予的)禀赋,使我们天生能够辨别真正是善的事物;(4)而有了这种禀赋,我们也就有了好的品质,就无须再自己对自己的品质负责任。

② 这是指亚里士多德自己的观点。

③ 亚里士多德在这里使用的语言有柏拉图的背景,例如柏拉图在《美诺篇》(*Meno*)中说德性是神的馈赠,所以接受者无法传之于他人。

的禀赋也就是具有了完善而高尚[高贵]的本性。”——如若[1]这种说法是对的，那么为什么德性比恶更加是出于意愿的呢？对好人和坏人来说，目的都同样地是由自然或不论什么确定的，而人们无论做什么，其活动都是指向这目的的。那么，一种被一个人视为目的的东西是否并非出自然赋予，而是部分地取决于他自己？或者，是否目的是自然赋予，德性却出于意愿——因为好人做事情都是出于意愿？无论答案是何者，恶都像德性一样地是出于意愿的。因为在坏人身上，尽管不是在他对于目的的选择中，也同样存在着行为的原发性。所以，如所说过的，如果德性是出于意愿的（因为，我们自己是我们的品质的部分的原因，而正是由于我们具有某种品质，我们才会确定这样那样的目的），恶就也是出于意愿的，因为对这两者来说情况是相同的。

我们已经概略地讨论了德性的一般性质，表明了德性的种（即它们是适度，是品质[2]），表明了德性使我们倾向于去做，并且按照逻各斯的要求去做，产生着德性的那些行为[3]（以及德性是在我们

[1] 亚里士多德下文中所作的回应的要点有三：(1)首先，反对者的意见中有一个基本的矛盾：他们愿意承认德性的意愿性而不愿意承认恶的意愿性。这表明德性的意愿性，即德性是我们对之负有责任的品质，是一种一致的意见，这种意见可以作为讨论的一个出发点（事实上他也把这作为他整个伦理学讨论的一个出发点）。然而他们在否认我们对于自己的恶负有责任的同时，也否认了德性是部分地决定于我们自身的。所以他们是自我矛盾的。(2)不论人的目的是部分地决定于自己，还是尽管目的是从一开始就被决定的，而德性（作为手段）决定于我们自己，恶都同德性一样地是出于意愿的，因而也是我们应当对之负责任的。所以，(3)我们的善（目的）的观念取决于我们部分地对之负有责任的品质。

[2] 括号里面的话，莱克汉姆（第154页注）认为是后人所加。关于品质是德性的种，参见第二卷第5章最后部分和第6章开头部分。

[3] 关于德性养成于一定的行为，参见第二卷第2章。

能力以内的和出于意愿的)。但是品质出于意愿的情况与行为不一样。对于行为,只要我们了解具体情况,我们可以自始至终地掌握。而对于品质,尽管我们可以在初始时掌握它,我们却察觉不到它的细微的发展,正如我们察觉不到病的发展一样。但是由
1115a 于品质是在我们能力之内的,它们仍然是出于我们的意愿的。[①]

但我们还是再回过来谈谈那几种德性,[②]谈谈它们的性质,与之相关的题材,以及它们同这些题材相关的方式。在讨论的过程中我们也会说明白有多少种德性。

---

① 从"但是品质出于意愿的情况与行为不一样"起的这一段话,一些作者,如斯本格尔和斯卡利格(J. J. Scaliger),认为从所讨论的内容上看当放在上段结尾处。另几位注释者,如斯图尔特(卷Ⅰ第281页)和莱克汉姆(第153页注),认为当在更前面些(1114a22),即接在"但是在他们已经变得不公正或放纵之后,他们就不能不是不公正的或放纵的了"的后面,或者是那段话的注释。不过,这段话很可能是亚里士多德对于从第二卷第5章到目前(第三卷第5章)为止的对德性的性质的说明的一个总结。从这点看,这段话在这里是与上下文相关的。

② 即在第二卷第7章概略地说明过的那些德性。亚里士多德下面转向对在那里提到过的几种具体德性的讨论。

[具体的德性]

6. [勇敢的范围]

我们首先来谈谈勇敢。我们已经说明白了，[①]勇敢是恐惧与信心方面的适度。显然，使我们恐惧的是可怕的即一般所说的坏的事物。所以，人们有时把恐惧规定为对可怕事物的预感。[②]诚然，我们对所有坏的事物都感到恐惧，如耻辱、贫困、疾病、没有朋友、死亡，但是我们并不认为勇敢是同所有这些事物相联系的。因为首先，对有些坏的事物感到恐惧是正确的、高尚[高贵]的，不感到恐惧则是卑贱的，例如耻辱。对耻辱感到恐惧的人是公道的、[③]有羞耻心的[④]人，对耻辱不感到恐惧的人则是无耻的人。人们有时在类比意义上称一个无耻的人勇敢，是因为他同勇敢的人有个类似处，即勇敢的人也是无恐惧的。其次，尽管对贫困、疾病，总之对不是由于恶也不是由于我们自身而产生的坏事物，当

---

① 1107a33—b4。

② 这可能是指柏拉图。柏拉图在《莱克斯篇》(*Laches*)中(198—201)把勇敢规定为关于恐惧与信心的知识，认为恐惧的原因是“未来的恶”。

③ ἐπιεικής，公道的、适宜的、体面的、公平的、公正的等等。亚里士多德关于公道和公道的事务的讨论，见第五卷第10章。

④ αἰδήμων，面对着羞耻的、值得尊敬的，等等，由名词羞耻心(αἰδώς)演变而来。

然不应当感到恐惧，但是对这些事物不感到恐惧不等于勇敢（尽管我们也在类比意义上说他勇敢）。因为，有些人在战场上怯懦，在使用钱财上却很慷慨、很有信心。此外，一个人如果害怕妻子或孩子受到侮辱，害怕妒忌或诸如此类的事情，也不等于怯懦；一个人如果在要受鞭刑时也很有信心，[①]也算不得勇敢。[②] 那么勇敢是对于哪些可怕的事物而言的呢？也许就是那些最重大的可怕事物？因为勇敢的人比任何别的人都更能经受危险。而死就是所有事物中最可怕的事物。因为死亡就是终结，一个人死了，任何善恶就不会再降临到他头上了。但是，勇敢又不是同所有情况下的死相联系的。例如，在海上落水时和在疾病中敢于面对死就算不上勇敢。那么在哪些场合敢于面对死才算是勇敢？也许是那些最高尚[高贵]的场合，也就是在战场上？因为，战场上的危险是最重大、最高尚[高贵]的。所以不论是城邦国家还是君主国家，都把荣誉授予在战场上敢于面对死亡的人们。所以，恰当地说，勇敢的人是敢于面对一个高尚[高贵]的死，或敢于面对所有濒临死亡的突发危险即战场上的那些危险的人。这并不是说，勇敢的人在海上落水时和在疾病中会对
1115b 于死感到恐惧。不过他的无恐惧同船员的那种无恐惧并不一样。因为勇敢的人此时不抱得救的希望，但是也抵抗着死；而船员则出于经

① θαρραλέος，大胆的、有信心的；由动词θαρρέω派生。如已说明（参见第52页注①）的，亚里士多德在指勇敢时，使用的是ἀνδπεία，信心的过度状态在他看来同恐惧的不及，即无恐惧或不知、不觉恐惧的状态，属同一极端。

② 亚里士多德此处的核心论点是，虽然勇敢是无恐惧，但无恐惧不等于勇敢。因为，(1)对某些事物（如耻辱）感到恐惧是正确的；(2)对某些事物，即那些不是由于我们自身原因而产生的坏事物（如疾病），不感到恐惧也不等于勇敢；(3)对某些事物（如妻子受辱）感到恐惧也并不等于怯懦。

验而抱有得救的希望。而且,我们表现出勇敢是在我们可以英勇战斗和高尚[高贵]地死去的场合,而在这样的灾难中这两者都不可能。①

7. [勇敢的性质]

可怕的事物并非对所有人都同样可怕。但是,有些事物的可怕是超出人的承受能力的,所以这些事物至少在感觉上对每个人来说都是可怕的。那些处于人的承受能力之内的则在数量和程度上差别甚大(那些激发人的信心的东西也是这样)。人能够多勇敢,勇敢的人就能够多勇敢。② 所以,尽管他也对那些超出人的承受能力的事物感到恐惧,他仍然能以正确的方式,按照逻各斯的要求并为着高尚[高贵]之故,③对待这些事物。这也就是德性的目的所在。一个人对于这些事物的恐惧可能过度或不及。他

---

① 格兰特(卷I第 32—33 页)在此处有一出色的评论。他说,亚里士多德对于勇敢的说明虽然在某些方面同柏拉图的观点对立,在某种程度上却得益于柏拉图对于勇敢的说明。柏拉图在《普罗塔格拉斯篇》(349—351, 350—361)中认为勇敢是关于真正安全和真正危险的事物的知识,然而在《莱克斯篇》(198—201)中又认为,如果勇敢是知识,它就不是上述那种知识,而是关于善与恶的知识;在《理想国》(*Republic*)(430 b)中,勇敢则被描述为灵魂的不为危险等等的驱使而始终保持正确的逻各斯的能力。亚里士多德在接受所有这些说明的同时,把它们确定为灵魂的一种品质(而不是能力)和道德的(而不是理智的)德性,即面对一个高尚[高贵]的死而无畏惧地战斗的品质或德性。

② 亦即,人的能力的限界也就是勇敢者的勇敢的限界。因为如上文所表明的,超出人的能力的可怕事物也是勇敢者无法承受的。

③ 关于德性的行为方式的性质,亚里士多德在此处区分了"按照逻各斯的要求"(ὡς ὁ λόγος)和"为着高尚之故"(τοῦ καλοῦ ἕνεκα)两者。前者相关于行为的正确性,后者相关于行为的目的。希腊词καλόν,如已指出的,具有高尚[高贵]、美好等多方面的意义。莱克汉姆(第 158 页注)建议在此处以适合性(fitness)来表达τοῦ καλοῦ。但适合性是一个正确性的要求,而不是目的的高尚性的要求。

也可能对其实没有那么可怕的事物感到了恐惧。错误或者是在于对不应当害怕的事物，或者是以不适当的方式、在不适当的时间感到恐惧。信心方面的情形也是这样。所以，勇敢的人是出于适当的原因、以适当的方式以及在适当的时间，经受得住所该经受的，也怕所该怕的事物的人。① （因为，勇敢的人总是以境况所允许的最好的方式，并按照逻各斯的要求，去感觉和行动。每个人的每个实现活动的目的都是同他的那种品质相合的。勇敢的人也是这样。他的勇敢是高尚[高贵]的，因而勇敢的目的也是高尚[高贵]的。因为每种事物的品质就决定于其目的。② 所以，勇敢的人是因一个高尚[高贵]的目的之故而承受着勇敢所要求承受的那些事物，而做出勇敢所要求做出的那些行动的。）在那些极端的人之中，在无恐惧方面过度的人没有专门名称（我们曾说过，③许多品质都没有名称）。不过，如果一个人任何事物都不惧

---

① 在把勇敢规定为为着一个高尚[高贵]的目的而面对巨大的突发危险的品质（见第 6 章）之后，亚里士多德在本章进一步讨论勇敢所包含的承受（痛苦、危险等等）含义。承受与柏拉图所说的“保持”是基本一致的。但承受不再是对理智的正确知识的保持，而是对面对危险的道德德性的保持。亚里士多德提出这样的问题：勇敢意味着承受一切，还是有所限定？他首先肯定，勇敢只意味着承受人所能够承受的事物。因为，存在着超出人的承受能力的事物。对这些事物，勇敢的人自然地也抱有恐惧。但是他是以正确的、恰当的方式，并且为着高尚[高贵]之故，抱着对这些事物的恐惧。所以，勇敢是在于承受的方式与目的，而不只在于所承受的可怕事物的巨大。

② 实现活动的目的既是一个外在的事物，又是行为本身的美好、完善。勇敢的人的勇敢总是为着一个高尚[高贵]的事物（目的）的，同时也总是为着行为本身的美好与高尚[高贵]的。因为勇敢的人就是这样的人。格兰特（卷Ⅱ第 36 页）于此处说，在亚里士多德的这个表达里面，目的（τέλος）处于动机与完善之间，即它既是动机又是完善。

③ 1107b2，b29，1198a5。

怕，就像克尔特人据说连地震和巨涛都不惧怕[①]那样，我们就会说他不正常和迟钝。在(面对真正可怕的事物时[②])信心上过度的人是鲁莽的。但是，鲁莽的人也常常被看作是自夸的人和只是在装作勇敢的人。这种人希望的是在面对可怕的事物时，显得是在像一个勇敢的人那样地行动。所以，在能模仿勇敢的人的场合[③]他就总是去模仿。所以大多数鲁莽的人内心里是怯懦的：他们在没有危险的场合表现得信心十足，可是却不能真正经受危险。在恐惧上过度的人是怯懦的。因为他对不该怕的事物也怕，而且是以不适当的方式，等等。怯懦的人同时也在信心上不及。不过他的 1116a 品质主要表现在对于所出现的痛苦的恐惧的过度上面。所以，怯懦的人是那种事事都怕的沮丧的人。勇敢的人则正好相反。因为一个对事物抱有希望的人自然就有信心。所以说，怯懦的人、鲁莽的人和勇敢的人都是与同样的事物相联系的，不过对待这些事物的方式不同。前两种品质是过度与不及，第三种则是适度的、正确的品质。其次，鲁莽的人在危险来到之前冲在前面，但当危险到来时却退到后面；勇敢的人则在行动之前平静，在行动时精神振奋。

所以，如上所说，勇敢是在所说过的那些场合，[④]在对待激起信心或恐惧的那些事物上的适度。它这样地选择和承受是因为这样

---

① 这似乎是指某句诗文。参见《欧台谟伦理学》1229b28。与亚里士多德几乎同时的历史学家艾弗罗斯(Ephorus)的著作中也有同样的述说(参见斯图尔特卷Ⅰ第289页)。

② 莱克汉姆(第161页注)认为括号中的话是后人所加，理由是亚里士多德说信心时的参照不是可怕的事物，而是无恐惧的程度。

③ 就是说，在如此地模仿而不会有过大危险的场合。

④ 本卷第6章。

做是高尚[高贵]的,不这样做是卑贱的。[①] 但是,以死来逃避贫困、爱或其他任何痛苦的事物却不是一个勇敢的人,而毋宁说是一个怯懦的人的所为。因为在困难之中,逃避是更软弱的行为。而一个人这样做不是因为这样地面对死是高尚[高贵],而是因为这样可以逃避可怕的事物。

8. [相似于勇敢的其他品质]

勇敢的性质就是这样。但是,勇敢这个名称也被用到其他五种品质上面。首先是公民的[②]勇敢,它最像是真正的勇敢。公民们承受危险似乎是因为怯懦的行为将会招致法律的惩罚和舆论的谴责,以及勇敢行为将得到荣誉。所以,那些在其中懦夫受到轻蔑、勇敢的人得到荣誉的民族,似乎都是最为勇敢的民族。荷马通过例如狄俄墨得斯和赫克托耳来刻画的也正是这种勇敢:

---

① 参见 1115b11—24。

② πολιτικός,政治的、宪法的、公民的。公民的勇敢这一提法,按格兰特(卷Ⅱ第 37 页)说,最早见于柏拉图《理想国》(430c)。斯图尔特(卷Ⅰ第 292 页)与莱克汉姆(第 162 页注)说,柏拉图所说的公民的勇敢同亚里士多德所说的有一重要的不同。柏拉图所说的公民的勇敢是指"基于关于什么东西可怕、什么东西不可怕的正确的意见上"的勇敢,同奴隶的和兽类的勇敢相对。亚里士多德所指的公民的勇敢尽管也不同于奴隶的勇敢(他所讨论的第五种即"无知的勇敢"最接近柏拉图意义上的奴隶的勇敢)和兽类的勇敢(他所讨论的激情的勇敢最接近所谓兽类的勇敢),但仍然不是真正的勇敢。因为它是出于对荣誉的期求或对耻辱的躲避,而不是出于对美善即高尚[高贵]的期求的。

波吕达马斯首先就会责备我;[1]

狄俄墨得斯,

赫克托耳日后准会在特洛伊城内夸口:
"是我把梯丢斯的儿子[2]……"。[3]

这种勇敢与我们在上面描述过的勇敢[4]最为相似。因为,它是出于德性(即羞耻感[5])的,是出于对某种高尚[高贵](即荣誉)[6]的欲求和为着躲避某种受人谴责的耻辱的。由军官迫使着这样做的人们的勇敢也可以算作这一类,[7]不过这种勇敢要低一等。因为,它不是出于羞耻,而是出于恐惧,它想躲避的也不是耻辱而是痛苦。他们的军官迫使他们勇敢作战,例如赫克托耳对他的士兵们说,

我要是看到谁在战场上后退,

---

① 《伊里亚特》第 22 章 100(赫克托耳[Hector])——

天哪,要是我退入城门,
波吕达马斯首先就会责备我。

波吕达马斯(Polidamas)是赫克托耳的朋友,曾阻止赫克托耳单独领兵出城作战。赫克托耳也同样出于对朋友的爱护,未接受他的意见。这句话是赫克托耳在后悔当初应当接受波吕达马斯的共同出战的意见时说的。

② 指狄俄墨得斯(Diomedes),其父梯丢斯(Tydeus)是攻打忒拜城的七将领之一。

③ 《伊里亚特》第 8 章 148——

是我把梯丢斯的儿子打回了战船。

④ 即第 6、7 章所说明的真正的勇敢。

⑤ 关于羞耻,参见第二卷第 7 章。亚里士多德在那里说,羞耻尽管不是一种德性,但是它是一种"感情中的或同感情相关的品质"。此处亚里士多德称羞耻为一种德性似与第二卷的见解有差异,不过在品质的概念上仍然是有联系的。

⑥ 荣誉是政治生活的目的之一(政治生活也追求德性,参见第一卷第 5 章),它是一种具体的高尚[高贵]而不是一般意义上的高尚[高贵]。

⑦ 所以,亚里士多德区分了公民的勇敢的两个亚类:出于荣辱感的和出于强制即出于恐惧的,前者高于后者。

就把他拿去喂狗。[①]

还有些将军，把队伍驻扎在阵地，谁后退就鞭打他们，或者在营地
1116b 的后面挖掘壕沟等等。这些都是强迫的手段。但是，一个人的勇敢不应当出于强迫，而应当出于高尚[高贵]。其次，对某些特殊事务的经验也被当作勇敢。所以苏格拉底就认为勇敢是知识。另外一种这类勇敢则表现在各种境遇，特别是职业士兵[②]的特殊的战争经历中。因为在战争中有许多伪诈，对于这些伪诈，只有那些职业士兵才最有机会去经历。所以，他们显得勇敢是因为别人不了解这些事务的性质。经验还使得他们善于攻防，因为他们善用武器，并且配备有最好的攻防武器。所以在作战时，他们就像拿武器的人在对付徒手的人，像训练有素的运动员在对付生手。因为，即使是在比武上，最好的战士也不是最勇敢的人，而是最强壮、最有训练的人。然而，当危险过大或者对方在人数和装备上过于占优势时，职业士兵就会变得怯懦。因为他们总是最先逃跑，而公民士兵则战死在岗位上，就像赫尔墨斯[③]神庙战斗[④]中的情形。因为对公民士兵来说，逃跑是耻辱的，他们宁愿战死也不愿逃跑而生还。而职业士兵从一开始就是依赖于他们的力量

---

① 《伊里亚特》第 2 章 391。亚里士多德所引用的不完全是原话，而且这些话不是赫克托耳而是阿加门农(Agamenmon)说的。

② οἱ στρατιῶται，不同于来自公民的战士，罗斯和莱克汉姆译作 professional soldiers(职业军人)。莱克汉姆(第 165 页注)认为亚里士多德此处所指的是外国雇佣军人(ξένοι)。

③ Ἑρμαῖς, Hermes。在希腊神话中，赫尔墨斯是宙斯和迈亚(Maia)之子，宙斯的传令使，在稍后的神话中，赫尔墨斯成了畜牧业与牧童的保护神。

④ 公元前 353 年发生于克罗尼亚的圣战。在战斗中，克罗尼亚的公民士兵们被福奇斯人击败和俘获，由彼奥提亚人为帮助克罗尼亚的公民而雇佣的军队则从战场上逃跑。

上的优势，所以一旦了解了真实情况他们就会逃跑。他们惧怕死甚于惧怕耻辱。这不是真正的勇敢。第三，怒气[1]也被人们算作勇敢。一个人被一种怒气激发时，就像一头在冲向射伤它的猎手的野兽。这种人被认为是勇敢的。因为勇敢的人都具有一种怒气。怒气首先就是冲向危险的热情。所以荷马写道，"他的力量在于愤怒"，"唤起他们的力量与怒火"，"他怒火满腔"，"热血沸腾"。[2] 因为所有这些都表现着怒气的激发与冲动。而勇敢的人则是由于高尚[高贵]而勇敢，尽管怒气也提高着他们的勇敢。另一方面，野兽是由于痛苦的驱动而行动的。它们攻击人是因为它们受到伤害或惊吓。因为如果它们处于森林(或沼泽)[3]中就不会去攻击人。所以野兽算不得勇敢。因为，当它们由于伤痛而冲向危险时，它们并未预见到它们要遭遇的危险。如果这也是勇敢，那么驴在饥饿的时候就也是勇敢的了。因为，不论你怎么抽打它们，它们也不会离开食物。(通奸者们由于欲望也会做出许多大胆的事情。)[4]但是，由怒气激发起来的勇敢又似乎是最为自然的勇敢，如果再加上选择或目的，那就是真正的勇敢了。人也是愤怒时就痛苦，报复时就快乐。但是，出于这样的情形的人尽管骁勇，却算不得勇敢。因为他们的行动不是出于高尚[高贵]，出于

---

① θυμός，怒气、激情、冲动、精神等等。

② 前三句引语出自《伊里亚特》第 16 章 529，第 5 章 470，第 24 章 318；第四句则不是出于荷马，而是出于诗人忒奥克里托斯(Theocritus)。

③ 拜沃特(I. Bywater)(《亚里士多德〈尼各马可伦理学〉》[第波格拉芙诺·克莱伦顿尼亚诺公司，1847 年]第 57 页)于此处把"或沼泽"括起来，认为是重复或为后人所加。

④ 韦尔登(第 86—87 页)和罗斯(修订本第 69 页)在此处有"由于痛苦或激情而冲向危险并不是勇敢"。

逻各斯，而是出于感情。[①] 但是，他们和勇敢的人又有些相似。第四，乐观的人也算不得勇敢。因为，他们是由于多次地战胜了敌人才在危险时刻抱有信心的。不过，他们同勇敢的人很相似，因为这两种人都有信心。勇敢的人有信心是由于前面说过的原因。[②] 而乐观的人有信心则是由于己方力量的优势和无遭受痛苦之虞(喝醉酒的人的行为也和这差不多，因为醉酒使得他们乐观[③])。当结果有违于他们的预想时，他们就会逃跑。而勇敢的人，如已说过的，[④]则敢于面对对于人来说是或显得是可怕的事物，因为这样做是高尚[高贵]，不这样做是耻辱。所以，面对突发的危险表现出无畏惧和不受纷扰似乎比在所预见的危险面前的此种表现更是勇敢。前种表现更加是出于品质的，因为它无法事先准备。面对已预见到的危险而如此表现，可以是出于推断和逻各斯的，而面对突发的危险而如此表现则必定是出于品质的。最后，对所面临的危险无知的人也显得勇敢。这种人同乐观的人有些相似，但是不及乐观的人，因为他们不具备自信。所以乐观的人还可以坚持一段时间，而被假象欺骗的无知者如果发现或怀疑情况不是他们所想象的那样，就会溜掉，就像阿尔戈斯人在错把斯巴达人当作了西锡安人时所做的那样。[⑤] 关于勇敢的人的

---

① πάθος，感情、激情等等。

② 1115b11—24。

③ 括弧里的话，韦尔登(第 87 页)认为是一个脚注。

④ 参见本卷第 7 章。

⑤ 战斗于公元前 392 年发生于科林斯的长城。斯巴达人误用了西锡安人(Sicyonians)的装束。此事见于色诺芬(Xenophon)《希腊史》(*Hellenica Historiae*)第四卷第 4 章第 10 节。

特点和那些被当作了勇敢的人的特点,我们就已经说完了。[①]

9. [勇敢与快乐和痛苦]

勇敢总是同信心和恐惧这两方面相关,但同这两者相关的程度并不相等。它同会引起恐惧的事物的相关程度更大一些。因为,在引起恐惧的事物面前不受纷扰、处之平静,比在激发信心的场合这样做更是真正的勇敢。如所说过的,[②]人们有时就把能承受痛苦的人称作勇敢的人。所以勇敢就包含着痛苦,它受到称赞也是公正的,因为承受痛苦比躲避快乐更加困难。不过勇敢的目的却似乎是令人愉悦的,只是这种愉悦被周围的环境掩盖着。这 1117b
就像竞技的情形一样。因为,尽管拳击手所预见得到的那个目的,即花环与荣誉,是令人愉悦的,其血肉之躯所受到的那一次次击打却是痛苦的,他们的全部训练活动也是痛苦的。这些痛苦的活动在数量上如此之大,以至那个最后的目的倒成了小事情,好像也不包含什么快乐了。如果勇敢的情形也与此相似,它给勇敢的人带来的死亡与伤痛对于他就是痛苦的。他承受这些痛苦并非是出于意愿:他肯承受它们是因为这样做是高尚[高贵]的,不

---

① 在本章,通过提出一个构成对勇敢的性质的否定性的说明,亚里士多德完成了对于勇敢的性质的讨论。勇敢在这里被依次地区分为(1)公民的勇敢,(2)经验的勇敢,(3)出于怒气的勇敢,(4)乐观(斯图尔特作"希望")的勇敢,和(5)无知的勇敢。这五种类比意义上的勇敢似乎是按照等级的秩序排列的:每一种都优越于它后面的那些(那种)勇敢,最接近真正的勇敢的是第一种,即公民的勇敢。

② 1115b7—13。

这样做是卑贱的。而且,他在德性上愈完善,他所得到的幸福愈充足,死带给他的痛苦就愈大。因为,他的生命最值得过,而他又将全然知晓地失去这最大的善,这对他必定是痛苦的。但是他的勇敢并不因这痛苦而折损,而且也许还因此而更加勇敢。因为他所选择的,是在战斗中宁可牺牲生命也要做得高尚[高贵]。[①] 所以说,在获得果实之前,并非对所有的德性的运用都令人愉悦。[②] 不过,这样的人也许不能成为好的职业士兵。那些不那么勇敢、除了自己的生命外就再没有什么好丧失的人倒更可能是好的职业士兵。因为他们愿意去面对危险,也愿意为一点点钱而出卖他

---

① 格兰特(卷Ⅱ第 45 页)说,亚里士多德的这番话明显地表现出对牺牲概念的意识;这个概念是在亚里士多德之后才在人类的心灵中培育起来的。以亚里士多德的看法,勇敢的人实际上总在承受痛苦,何以他还要讨论他的愉悦?斯图尔特(参见卷Ⅰ第 301—302 页)说,谈论这种愉悦绝不等于可以抵消勇敢者的躯体所承受的痛苦。在《普罗塔格拉斯篇》和《裴多篇》(*Phaedo*)中,苏格拉底的意思是,很少有人能够理解他。因为苏格拉底谈论的不是对幸福的意识,而是幸福的型(理念)。一位殉道者为高尚[高贵]的原因而死,我们并不认为他的死是无痛苦(至少是肉体的痛苦)的,或者他的肉体的痛苦被他的精神上的愉悦感所抵消。同时我们也不能认为他的接受死亡是为着死后的名誉,因为按亚里士多德的解说,这样的勇敢者最充分地了解他的死使他失去的是他的最大的善,那个有丰富价值的生命。然而人们的确说这样的勇敢者在接受死时也感受到愉悦,并且相信他(勇敢者)的确感受到愉悦,尽管这种愉悦抵消不了其肉体所承受的痛苦。这种判断的真正理由是人们实际上同意,在少数个别场合,做正确的事无须参照公众的意见和行为,勇敢者的实践就是这样做的结果。勇敢者,或按亚里士多德的说法,真正的勇敢者,都是有选择地这样做的。他们在巨大痛苦中可能体验到的那种愉悦,我们有理由这样判断,可能就是基于这一原因。

② 参见第二卷第 3 章。对勇敢的运用尤其如此。其他的德性一旦作为品质形成,便获得成果,对于它们的运用便不是痛苦,而是愉悦。一个人如果以节制为快乐,他就是节制的人;一旦成为节制的人,就自然以节制为快乐。然而对勇敢德性的运用,其成果却在最终。所以同其他德性相比,勇敢是始终伴随着对痛苦的承受的德性。参见斯图尔特卷Ⅰ第 303 页。

们的生命。关于勇敢，我们就谈到这里。从所谈过的内容里，不难了解它的性质，至少是大概地了解。

10. [节制的范围]

在谈过勇敢之后，我们接下来谈一谈节制。[①] 因为勇敢和节制是灵魂的无逻各斯的部分的德性。我们已经说过，[②]节制是在快乐方面的适度(因为它同痛苦不大相关，而且同痛苦的关系也与同快乐的关系不同)，放纵也是表现在快乐这方面的。所以，我们现在来明确一下与节制放纵相关的是哪些快乐。我们首先要在肉体的快乐与对荣誉的爱和对学习的爱这样的灵魂的快乐之间作一下区分。因为爱荣誉或爱学习的人只对荣誉和学习这些事情感到快乐，这种快乐所影响的不是肉体，而是灵魂。但是我们并不就这些快乐说一个人节制或是放纵。在其他的与肉体快乐无关的那些快乐上，我们也不说一个人是节制或是放纵。对那

---

① 很难在汉语中对译希腊词汇σωφροσύνη，它意味着明智、适度、谨慎、自制、高雅、体面，包含了道德德性的所有这些与明智相关的含义。据格兰特(卷Ⅱ第47页)研究，尽管柏拉图在《克拉底鲁斯篇》(*Cratylus*)(411e)中“不很恰当地”把σωφροσύνη解说为健全的灵魂(σωτηρία φρόμησεις)，σωφροσύνη很快就获得了与快乐相关的意义。所以，柏拉图在《理想国》(430e)中在这种意义上把σωφροσύνη解说为对快乐与欲望的控制。亚里士多德对σωφροσύνη的讨论是从界定它所相关的那种特殊快乐开始的。但是，柏拉图与亚里士多德的讨论都显然是把σωφροσύνη看作是健全的心灵对快乐的控制。这种观念是希腊生活观念的反映。因此，仅仅把σωφροσύνη理解为节制欲望的行为是片面的。所以韦尔登(第49页注2)说，在英语中以temperance转达σωφροσύνη的意义是不全面的。但由于σωφροσύνη在汉语中已有节制这一俗成的译名，我将仍然沿用这个译名。

② 1107b4—6。

些喜欢打探消息和传播逸事的人，我们说他们饶舌，而不说他们
1118a 放纵。对那些因为损失了钱财或朋友亡故而痛苦的人，我们也不会说他们放纵。[①] 所以说，节制是同肉体快乐有关的。但是它也不是同所有的肉体快乐都有关。因为，那些以视觉的对象，例如以颜色、形体和绘画为快乐的人，我们既不说他们节制，也不说他们放纵。不过在这些事物上，也有享受快乐是适度还是过度或不及的问题。听觉的对象也是这样。谁也不会说沉溺于音乐或表演的人是放纵的，或在这些事上适度的人是节制的。对于喜欢嗅觉上的满足的人，我们也不说他们是节制还是放纵，除非是在偶然情况下。例如，如果有人喜欢闻苹果、玫瑰或薰香的气味，我们不会说他们放纵；但是如果有人喜欢油香或佳肴的气味，我们就会说他们放纵。因为，放纵的人喜欢这种气味，是由于这种气味使他们联想到他们想吃的那些东西。当然，别的人们如果饿了也会觉得饭香，但只有放纵的人才总是喜欢食物的气味，因为这些食物是他们的欲望的对象。[②] 动物也没有这些感觉上的快乐，除非是偶然的。狗并不喜欢野兔的气味，它喜欢的是吃野兔；那种气味只是告诉它们野兔在哪儿。狮子也并不喜欢牛的叫声，而是喜欢吃牛。它只是通过那种声音知道牛走近了它，所以才显得是喜欢那种声音。同样，它喜欢的也不是因为看见"一只家养的或

---

① 在灵魂的快乐与痛苦里面，亚里士多德只列举了爱荣誉的快乐、爱打探的快乐和某些感情的这些与灵魂的较低等的部分相关的内容。因为只有这些较低的部分的与快乐或痛苦相关的问题，才有时被怀疑是与节制和放纵相关的。

② 莱克汉姆(第 176 页注)认为从"当然……"至此处的这两句话与上文文意不协调，有为后人所加之嫌。

野地里的羊”[1]而高兴，它高兴的是它又能得到一顿美餐。所以，节制与放纵是同人与动物都具有的，所以显得很奴性和兽性的快乐相关的。这些快乐就是触觉与味觉。但是，就是味觉也不都是有关的。因为，味觉的活动是分辨味道，比如品酒师分辨酒的味道，厨师给菜肴添加味道，但是对味道的分辨并不给人以快乐，至少是对于放纵的人们来说算不上快乐。放纵的人想得到的毋宁说是享受这些味道的快乐，而要得到这种快乐只能借助触觉。触觉既存在于所谓性交的快乐上，也存在于享受食物与饮料的快乐上。所以，某位贪食者[2]才会希望他的脖子比天鹅还长。这说明他的快乐在于接触的感觉。[3] 所以，与放纵相关的感觉是那种最为普遍的感觉。放纵受到谴责也是正确的，因为这种感觉不是我们作为人独有的感觉，而是我们作为动物所具有的感觉。沉溺于这种快乐，最喜欢这些快乐而不是别的快乐，是兽性的表现。我们在这里所说的不是那些最高雅的触觉快乐，例如在健身房里

---

① 《伊里亚特》第 3 章 24。

② τις ὀψοφάγος，贪吃食物的人。斯图尔特（卷 I 第 310 页）认为这指的是菲洛克塞努斯(Philoxenus)，亚里士多德在《欧台谟伦理学》1231a16 指出了他的名字。不过莱克汉姆（第 176 页注）认为这显然是某个悲剧中的一个人物，而不是一个真实的人。

③ 亚里士多德讨论视觉的、听觉的、嗅觉的、味觉的和触觉的快乐的方式，表明他是依照等级次序对它们加以排列的：在这个次序中味觉以及触觉是处于最低等的地位的，它们是人与动物都共有的快乐；比它们高等的感觉快乐只为人类所具有；而味觉快乐实际上只是肉体的喉部的触觉的快乐。格兰特（卷 II 第 48—49 页）与斯图尔特（卷 I 第 308 页）都对亚里士多德的上述论点提出了质疑。问题在于，是否有些动物不仅有例如视觉、听觉、嗅觉，而且有视觉、听觉或嗅觉的快乐，而不是偶然地才有这些快乐？狗似乎对人与车辆的活动有明显的兴趣（斯图尔特），猫对薄荷的气味有明显的喜好，蛇则似乎对音乐有特别的愉悦感（格兰特）。如果这被证明是真实的，这至少说明，亚里士多德关于动物在触觉以外的其他感觉方面不能感受快乐的论点是不可靠的。

由于摩擦而产生热的感觉。放纵的人喜欢的那种触觉的快乐不是属于整个身体的，而只是身体的某个部分的。

11. ［节制的性质］

在欲望之中，一类似乎是普遍的，另一类则是特殊的、由于习惯而养成的。例如，食欲是正常的，每个没有食物的人都会想要干燥的或液体的食物，有时则是两者都要。当一个人年轻而强壮时，性欲①——如荷马②所说——也是如此。但是并不是每个人都喜欢以同种方式来进食或性交，也不是每个人都喜欢同样的事物或与同样的异性性交。所以这些欲望又是特殊的。不过，这其中还是有某种正常的东西。因为，尽管不同的人对不同的事物感到愉悦，人们都认为有些东西比另外一些东西更令人愉悦。③ 在正常的欲望上，很少有人做错，而且只可能有一种错，即过度。因为，吃喝到肠胃发呕的程度必定是超过常量的，因为正常的欲望只是补足所需。所以在这方面做错的人被称作贪食者，因为他们在进食上超出了满足需要的常量。只有极其卑贱的人才会这样做。但是在那些特殊的快乐上，则有许多人会做错，并且是以各种不同的方式做错。因为，虽然那些被说成是“爱某某事物的人”

---

① 亚里士多德此处用εὐνης，直译为婚床。

② 《伊里亚特》第 24 章 130。

③ 所以，个人的偏好在两种意义上是正常的：第一，它是特定的个人的本性的表现（斯图尔特，卷Ⅰ第 314 页），每个人的本性不同，所以他们的偏好也不同（莱克汉姆，第 178 页注）；第二，它们是在一定限度之内的，它们都不赋予那些偶性的事物以优先性（斯图尔特，同上）。

可能或者是由于爱了不适当的对象，或者是爱到了多数人莫及的程度，或者是以不适当的方式来爱了，才被这样称呼的，放纵的人却在这三方面都是错误的。他们爱着不适当的（实际上有害的）对象，即使他们所爱是适当的对象，他们也是以不适当的方式来爱，并且爱到超过多数人的程度。所以，在快乐方面过度是自我的放纵，是应受谴责的。在痛苦方面，节制同勇敢的情形有些不同。一个人并不是因为他面对了痛苦而被称为节制的，也不是因为他没有能面对痛苦就被称为放纵的。放纵的人被称为放纵是因为他由于没有得到快乐而不适当地感觉痛苦（由快乐造成的痛苦）；而节制的人被称为节制则是由于他在没有得到快乐或回避快乐时不感觉痛苦。

所以，放纵的人欲求所有快乐或那些最突出的快乐。他受欲望的宰制，只追求这些快乐而不追求其他的东西。所以，他感觉着两种痛苦：得不到快乐的痛苦和渴望着快乐的痛苦，因为欲望就包含着痛苦，尽管因快乐而痛苦十分荒谬。而缺少对快乐的爱或是在这种爱上不及的人则是很少的。这种冷漠不是人的本性。甚至其他的动物也区分食物的种类，喜欢某种食物而不喜欢别的食物。一种存在物如若对什么都不感到快乐，在这种事物与那种事物之间不会做任何区分，就不是人类。一个这样的人没有专门的名称，因为很少有这样的人。[1] 节制的人在这些事物上处于这

---

[1] 亚里士多德所谈到的标准，是“体面的”、身体健康的希腊城邦公民。在这一群体中间，亚里士多德说，很少有“对什么都不感到快乐，在这种事物与那种事物之间不会做任何区分的人”。这种少见的人，在第二卷第 7 章和此处被描述为冷漠的人。但是，亚里士多德的这种判断并没有普遍的适用性。

两者之间。他不以放纵的人最喜爱的那些事物为快乐，相反，他厌恶那些事物。他也不以不适当的事物为快乐，对于这些事物中的令人愉悦的事物也不会过度地快乐。在没有这些事物时他也不感觉痛苦或产生对这些事物的欲望。或者，他也感觉到适度的痛苦和欲望，而不会不适当地，以及在不适当的时候感觉到这种痛苦和欲望。对那些既令人愉悦又有益健康并且适合的事物，他将适度地期望获得之。对其他那些令人愉悦的事物，如果它们不妨碍这些目的，不有悖于高尚［高贵］或超出他的能力，他也是这样。[1] 因为，如果不遵守这些限制，对这类快乐的享用就会超过配得。[2] 而节制的人在这些事物上则遵循逻各斯的指引。

12. ［放纵］

与怯懦相比，放纵更加是出于意愿的。因为首先，放纵出于快乐，怯懦则出于痛苦；快乐是我们所选择的东西，痛苦则是我们所躲避的东西。其次，痛苦遏制和毁灭一个人的本性，而快乐则没有这种作用。所以放纵更加是出于意愿的。因此，放纵更加是受谴责的对象。因为，养成面对快乐的诱惑的习惯要容易些，因为生活中有许多这样的诱惑，而且这样做没有什么危险，而养成

---

① 亚里士多德在上面区分了四类作为快乐的对象的事物：(1)只令放纵者愉悦的错误的事物；(2)令(正常)人愉悦但不适当的事物；(3)令(正常)人愉悦且适当的事物；(4)令(正常)人愉悦且中性的事物。在这四类事物中，亚里士多德显然认为，只有第三类才构成适当的目的。

② ἀξίας，配得的东西，即与一个人的德性相称的东西。

面对可怕事物的习惯则正相反。但是，与具体的怯懦表现相比，怯懦的品质还更出于意愿一些。因为，怯懦的品质本身没有痛苦，而具体的怯懦行为却充满痛苦，以致使人张皇失措，丢弃武器，做出耻辱的行为。所以怯懦的行为都显得是出于被迫的行为。与此相反，在放纵的人这方面，那些具体的行为都是出于意愿的，因为那些行为是出于欲望和期望的。而放纵的品质却不那么是出于意愿的，因为没有人想成为放纵的人。

放纵[①]这个词我们也用在说儿童的错误行为上。这种行为同成人的放纵有些类似。[②] 这两者究竟何者是原因，何者是结果，对于我们目前的讨论并不重要。然而，较后产生的东西是出于较先产生的东西[③]却是显然的。这个类比[④]看来倒是不错的。因为，那些追求着卑贱而且又生长得很快的东西应当时时受到管教。而这些正好是欲望和儿童的特点。因为儿童就像放纵者那样受欲望驱遣，而在儿童身上，对于快乐的欲求又是最强烈的。所以，如果这种欲求不被训导成听从最初原理的，它就会走得很远。因为，一个愚蠢头脑中的对快乐的欲求是永远无法满足的，它的每一次运用又加强着它的内在倾向，直到这些欲望——如果它们是强烈的、有力的——最终排除掉推理的力量。所以，我们的欲望应当是适度的和少量的，并且不违背于逻各斯。我们所说的服从

---

① 放纵(ἀκολασία)在希腊语中的本意是“没有受过管教的”，其词源意义来自动词κολασεῖν，即管教、训导或惩罚。

② 参见《欧台谟伦理学》1230a38—b8。

③ 即成年人的放纵出于儿童时的娇纵。

④ 即以“没有受过管教的”来比喻和说明成年人的放纵行为和儿童的错误的行为。

的、受过管教的品质也就是指这种状态。因为，正如一个儿童应当按照他的教师的指导去生活，我们身上的欲望的部分也应当服从逻各斯的指导。所以，一个节制的人的欲望的部分应当合于逻各斯。因为，这两者都以高尚［高贵］为目的。节制的人欲求适当的事物，并且是以适当的方式和在适当的时间，这也就是逻各斯所要求的。关于节制我们就说到这里。

第 四 卷

[具体的德性(续)]

1. [慷慨]

我们接下来谈谈慷慨。① 它似乎是财富方面的适度。我们不是在战争事务上,或我们称赞一个人节制的那些事务上,说一个人慷慨。我们也不就他的判断而说一个人慷慨。我们是就一个人给予和接受②财物的行为,尤其是给予的行为,而说他慷慨。所谓财物,我们指

---

① ἐλευθεριότητος,慷慨、自由、大方等等。在亚里士多德的描述中,它是处于吝啬与挥霍之间的德性。自文艺复兴时代发现希腊人文主义以来,对ἐλευθερία的诠释注入了强烈的自由精神(liberality)的色彩。自由精神是属人的即区别于人的动物本能的特殊精神活动。斯图尔特(卷I第 321 页)说,在讨论了勇敢与节制这两种同对人的动物本能的调节有关的德性之后,慷慨和《尼各马可伦理学》接下去讨论的德性不再是同纯粹动物本能相关的,而是同对特别属于人的感情的调节相关的德性。格兰特(卷II第 55—56 页)称亚里士多德关于慷慨以及下面关于大方和大度德性的讨论是关于人的自由精神的讨论。韦尔登(第 106 页注)说,像英语中的 liberality 一样,ἐλευθερία意味着“自由(宽宏)”和“体面(可尊敬)”两种意义。他认为亚里士多德没有意识到这两种意义上的区别。这种情况的合理解释似乎是,这两种意义在希腊语中有非常紧密的联系,没有明确的区分。慷慨的人,ἐλευθέριου,也就是有自由精神的值得尊重的人,这种人,自近代以来在西方传统上被译解为所谓绅士(gentleman)。

② λῆψιν,在希腊语中与给予(δόσιν)相反,指得到、收到、接受、获得、拿、偷等等,总之指一切与给出财物相反的取得财物的行为。在本章的讨论中,我一般译为接受、得到、拿等等。在亚里士多德的那种比较抽象的意义上使用这一术语时,我译为索取。

的是可以用钱来衡量其价值的东西。挥霍[①]和吝啬[②]是财物方面的过度与不及。吝啬这个词,我们通常用来说那些把财物看得过重的人,可是我们对挥霍这个词的用法有时要复杂些。因为,我们也称那些不能自制的、花钱铺张的人挥霍。所以挥霍被认为是特别恶劣的品质,因为它集中了几种不同的恶。可是这不是这个词的本来的用法。因
1120a 为,一个挥霍的人指的是一个有某种专门的恶的人,这种恶就是浪费他的财物。一个挥霍的人是一个由于自己的过错而在自我毁灭的人。浪费财物就是毁灭自己的一种方式,因为财物是生活的手段。我们这里所说的挥霍就是在这个意义上说的。对有用的事物,[③]既可以使

---

① ἀσωτία。对这个希腊词的汉译存在很大的困难。ἀσωτία由α-与σωτία构成,σωτία来源于动词σώξω后者的意义为积攒财物、保持自身安全。在希腊语中攒钱和使自己安全是同一个意思。所以ἀσωτία的本意是说一个人不知积攒,在用钱和给予上不加慎思。所以挥霍,亚里士多德说,是同给人以对小事物有关的品质,是在给人以小事物方面的过度。我们在汉语中也许没有关于给人以小事物方面过度的品质的专门概念。一般地说,我们在使用慷慨和挥霍这两个品质概念时,通常都是指对大事物的处理方面的品质。这种情形可能使我们以"挥霍"来了解亚里士多德的ἀσωτία成为问题。不过用浪费来译解ἀσωτία又会产生一个更大的问题。浪费在汉语中通常指自己在消费上的过度,而同给予的行为没有多少关系。所以我在这里仍然沿用挥霍这个译名,但是指出它在理解上可能引起的偏差是必要的。

② ἀνελευθερία,吝啬、卑贱、奴性等意。在希腊语中,它直接地是慷慨(ἐλευθερία)的反义词。所以亚里士多德认为,在慷慨、吝啬和挥霍这三种品质中,吝啬比挥霍更与适度的品质即慷慨对立。值得指出的是,在希腊语中吝啬与卑贱、奴性在意义上有紧密的联系。这种联系植根于希腊城邦中自由公民对工匠职业的看法。

③ χρεία,用处、好处、益处、买卖、公职等等,泛义上指有用的东西。在希腊语中,名词χρῆμα(钱)和χρήματα(财富)即由χρεία衍生,意义是一种有用的东西。所以给予的意义,在亚里士多德的原意上,也就是给人以有用的、有利于他的生命的保存的东西。这种给予,如我们从亚里士多德下文的讨论中看出的,是指对有用的东西的一种好的使用。

用得好，也可以使用得很坏。而财物就是有用的事物。对一种事物能够作最好的使用的人，也就是具有同那种事物有关的德性的人。所以，对财物使用得最好的人是具有处理财物的德性的人，即慷慨的人。花钱和把钱物给予他人似乎同对财物的使用有关，得到钱物和保持钱物似乎同对财物的占有有关。慷慨的人的特征主要是在于把财物给予适当的人，而不是从适当的人那里，或不从不适当的人那里，得到财物。因为首先，德性是在于行善而不是受到善的对待，在于举止高尚［高贵］而不只是避免做卑贱的事情。而行善和举止高尚［高贵］也就是给予，受到善的对待和不做卑贱的事也就是接受。其次，人们感谢的是给予者而不是不去接受馈赠的人。称赞就更加是这样。第三，不索取比给予要容易些，因为人们宁愿不取于人也不愿舍弃己之所有。第四，我们称赞给予者是因他慷慨，称赞那些不索取的人①则是因他们公正而不是慷慨。对那些索取的人，②我们则根本不称赞。在所有有德性的人中间，慷慨的人似乎最受欢迎。因为，他们对他人有助益，而他们的益处就在于他们的给予。德性的行为都是高尚［高贵］的，都是为着高尚［高贵］的事的。慷慨的人，也像其他有德性的人一样，是为高尚［高贵］的事而给予。他会以正确的方式给予：以适当的数量、在适当的时间、给予适当的人，按照正确的给予的所有条件来给予。他在给予时还带着快乐，至少是不带着痛苦。因为，德性的行为是愉悦的或不带痛苦的。德性的行为最不可能

---

① 即上文所说的不去接受馈赠的人。这种人，亚里士多德当是指不索取不当之资源和不索取超过其应得的份额的人，而不是指不索取任何事物的人。

② 即取属于自己的那一份或取其应得的人。

是痛苦的。那些把财物给错了人，或者不是为着高尚[高贵]的事而是为某种别的原因而给予的人，我们不说他们慷慨，而是用某个别的名称。[①] 在给予时感到痛苦的人也不是慷慨的。因为他喜欢财物甚于高尚[高贵]的行为，这不是一个慷慨的人的特征。慷慨的人也不取不当取之物，因为一个不看重财物的人不会这样做。慷慨的人也不愿意索取，因为一个总是把好处给别人的人不
1120b 大容易去接受好处。如果他要索取，他也只取自适当的地方，比如取自自己的财产，不是作为高尚[高贵]，而是出于必需，以便使自己还能够去给予。他也不会不珍惜自己的财产，因为他希望用这些财产去帮助他人。他也不会不问对象地给予，以便他能够保有些东西，在适当的时间或高尚[高贵]的场合，给予适当的人。[②]慷慨的人也常常在给予上过度，以致给自己留的东西过少。因为不会关照自己正是一个慷慨的人的本性。所谓慷慨是相对于一个人的财物而言的。因为慷慨并不在于给予的数量，而在于给予者的品质，而这种品质又是相对于给予者的财物而言的。所以，给予的数量少的人也可能是一个较为慷慨的人，如果他只有很少的东西来给予的话。人们认为，那些不是靠自己挣得，而是靠继承而得到财产的人，可能较为慷慨。因为，他们不知道何为贫乏。而且，人总是更珍惜他自己创造的东西，例如父母珍惜其子女，诗人珍惜其作品。慷慨的人不大容易富有。因为，他不喜欢索取和保有而喜欢给予。而且，他看重财富不是因财富本身，而是因财

---

① 即挥霍的人。

② 所以，慷慨的人是(1)正确地(适度地)、(2)愉快地给予，而且(3)虽然不愿意索取，但是为了给予也适度地索取的人。

富是给予的手段。所以人们谴责命运,说最应富有的人反而最不富有。[1] 但是这其实又很正常。因为同别的事物一样,不付出辛苦去保有[2]它,便不可能有财富。但是,慷慨的人并不把财物给予不适当的人,或是在不适当的时间给予,等等。因为如果那样做,他就不是在做慷慨的事情,也将没有财物可以给予适当的人了。因为慷慨的人,如上面说过的,是根据他的财物来给予,并且是给予适当的人,过度了就是挥霍。所以,我们不说一个僭主挥霍。因为,他无论怎样给予和花费,都不会耗尽资财。既然慷慨是给予和索取财物方面的适度,慷慨的人就不仅要——在小事和大事上都一样——愉快地把适当数量的财物给予或用在适当的人身上,而且要从适当的资源中索取适当数量的财物。因为,既然德性是在这两个方面的适度,慷慨的人就要在这两方面都做到他应当做的。适度的索取同适度的给予如影随形,不适度的索取则同适度的给予相反。所以,两种相互一致的索取和给予总是同时出
现在同一个人身上。相反的索取和给予则显然不是这样。[3] 如果 1121a
一个慷慨的人偶然以某种不正确、不高尚[高贵]的方式花费,他就会感到痛苦。但是,这会是一种温和的、正确的痛苦。因为,对

① 因为人们认为,最应当富有的是慷慨的人,因为他们肯帮助他人。然而他们恰恰最不富有。命运的安排似乎同人们的希望正好相反:那些吝啬的、不肯帮助他人的人,即那些从事卑贱职业的人,反倒变得富有。亚里士多德的这番评论,如所说过的(第 104 页注②),与希腊时代公民社会对工匠阶级的看法有关。

② 对财物的处置有保持和使用两面。慷慨的人的德性在于对财物作好的使用,而不是在于努力地保有它。

③ 所以慷慨的人总是正确地给予和正确地索取。挥霍的人和吝啬的人在这两方面都不正确(他们不可能在一方面不正确而在另一方面正确):挥霍的人在给予上过度而在索取上不及;吝啬的人在给予上不及而在索取上过度。

该愉悦的事物愉悦、对该痛苦的事物痛苦，并且以适当的方式，是有德性的人的特点。而且，慷慨的人由于在钱财上较好说话，也容易上当。因为，由于不看重钱财，钱要是没花到应当的数量，他就会比钱花得过多了还要难过。他可不同意西蒙尼德斯所说的那番话。① 另一方面，挥霍的人在这些方面也是错的。因为，他们对该愉悦的事物不感到愉悦，对该痛苦的事物不感到痛苦。这在下面的讨论中可以看得更清楚。我们说过，②挥霍和吝啬是在给予和索取方面的过度与不及，因为我们把花费看作一种给予。挥霍是在给予上（而不是在索取上③）过度，在索取上不及。吝啬则是在给予上不及，在索取上过度。但给予和索取在这里只是就小事情说的。挥霍的这两个特点④很少同时出现于同一个人身上（因为，一个人如果什么都不索取就很难给予；一个人如果这样地给予很快就会资财告罄，所谓挥霍者就是指这样的人）。不过，这种挥霍者⑤还是比吝啬的人好得多。他的毛病容易随着年龄的增长或由于生活的贫困而得到纠正。他能够学会适度。因为，既然

---

① 西蒙尼德斯，Σιμωνίδος，Simonides，古希腊诗人。关于亚里士多德引述的西蒙尼德斯的话，斯图尔特（卷I第 325—326 页）引证阿森纽司和斯托巴乌司（A. Stobaeus）的述说作为佐证。格兰特（卷Ⅱ第 62 页）引证亚里士多德的《修辞学》1391a8—12：

> 在智慧与财物的问题上，当希厄罗的妻子问西蒙尼德斯做一位富人好还是做一位有智慧的人好时，他说："做一个富人好。因为我经常看见有智慧的人在富人的门前消磨时光。"

罗斯（第 82 页）认为亚里士多德所指是西蒙尼德斯的这句话。

② 1119b27。

③ 莱克汉姆（第 196 页注）怀疑此语为后人所加。

④ 即上文所说的在给予上过度而在索取上不足。

⑤ 即同时具有这两个特点的挥霍者。

他给予而不索取，他就有慷慨的人的品性，尽管他在这两方面都做得不适当和不正确。如若他通过训练或别的途径学会做得适度，他就会是一个慷慨的人，就会把财物给予适当的人，并且不索取不适当的财物。这就是我们认为这样的人并不是坏人的原因。在给予上过度而又什么都不索取的人是一个愚笨的人，而不是一个坏人或无耻的人。这种挥霍的人远远强过吝啬的人。这不只因为上面说过的原因，而且也因为，这种人对许多人都有益处，而吝啬的人则对任何人，甚至他自己，都没有益处。[①] 但是大多数挥霍的人，如刚才说过的，[②]都不仅不适当地给予，而且索取不适当的资财。就索取不当资财这方面说，他们同样是吝啬的。他们急切地索取，因为他们想花费而又由于资财很快告罄而难以做到。其次，由于他们做事情不是为高尚[高贵]，所以他们不加考虑、不作区分地到处索取。因为，他们急于给予，并且不在意以何种方式和从哪里索取。因此，他们的给予也算不上是慷慨。因为，这些馈赠本身就不高尚[高贵]，其目的与方式也不高尚[高贵]。有时，他们使得本来应当贫困的人富有，对那些值得尊敬的人却不予周济，并且大量犒赏那些奉承者和使他们快乐的人。所以，他

① 亚里士多德把上面所说的挥霍者，即在给予上过度而在索取上不及的挥霍者，看作本来意义上的挥霍者，而把下文谈到的大多数挥霍者，即不只在给予上过度，而且也在索取上过度的挥霍者，看作是类比意义上的挥霍者，认为前者大大胜于吝啬的人，后者则在索取方面同吝啬的人相同，因为他（本来意义上的挥霍者）对许多人有益处，并且他的错误可以通过学习和训练来纠正。格兰特（卷Ⅱ第 63 页）对亚里士多德这里提出的看法提出反驳。他认为，如果挥霍的人如亚里士多德所承认的容易使不该得到财物的人得到财物，他就不可能对很多人有益。而且，由于挥霍所造成的损失是不可挽回的，从结果上说，毋宁说挥霍比吝啬还要不可救治。

② 1121a16—19。

们大都是花钱铺张的放纵者，没有高尚[高贵]的目的而只知追求快乐。所以，挥霍的人[1]如不加调教就会成为放纵的人。而如果得到细心的教育，他就可以养成慷慨这种适度的、正确的生活品质。与此相反，吝啬则是不可救治的(因为衰老和任何一种衰弱都使得人变得吝啬)。吝啬比慷慨更加是与生俱来的。因为大多数人都喜欢得到钱财而不是予钱于人。吝啬这种恶许多人都有，且样式上多种多样。吝啬似乎有许多种类。因为，吝啬有两个方面：在给予上不及和在索取上过度。这两种毛病并不总是同时存在于同一个人身上。它们有时是分离的：有些人是在索取上过度，有些人是在给予上不及。那些被称作"小气鬼"、"奸猾的人"、"守财奴"的人，都是在给予上不足。但他们并不觊觎别人的财物，也不想把它们拿来归己。有的人不将他人财物拿来归己是因为他有某种公道意识，[2]或者不愿意去做卑贱的事(因为有些人似乎是，至少他们是这样说的，为着日后不致被迫去做卑贱的事情而积攒钱财的。那种连欧莳萝籽都要劈开来用的人[3]以及类似的

① 即大多数挥霍者，而不是上文说过的在给予上过度而在索取上不及的，即本来意义上的，挥霍者。

② ἐπιείκεια公道，也作适宜、体面、公平等等。在ἐπιείκεια的英译方面一直有比较大的差别。例如罗斯此处译作"荣誉"，韦尔登译作"公平"，莱克汉姆译作"可尊敬的动机"。许多译者往往在不同的地方采用不同的译法。由于亚里士多德把ἐπιείκεια作为一个概念使用，我认为在一般的意义上理解亚里士多德所说的ἐπιείκεια似乎更好，并将在下文中统一将它译作公道。亚里士多德关于公道的概念与详细讨论，见后面第五卷第10章。

③ κυμινοπρίστης，把欧莳萝籽劈开的人，由名词κύμινον(欧莳萝)衍生，欧莳萝为一种草本植物，其籽是一种重要的香料和调料。亚里士多德此语与汉语中一个铜板都要掰开来花的人同义。他以此指为积攒钱财而过度俭省的人。他将此种人也归于在给予上过分不及的人一类。但是他显然把这种人作为这类人中特殊的一种，即在对自己的给予上都过分不及的人。

人也属于此类。这种人之所以被称为吝啬是因为他们在不愿给予上做得过度)。有的人不拿他人财物归己则是由于害怕。因为,要是把别人的东西拿来归己,自己的东西就难免不被别人拿走。所以,他们宁愿既不索取也不给予。另一些人则在索取方面过度。他们什么都要,不论是谁给予都接受,如那些从事卑贱的[①]职业的人,拉皮条者[②]和诸如此类的人,以及那些放高利贷者。1122a
这几种人都是在索取不当资财,并且索取得超过其应得。他们的共同处显然是贪婪。[③]他们都是因贪婪,而且是因贪小得,而背上坏名声的。对那些从不应当的地方获取巨大财富的人,如洗劫城市、掠夺庙宇的暴君,我们不说他们吝啬,而说他们恶、不敬、不公正。然而,那些掷骰者或悄悄地偷走人家衣服的人,[④]以及那些抢劫者,则属于吝啬的人之类。因为他们的所为都出于贪婪。正是由于贪婪,他们才去施展伎俩和忍受那种耻辱。抢劫者为了劫货而冒生命的危险,掷骰者则从他本应去给予的朋友那里骗得东西。这两种人从这两种不应当的地方索取,都是出于贪婪。诸如此类的索取都是吝啬的表现。所以,人们自然而然地把吝啬看作是慷慨的相反者。因为,吝啬不只是比挥霍更大的恶,而且,其错

---

① ἀνελευθέρος,吝啬的、奴性的、低贱的。

② πορνοβοσκοί,字面意义为纵容私通的人。

③ αἰσχροκέρδεια。

④ κυβευτής,掷骰者;λωποδύτης,原意是偷别人衣服的人,韦尔登(第 106 页注)说,在希腊语中,这个词指的是在某人洗澡时拿走他的衣服的人。亚里士多德下文中将掷骰者同抢劫者作为两类不同的人来讨论,以前者指用伎俩,以后者指用暴力从朋友那里取得财物的人。以此推论,他在这里说的当是第三类从朋友那里不正当地获取,即在朋友不易察觉时悄悄拿走他的财物的人。

误的程度大大超过前面所说明过的[①]挥霍。对于慷慨与同它对立的恶，我们就谈到这里。

2. ［大方］

接下来应当谈谈大方，[②]因为它也是与财富有关的德性。但大方不是像慷慨那样同所有处理财富的行为都有关，而只是对于花钱的铺张说的。而且，它指的是在数量上超过慷慨的花费。正如其名称表明的，大方意味着大数量的适度的花费。但是数量的大是相对而言的。花钱造一艘三层舰诚然是铺张，但与造一座神殿的费用却不可同日而语。所以花费的适度是相对于花钱的人自身，又相对于花钱的场合和对象的。一个人如果把大量的钱花在微不足道的事物上，例如那个说"我过去常把钱给路边的流浪汉"[③]的人，就算不得大方。只有把大笔钱花在重要事物上的人才是大方的。因为，尽管大方的人是慷慨的，慷慨的人却未必是大方的。在大方上不及是小气，[④]其过度是虚荣、粗俗等等。虚荣、粗俗等等不是指在适当的对象上花钱过度，而是指在不适当的对

---

① 1119b34—1120a4。

② μεγαλοπρέπεια，前缀μεγαλο-意义为巨大，πρέπεια意义是相称、适合，总体的意义为大而相宜。在亚里士多德时代，μεγαλοπρέπεια有为公益花费数额巨大的钱款的意义。在雅典，富人有为城邦公益提供赞助的义务。莱克汉姆（第204页注）说，亚里士多德在讨论时考虑的是雅典富有阶级的λειτουργία（公益服务），例如为城邦装备三层舰，为合唱队提供服装和设备，以及支付雅典参加全希腊运动会的代表团的费用等等。

③ 《奥德赛》第17章420。这是奥德赛在装扮成一个曾经富有的乞讨者时说的话。

④ μικροπρέπεια。

象上和以不适当的方式大量地花钱来炫耀自己。对这些恶我们在后面[1]再谈。大方的人是花钱上的艺术家。他能看出什么是适合的对象并且有品味地花大笔的钱。(因为正如我们在开始就说过的,[2]一种品质是由它的实现活动和对象决定的。)所以大方的人的花费是重大的和适宜的,其结果也是重大的和适宜的。因为只有这样那大笔的花费才同结果相称。所以说,结果应当相称于花费,花费也应当相称于甚至超过结果。其次,大方的人是为高尚[高贵]而花大量的钱,因为为着高尚[高贵]是所有德性的共同特征。此外,大方的人还将高兴地、毫不吝惜地花费。因为,精心地算计是小气的行为。大方的人愿意去考虑如何最美好、最体面地实现自己的设计,而不愿意算计这样做要花多少钱以及怎样才能最省钱。所以大方的人必定是慷慨的。因为慷慨的人也愿意以适当的方式花适当数量的钱。既然大方和慷慨都是在钱财的花费方面,大方的人的"大"也就表现在适当的方式和适当的数量这两者的大上面。大方的人能够用同样的钱创造出更宏大的作品。因为,一笔财产的德性同一件作品的德性不是一回事。最有价值的财产是最值钱的东西,如黄金,最有价值的作品则是最宏大、最高尚[高贵]的东西(因为,这样一件作品唤起观者的崇敬,大方的活动也是这样),一件巨大作品的德性就在于它的宏大。在有些事情上花钱铺张我们认为是荣耀的。这些花费包括同敬神相关的祭物、建筑、牺牲和所有同神事有关的花费,以及同公共

---

① 1123a19—33。

② 参见 1123b21—23,1104a27—29。

荣誉相联系的公益捐助，例如义务地为合唱队提供设备、修建三层舰，或举办体面的公共宴会。但是在所有这些事情上，如上面说过的，[①]我们也必须考虑到那个花钱的人的情形：他是什么人，他有多少资源。因为，花费总要相对于他的资源，不仅要适合那个场合，也要适合那个给予者。所以，一个穷人不可能大方。他没有条件把大笔钱花在适当的事物上。他如果努力表现得大方，那就是愚蠢。因为他那样花钱既不自量力，又方式不当。一笔花费只有花得适当才是有德性的。这样大笔的花费对那些自己挣得或从祖先或亲戚继承了适当的财产的人则是适当的。对那些有地位、名望等等的人也是这样。因为地位、名望这些东西有巨大价值。所以，大方的人基本上就是这样一些人，大方的品质也如上面说过的[②]表现在这样的大笔花费[③]上。因为这些花费最算得上(巨大而荣耀的)花费。至于私人的[④]花费，首先，那些一生只有一次的事情，如结婚或类似的事情，那些引起全城人或有地位的人关注的事情，以及迎送外邦客人，送礼或回赠礼品，都是最适合的场合。因为，一个大方的人不是为他自己而铺张，而是为公众的目的而花钱，他的礼品也有点类似于祭品。其次，大方的人也要以与他的财产相称的方式建造其宅邸(因为一幢建筑也是一

① 1122a24—26。

② 1122b19—23。

③ 即用于神事的和公益(建造三层舰等等)的这两种大笔花费。

④ ἰδίων属于私人的。亚里士多德将此种花费区别于上面谈到的两种花费。ἰδίων源于动词ἰδιωτεύω(作为一个私人而生活)，在希腊语中，这等于说对于某一门手艺或技艺是外行。所以亚里士多德在谈到上面两种花费时谈到花钱的技艺(1122a35)。这同下面的对于私人花费的讨论形成对照。

件公共饰物)。他愿意把钱花在那些恒久存在的事物上(因为这些事物是最高尚[高贵]的)。而且在每种场合他所花的钱都要相称(因为,给神的祭品不应和给人的礼品一样,建一座神殿的费用也不应和修一座墓的费用一样)。此外,既然铺张总是就花钱所做的事情来说的,既然大方就是在大事上花最多的钱,在一个特定场合中花费相对于那个场合的大量钱,既然花钱铺张不等于结果就伟大(因为最漂亮的球或罐作为给一个孩子的礼物是了不起的,可是其花费却微不足道),那么大方的人的特点就在于无论他把钱花在哪里,都创造出一种宏大的成果(因为这样的一种成果才不容易被超过),一种与那个花费相称的成果。

这就是大方的人的特点。过度的即那种粗俗的人,如已说过的,[①]总是在花费上超过适度。因为,他把大笔钱花在微不足道的事物上,毫无品味地炫耀。例如,他用婚宴般的规模招待伙伴,或给一个喜剧中的合唱队装备紫色长袍,就像麦加拉人所做的那样。[②]他做这些事情不是为高尚[高贵],而是因为他想炫耀其富有,因为他认为人们会因为这些事情而崇拜他。他在该多花钱的地方花得极少,在不该多花钱的地方却花得很多。另一方面,小气的人则在所

① 1122a31—33。

② 莱克汉姆(第 212 页注 a)说,在阿里斯托芬(Aristophanes)戏剧的前几幕,合唱队以烧炭翁、骑兵、刻毒的人、云朵等等角色作为插叙出现在舞台上。他们不着特别的外衣,代表作者对着观众说话。在这几幕中他们着紫色长袍就不妥当。在后几幕中,他们慢慢变成了伴唱者,像悲剧中的合唱队,整出喜剧在某种胜利进军式的气氛中结束。这时,他们着紫色长袍(就像埃斯库罗斯的《欧门尼得斯》(*Eumenides*)的合唱队所着的鲜红色长袍那样)就还算妥当。麦加拉人的喜剧则是以另外的方式表现出粗俗品味。参见《大伦理学》第一卷第 26 章;《欧台谟伦理学》第三卷第 6 章。

有这些事情上都不及。在花了一大笔钱之后，他会为了一点小事而把事情搞坏。他做事总是迟疑，总是考虑如何能花钱最少，即使花了很少的钱也心疼，也觉得花得过多了。这两种品质都是恶。但是它们并不使人特别丢脸，因为它们对别人并无损害，也算不上特别丑恶。

3.［大度］

大度[①]顾名思义就是同重大的事物相关的。我们先来看一看
1123b 它是同哪种重大事物有关的。至于是从这种品质来考察还是从表现着这种品质的人来考察，这并不很重要。人们认为，一个大度的人是自视[②]重要，也配得上那种重要性的人。因为，超过自己的配得[③]而自视重要的人是愚蠢的，没有一个有德性的人这样愚蠢和可笑。关于大度的人就先说这些。只配得微小的事物，并且自视微渺的人是节制的，[④]但不是大度的人。因为大度意味着大，正

---

① μεγαλοψυχία。这个希腊词的汉语转换有很大困难，其前缀μεγαλο-的意义是宏大的，ψυχία意义是精神、灵魂，所以其字面意义是宏大的灵魂。其本意上可以指超越于人的事物，即神。在属人的意义上，它相当于汉语所说宽广的胸怀，伟大的力量。但是宽广的胸怀和伟大的力量在汉语中不是一个品质的概念。我在下文中将其译为大度。之所以译为大度，一是大与μεγαλο-的意义相合，而是大度在汉语中的不计较小事的意义也与这个希腊词的意义相合。但是它离亚里士多德解说的自视重要和配得重要性两个意义仍然距离比较远。

② δοκέω，想、认为、想象。亚里士多德此处似乎是指一个人对他自己显现的那种状态，即他对于他自己的评价（δοκῶ μοί）。莱克汉姆此处转译为 claim（要求），这似乎太过偏离。

③ ἄξιος，配得的东西，即一个人因其劳绩、优绩或优点而配得到的东西。

④ σώφρων。

如俊美意味着身体修长。身材矮小的人只能说是标致,匀称,而不能说俊美。一个自视重要,却配不上那种重要性的人是虚荣的,尽管不能说所有自我估价过高的人都是虚荣的。自我估价低于其配得的人,无论其配得是重要的、中等的或低等的,只要他的估价低于这配得,则是谦卑[①]的。所有谦卑的人之中,最谦卑的是配得上重大的事物而又自视微渺的人。因为,如若他所配得的真的更低些,他还能再说些什么呢?所以,大度的人就其自视重要来说是处在一个极端上的,然而就他的这个看法的正确性(他对自己的配得估价得正确)来说他又是适度的。而另一些人则对他们的配得估价得过度或不及。如果大度的人是自视重要并且也配得重要的以及最重要的事物的人,他就会关注一种特别的目标。人的配得是相对于外在的善的。我们会把我们愿意奉献给神的,把有地位的人们最为追求的,以及我们指定给最高尚[高贵]的行为的那种善,视为最大的外在善。这种善也就是荣誉。荣誉就是最大的外在善。所以,大度的人就是对于荣誉和耻辱抱着正确的态度的人。毋庸证明,大度的人所关切的是荣誉。因为伟人们据以判断自己和所配得的东西的主要就是荣誉。谦卑的人的自我估价既低于他的配得,也低于大度的人的自我估价。虚荣的人则是在自我估价上超过他自己的配得,而不是超过大度的人的自我估价。[②] 既然大度的人配得最多,他必定属

---

① 名词形式为μικροψυχεία,即狭小的灵魂,其意义正与μεγαλοψυχεία相对。

② 谦卑的人的自我估价低于其配得,也低于大度的人所自我估价的和所配得的,因为他所配得的没有大度的人的那样多;虚荣的人的自我估价超过其配得,但是也超不出大度的人所自我估价的和所配得的,因为他的配得同样没有大度的人那样多。参见莱克汉姆第 216 页注。不过,如已说过的,把τὸ ἀξίωμα(所配得的)解释为要求似有偏离。

于最好的人。因为一个人越是好，他配得的就越是多；一个人如果最好，他就配得最多。所以，真正大度的人必定是好人。而且，大度的人似乎对每种德性都拥有得最多。一个大度的人不大可能在撤退时拼命奔跑，也不大可能对别人不公正。因为，既然对于他没有东西更为重大，他怎么还会去做耻辱的事情呢？[①] 缜密地考察过这种品质，我们就会觉得，说一个大度的人不一定是好人是荒唐的。如果他是坏人，他就根本不配得荣誉。因为，荣誉是对德性的奖赏，我们只把它授予好人。所以大度似乎是德性之冠：它使它们变得更伟大，而且又不能离开它们而存在。所以做一个真正大度的人很难，因为没有崇高[②]就不可能大度。[③] 所以，同大度的人特别相关的重大事物主要是荣誉与耻辱。[④] 他对于由好人授予的重大荣誉会感到不大不小的喜悦。他觉得他所获得的只是他应得的，甚至还不及他应得的。因为，对于完美的德性，荣誉不是充分的奖赏。[⑤] 不过他将接受好人所授予的这种荣誉，因为好人

---

① 即，既然做耻辱的事对于他不再有任何更大的价值——因为他已经拥有最大价值，他怎么会有做那些事情的动机呢？

② καλοκἀγαθίας。斯图尔特（卷I第 339 页）说，在《欧合谟伦理学》中，这个词指使人直观光或神性的品质，但是在此处似乎没有特别的意思。

③ 这句话，莱克汉姆（第 218 页注）说，似乎是柏拉图《普罗塔格拉斯篇》（339）讨论的西蒙尼德斯的诗句“做一个好人是很难的”（ἄνδρ’ ἀγαθὸν μὲν ἀλαθέως γενέσθαι χαλεπόν）的回应。柏拉图在对话中判断，西蒙尼德斯的原意是说做（是）一个好人难，成为一个好人不难。亚里士多德此处是在接着西蒙尼德斯的话说做一个大度的人更难，因为做一个大度的人首先就要做一个好人。参见 1100b21。

④ 这里的讨论回到了本章开头（1123a35）提到的问题。

⑤ 韦尔登（第 114 页注）说，这句话表明了亚里士多德说的大度的一种已经不再被使用的意义，即它是一种完满的（即也要求具备其他德性的）德性。在这种意义上，大度得不到充分的报偿，即使是从好人那里。因为好人所能给予的东西达不到大度的人本身的配得。

没有更重大的东西可以给他。但对于普通人的微不足道的荣誉，他会不屑一顾。因为他所配得的远不止此。对于耻辱他同样不屑一顾，因为耻辱对于他不可能是公正的。所以，如已说过的，[①]尽管大度的人主要关切荣誉，他同时也适度地关切财富、权力和可能会降临到他身上的好的或坏的命运。他既不会因好命运而过度高兴，也不会因坏命运而过度痛苦。因为，甚至荣誉对于他也好像算不上是重大的事物。[②]（财富和权力都是因荣誉而值得欲求，至少是，拥有财富和权力的人是想凭借它们得到荣誉。）而把荣誉都看得不重要的人也会把别的事物看得不重要。所以大度的人往往被认为是目空一切。财富也被认为会使人变得大度。因为人们认为，出身高贵的人以及拥有权力或财富的人配得荣誉，因为他们比别人更优越，而一种事物只要在某方面更优越，就应得到更大的荣誉。所以财富使人更大度，因为人们就是因为财富而从有些人那里得到荣誉。但真实的情况是，只有好人才配得荣誉，尽管我们认为一个既有德性又幸运的人更配得荣誉。无德性而徒有财富的人既不配自视重要，也不配被称作大度。因为重大的东西和大度，一个没有完善的德性的人是不可能与之相配的。不仅如此，那些徒有财富的人甚至会蔑视一切，目空一切。因为，没有德性就很难恰当地处理这些善事物。而这种人由于既 1124b
没有能力处置它们，又认为自己比别人优越，所以蔑视别人，并且随心所欲地行事。因为，他们仿效大度的人而又不像他，而且只

① 1123b15—22。

② 大度的人既配得重大的事物，又对这种重要性有正确的自我估价。所以对于他，没有什么外在善，甚至重要的外在善——荣誉，算得上重大。

在他们有能力仿效的方面仿效。所以他们只是蔑视别人，却不能做事情合乎德性。大度的人蔑视别人是有道理的（他的判断真实），可是多数人却是没有根据地蔑视别人。大度的人不纠缠琐碎的事情，也不喜欢去冒险。因为值得他看重的事物很少。但是他可以面对重大的危险。当他面对这种危险时，他会不惜生命。因为他认为，不能为活着而什么都牺牲掉。[①] 他乐于给人以好处，而羞于受人好处。因为给予人好处使得他优越于别人，受人好处使得别人优越于他。对所受的好处他愿意回报得更多些，因为这不仅回报了那个给了他好处的人，而且使那个人反过来受了他的好处。大度的人始终记得他给人的好处，不记得他受于人的好处（因为受惠者是被施惠者超过的人，而大度的人想做一个超过别人的人）。他喜欢听到有人提起他给予别人好处，不喜欢有人提起别人给予他的好处。这大概就是忒提斯不向宙斯提起她曾对他做过的善举，[②]以及斯巴达人不提他们给予雅典人的帮助，而只说雅典人给予他们的帮助[③]的原因。大度的人的特点还在于，他无求于人或很少求于外人，而愿意提供帮助。他对有地位、有财富的人高傲，对中等阶级的人随和。因为，超过前者是困难的和

---

① ἀφειδὴς τοῦ βιοῦ ὡς οὐκ ἄξιον ὂν π άντως ζῆν，不能只为了生命而什么都牺牲掉。斯图尔特（卷Ⅰ第 342 页）说，亚里士多德此处是在表明，生命的主要目的是活动而不是感情，他欲描绘的是大度的人的具体特征，但他所描绘的这种大度的人似乎比斯宾诺莎的理想人和康德的自律人更抽象。

② 《伊里亚特》第 1 章 393，503—504。事实上忒提斯（Thetis，阿客琉斯的母亲）向宙斯提到了她曾经给予宙斯的帮助。

③ 亚里士多德此说依据不详。因为据色诺芬《希腊史》（第 6 章第 5 节 33），斯巴达人在向雅典人请求帮助以抵御忒拜人的入侵时，突出地强调他们曾给予雅典人的帮助。参见罗斯，第 93 页注；斯图尔特，卷Ⅰ第 343 页。

骄傲的事情,而超过后者则很容易。对于前者高傲算不得低贱,而对于后者高傲则有如以强凌弱那样粗俗。此外,大度的人也不争那些普通的荣誉,不去在别人领先的地方与人争个高低。他并不急切地行动,除非关涉到重大的荣誉。他也不会忙碌于琐事,而只是做重大而引人注目的事情。他一定是明白地表明自己的恨与爱(因为隐瞒意味着胆怯),关心诚实甚于关心别人的想法,并且一定是言行坦白(因为,既然持着蔑视,他就会坦然直言,除非在用自贬的口吻[①]对普通人说话的时候)。他不会去讨好另一个人,除非那是一个朋友(因为这样做是奴性的,所以说所有的奉承者都是奴性的,而所有低贱的人[②]都是奉承者)。他也不会崇拜什么。因为对于他没有什么事物是了不起的。他也不会记恨什么。因为大度的人不会记着那么多过去的事情,尤其是别人对他所做的不公正的事情,而宁愿忘了它们。他也不会议论别人什么,既不谈论自己也不谈论别人。因为他既不想听人赞美,也不希望有人受谴责(他也不爱去赞美别人)。所以,他不讲别人的坏话,甚至对其敌人,除非是出于明白的目的而羞辱他们。对于避免不掉的小麻烦,他从不叫喊或乞求别人帮助。因为在这些事情上喊叫或乞求帮助就意味着很看重它们。他愿意拥有高尚[高贵]而不实用的事物,而不是那些有利益的、有用的事物。因为拥

---

① εἰρωνεία。参见 1108a20—23。亚里士多德此处显然指苏格拉底的方式。这种方式亚里士多德看作是一种在真诚上不及的谈话方式,但是他此处似乎是说,在同普通人交往时[常常]不得不使用[像苏格拉底那样的]这种方式。

② οἱ ταπεινοί。

有前者更表明一个人的自足。此外,一个大度的人还行动迟缓、语调深沉、言谈稳重。因为,一个没有多少事情可以看重的人不大可能行动慌张,一个不觉得事情有什么了不起的人也不会受到刺激,而语调尖厉、行动慌张都是受刺激的反应。[①]

大度的人就是这样的。这种品质上不及的是谦卑的人,过度的是虚荣的人。这两种人也不被看作坏人。[②] 因为他们并不伤害别人,而是做错了事情。谦卑的人剥夺了自己所配得的重要性。而且,他似乎是对他自己不好。因为,由于不认为自己配得那种重要性(而且似乎不认识自己),[③]他没有去追求那些否则他就会去追求的善事物。我们并不认为这样的人愚蠢,而是认为他们过于谦让。不过这种评价反倒使他们的情况更糟。因为,人们追求的都是相应于他们的那种善,而他们却由于认为自己不配得而放弃那种高尚[高贵]的活动和对那些善事物的追求。另一方面,虚荣的人则愚蠢、对自己无知,并且还明白地表现出这种缺点。

---

① 黑格尔认为,亚里士多德在这一节的讨论是以亚历山大为模型的。那种杰出的天才与恶构成那个人的巨大灵魂。斯图尔特(卷Ⅰ第 336 页)认为,尽管亚里士多德的讨论可能有某种这样的联系,但未必在以某个人为模型。行动迟缓、语调深沉、言谈稳重毕竟只是一个这样的大度的人的外部特征。也许可以这样说,就像荷马史诗中某些英雄的某些方面一样,亚历山大的某些方面,例如他的高贵地位以及某些品质,被亚里士多德纳入了大度的人的理想图景。

② 正如小气的人和粗俗的人那样。参见 1123a32—34。小气与粗俗、谦卑与虚荣的共同特点是并不伤害别人,因而更个人化的品质。

③ 莱克汉姆(第 227 页)认为括弧中的话是后人所加。它很可能是为点明讨论是针对着苏格拉底而加的。从上下文看,亚里士多德对苏格拉底式的自贬(亦作自嘲)的谦卑的批评在于(1)它不是出于对自己的重大价值的正确的判断,和(2)它使人没有去追求他本应追求的重大的东西。参见亚里士多德在下面第 7 章关于自贬的讨论。

他们常常追求与他们自身不相称的荣誉，然后又被发现了本来的面貌。他们讲究穿着，注重外表，希望人人都知道他们多么幸运。他们还不时地谈论自己，好像这样就能受人尊重。但是谦卑比虚荣更加与大度相反，因为它更普通，也更加是恶。

所以，如前面所说过的，[1]大度是同重大的荣誉相联系的品质。[2]

4. [在对待小荣誉方面的德性]

在荣誉这方面，如在一开始谈到这个问题时就说过[3]的，也有 1125b

---

① 1107b26，1123a34—b22。

② 亚里士多德关于大度的这一章是非常重要的。我们需要理解的是他通过对大度德性的描述而赋予它的在其伦理学体系中的重要地位。大度，与慷慨等等一样，作为基于人的本性而又充分发展了的人的自由精神，是对于最为重要的一种属人的外在善——荣誉，而且是最重大的荣誉的欲求方面的适度德性。因它是相关于最重要且最重大的外在善的，所以它自身也是最重要且最重大的。格兰特(卷Ⅱ第72页)曾出色地评论亚里士多德对大度德性的说明的下述特点。第一，它是对大度德性是什么的说明，而不是对大度应当如何的说明。而在做这种说明时，亚里士多德不是把大度作为责任，而是把它作为与责任相区别的东西，即作为德性或善，来说明的：大度的人不做坏事不是因为它是错误的，而是因为它不值得一做。第二，这种说明是基于大度的人对其生命的重要性——这重要性表现于所配得的善(即重大的荣誉)——的自尊或自爱的。这表明道德德性自身的根基是某种爱和某种恨(厌恶)，即有德性的人对属于他那种人的善的爱和对相反者的厌恶，理智只是帮助与指导。第三，这种说明基本上是对并非属于人的、人所未曾达到的态度的描述，所以它的心理学是一个例外的大度的人的心理学，而不是普通人的心理学。关于后面这一点，斯图尔特(卷Ⅰ第335页)写道，“亚里士多德的大度的人不是一个真实的人。他是哲学中的一个理想，就如悲剧中的菲洛克忒忒斯(Philoctetes)与安提戈涅(Antigone)一样。他是亚里士多德对人的德性的沉思的一个具体表现。”

③ 1107b24—27。

一种品质同大度相联系，就像慷慨同大方相联系那样。因为，这种品质和慷慨都同重大的事物无关，它们都是在处理中等的或细小的事物上的适度。正如在索取和给予财富方面有适度、过度和不及一样，在对荣誉的欲求上也有过度、不及和适度。我们既谴责爱荣誉者在欲求荣誉上过度或欲求不当的荣誉，也谴责不爱荣誉者甚至在高尚[高贵]的行为上也不向往荣誉。但有时我们又如在开始谈到这个问题时所说的，①称赞一个爱荣誉者有抱负和爱高尚[高贵]的行为，称赞不爱荣誉者谦让和节制。显然，爱某某事物有多种含义，我们在说爱荣誉时所说意思并不相同。当我们称赞它时，我们是指比大多数人更爱荣誉；当谴责它时，我们是指爱荣誉过度。适度的品质没有名称。所以两个极端相互争执，仿佛那个位置等着它们来占据。但是，凡有过度和不及的地方就有适度，而在对荣誉的欲求上的确有过度和不及。所以在欲求荣誉上也一定会有适度。在荣誉方面我们所称赞的就是那种没有名称的品质。相对于爱荣誉它似乎是不爱荣誉，相对于不爱荣誉它又是爱荣誉，相对于这两者，它又是既爱荣誉又不爱荣誉。其他德性的情形似乎也是这样。不过在荣誉这方面，由于适度的品质没有名称，对立存在于两个极端之间，而不是存在于它们各自同适度的品质之间。

---

① 1107b33。

5. [温和]

温和是怒气方面的适度。这种适度的品质实质上没有公认的名称,两种极端的品质也没有名称。我们用温和来称呼这种适度的品质,虽然它有些偏向于那个没有名称的不及。过度的品质也许可以称为愠怒,因为我们在讨论的感情是怒气,尽管引起怒气的原因多种多样。一个人如果在适当的事情上、对适当的人、以适当的方式、在适当的时候、持续适当长的时间发怒,就受到称赞。既然温和受到称赞,那么这样的人就是一个温和的人(因为,温和的人其实就是一个脾气平和,不受感情左右,而按照逻各斯的指导,以适当的方式、对于适当的事情、持续适当的时间发怒的人,尽管他由于宁愿原谅别人而不是复仇而显得偏向不及一边)。而不及,不论把它叫作麻木还是别的什么,则受到谴责。因为,那些在应当发怒的场合不发怒的人被看作是愚蠢的,那些对该发怒的人、在该发怒的时候也不以适当方式发怒的人也是愚蠢的。人们认为,这样的人对事情好像没有感觉,也感受不到痛苦。一个人如果从来不会发怒,他也就不会自卫。而忍受侮辱或忍受对朋友的侮辱是奴性的表现。过度也是就这些方面说的(因为一个人可能对不适当的人、在不适当的事情上、以不适当的方式——太快或持续太久——发怒)。但这不是说这些方面的过度都会同时发生在一个人身上。这种情形不大可能出现。因为,恶会自己破坏自己。如果它成就了完整的恶,那就将令人不堪忍受了。易怒的人的怒气来得快,他对不适当的人、在不适当的事情上发不适当的怒气。但他的怒气过去得也快，这是他好的地方。之所以如此，是因为他不控制自己的怒气。由于脾气急躁，他的怒气会立即发泄出来，但发泄了，怒气也就过去了。暴躁的人是脾气最急躁的人。他们不论什么场合，一有事情就会发怒。他们的名字也因此而得。① 愠怒的人的怒气则较难平息，而会持续很长一段时间，因为他们压抑着自己的怒气。不过，他们一旦报复了，这怒气就会过去。因为报复产生的是快乐而不是痛苦，这种快乐消除了他们的怒气。如果得不到这种发泄，怒气就一直压在他们心里。由于他们不把这怒气表现出来，也就没有人去平息它们，而一个人自己消化怒气需要很长时间。这样的人对自己、对朋友都是最麻烦的。我们把在不适当的事情上以不适当的方式发怒的人、发怒持续时间过长的人，以及不报复和惩罚别人怒气就不会平复的人，称为怪僻的人。② 我们把温和看作是与过度，而不是与不及相反的。这不仅因为过度的情形较为常见（因为人更倾向于报复），而且因为脾气坏的人更难相处。

① ἀκρόχολος由前缀ἀκρο-和χόλος组成，ἀκρο的意思是听到，χόλος的意思是发怒，ἀκρόχολος的原意是听到一点事情就发作的人，相当于汉语口语中所说的“点火就着”或“听风就是雨”的人。

② 亚里士多德在这里描述的这四种在怒气上过度的人，虽然都是因对不适当的人和就不适当的事发怒而不正确，但在方式上表现得各不相同。(1)易怒的人太易于发怒，但发怒持续时间短。(2)暴躁的人(ακροχόλοι)的错误在于发怒(发脾气)不分场合。(3)阴郁的人(πικροί)在发怒的持续时间上不适当：他们的怒气会持续过长的时间而难于平息。(4)怪僻的人(χαλεποί)则似乎集中了暴躁的人与阴郁的人的错误，发怒既不分场合又持续时间过长。而易怒的品质，即怒气来得快也去得快的品质，则似乎同后三种品质相互破坏，似乎是四种过度的形式中的错误最轻者。

我们在前面说过的那番话[①]在这里显得更为清楚。我们很难确定一个人发怒应当以什么方式、对什么人、基于什么理由。也很难确定,发怒持续多长时间,或者自何时起,就不再正确而成为错误。因为,我们并不谴责一个稍稍偏离——无论朝过度还是朝不及——的人。我们有时称赞那些在怒气上不及的人,称他们温和。有时又称赞那些易动怒的人,称他们勇敢,认为他们有能力治理。所以,一个人偏离得多远、多严重就应当受到谴责,这很难依照逻各斯来确定。这些事情取决于具体情状,而我们对它们的判断取决于对它们的感觉。然而十分明白,适度的品质,即对适当的人、就适当的事、以适当的方式等等发怒的品质,受称赞,过度和不及则受谴责——轻微的偏离受轻微的谴责,较大的偏离受较重的谴责,最大的偏离受最重的谴责。所以,我们应当追求的显然是适度的品质。关于怒气方面的品质我们就谈到这里。

6. [友善]

在人群中,在共同生活以及交谈和交易中,有些人是谄媚的。[②]他们凡事都赞同,从不反对什么。他们认为自己的责任就是不使所碰到的人痛苦。另一些人则相反,他们什么都反对,从来不考虑给别人带来的痛苦。这种人被称作乖戾的。显然,这些品

① 1109b14—26。

② ἄρεσκοι,讨好的、逢迎的、谄媚的人。

质都是受谴责的，那种居中的品质才是受称赞的。一个人正是由于这种适度的品质，才会以适当的方式赞同所该赞同的，反对所该反对的。但是这种适度的品质没有名称，虽然它与友爱很相似。因为，有这种适度品质的人，如果再具有一份感情，就是我们所说的“好朋友”了。这种品质同友爱的区别，在于它不包含对所交往的人的感情。这样的人做事情适度，[①]不是出于爱或恨的感情，而是因为他就是那样的人。他同熟人和生人，同亲近的人和不亲近的人交游，都举止适度，只不过是相应于每一种人的适度。因为，对陌生人和亲朋好友表现出同等程度的关心是不适当的，使他们同等程度地痛苦也是不适当的。我们已经在一般意义上说明了具有这种品质的人在交往中会做事情适度。我们还要说明，他总是为着高尚[高贵]和有益的目的而努力使人快乐而不使人痛苦。因为，他关心交往的快乐与痛苦。一旦促进别人的快乐对自己是不体面的、有害的，他就会拒绝那样做，而宁愿选择让他们痛苦。同样，如果默认另一个人的行为将给那个人带来耻辱或伤害，而反对那个人的行为只会给那个人带来不很大的痛苦，他就反对而不是赞同。对地位高的人和普通人，熟人和不太熟识的人，以及有种种其他区别的人们，他将以适合那些人各自的不同方式同他们交往。虽然他会因快乐自身之故而促进它，并努力避免造成痛苦，他还是要考虑后果。他要看看这样做的后果是否更好，即是否高尚[高贵]和有益。为了以后的更大快乐，他可以施加一点小小的痛苦。这种适度品质就是这样，尽管它没有名称。而那些努力讨好别人的人，如果是没有目的的就是谄媚，如果是

① 即赞同所该赞同的事情，反对所该反对的事情。

有目的的就是奉承。[1] 那些对于什么都不赞同的人,正如我们已说过的,[2]是乖戾的。看起来好像只有这两种极端在相互对立,这是因为这种适度的品质没有名称。

7. [诚实]

自夸与之对立的那种适度的品质也是同这些事情相关的,并

---

① 谄媚者与奉承者的区别,亚里士多德认为,在于他们赞同邻人的一切时是否有某种卑贱的目的,例如获得钱财或某种其他好处。谄媚者没有这种目的而赞同一切;奉承者则出于一个卑贱的目的而赞同一切。在这样的分析中,奉承显然比谄媚更加与适度品质对立:有一个坏目的比没有这样一个目的离抱有一个高尚[高贵]的目的更远。斯图尔特(卷Ⅱ第354—355页)引证塞奥弗拉斯托(Theophrastus)——亚里士多德的后继者——的看法。谄媚,塞奥弗拉斯托在《品质论》(*Characteristics*)中写道,

> 可以界定为不带有最好的意图而刻意地造成快乐的谈话方式。谄媚者是这样一种人:他老远地就对你喊着"我的朋友";在表达过敬意之后,他会用双臂拥抱你;他会给你一点点照顾,然后问什么时候可以去看望你,临别时还会说一通恭维的话。

而奉承者,他写道,

> 是这样一种人:在同另一个人同行时,他会说,"您注意到别人在怎样看你吗?在雅典,只有对于您人们才会有这种崇敬的眼光……"。他还会边这样说着,边从他的庇护者的外衣上捡起落在上面的一片羽毛。或者,假如有一根稻草落在其庇护者的头发上,他会轻轻地拈起它,然后笑着说,"您瞧,才两天没见您,您的白头发可添了不少。不过,别人到了您这个年纪,白头发还要多"。然后,他会让他的同伴安静下来,听这位伟人讲话,并且会称赞那位同伴听得专心,而且要让那位同伴知道他说的是真话。或者,他会对于一个平淡无味的笑话开怀大笑,就好像是情不自禁地笑出来的那样。

而且,按照杰伯(Jebb)——塞奥弗拉斯托的英译者——的看法,亚里士多德与塞奥弗拉斯托所说的是那种更为低劣的奉承。他说,κολακεία的意思与英语词 flattery 的意思大不相同,前者还要粗俗些,指的是一种过分夸张的奉承。

② 1125b14—16。

且也没有名称。先来描述一下这些品质是有帮助的。因为,在一个一个地说明了这些品质后,我们就能更好地理解品质的性质。如果我们看到在这些场合德性都是适度,我们也就会相信所有德性都是适度的品质。我们已经说明了[①]在共同生活中同提供快乐或痛苦有关的那些行为,我们接着要说到同语言、行为和外在表现的诚实与虚伪[②]有关的那些行为。按通常的理解,自夸的人是表现得自己具有某些受人称赞的品质,实际上却并不具有或具有得不那么多;自贬的人是表现得自己不具有他实际上具有的品质,或者贬低他具有的程度;有适度品质的人则是诚实的,对于自己,他在语言上、行为上都实事求是,既不夸大也不缩小。无论诚实还是虚伪都可能或者有目的,或者没有目的。而如果一个人没有特殊的目的,他的语言和行为就表现着他的品质。就其本身而言,[③]虚伪是可谴责的,诚实则是高尚[高贵]的和可称赞的。所以,具有这种适度品质的诚实的人是可称赞的;虚伪的人,尤其是自夸的人,则是可谴责的。我们就来谈谈诚实的人与虚伪的人,先从前者说起。我们要说的,不是守约的或涉及公正与不公正的
1127b 那些事务上的诚实(因为适用于这些事务的是另外一种德性),而是不涉及那些事务时一个人的出于品质的语言和行为上的诚实。[④] 这样的一个诚实的人被看作是有德性的人。因为,他在无

---

① 第6章。

② ψεῦδος,谎言、虚伪。

③ 即不是就其目的而言。

④ 因为,那些事务上的诚实是对于具体的是非的,正是对这些是非的判断的诚实与否表现着一个人是否公正。而这里所说的诚实只是一种交往与交谈方式上的诚实,这种诚实不涉及对于是非与利害关系的态度,是一种自由的品质。

关紧要的时候都爱讲真话，在事情重大时就更会诚实。他会拒绝不诚实的行为，认为那是耻辱，因为他以往不论后果怎样都不曾做事不诚实。我们所称赞的正是这样的人。这样的人会倾向于对自己少说几分。因为，既然说过头是讨人嫌的，对自己少说几分也许更好些。那种没有什么目的而喜欢自吹的人，在品质上比有目的的还低些（因为，他要是有目的就不会自夸了）。[①] 但这种人只是愚蠢而不是恶。[②] 那些出于目的而自夸的，如果是为着名誉或荣誉，就不算太坏；如果是为着钱或可用来得到钱的东西，其品质就比较坏。因为，使得一个人成为自夸者的不是能力，而是选择：一个人是因为形成了自夸的品质才是一个自夸者的。这就好比，有的人说谎是因为喜欢说谎，有的人说谎则是为得到荣誉或好处。[③] 为得到荣誉而自夸的人表现得自己具有的是那些受称

---

① 亚里士多德此番评论是基于荣誉是外在善的判断。为某种目的而自夸的人通常是为着荣誉，而荣誉是最大的外在善。亚里士多德这里是说，没有目的而自夸的人甚至不如这样的人，因为他不是为得到荣誉这样一种善而自夸。

② 关于这种没有目的而出于品质的自夸者，塞奥弗拉斯托描述道："当他在一所租用的房子里时，他会（对每个不了解这点的人）说，这是他的家宅，但是他准备卖掉，因为对他来说太小了。"见斯图尔特，卷Ⅰ第358页。

③ 从"因为，……"到这里的这两句话，罗斯（第102页）和克里斯普（《亚里士多德尼各马可伦理学》[剑桥大学出版社，2000年]第77页）用括号括起来，似乎把它们看作是对上面一句的注释。亚里士多德此处的表达比较含糊，需要作些说明。格兰特（卷Ⅱ第88页）引证《修辞学》卷Ⅰ 1335b20，认为亚里士多德是指，为得到钱而自夸的人同喜欢自夸的人的区别在于前者是出于选择，而不只是基于能力，正如诡辩者同辩证者的区别不在于理智而在于道德。所谓选择，即出于目的或意图的对手段的选择。亚里士多德接下去的话表明，他认为为得到钱财（或可用来得到钱财的东西）而自夸与出于这种（卑贱的）目的而说谎具有同样的性质。不过，亚里士多德在前面又说，并非出于目的的自夸表现着一个人的品质。而如果无目的的自夸与为着卑劣目的的自夸都是品质的表现，即都是出于选择，他在这里说明的区别就不具有实质性。

赞和尊敬的品质。为得到钱而自夸的人表现得自己具有的则是对邻人可能有用的品质，例如预言或治病的本领。这后一类的品质[1]一个人是否真的具有比较好隐瞒。[2] 大多数人喜欢表现得自己具有这后一类的品质，也正是因为它们既可能对邻人有用，你又不大好说他不具有。[3] 有些贬低自己的人似乎比自夸的人高雅些。因为，他们的目的似乎不是得到什么而是想避免张扬。他们尤其否认自己具有的，如苏格拉底常做的那样，也是那些受人尊敬的品质。[4] 而那些在细枝末节的小事上贬低自己的人被人称做伪君子，这种人是真正让人看不起的。有时，这种自贬又实际上成了自夸，就像斯巴达人的裙子[5]那样。因为，同过度一样，过分的不及也是一种夸张。但是，在一些不那么明显和突出的事情上适当

---

① 即对邻人可能有用的品质。

② 相比之下，一个人是否具有那些受尊敬的品质，例如是否办事公正，则不易隐瞒。

③ 亚里士多德在此共讨论了三种自夸者：(1)没有目的，只是因喜欢自夸而自夸的人。这种人品质上虽然并不恶，但比较低等，因为他们甚至不是为了荣誉而自夸。(2)喜欢为得到荣誉而自夸的人。这种人是本来意义上的自夸者。其品质也并不恶，因为他欲表现得自己具有的是那些受人尊敬的品质。(3)喜欢为得到钱或可用来得到钱的东西而自夸的人。这种人在品质上是恶的，因为他表现得自己具有对邻人可能有用的品质是为着得到钱财；而且他这样做是出于狡计：对这些品质别人不好确定他是否真的具有。参见斯图尔特，卷Ⅰ第 358 页。

④ 同喜欢为荣誉而自夸的人表现得自己具有的相同的那些品质。

⑤ 斯图尔特(卷Ⅰ第 365 页)和莱克汉姆(第 244 页注)都认为，这可能是指雅典人模仿的斯巴达裙。这种裙子大概因其过分简单而显得夸张。

地用一点自贬倒也不失高雅。[1]

同诚实的人相对立的似乎是自夸的人,因为自夸是比自贬更坏的品质。

8. [机智]

生活中也有休息,休息中总会有消遣性的[2]交谈。在这方面,似乎也有一种有品味的交谈。向人家谈些什么以及怎样向人家 1128a
谈,听人家谈些什么以及怎样听,这些方面都有做得是否恰当的问题。同什么人谈或听什么人谈这方面也有恰当不恰当的问题。显然,在这些方面,一个人既可能做得过度,也可能做得不及。那些在开玩笑上过度的人被看作是滑稽的或品味低级的人。这种人什么玩笑都开,目的只在于引人一笑,全不考虑礼貌和如何不给被开玩笑的人带来不快。那些从来不开玩笑、也忍受不了别人

---

① 亚里士多德此处讨论了两种情形的自贬:(1)不失高雅的自贬。这种自贬是在那些受尊敬的品质上贬低自己。(2)伪君子式的自贬。这种自贬是在有能力做的小事情上贬低自己。关于亚里士多德对这种自贬的谦卑的批评,参见第121页注①。这两种自贬在亚里士多德的讨论中都有对苏格拉底的指涉。斯图尔特(卷Ⅱ第358页)引证杰伯的话说,亚里士多德指的本来意义的自贬是第二种自贬。斯图尔特认为,柏拉图通常在偏离诚实这种谴责的意义上使用自贬(或自嘲)一词,但是他没有使苏格拉底自称为自贬者。《尼各马可伦理学》保留着自贬的这种基本的意义,但是把它用来指苏格拉底式的自嘲。不过当自贬被用来指逃避普通人的注意的策略时,它又被看作是不失高雅的。不过塞奥弗拉斯托把自贬谴责为一种完全恶的品质。斯图尔特又说,在希腊人的生活中,除了这两种自贬之外,还有阿那卡西斯(Anacharsis)所说的纯粹消遣性的自贬。这种自贬被塞奥弗拉斯托描述为通过隐瞒真实感情与意图而误导他人的昔尼克式快乐。(同上,第359页)

② παιδίας,παιδία(消遣)的形容词形式。消遣在亚里士多德看来是生活的必要组成部分,但不是生活的终极目的。参见第十卷第6章的有关讨论。

开他玩笑的人被看作是呆板的和固执的。[①]诙谐地开玩笑的人被称作机智的，意思就是善于灵活地转向的。[②]因为，机智的妙语仿佛就是品质的活动。我们判断一个人的品质如何要根据他的品质的活动，正如判断他的身体如何要根据其身体的活动一样。由于玩笑的题材俯拾即是，由于多数人都过度地喜欢玩笑和嘲弄，甚至滑稽的人也会被称为机智的，因为人们觉得他们有趣。但尽管如此，我们上面所说的也已经表明机智不同于滑稽，而且两者相去甚远。这种适度的品质的另一个特点是得体。[③]具有谈话得体的品质的人只说、只听适合一个慷慨的人[④]说和听的东西。因为，这样的人在说玩笑和听玩笑方面都有其适合的语言。出身高贵的人的玩笑也不同于卑贱的人的玩笑，有教养的人的玩笑也不同于没有教养的人的玩笑。这种区别可以从过去的喜剧与现在的喜剧的对比中看出来。过去的喜剧用粗俗的语言取乐，现在的喜剧则是用有智慧的语言[⑤]引人发笑，这两者在礼貌上有很大的区别。我们是否可以把适度的玩笑界定为不会不适合慷慨的人

---

① σκληροὶ，固执的、不灵活的、难对付的人。

② 机智，希腊语是εὐ-τραπελία，εὐ-意义是好，τραπελία为动词τραπέω的变化形式，意义是全方位的灵活调整。所以εὐ-τραπελία是指在交谈中善于有品味地转换话题和谈话方式的灵活与机智。

③ ἐπι-δεξιότης，达到正确或适度之意，一译老练；ἐπι-意义是达到，δεξιότης来源于δεξιά，意义是正确的一边，许诺过的、同意过的东西，所以从词源上看，ἐπι-δεξιότης就有达到双方都同意的即相互适合的东西的意义。如许多希腊词一样，这个希腊词的中文翻译也有较大困难。原有的“老练”译法，似乎偏向于技艺的一面，而与对于它的道德德性的讨论语境有些不合。“老练”的译法适合现代法学的自由裁量实践的程度似乎好一些。“得体”的译法偏重了达到正确、适度的一面，然而在表现交谈者自由运用相互适合的谈话技巧方面又有不足。

④ ἐλευθερίου。斯图尔特、莱克汉姆、韦尔登解释为绅士。参见第103页注①。

⑤ ὑπόνοια，怀疑、猜测、意见等等。

的、不会给听者带来痛苦而会给他带来快乐的那类玩笑?或者,这类玩笑是否不可能作出规定?不同的人喜欢的和讨厌的东西是不同的。但一个人愿意说的必定也是他愿意听的。因为,他肯接受的也就是他愿意做的。所以,有的玩笑他不会去开。因为玩笑是一种嘲弄,而立法者们禁止我们嘲弄某些事物。也许他们也应当禁止某些形式的玩笑。所以,温和的、慷慨的人必定是像上面说到的那样的,[1]就好像他就是自己的法律。这种适度的品质就是这样,称它是机智或说话得体都可以。滑稽的人则屈服于他的开玩笑的冲动。只要能引人发笑,不论对自己还是对别人,他都不会放过机会。他总是说些有教养的人不会去说的笑话,其中有的甚至连他自己都不愿意听。[2] 呆板的人对于社交性谈话没有积极帮助。1128b
他什么玩笑也不会开,什么玩笑都接受不了。可是休息与娱乐却是生活的一个必要部分。

我们已经讨论了同某种语言和行为的交流有关的三种适度的品质。它们的区别在于其中的一种是同诚实相关,另外两种则同交谈和交往的愉悦相关。在后两者中,一个表现在玩笑活动中,另一个则表现在一般社交生活中。

9. [羞耻]

羞耻不能算是一种德性。因为,它似乎是一种感情而不是一

---

① 即有些玩笑不去开。

② 这句话韦尔登(第 131 页)作"他总是说些有教养的人不会去说甚至不会去听的笑话"。

种品质。至少是，它一般被定义为对耻辱的恐惧。它实际上类似于对危险的恐惧。因为，人们在感到耻辱时就脸红，在感到恐惧时就脸色苍白。这两者在一定程度上都表现为身体的某些变化。这种身体上的变化似乎是感情的特点，而不是品质的特点。这种感情并非适合所有年纪的人，而仅仅适合于年轻人。我们认为，年轻人应当表现出羞耻的感情，因为他们由于听凭感情左右而常常犯错误，感到羞耻可以帮助他们少犯错误。我们称赞一个表现出羞耻的年轻人，但是不称赞一个感到羞耻的年长的人。我们认为，年长的人不应当去做会引起羞耻的事情。既然羞耻是恶的行为引起的感情，好人就不会感觉到羞耻，因为他不应当做恶的事情（至于那些事情是本身就是可耻的还是被人们看作是可耻的，这倒没有什么分别，这两种事情都不该做）。羞耻是坏人的特点，是有能力做可耻的事情的人所特有的。说由于一个人在做了坏事之后会感到羞耻，我们就应当说他是有德性的，这是荒唐的。因为，那个引起羞耻的行为必定也是出于意愿的行为，而一个有德性的人是不会出于意愿地做坏事情的。羞耻只是在这种条件下才是德性：如若他①会做坏事情，他就会感到羞耻。②然而德性的行为则不是有条件的。而且，虽然无耻——即做了坏事而不觉得羞耻——是卑贱的，这也不说明如若去做坏事就会感到羞耻是德性。自制③也不是一种德性，而是德性与恶的一种混合。不过这一点我们在后面④再

① 指有德性的人。

② 此句是虚拟语气，其真实意义当为：好人不会做坏事，所以也不会感到羞耻。

③ ἐγκράτεια，或译自我控制。

④ 第七卷。

谈。现在我们先来谈谈公正。[①]

① 斯图尔特(卷Ⅰ第369—370页)对本章的文本的完整性提出质疑,理由是第二卷第7章中对羞耻的扼要说明的要点在这里有遗漏,例如(1)在那里接着谈到了义愤,本章结尾处却没有提到;(2)那里把羞耻仍然当作羞怯与无耻之间的适度来讨论,本章则似乎完全没有把羞耻当作这种适度,而仅仅把它看作一种假言意义的德性。他认为,很可能是由于历史的偶然事故,这一章关于两个极端的讨论的部分逸失,而最后的两句话,即对自制与羞耻的比较和对后面关于公正的讨论的提及,可能是编辑者所加。这种分析是否正确也许还需要以后的考证来说明。不过他在说明亚里士多德在这里的讨论的那个结论——即只有坏人才会羞耻——的片面性时是有道理的。因为普遍的道德常识似乎是,做了错事而感到羞耻的人不应当同做了错事而不知羞耻的人一样地是坏人。然而这种区别在亚里士多德看来似乎并不重要。我们也许应当设想,一个人是好人并不意味他始终不会有任何出于不公正的意愿的行为,然而一旦发生了这样的情况他必定为之感到羞耻,并且这种羞耻感必定将制止他日后做出类似的不公正的行为。

第 五 卷[1]

[公正]

1. [公正的性质与范围]

1129a 关于公正与不公正，[2]我们先要弄清楚它们是关于什么的，公正是何种适度的品质，以及它是哪两种极端之间的适度。我们仍

① 格兰特(卷Ⅱ第 95 页)认为，第五卷对公正的讨论使第四卷的讨论主题“从中间被打断了”，并列举一些文本分析的证据，判断第五至七卷是由编订者根据亚里士多德的一个学生欧台谟(Eudemus)的亚里士多德讲义抄本补进来的。问题在于，离开了直接的史料证据，这种判断至多只是一种猜测。斯图尔特(卷Ⅰ第 375 页)指出，格兰特和莱姆索尔所提出的一些文本证据不足以证明第五至七卷的作者与其他各卷的不是同一个作者。而且，亚里士多德的确有可能在讨论了具体的道德德性之后进入对公正的讨论，以便在恰当的时候完成对学生的授课。我认为，从阅读和研究的角度，我们不妨仍然把《尼各马可伦理学》看作亚里士多德的一个完整的授课讲义文本，尽管个别部分有可能经过了编者的加工。

② δικαιοσύνη，ἀδικίας。δικαιοσύνη指按照公正的精神或原则做事的品质，来源于名词τὸ δίκαιον(公正的原则)，ἀδικίας的意义正与δικαιοσύνη相反，是不按照公正的精神或原则做事的品质。

然按前面一卷的步骤来进行研究。[①]

我们看到，所有的人在说公正时都是指一种品质，这种品质使一个人倾向于做正确的事情，使他做事公正，并愿意做公正的事。同样，人们在说不公正时也是指一种品质，这种品质使一个人做事不公正，并愿意做不公正的事。我们先把这个意见作为讨论的基础。因为，品质的情况同科学[②]和能力[③]是不同的。一种科学或能力是通过相反的事物而达到的一或相同。[④]而一种品质则是相反品质中的一种，它只产生某一种结果，而不是产生相反的结果。例如，健康不产生不健康的行为，而只产生健康的行为。健康的步行的意思就是像健康的人那样地步行。[⑤]

对于两种相反品质中的一种品质，我们可以或者从与它相反的品质来了解它，或者从表现着它和与它相反者的那些题材来了

---

① 在亚里士多德对道德德性的讨论中，对公正的讨论最为详细。伯尼特(第 203 页)说，这不仅是因为公正问题重要，而且是因为公正问题比其他德性的问题更为复杂。这种复杂性在于，尽管公正也像其他德性那样是作为某种适度的品质讨论的，它却与其他德性不同，涉及的不只是两个极端与它们之间的适度的品质三项因素，而是涉及两种人与两份份额这四个因素。另一个原因是，亚里士多德区别了作为自身的总体的公正，即与平等或不平等的人对物的据有方面相区别的一般的公正。由于这种公正也具有实质的意义，对公正的讨论不仅要在具体的水平上，而且要在总体的水平上加以讨论。亚里士多德对公正的讨论由此显示出极大的复杂性。

② ἐπιστήμη，此处亦可解为理论，在亚里士多德的哲学中，科学与理论是同义的。

③ δύναμις，能力、功能、力量。参见 45 页注①。

④ δύναμις μὲν γὰρ καί ἐπιστήμη δοκεῖ τῶν ἐναντίων ἡ αὐτὴ εἶναι。

⑤ 所以作为品质的健康不同于作为知识或能力的医学。医学是关于健康与疾病(健康的相反物)的，健康则只产生健康的行为。

解它。[①] 因为，如果我们了解了身体的良好状态，我们也就从这种状态了解了身体的不良状态。同时，我们从那些处于良好状态的身体那里就了解了身体的良好状态，从身体的良好状态那里也就了解了什么样的身体是处于良好状态的。如果身体的良好状态在于肌肉的结实，那么身体的不良状态必定在于肌肉的松弛，使肌肉结实的事物也就是使身体状态良好的事物。

其次，两组相反的词语中，如果一组是在多种意义上使用的，另一组也就同样如此。例如，如果“公正”有多种意义，“不公正”以及“不公正的”也就同样如此。公正与不公正都是多种意义的。可是，由于这些不同的意义紧密地联系着，它们的同名异义之处就不易觉察，不甚明显。只是在极其不同的事物共用一个名称时，这种同名异义的情况才比较明显(因为在此种情况下，意义的外在的差别十分显著)，例如κλεὶς这个词我们既用来指动物的脊索，又用来指锁门用的钥匙。[②] 我们先来弄清楚我们说一个人不

① 因为，科学是借助相反物而达到的一或相同。斯图尔特(卷Ⅰ第379—380页)说，亚里士多德在这里似乎突然意识到上面谈到的品质同科学(以及能力)的区别的逻辑上的意义。对一种品质的依据其自身的了解是从它产生的一系列行为来了解(它与它所产生的东西是一)。而对一种品质的科学的(理论的)了解则可以通过它的缺乏(στέρησις)来了解(科学或能力是借助相反物而达到的一)。这两者在亚里士多德看来并无矛盾。

② 最早提到κλεὶς的这种相关性的，格兰特(卷Ⅱ第100页)引证普鲁塔克说，是马其顿的菲力普(Philip of Macedon)。亚里士多德似乎是透过这种相关性看到了词的多种意义间的一种复杂情况：它们常常因为接近而不为人们所注意。不过希腊语中κλεὶς的这两种意义的相关性在中文的转换中可能有所损失。

公正时有多少种不同的意义。我们把违法的人和贪得的、不平
等[①]的人,称为不公正的。所以显然,我们是把守法的、公平的人
称为公正的。所以,公正的也就是守法的和平等的;不公正的也 1129b
就是违法的和不平等的。[②] 首先,由于不公正的人是所取过多的
人,他必定是在那些善的事物上取得过多。我们不是指所有的善
事物,而是指同好运与厄运有关的那些善事物。这些善事物在一
般意义上始终是善的,但是对一个具体的人却并不始终是善。人

---

① ἄνισος,不平等的、不同等的、不公平的。ἴσος为平等的、同等的、成比例的、公平的之意,ἄνισος的意义正与之相反。平等与不平等,在最一般的意义上是指两个事物的相等与不等。不过在与公正相关的问题上,平等与不平等主要不是指两个人的能力(财富、地位等等)与贡献上的相等或不等,也不仅仅是指他们各自占有或得到的份额的相等或不等,而是就两个人的能力、贡献的比例与他们所得到的分配份额的比例之间的相等或不等的关系(参见第 3 章)。所以,其本来的意义就包含了(1)两个同等的人同他们的两份份额的关系,和(2)两个不同等的人同他们的两份份额的关系这两种情形。就前一种情形说,两个人的比例是 1∶1。设若两个人所占份额之比也是 1∶1,这便是平等;若不是如此,便是不平等。这种平等关系,亚里士多德称之为算术(比例)的平等。后一种情况,姑以两人的比例是 1∶2 的情形为例。虽 1∶2 意味两人地位不相等,但设若两人所占份额之比也是 1∶2,这便是平等;若不是如此,便是不平等。这种平等关系,亚里士多德称之为几何(比例)的平等。这种几何比例的平等的概念显然与汉语中使用的平等的概念有很大的不同。汉语中的平等概念,基本上是指两个人的实际地位相等,即两个人之比为 1∶1,两份份额之比亦为 1∶1 的情形。上述之后一种情况,在汉语中不是被看作平等,而是被看作不平等。当这种不平等仍然可以接受时,它就被看作是公平的,反之便被看作是不公平的。然而在古代希腊的观念里,平等只意味着两个人之比同两份份额之比的相等。注意到这种区别对于理解亚里士多德的公正与不公正的概念是重要的。

② δικαιοσύνη(公正的精神或品质)与ἀδικίας(不公正的精神或品质)在希腊语中同法律的概念有密切的联系。δίκαιος(公正的)在其词义上同时就是符合法律的,遵守法律的。δίκαιος源于动词δικάζω(裁决、判决),后者又来源于名词δίκη,意义是法律、秩序、审判、公正。所以在希腊语中公正与维护法律的秩序的意义原本是密不可分的。

们祈祷和追求的就是这些善事物。不过,他们倒是应当在追求对他们而言是善的事物的时候,祈祷那些始终是善的事物对于他们也能够是善。不公正的人所取的东西并不总是过多。对于真正坏的东西,他就只取较少的一份。但是,由于两恶之中取其轻也被看作某种善,且取得过多的意思就是所取的善过多,他所取的还是过多。我们把这种人称为不平等的,因为所谓不平等就是指这样两种情形,它们的共同点就是不平等。此外,既然违法的人是不公正的,守法的人是公正的,所有的合法行为就在某种意义上是公正的。因为,这些行为是经立法者规定为合法的,这些规定都是公正的。所有的法律规定都是促进所有的人,或那些出身高贵、由于有德性而最能治理的人,或那些在其他某个方面最有能力的人的共同利益的。[①] 所以,我们在其中之一种意义上,把那些倾向于产生和保持政治共同体的幸福或其构成成分的行为看作是公正的。法律还要求我们做出勇敢者的行为,如不擅离岗位、不逃跑、不丢弃武器,做出节制者的行为,如不通奸、不羞辱他人,以及做出温和的人的行为,如不殴打、不谩骂。在其他的德性与恶方面,法律也同样要求一些行为,禁止一些行为。实行得良好的法律提出这类要求是出于良好的意图,任意的法律提出这种要求的意图则不那么良好。所以,这种守法的公正是总体的[②]德性,不过不是总体的德性本身,而是对于另一个人的关系上的总

---

① 斯图尔特(卷Ⅰ第390—391页)引证斯本格尔(第207页)认为亚里士多德此处分别是指民主制、贵族制与寡头制。对这段本文西方学者中间有一些歧见。斯本格尔、莱索(H. Rassaw)、苏斯密尔认为"出身高贵"是重复,可能是后人所加,拜沃特则主张删除"由于有德性而",斯图尔特则坚持保留原手稿文本,理由是在《政治学》(1292b3)中德性常常与出身高贵以及有治理能力两者并提。此处依斯图尔特。

② τελείας,完全的、总体的。

体的德性。由于这一原因,公正常常被看作德性之首,“比星辰更让人崇敬”。[①] 还有谚语说,

公正是一切德性的总括。[②]

公正最为完全,因为它是交往行为上的总体的德性。它是完全的,因为具有公正德性的人不仅能对他自身运用其德性,而且还能对邻人运用其德性。许多人能够对自己运用其德性,但是对邻人的行为却没有德性。比阿斯[③]说得对,他说“公职将能表明一个 1130a
人的品质”。因为,在担任公职时,一个人必定要同其他人打交道,必定要做共同体的一员。正是由于公正是相关于他人的德性这一原因,有人就说唯有公正才是“对于他人的善”。[④] 因为,公正所促进的是另一个人的利益,不论那个人是一个治理者还是一个合伙者。既然最坏的人是不仅自己的行为恶,而且对朋友的行为也恶的人,最好的人就是不仅自己的行为有德性,而且对他人的行为也有德性的人。因为对他人的行为有德性是很难的。所以,守法的公正不是德性的一部分,而是德性的总体。它的相反者,即不公正,也不是恶的一部分,而是恶的总体。(德性与守法的公正的区别从我们上面所谈到的也已经明了。它们是相同的品质,

① 据莱克汉姆(第 258 页注),按照经院哲学家丁道尔夫(Dindorf)的研究,此句(欧里庇德斯《残篇》[Fragments] 490)源于欧里庇德斯的一部逸失的戏剧《米兰尼普》(*Melanippe*),但措辞稍有改变。

② ἐν δὲ δικαιοσύνῃ συλλήβδην πᾶσ' ἀρετὴ 'νί。συλλήβδην,总括、概要之意。这句引语出处不详,不过韦尔登(第 137 页)认为是第欧根尼(Theognis)、佛塞里得司(Phocylides)及其他一些诗人的诗句。

③ Βίαντος, Bias,希腊七贤之一。

④ 《理想国》(343c)中智者塞拉西玛库斯(Thrasymachus)的话。

然而它们的角度不同。作为相对于他人的品质，它是公正；作为一种品质本身，它是德性。）①

2. ［具体的公正］

但是，我们所要研究的乃是作为德性的一个部分的公正。因为，我们都认为存在着这样的公正。我们所要研究的不公正也同样是这种具体的意义上的。这种具体意义上的不公正的存在可以由下面的事实看出。首先，一个人在表现出其他的恶，如因怯懦而丢弃武器，因怪僻而辱骂别人，因吝啬而拒绝帮助一个朋友时，他尽管是在做不公正的事，却并不是在占得过多的东西。而一个人在占得过多东西时，常常不是由于上述这些恶，也不是由于这些恶的总体，而是由于（既然我们谴责他）某种形式的恶或不公正。所以，还存在着另一种不公正，即作为总体的不公正的一个部分的不公正。也存在着另一种不公正的事，亦即，作为总体的不公正亦即违法的一个部分的不公正的事。其次，如果两个人通奸，一个是为得利并且收了钱，另一个是出于欲望并且损失了

① 总体的德性本身同与另一个人交往上的总体的德性（即广义的或总体的公正）的区别，斯图尔特（卷Ⅰ第394、401页）说，只能看作一种语言逻辑的、理解角度上的区别，即总体的德性是那种品质本身，总体的公正则是从对另一个人的行为的角度来判断的那种品质。因为，总体的德性本身不可能不包括交往上的总体的德性。所以他认为，亚里士多德这里想强调的不是此种区别，而是总体的、完全的德性同片面的、不完全的德性间的对立。只拥有不完全的德性的人，斯图尔特（同上，第394页）说，只能以个人的任意的方式运用其德性。例如，他只当他的切身利益相关时，只当生气或恐惧时，才表现出勇敢；或者，他只对朋友才平等，对陌生人则不平等，如此等等。总之，他可以以狭隘的方式运用其德性，但是不能作为一个公民普遍地对其他公民运用其德性。

钱，那么后者就似乎是放纵而不是占得过多的东西；前者就似乎是做了不公正的事而不是放纵。显然，用自己的行为来获利的那个人是不公正的。第三，所有其他的不公正行为都可以归结为某种恶，例如，通奸归结为放纵，逃离岗位归结为怯懦，辱骂归结为怒气，一个人的为着获利的不公正行为却不能归结为任何恶，而只能归结为不公正。所以，除了总体的不公正外，还有另一种具体的不公正。它与总体的不公正共用一个名称，因为它的定义与总体的不公正同种。这两者的意义都表现在一个人同他人的关 1130b 系之中。但是具体的不公正关涉的是荣誉、钱财、安全或任何——如果能有一个适当的术语的话——能涵盖这三者的事物，其动机是获得这些东西的快乐。总体的不公正关涉的则是同好人的行为相关的所有事物。

所以，公正的意义也不止一种。[①]除了德性总体的意义外，它还有另一种意义。因此，我们必须弄清这另一种公正的性质与特点。我们已经区分了不公正的两种意义，即违法与不平等，以及公正的两种意义，即守法与平等。前面所讨论的不公正相当于违法意义上的不公正。但既然不平等作为部分与作为总体的违法不同[②]（因

① 因为，不公正有多种意义，公正也就有多种意义。参见 1129a24—30。

② ἐπεὶ δὲ τὸ ἄνισον καὶ τὸ παράνομον οὐ ταὐτὸν ἀλλ᾽ ἕτερον ὡς μέρος πρὸς ὅλον。拜沃特校本此句斜体字处亚里士多德用的词是παράνομον（违法的）。依巴黎抄本（Parisiensis，第 1854 号，完成于公元 12 世纪，简称 Lb 本）、阿尔丁（Aldine）《亚里士多德著作权威版》（editio princeps，公元 1495—1498 年），以及其他一些校本，此处的词是πλέον（据斯图尔特［卷 I 第 406 页］，其意义为多得的），全句的意义当是“但既然多得作为部分与总体的不平等不同”，句子中总体与部分的关系需要倒换一下，因为不平等是总体，多得是其中的一个类（参见格兰特，卷 II 第 106 页）。莱克汉姆本希腊语本文此处（第 264 页）依拜沃特校本。

为，不平等的都是违法的，但违法的并不都是不平等的①)，具体的不公正行为与品质也就作为部分而与作为总体的不公正行为与品质不同。因为，具体的不公正是总体的不公正的一部分。我们所要研究的公正也同样是总体的公正的一部分。所以我们接下来谈一谈具体的公正与不公正，以及具体意义上的公正的人与不公正的人。与总体的德性和总体的恶相应的公正与不公正，即对于邻人所实行的总体的德性或恶，我们暂先放在一边。总体意义上的公正与不公正当怎样区分也十分明白。出于总体的德性的行为基本上就是法律要求的行为。因为法律要求我们实行所有德性，禁止我们实行任何恶。②为使人们养成对公共事务的关切而建立的法规也就是使人们养成总体的德性的规则。至于使一个人成为一般意义上的好人的教育是不是属于政治学或某种其他科学的范围的问题，我们到后面③再作讨论。因为，做一个好人与做一个好公民可能并不完全是一回事。④

---

① 括号里的句子与上句的情况相反。拜沃特校本此处依阿尔丁本校为πλὲον，意义是“因为多得的都是不平等的，但不平等的并不都是多得的”。其意义如文中所述；巴黎抄本(Lb)与更早的劳伦丁抄本(Laurentianus，第 81，11 号，完成于公元 10 世纪，简称 Kb 本)使用的是παράνομον，斯图尔特(卷I第 406—408 页)引证斯本格尔，猜测亚里士多德的原始文本在此处已经过手稿编辑者的增补，括号里的话，不论是何文本，都可能是后人所加。亦参见莱克汉姆，第 264 页注。

② 所以，法律要求的行为就是总体上公正的行为，法律禁止的行为就是总体上不公正的行为。

③ 1179b20—1181b12。亚里士多德在《政治学》第三卷第 4 章对此做了更充分的讨论。如本书开头(第一卷第 2 章)表明的，亚里士多德把伦理学看作政治学的一个分支。

④ 斯图尔特(卷Ⅰ第 413—414 页)说，亚里士多德此处的以及在《政治学》第三卷第 4 章中的观点，似乎同政治学的目的是人的善(《尼各马可伦理学》1094b8；《政治学》1292b15)的观点不很吻合。他在此处似乎是在通过提出一个假设来支持一种怀疑，即一个人可能成为产生这种好人的德性的工具。但是这段讨论所表达的思想不很明确，不足以引出关于政治与道德的关系的结论。

具体的公正及其相应的行为有两类。一类是表现于荣誉、钱物或其他可析分的共同财富的分配上(这些东西一个人可能分到同等的或不同等的一份)的公正。另一类则是在私人交易中起矫正作用的公正。矫正的公正又有两种,相应于两类私人交易:出于意愿的和违反意愿的。出于意愿的交易如买与卖、放贷、抵押、信贷、寄存、出租,它们之所以被称为出于意愿的,是因为它们在开始时双方是自愿的。违反意愿的交易的例子中有些是秘密的,如偷窃、通奸、下毒、拉皮条、引诱奴隶离开其主人、暗杀、作伪证;有些是暴力的,如袭击、关押、杀戮、抢劫、致人伤残、辱骂、侮辱。

3. [分配的公正]

既然不公正的人与不公正的事都是不平等的,在不平等与不平等之间就显然存在一个适度,这就是平等。因为,任何存在着过多过少的行为中也就存在着适度。如若不公正包含着不平等,公正就包含着平等。这是不言自明的。既然平等的事是一种适度,[①]公正的事也就是一种适度。然而平等又至少是两个东西之间的平等。所以,公正必定是适度的、平等的(并且与某些事物相关的[②])。作为适度,它涉及两个极端(过多与过少);作为平等,它涉及两份事物;作为公正,它涉及某些特定的人。所以,公正至少

① 即,平等是这种不平等与那种不平等之间的一种适度、适宜。

② 莱克汉姆(第 268 页注)认为括号里的短语是后人加的。

包括四个项目。因为，相关于公正的事的人是两个，相关的事物是两份。而且，这两个人之间以及这两份事物之间，要有相同的平等。因为，两个人相互是怎样的比例，两份事物间就要有怎样的比例。因为，如果两个人不平等，他们就不会要分享平等的份额。只有当平等的人占有或分得不平等的份额，或不平等的人占有或分得平等的份额时，才会发生争吵和抱怨。从按配得分配的原则来看这道理也很明白。人们都同意，分配的公正要基于某种配得，尽管他们所要(摆在第一位①)的并不是同一种东西。民主制依据的是自由身份，②寡头制依据的是财富，有时也依据高贵的出身，贵族制则依据德性。③所以，公正在于成比例。④因为比例不仅仅是抽象的量，而且是普通的量。比例是比率上的平等，至少包含四个比例项。

(分离的比例⑤有四项是明白的，但连续性的比例⑥也有四
1131b 个比例项。因为，其中的一项被用作了两项，被重复使用了一次，

---

① ὑπάρχειν。劳伦丁抄本(Kb)、理查德抄本(Riccardianus，约完成于公元14世纪，简称Ob本)略去了这个词，所以拜沃特将它括起来。英译者们一般都依拜沃特略去了这个词。参见斯图尔特(卷Ⅰ第423页)和莱克汉姆(第268页本文注)。

② ἐλευθερία。此处作者当不是指慷慨，而是指使一个人能够去做慷慨的事的自由身份，即按照例如雅典法，他的生父母皆是公民。

③ 参见《政治学》第三卷第6章，第八卷第1章。

④ ἀνάλογον，成比例(的)。ἀναλογία，比例；前缀ἀνα-此处意义为按照；λόγια为λόγος(逻各斯)之衍生，意义为逻各斯的集合。所以ἀναλογία的词源意义为按照逻各斯，即按照各种有关的逻各斯(真实的说法)之关系，从这里引申出的意义即按照比例。

⑤ 例如，A∶B=C∶D，这里四个比例项是分离的，非连续的。

⑥ ἡ συνεχής。这种比例中有一个比例项被两次使用，例如，A∶B=B∶C。在说到公正在于某种比例之后，亚里士多德必定想到了比例中的一种特殊的情况——只涉及三个比例项的几何比例，例如直角三角形斜边上的高与被它分割的两条线段的比例关系，所以作出这番解释。

例如 A 与 B 之比相等于 B 与 C 之比。在这个比例里 B 被提到两次。所以，如果 B 算作两项，这个比例就有四项。）

所以，公正有四个比例项。前两项的比率与后两项的相同。因为两个人之比与两份物之比要相同。第一、二项之比是多少，第三、四项之比就是多少。[1] 所以，第一、三项之比是多少，第二、四项之比就是多少。[2] 同时，第一、二项之比是多少，第一、三项之和与第二、四项之和之比也就是多少。[3] 分配所要达到的就是这种组合。如果把第一、三项组合，第二、四项组合，分配就是公正的。所以这种组合就是分配的公正。这种公正是两种违反比例的极端之间的适度。因为，合比例的才是适度的，而公正就是合比例的。

（这种比例数学家们称为几何比例。因为在几何比例中，整体同整体之比与部分同相应部分之比相等。——分配的公正不是一种连续性的比例。因为一个人与一份事物不能由一个单独的项来表示。）

所以，分配的公正在于成比例，不公正则在于违反比例。不公正或者是过多，或者是过少。这样的情况常常会发生：对于好东西，总是不公正的人所占的过多，受到不公正的对待的人所占的过少。在坏的东西方面则正好反过来。因为要是在两恶之中挑选，小恶就比大恶好些。当然恶总不如善可取，而善是越大就越可取。

这里说的是一种公正。[4]

---

① 例如，设 A、B 代表两个人，c、d 代表他们各自占有的份额，则

$$A : B = c : d。$$

② 即由上述比例推出 $A : c = B : d$。

③ 即 $(A+c) : (B+d) = A : B$。
在这个比例中，前两个比例项分别是两个人与他们各自的占有份额的组合。

④ 即分配的公正。

4. [矫正的公正]

我们还没有讨论矫正的公正。[①] 它是在出于意愿的或违反意愿的私人交易中的公正。这种公正同上面讨论过的公正在性质上不同。因为,分配公共财富的公正要依循上面说明过的比例[②](因为如果要从公共物中分配,就要按照人们各自对公共事业的贡献来进行),同这种公正对立的不公正是对这种比例的违反。可是私人交易中的公正——虽然它也是某种平等,同样,这种不公正也就是某种不平等——依循的却不是几何的比例,而是算术的比例。[③] 因为,不论是好人骗了坏人还是坏人骗了好人,其行为并无不同。不论是
1132a 好人犯了通奸罪还是坏人犯了通奸罪,其行为也没有什么不同。法律只考虑行为所造成的伤害。它把双方看作是平等的。它只问是否其中一方做了不公正的事,另一方受到了不公正对待;是否一方

---

① 矫正的公正,τὸ διορθωτικόν(亚里士多德在稍后的某处使用的是τὸ ἐπανορθωτικὸν δίκαιον,两个词意义相同)。格兰特(卷Ⅱ第112页)说,τὸ διορθωτικόν这个词名称就表明了已经存在着某种不公正,因为它要阐明的原则是要恢复公正。

② 1131b8—17。

③ 算术的比例,格兰特(卷Ⅱ第112页)说,依亚里士多德的意思,就是把一个案例当作一方不公正地得、另一方不公正地失,且得等于失的情况,而不考虑人是何种人。设A欲购买的B的产品的真实价值为v,若A以货币v换得B的产品,由于产品价值=v,两人无得无失。而如若A以v+n的价格换得B的产品,则A获得的实际利益为v−n,B获得的实际利益为v+n,A就有失,B就有得。在后一情况下,v−n,v,v+n构成一个算术的等差数列,亚里士多德说的算术比例当是指(v+n)−v=v−(v−n)的算术关系。不过如莱克汉姆(第276页注)所说,亚里士多德不是以代数方式,而是以几何线段的方式表明这种关系的。

做了伤害的行为,另一方受到了伤害。既然这种不公正本身就是不平等,法官就要努力恢复平等。如果一方打了人,另一方挨了打,或者一方杀了人,另一方被杀了,做这个行为同承受这个行为这两者之间就不平等,法官就要通过剥夺行为者的得来使他受到损失。(因为在广义上,我们可以用得来说这些事情,尽管在严格意义上[①]有些事不能这么说,比如一个人打了另一个人就不能说有什么得,被打的人也不能说有什么失。总体上,在估量所遭受的痛苦时,这类行为可以说是得,遭受这类行为可以说是失。)所以,尽管平等是较多与较少之间的适度,得与失则在同时既是较多又是较少:得是在善上过多,在恶上过少;失是在恶上过多,在善上过少。又由于平等——我们说过它就是公正——是过多与过少之间的适度,所以矫正的公正也就是得与失之间的适度。

这就是人们在有纷争时要去找法官的原因。去找法官也就是去找公正。因为人们认为,法官就是公正的化身。其次,找法官也就是找中间,人们的确有时把法官叫作中间人,因为找到了中间也就找到了公正。所以公正也就是某种中间,因为法官就是一个中间人。法官要的是平等。[②]这就好像如果一条线段被分成两个不等的部分,法官就要把较长线段的超过一半的部分拿掉,把它加到较短

① 严格意义上的得与失,如亚里士多德后来说明(1132b13—20)的,是指出于意愿的交易中的得与失。

② 在希腊语中,公正(τὰ δίκαια)、公正的(δίκαιος)、公正的人(即法官)(δικαστής)同平分(δίχα,διχάζω)、平分的(δίχαιον)、平分的人(διχατής)有十分清楚的联系:公正就是平分,公正的东西就是平分的两份,公正的人(法官)就是来做平分的事的人。这种词源上的联系是实际的生活关系的反映。不过把这种希腊生活观念同矫正的(而不是分配的)公正相联系是亚里士多德独特的贡献。

的线段上去。当整条线段被分成了两个相等的部分，就是说，当双方都得到了平等的一份时，人们就说他们得到了自己的那一份。[①]平等是较多与较少的算术的中间。[②] 就是由于这个原因，人们把这种做法称为公正，因为这个词的意思就是平分的两份，这就好像是说，公正就是平分，法官就是平分者。因为，在两份同等的东西中，如果从一份中拿出一部分加到另一份上，后一份就比前一份多出了
1132b 两倍的差量。[③] 因为，如果从前面一份拿出那个部分而不加到后面那份上，后面一份就只多出前面一份一倍的差量。[④] 所以，后面的一份多出中间量一倍的差量，中间量又多出前面一份一倍的差量。从这里就可以明白，我们应当从较多的一份中拿出多少，又应当在较少的一份上加上多少。我们应当在较少的一份上加上它不足于中间量的部分，从较多的一份中拿掉它多出中间量的部分。假设 AA′、BB′、CC′三条线段相等，在假设 AE 被从 AA′上取走，CD 又加到 CC′上面，这样线段 DCC′就比线段 EA′多出了 CD＋CF 两段，所以它超出线段 BB′的是 CD。[⑤] [所有的技艺也都是这样。因为，如

---

① τότε φασὶν ἔχειν τὰ αὑτῶν。"自己的那一份"，通常也被译作"应得"。"应得"与前文(第四卷第 3 章)中所说的"配得"(ἀξία，ἄξιος，或配得的价值)，即一个人因其优点而配得到的东西，有所区别。

② 莱克汉姆将这句话放在下面一句话的后面。

③ 如前面注释所表明的：(c＋n)－(c－n)＝2n。

④ 即：(c＋n)－c＝n。

⑤ 图如：

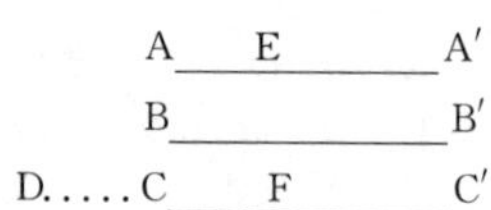

亚里士多德未作说明的条件应当有 AE＝CF＝CD。

果受动的一方接受到的东西的量与质不是主动方所产生的那种量与质，这些技艺就会被弃而不用。[①]]

此处说的得与失，是从出于意愿的交易活动中借用的词。例如在买卖和法律维护的其他交易中，得到的多于自己原有的是得，得到的少于自己原有的是失。而如果交易中既没有增加又没有减少，还是自己原有的那么多，人们就说是应得的，既没有得也没有失。所以公正在某种意义上是违反意愿的交易中的得与失之间的适度。它是使交易之后所得相等于交易之前所具有的。[②]

---

① 括号中的句子在第5章中(1133a14)被重复使用，但它们在所有手稿本中都同时存在。格兰特(卷Ⅱ第115页)认为这是一处蹩脚的窜入，在此处全无意义，而在第5章中却是一个有意义的评论。斯图尔特(卷Ⅰ第437页)也持相似的见解，认为这句话在此处没有意义，可能由手稿编辑者偶然误置。所以大多数英译本都在此处删去了这句话。从文意看，手稿编辑者很可能是考虑亚里士多德的CD=AE这一想法而将这句话放在这里的。所以依原编辑者的意见，CC'表示受动一方(接受者)，AA'表示主动一方(主动者)。但这种理解看来同亚里士多德此处文意不合。

② 亚里士多德作出了这样的区别：在违反意愿的交易中，矫正的公正剥夺获得者的所得，使交易双方恢复到交易前的利益状态；而在出于意愿的交易中，矫正的公正允许人们获得，或对这种获得不加干预。这种不干预如格兰特(卷Ⅱ第116页)所说即所谓“自由贸易的原则”。格兰特(卷Ⅱ第112页)出色地评论道：亚里士多德本章一开始说，出于意愿的与违反意愿的交易都属于矫正的公正的范围，然而整章谈到的东西都只适用于违反意愿的交易，且最后又说违反意愿的交易中使用的得与失的观念是从出于意愿的交易活动中借用来的，这表明他把出于意愿的交易与违反意愿的交易的区别看作是非常清楚的。他认为，考虑到亚里士多德的这种叙述表达出来的这种区别，也许我们可以说，出于意愿的交易其实不属于矫正的公正的范围；不过，由于这类交易也不考虑对方是什么人，所以处理此类交易的公正可能与矫正的公正有些共同的地方。格兰特的评论成为对把亚里士多德在本卷中阐述的具体公正的概念区分为三类公正的意见的一个支持。杰克森(H. Jackson)在《亚里士多德〈尼各马可伦理学〉第五卷》(阿尔诺出版公司，1973年)中明确地讨论了亚里士多德的分配的公正、矫正的公正、商业的公正的概念，认为这三种公正的核心在于对适度的比例的说明。按他的看法，亚里士多德的意图只是要用比例的语言来说明下面的意思——“分配、矫正、交易中 (接下页注文)

5. ［回报的公正］

还有人把不折不扣的回报[①]看作是公正。毕达哥拉斯派的学说就是这样，他们把公正规定为不折不扣的回报。

可是不折不扣的回报既和分配的公正不是一回事，也和矫正的公正不是一回事（尽管人们是想把那种拉达曼图斯[②]式的公正——

一个人做了什么就得什么回报，

（续前页注文）的具体的公正，只有在交易后的双方相互间仍然处于交易前的相对地位上时，才可实现”。（第87—90页）格兰特与杰克森的见解其实可以从亚里士多德的文本中得到某种直接的印证，因为第3、4以及下面的第5章可以被看作是对这三种公正的分述。在亚里士多德的说明中，三种具体公正的适度比例因它们涉及的份额的情形不同而具有不同的复杂意义。（1）在分配的公正中，份额c与d是A、B双方各自从共有财富析出的部分，公正的比例如已说明的是令$A+c : B+d = A : B$，这一比例的含义在于分配的结果需与两个被分配者的相互比例相等。在任何时候公正都必须考虑双方的地位上的相对比例关系。（2）在矫正的公正中，c与d是A、B双方预先占有可供交易的份额，然而因交易并非出于意愿，一方有得，另一方有失，无论其数量上相差多少，所以在民法或刑法裁决中，都将两者视为相等，并将一方之所得视为另一方之所失，即$c=d$，$(c+n)-c=n=d-(d-n)$。公正的要求是做到令$(c+n)-n=(d-n)+n$。（3）在商业的公正中，c与d是A、B双方各自提供自愿交易的产品单位，公正的要求，如下面一章所表明的，是做到令A得到的B的产品与B得到的A的产品之比和A与B之比相等，即令一方的产品得到另一方的成比例的产品的回报。设$A=nB$，则公正的要求是$(A+nd) : (B+c)=A : B$。（杰克森，同上。）由此可以明了，按亚里士多德的看法，在三种具体公正中，分配的公正和商业的公正的适度比例是某种几何比例，矫正的公正则是某种算术比例。不过我们今天不再把矫正的公正的上述数学表达方式称为算术比例。

① τὸ ἀντιπεπονθὸς。

② Rhadamanthus，人名，此人的来历与身份尚缺乏详细考证。格兰特（卷Ⅱ第117页）说“拉达曼图斯式的公正”，即所谓“以牙还牙，以眼还眼”的公正，必定是“一种原始的公正观念”。

才最公正，[1]——

说成是矫正的公正）。因为在许多时候回报都与公正[2]有区别。例如，如果一位官员打了人，就不该反过来打他。而如果一个人打了一个官员，就不仅该反过来打他，而且该罚他。其次，一个行为是出于另一方意愿的还是并非出于他的意愿的也有很大的区别。[3] 不过在商业服务的交易[4]中，那种回报的公正，即基于比例的而不是基于平等的回报，的确是把人们联系起来的纽带。城邦就是由成比例的服务回报联系起来的。人们总是寻求以恶报恶，若不能，他 1133a
们便觉得自己处于奴隶地位。人们也寻求以善报善，若不然，交易就不会发生，而正是交易才把人们联系到一起。所以，我们才为了提醒人们去回报善而在城邦中建立了美惠女神[5]的庙宇。因

---

① 这句话据说出自赫西阿德，但还缺乏根据。

② 即矫正的公正。

③ 亚里士多德对于把不折不扣的即算术等量的回报看作（具体）公正的全部含义的意见提出两点批评：(1)它忽略了人与人之间的地位或利益上的相对比例关系；(2)它不适用于违反（其中一方）意愿的交易。

④ ταῖς κοινωνίαις ταῖς ἀλλακτικαῖς。亚里士多德显然把商业的或服务的交易（ταῖς ἀλλακτικαῖς）同现物交易（τοῖς συναλλάγμασι）作了区别，在商业的或服务的交易中，如他在下文表明的，总是由一方先向另一方提供了服务，交易要到另一方提供了相应的回报时才完成；而在现物交易中，双方以物易物或以货币（流通物）易物，交易当下完成。亚里士多德没有就此引出理论的结论。但他的讨论方式基本上表明，他认为商业交易比现物交易在更大程度上依赖于对相互回报的公正的态度的信任。

⑤ 即查瑞忒司（Χαρίτης，Charites）。在希腊神话中，她本是司丰收的诸女神，是宙斯之女，后来成为美惠三女神，即欧佛罗叙涅（Euphrosyne，喜悦）、塔利亚（Thalia，荣华）和阿格莱亚（Aglaia，光明），她们代表自然所给予的快乐和美好。在英语中χάρις通常被译为 graces，但格兰特（卷Ⅱ第 118 页）认为英语中实际上没有相应的词。看起来，χάρις与感恩的观念（例如中国人与日本人的感恩观念）有些相似的性质，基本上都属于自然的伦理观念。

为，以善报善是一种美好的品质：我们有责任以善来回报一种美好的恩惠，而且在此之后应当率先表现出自己的美惠。①

成比例的回报是由交叉关系构成的。例如，假定 A 是建筑师，B 是鞋匠，c 是一所房子，d 是一双鞋；现在建筑师必须得到鞋匠的鞋，同时也必须把自己造的房子给鞋匠。② 如果在这两样产品之间先确定好了比例等式关系，③并且两个人都相互回报，那么我们刚才提到的结果就可以实现。否则，这种交易就将是不平等的和不能持久的。因为，不可能不出现这种情况：一个人的产品比另一个人的产品价值上更高些，因而必须在交换时达到等值。[所

---

① 由此可以看出，与违反(某一方)意愿的私人交易不同，商业的公正在更大程度上属于德性范畴。私人交易(交往)中，违反对方意愿的交易是坏人的行为，德性只在最小程度上存在(或完全不存在)，这种行为以使对方蒙受损失的意图为前提，所以这种交易的行为直接是民法与刑法的矫正的对象。私人的伦理的交往包含最多的德性，对家人、朋友的正常交往所以通常不属于法律的范围。公民间出于意愿的商业交易处于两者之间，成比例的回报的公正既是法律的公正要求(一旦这一要求受到根本破坏，其中一方利益受损，这种交易便蜕变为违反意愿的交易，成为民法或刑法的对象。不过，法律公正的裁定以双方预先的协议为准绳，除非情况发生意外的重大变动等等，法律通常把改变协议的要求看作是不正当的)，也是回报德性的要求。所以，出于意愿的交易同时也是双方出于相互回报对方的意愿的交易行为。

② 即，

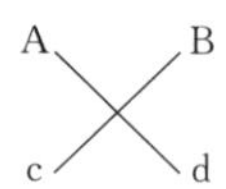

A 以自己的产品 c 同 B 的产品 d 互易：A 得到 d，B 得到 c，如此构成了交叉关系。这里，构成服务交易或商业交易的要件是：(1)预先讲好的交易比例；(2)一方(比如此处可能是鞋匠)先提供了自己的产品或服务；(3)另一方随后按照预先讲好的比例回报以自己的产品或服务。

③ 照常规的理解，即先确定了 $c=nd$ 的比值关系。

有的技艺也都是这样。因为,如果受动的一方接受到的东西的量与质不是主动方所产生的那种量与质,这些技艺就会被弃而不用。①]因为,交易不是发生在两个医师之间,而是发生在一个医师和一个农夫之间,总起来说,发生在两个不同的、不平等的人之间,而他们必须在交易上达到平等。所以,所交易的东西必须是可以以某种方式比较的。正是由于这个原因,人们发明了货币。货币是一种中介物。它是一切事物的尺度,也是衡量较多与较少的尺度:它确定着多少双鞋相当于一所房子或一定数量的食物。鞋与房子或一定数量的食物的比例,应当符合于建筑师同鞋匠之比,②否则交易或交往就不会发生。③ 可是,除非这些东西是可以用某种方式平等化④的,否则这种比例就建立不起来。所以,如已经说过的,所有的东西都必须由某一种东西来衡量。这种东西其实就是需要。正是需要把人们联系到了一起。因为,如果人们不再有需要,或者他们的需要不再是相同的,他们之间就不会有交易,或者不会有这种交易。而货币已经约定俗成地成了需要的代表。

---

① 参见 153 页注①。罗斯(第 118 页)的意见与格兰特和斯图尔特不同,他认为这段话在此处也不构成有意义的评论。

② 莱克汉姆(第 283 页注)指出,亚里士多德此处没有清楚地说明,建筑师与鞋匠之比是他们在单位时间中劳动创造的价值之比,还是他们各自职业的社会价值之比。不过斯图尔特(卷Ⅰ第 462 页)明确认为,建筑师与鞋匠之比在这里是指他们生产自己的产品的劳动之比。从下文(1133a11)看,亚里士多德初步表达了个别劳动要以一般劳动作为尺度来衡量的思想。

③ 如果建筑师 A 的工作价值是鞋匠 B 的 n 倍,即 A=nB,一所房子的价值 c 就是鞋的价值 d 的 n 倍,即 c=nd,建筑师应得到 n 双鞋,鞋匠应得到 1 所房子。

④ 即建立起相互的比例等式关系。

这就是为什么我们称货币为流通物[①]的原因。因为，它不是由于自然而是由于习惯而存在的，可以由我们来改变或废除。所以，
1133b 只有当不同的产品平等化了，从而鞋匠的鞋同农夫的食物之比例符合于鞋匠同农夫之比，回报才会发生。但是，我们绝不能在他们开始交易之后再定出一个比例，否则两个极端中得的过多的人就占得了两种优势。[②]相反，应当在他们还占有他们各自的产品时定出这个比例。这样，他们才能够成为平等的，才能相互联系起来。因为只有在这样的情况下，比例的平等才可以建立起来（农夫 A，食物 c；鞋匠 B，他的同食物比例化了的产品鞋 d）。只要回报比例还不能以这种方式建立，双方就不可能进行交易。既然需要似乎是把双方联系起来的唯一的纽带，那么在双方或至少一方没有需要时，交易就不会发生［例如当某人需要另一个人占有的东西，比如

---

① νόμισμα，直译为由于习惯而流通起来的物品，我简译为流通物。νόμισμα来源于νομῳ，即“通过习惯而形成的”，相对于自然地形成的。源于希腊的整个西方传统，都把基于习惯和约定的东西看作是同自然地或由于自然（本性）而形成的东西不同的。νόμος，通常被理解为法律、规范，其原意是出于习惯或约定的规则。所以下文有货币这种流通物“可以由我们来改变或废除”的说法。

② τὰς ὑπερόχας，优势。两种优势，依格兰特（卷Ⅱ第 121 页）的释义，即因他的劳动（作为个别劳动）优越于对方，他的产品优越于对方的产品，他既使自己在劳动价值地位上过多地超过了适度（即比例的平等），也使自己在所得上超过了这种适度。格兰特的释义依据于本章 1133a13—15。斯图尔特（卷Ⅰ第 465 页）和罗斯（第 119—120 页注）的解释则依据第 4 章 1132a32—b2：得的过多的人既得到了一部分他未付钱的产品，又保有了一部分他本应付而没有付的钱。从上下文和亚里士多德使用的τὰς ὑπερόχας一词来看，后一种释义更可靠些。亚里士多德在这里，如杰克森（第 98—99 页）所说，是在提出一种警告，即出于意愿的交易如要成功，必须要在双方都还处于需要中时协商好交换的比例，否则这种交易就可能蜕变为违反（其中一方）意愿的交易，优势的一方就可能多得双倍的好处。不过亚里士多德在此处，确如格兰特和斯图尔特所说，不必要地使用了过于晦涩的语言来说明需在交易之前先行确定产品的交易比例这一相当浅显的道理。

酒，因而同意出让谷物来换酒的时候］。所以必须有这种平等化的关系。[1] 而货币是未来的交易的保证。如果我们现在没有需要，货币保证我们一旦有需要就可以交易，因为交易者只要提供货币就必定可以获得所需要的物品。当然，像其他物品一样，货币的价值也不是始终不变的。但它比其他的物品要稳定些。所有物品都应当有个定价，这样就会始终有交易，因而始终有交往。所以，货币是使得所有物品可以衡量和可以平等化的唯一尺度。因为，若没有交易就没有社会，没有平等就没有交易，而没有衡量的尺度也就没有平等。尽管对千差万别的事物不可能衡量，对它们却完全可以借助于需要来衡量。这里必须要有个尺度，一个约定而成的尺度（所以它才被称为流通物）。因为，既然各种事物都能用它来衡量，它就使所有事物都可公约了。假定 c 是一所房子，E 是姆那，[2]d 是一张床。再假定 c 等于 E 的一半（假设一所房子值或相当于 5 姆那），d 等于 E 的十分之一，那么多少张床等于一所房子就很清楚了，5 张床。显然，在货币流通之前，交换就是这样进行的。因为，是 5 张床换一所房子还是 5 张床的价值换一所房子，这并没有什么区别。

---

① 亚里士多德接着要说的意思是，在建立了这种平等化的关系后才会有交易。对从“既然……”开始的这段话，杰克森（第 33 页）、格兰特（卷Ⅱ第 121 页）和韦尔登（第 154 页）作了另一种解读：“既然需要似乎是把双方联系起来的唯一的纽带，那么在双方或至少一方没有需要时，交易就不会发生。可是，当某人需要另一个人占有的东西，比如酒，并同意出让谷物来换酒的时候，他们就发生交易。所以必须有这种平等化的关系。”这种解读显然需要加上“他们就发生交易”这个本文中没有的短语。所以我没有采取这种解读，而采用了罗斯和莱克汉姆的解读。然而，莱克汉姆（第 286 页注）认为文中用方括号括起的部分为后人所加，与原文既无语法上的又无意义上的联系。这个意见似乎根据不足，因为我们至少可以看出这里存在意义上的联系。

② μνᾶ。古代希腊币制：1 姆那＝100 德拉克马（δραχμή）。

我们已经说明什么是不公正和什么是公正。根据我们的定义，公正显然是行不公正与受不公正的对待之间的适度：前者得的过多，后者则得的过少。公正是一种适度，不过不是像其他德性那样地是一种适度。公正要最终达到一种适度，不公正则要最终达到两种极端。[①] 其次，公正是公正的人在选择做公正的事时所表现出的品质。一个人要是在自己和他人之间进行分配时不使自己得的过多，使别人得的过少，或不使自己受损害过小，使别人受损害过大，而是达到比例的平等；要是在两个其他人的分配上也是这样做，他表现出的品质也就是公正。同样，不公正是同不公正的事相联系的。不公正的事就是在得益或受损这些事上违反比例地过多或过少。所以，不公正也就是过多和过少。因为，它要达到的就是过多和过少。在自己相关的场合，就是好处上过多，害处上过少。在两个他人相关的场合，虽然总的情况是一样的，对比例的偏离却既可以朝着过多的方向，也可以朝着过少的方向。在不公正中，受不公正对待构成不及，行不公正构成过度的方面。

这些可以算是对公正的和不公正的性质，以及对公正的和不公正的事的总的说明。

---

① 两种极端，即使自己得到的过多，使对方得到的过少。这句话罗斯理解为“公正相关于适中的数量，不公正则相关于过度”。罗斯的解读切合于亚里士多德的本意，但离此句本文稍远。关于亚里士多德所说的公正同其他德性的相异处，斯图尔特(卷Ⅰ第472—473页)有精彩评论。他说，这种区别不只是在于，其他的德性的相应的两极端是为不同的人选择的恶，与公正相应的两极端却是所有极端的人所选择的同一种恶：使自己得的过多，使别人得的过少；而且更是在于，它是一种要在数量上达到适中或适度的品质。

6. [政治的公正]

一个做了不公正的事的人并不一定就是不公正的人。可是,一个人要是做了哪一种不公正的事情就是一种不公正的人,比如一个窃贼、奸夫或强盗呢?或者,是否问题并不在于行为本身呢?因为一个人可能同一个他熟悉的妇人同眠,然而始因不是选择而是感情。这样的人虽是做了不公正的事,却不是个不公正的人,如偷盗了却不是个窃贼,通奸了却不是个奸夫,等等。①

我们已经谈过了回报同公正的关系。

但是不要忘记,我们要探讨的既是公正本身,②也是政治的公正。③政治的公正是自足地共同生活、通过比例达到平等或在数量上平等④的人们之间的公正。在不自足的以及在比例上、数量上都不平等的人们之间,不存在政治的公正,而只存在着某种类比意义上的公正。公正只存在于其相互关系可由法律来调节的人们

---

① 这段话多数学者认为与此处上下文没有直接联系。杰克森把它移至后面的第8章中。杰克森还把下面的一句移至第10章开头处。不过斯图尔特(卷Ⅰ第477页)认为,亚里士多德的许多讨论都以全书的内容为背景,所以这段话虽然是与后面的内容相关,放在此处也无不可,倒是如果把它移至后面反倒更无把握。

② τὸ ἁπλῶς δίκαιον,字面意义的、未加修饰的公正。

③ τὸ πολιτικὸν δίκαιον,即存在于城邦中的公正(格兰特,卷Ⅱ第124页)。韦尔登(第157页注)依照杰克森,把政治的公正理解为公正本身的"完美意义上的再现"。如下文所表明的,亚里士多德的政治的公正是完全把奴隶排除在外的。

④ 比例的,即几何比例的;数量的,即算术(比例)的。在亚里士多德的语言里,(几何)比例的平等,或基于德性或优点的平等,是贵族制以及寡头制的平等;算术(比例)的平等,即基于自由身份的平等,是民主制的平等。

之间。而法律的存在就意味不公正的存在，因为法律的运作就是以对公正与不公正的区分为基础的。不公正的存在又意味着不公正的行为的存在，尽管不公正的行为并不总是意味着不公正。不公正的行为就在于在好处上使自己得的过多，在坏处上使自己得的过少。所以，我们不允许由一个人来治理，而赞成由法律[1]来治理。因为，一个人会按照自己的利益来治理，最后成为一个僭主。一个治理者是公正的护卫者。他既然是公正的护卫者，也就是平等的护卫者。一个治理者，如果被认为是公正的，就并没有得到多少好处(因为他不让自己在好处上得的过多，而只取相称于他所配得的那一份。他是在为他人的利益工作。因此人们说，如已经说过的，[2]公正是为着别人的善的)。所以，对治理者必须以荣誉和尊严来回报。一个治理者如果不满足于此，就会成为一个僭主。主人和奴隶间以及父亲和子女间的公正不是政治的公正，而只是与它类似。因为，对于属于自己的东西不存在严格意义上的不公正。一个人的一份动产，[3]以及他的尚未成年而独立的孩子就好比是他自己身体的一部分，没有人会愿意伤害他自己，一个人对于他自己也不可能不公正。所以，在这些关系中表现不出政治的公正或不公正。因为，政治的公正或不公正如我们看到的[4]是依据法律而说的，是存在于其相互关系可以由法律来

---

① 马季安抄本(Marcianus，第 213 号，约完成于公元 14 世纪，简称 Mb 本)此处为“逻各斯”。

② 1130a3。

③ 即奴隶。

④ 1134a30。

调节的，即有平等的机会去治理或受治理的人们之间的。所以，公正在丈夫同妻子的关系中比在父亲同子女或主人同奴隶的关系中表现得充分些。这种公正是家室的公正。不过这种公正也还是不同于政治的公正。[①]

7. ［自然的公正与约定的公正］

政治的公正有些是自然的，有些是约定的。自然的公正对任何人都有效力，不论人们承认或不承认。约定的公正最初是这样定还是那样定并不重要，但一旦定下了，例如囚徒的赎金是一个姆那，献祭时要献一只山羊而不是两只绵羊，就变得十分重要了。而且，约定的公正都是为具体的事情，例如布拉西达斯的祭礼[②]以及法令的颁布。有些人认为所有的公正都是约定的，因为凡是自然的都是不可变更的和始终有效的，例如火不论在这里还是在波斯都燃烧，然而人们却看到公正在变化。[③] 但是，公正是变化的这个说法只有加上些限制才是对的。在神的世界这个说法也许就

① 政治的公正，即进行着出于意愿的或违反意愿的交易、分享着城邦共同财富的公民间的公正，亚里士多德认为，是完全意义上的公正；家室的公正，即丈夫与妻子间的公正，是半意义或准意义上的政治的公正；父子间的以及主奴间的主人的公正只是在类比意义上才是政治的公正，因为它其实不是政治的。从现代的民主制度的政治观点来看，亚里士多德对于奴隶的排斥态度表达着一种狭隘的政治社会观点。

② 在安菲波利斯（Amphiposis），为纪念斯巴达人布拉西达斯（βρασίδας，Brasidas）在该地打败雅典军队而举行。

③ 此处的讨论是针对智者派的“公正都是约定的，因为凡约定的东西都是可变动的”的见解。关于智者派的有关见解，参见柏拉图《美诺篇》315e，513d。自然同约定的区别及智者派对这种区别的利用，参见格兰特，卷Ⅰ第149页。

完全不对。在我们这个世界，[①]所有的公正都是可变的，尽管其中有自然的公正。但即便如此，公正中还是有些东西是出于自然，有些东西不是出于自然。在这些有变动的公正中，不难辨别哪些是——虽然它们可能会是另一种样子——出于自然，哪些不是出于自然而是出于法律与约定，尽管这两类都同样是可变的。在所有其他的事情上这种区别[②]也同样如此。比如，右手一般比左手更有力，但也有人可能两只手同样有力。[③] 基于约定和方便而确定的公正事物就像是度量用的衡器。谷物与酒的衡器并不是到处都相同的，而是买进时用的衡器大些，出售时用的小些。[④] 同样，人为的而非出于自然的公正也不是到处都相同的。因为，政体的形式并不是到处都相同，尽管在所有地方最好的政体都只有一种。[⑤] 每一条公正或法律规则同具体的公正行为的关系都是普遍与个别的关系。[⑥] 因为，公正的行为是多，规则则是一，因为它是普遍。不公正的事与不公正行为之间，公正的事与公正行为之间，存在着区别。自然和法律把一件事规定为不公正的，如果有

---

① 即人的世界。

② 自然与约定的区别。

③ 亚里士多德对智者派的意见的上述反驳的要旨在于：(1)公正并非绝对是可变动的东西；(2)虽然在人的世界中公正都是可变动的，其中仍然有出于自然的东西；(3)在人的世界中，出于自然的东西也是可变动的，它只是一种倾向而不是一种法则(格兰特，卷Ⅱ第127页)。

④ 买进(οὖ μὲν ὠνοῦνται)和卖出(οὖ δὲ πωλοῦσιν)在此处可能是指商人的进货和零售的活动。所以多数英译者此处都译为"批发时"和"零售时"。

⑤ 关于亚里士多德对于最好的政体的观点，见《政治学》卷3第7、15章。

⑥ 格兰特(卷Ⅱ第129页)认为亚里士多德从这句话开始又重新转过来谈个人的责任问题。

人做了这件事，它就是不公正行为，如果没有人做，它就只是不公正的事。公正行为(更正确地说，公正的行为，[①] 因为公正行为指的是纠正不公正行为的行为)的情形也是这样。我们以后再逐条地谈谈公正和法律的规则，说明它们的性质以及它们涉及的事情。[②]

8. [公正、不公正与意愿行为]

关于公正的行为和不公正的行为，我们就说到这里。按这种说明，如果一个人做出的行为是出于意愿的，[③] 他就是在行公正或不公正；如果那行为是违反他的意愿的，他就不是——或只在偶性上是——在行公正或不公正。[④] 因而，一个行为是否是一个公正的或不公正的行为，取决于它是出于意愿还是违反意愿的。如果它是出于意愿的，做出这个行为的人就受到谴责，这个行为就是不公正的行为。所以，如果缺乏这种意愿，一个行为就可能尽管

---

① δικαιοπράγημα区别于δικαίωμα(公正行为)。δικαιοπράγημα是合乎公正要求的行为，不意味不公正行为的预先存在。δικαίωμα则是纠正不公正行为的行为，意味有不公正行为预先存在。

② 最后这句话的所指，有些学者，如杰克森、罗斯，认为是《政治学》中亚里士多德说他打算写或写了后来又遗失了的一卷；有些学者，如米奇莱特，认为是指接下去的一章；另一些学者，如莱姆索尔，则认为这句话是后人加的。其所指较难确定。

③ ἑκών出于意愿的，是ἑκούσιον的变化形式；ἄκων，违反意愿的，是ἀκούσιον的变化形式。ἑκούσιον与ἀκούσιον，见第 61 页注①。

④ 因为，做了公正/不公正的事(即公正/不公正地做事)未必就是公正/不公正的人，只有像公正/不公正的人那样去做这样的事，才是公正/不公正的人。既然问题可能并不在于行为本身，那么是什么使得一个人成为公正的/不公正的人？亚里士多德此处明确得出的结论是：是一个人在做那个行为时的意愿。所以在并非出于意愿时，虽然所做出的一个不公正的行为在偶性上是一个不公正的行为，它却(在本性上)不是他(行为者)的不公正行为。

不公正，却算不上不公正的行为。出于意愿的行为，像前面说过的，[①]我指的是一个人能力范围内的、他在知情的情况下，即在并非不了解谁会受到影响、会使用什么手段、会有什么后果(例如他要打的是谁，要用的是什么武器，打的后果是什么)的情况下做出的行为。而且，在所有这些方面，所说的行为既不能出于偶性，也不能出于强制。例如，如果甲用乙的手打了丙，乙就是无意愿的。因为，那个行为不在他的能力范围之内。又如，被打者可能是打人的那个人的父亲而他却不知道，他知道被他打的是在场者中的这个或那个，但是不知道那是他父亲。对于行为的结果方面，以及对整个行为，都可以作这种区别。[②] 所以，违反意愿的行为是出
1135b 于无知的，或虽然不是出于无知却是超出行为者能力范围或出于被迫的。因为，有许多自然过程，例如衰老和死亡，我们也是知情地经历的，但它们却谈不上是出于意愿还是违反意愿的。[③] 但是偶性也可以属于一个公正或不公正的行为。例如，假如一个人出于害怕而违反意愿地归还了一笔押金，我们一定不会说他做了一个公正的行为，或是像一个公正的人那样做了这个行为，而只会说在偶性上那是一个公正的行为。同样，假如他出于被迫而违反其意愿地不归还一笔押金，我们也只会说在偶性上那是一个不公正的行为，或他偶然地做了一个不公正的行为。出于意愿的行为有

---

① 1109b35—1111a24。

② 即行为的后果或整个行为本身，都可能是行为者不知情的或超乎他的能力范围的。

③ 这句话最后的“出于意愿的或违反意愿的”，莱索、格兰特、斯图尔特、莱克汉姆等认为是稿本抄写错误。但亚里士多德的原意是什么，学者们见解不一。莱克汉姆(第 300 页注)认为此短语当为“在我们能力范围之内的”。

的是出于选择的,有的不是出于选择。前者是经过事先考虑的,后者则未经事先的考虑。

所以,交往之中有三种伤害。[①] 当受影响的人、行为过程、手段、结果都与行为者原来认为的不一样时,伤害是出于无知的,是一个失误。[②] 例如,他本来没有想打,或者没有想用那种武器、同那个人打,以及结果会是那个样子,但是结果和他原来想的不同(比如他本来没想弄伤那个人,而只想刺他一下),或者对手或武器和他原来想的不一样。如果伤害是没有想到会发生的,它就是一个意外。如果伤害虽然不是没有想到的,但做出这个行为的人却没有恶意,它就是一个过失(就是说,当行为的始因在行为者自身时,他是出于过失而伤了人;当这始因不在他自身时,他是出于意外而伤了人)。如果伤害是有意的,但是没有经过事先的考虑,它就是一个不公正。例如,出于怒气或人难于避免的其他正常的感情的伤害就是这样的。因为,一个人在作出这种伤害时,他就是在行不公正,他的行为就是一个不公正的行为。但是这不等于说他就是个不公正的人或坏人。因为,那个伤害不是出于恶的品质。[③]

---

① 三种伤害(βλάβη),即以下谈到的意外(ἀτύχημα)、过失(ἁμάρτημα)、不公正(ἀδίκημα)。

② ἁμαρτήματα,与ἁμάρτημα(过失)为同一个词,但如伯尼特(第 236 页)所说,在此处是在广义上使用,包含下文讨论的意外、过失两者。

③ 杰克森将前面第 6 章的第一段话移至此处——
"一个做了不公正的事的人并不一定就是不公正的人。可是,一个人做了哪一种不公正的事情就是一种不公正的人,比如一个窃贼、奸夫或强盗呢?或者,是否问题并不在于行为本身呢?因为一个人可能同一个他熟悉的妇人同眠,然而不是出于选择而是出于感情。这样的人虽是做了不公正的事,却不是个不公正的人,如偷盗了却不是个窃贼,通奸了却不是个奸夫,等等。"

而如果伤害是出于选择的，伤害者就是不公正的人或坏人。[①] 所以，人们正确地认为，出于瞬间的怒气的行为不可能出于预谋。因为，挑起争吵的并不是出于怒气而行动的人，而是那个激起了他的怒气的人。而且，问题并不在于那个发怒行为本身，而在于它是否公正（因为怒气显然是因不公正而起的）。他们不会去争论事实是怎样的。这就像商业合同双方——其中这一方或那一方必定是骗子——不争论事实一样，他们除非是由于忘记了才会去争论事实。他们同意事情是那么个事情，他们争论的是公正究竟在哪一边。另一方面，策划了对另一方的伤害的人也不可能不知道他做的伤害的事。所以总是有一方相信他受了不公正对待，另一方则不这样认为。但是，如果一个人出于选择地伤害了另一个人，他就是在行不公正。假如那个行为违反了比例或平等，[②]以这样的方式做事就表明他是个不公正的人。同样，出于选择而行公正的人是一个公正的人。可是只有当他是出于意愿地做事时，他才能行公正。违反意愿的行为有的是可以原谅的，有的是不可原谅的。不仅处于无知而且由于无知[③]而犯的错误可以原谅，只是处于无知状态，不是真正出于无知，而是由

---

① 亚里士多德区分了伤害发生过程中的三种主观因素：(1)对结果的预计，(2)行为过程的控制，(3)伤害的主观意愿（意图）。意外具有(1)，然而结果却由于外在的因素而出于主观预计。过失具有(1)与(2)，由于在(2)上疏忽而招致伤害。意外伤害，格兰特（卷II第129页）解释说，是由于出乎预计；过失伤害是由于疏忽。此二者亚里士多德都归入某种错误。这里可以讨论的问题是意外是否可以算作错误。不公正在亚里士多德看来有两种类型。其中一种只具有(2)与(3)，而没有预先的算计，另一种则同时具有上述三项因素。前者是出于感情，后者是出于选择。所以前者虽然构成不公正，然而是出于偶性，不表明恶的品质。在所有的伤害中，只有出于选择的不公正使得一个人成为不公正的人。

② 即几何比例的和算术比例的平等。

③ 参见第65页注②。

于不正常的、人不常有的感情而犯的错误,则是不可原谅的。

9. [受公正、不公正的对待与意愿行为]

但是有人怀疑,对行不公正和受不公正的对待的这番说明是否不够明白。首先,事情是否真的像欧里庇德斯的诗句里所写的那样——

> "我杀了我的母亲,简单说来就是这样一回事";
> "你们都是自愿的,还是都不自愿?"①

换句话说,人是真的可能出于意愿地接受不公正呢,还是接受不公正任何时候都是违反意愿的,就像行不公正始终是出于意愿的那样?或者,接受不公正的对待始终是出于意愿或违反意愿的,还是有时是出于意愿的,有时是违反意愿的?同样,对受公正对待也可以问这样的问题(做公正的事始终是出于意愿的)。也许可以假定,受不公正对待与受公正对待,都以同样方式同行不公正与行公正相对立:它们②要么都是出于意愿的,要么都是违反意愿的。但是如果断言受公正的对待都是出于意愿的,这可能有些问题。因为人们有时接受公正的对待是违反其意愿的。③ 其次,这里实际上可以提出一个进一步的问题:接受一件不公正的事是否就

---

① 这两行诗可能出自欧里庇德斯的逸作《阿尔克迈翁》(*Alcmaeon*),是阿尔克迈翁同菲吉乌斯(Phegeus)的两句对话。阿尔克迈翁杀死母亲厄里菲勒的故事,见第 63 页注①。

② 即受不公正的对待和受公正的对待。

③ 所以,受公正的对待有时是出于意愿的,有时是违反意愿的。因为,尽管人们常常愿意受到公正的对待,人们有时是违反意愿地接受这种对待的,例如一个罪犯接受死刑。接下去的问题是:受不公正的对待是否也有时是出于意愿,有时是违反意愿的?这是亚里士多德在本章开头提出的第二个问题。

是受了不公正的对待，这种行为是否既是在行不公正又是在接受不公正对待。一个人有时同时既是公正的行为者又是公正的接受者。不公正也是一样。做一件不公正的事不等于行不公正，接受一件不公正的事也不等于接受不公正的对待。行公正和受公正的对待也是这样的。因为，如果没有人行不公正，就没有人受不公正的对待；如果没有人行公正，就没有人受公正的对待。但是，如果行不公正意味着出于意愿地伤害某个人，如果出于意愿的意味着知道要受到影响的人、手段、方式，如果不能自制的人是出于意愿地伤害他自己的，那么，一个人就不仅能出于意愿地受不公正的对待，而且可能对他自己行不公正（一个人是否能对他
1136b 自己不公正也是一个争论的问题）。[①] 第三，不能自制还可能使一个人自愿地受另一个人的伤害。这也证明一个人可能出于意愿

① 这一小节的讨论具有过渡的性质，论旨不鲜明，推理过于曲折，作必要的解说也许有助理解。首先要澄清的问题是受不公正的对待的意义是什么。接受一件（对自己的）不公正的事是否就是接受不公正的对待。亚里士多德既然把接受不公正的对待视为一种品质，这两者之间当然就有区别，前者是出于偶然，后者是出于品质。所以，一个人可能接受一件（对自己的）不公正的事，尽管他不可能出于品质而受不公正的对待。其次要澄清的是，做一件不公正的事和接受一件不公正的事这两者是否可能是同一件事，为同一个人所为。如果一个人有时候可以既是一个公正的行为者又是其接受者，那么当然可以既是一件不公正的事的行为者又是其接受者。进一步的问题在于一个人这样做是否出于意愿。如果出于意愿仅仅意味着“知道对于谁做——”等等，那么就应当说一个人可以出于意愿地对自己做一件不公正的事并且出于意愿地接受一件（对于自己的）不公正的事。接下去的讨论表明，这前一方面是合理的，后一方面却不合理：一个人可能接受一件这样的事情，但不可能出于意愿。所以不公正的定义中至少要补充“违反接受者的意愿地”这一限定。而如果一个人出于意愿地（对自己）做一件不公正的事在概念上意味着：他出于意愿地对自己做一件违反他的意愿的事，这显然是自相矛盾，因为一个人的意愿（不是欲望）是一而不是多。所以最后的结论是：人不可能出于意愿地做并接受一件（对自己）不公正的事，他只能违反自己意愿地（即出于偶性地）这样做。

地受不公正对待。但是，这是否是因为我们的定义[1]不正确，是否除了“知道要受到影响的人、手段、方式”还要加上“违反那个人希望”？如果是这样，即使一个人能出于意愿地接受一件不公正的事，也没有人会出于意愿地受不公正的对待。因为没有人希望受伤害。即使不能自制者，也只是在做违反他自己的希望[2]的事情。没有人不企望他认为是好的东西。不能自制者只不过是在做着他认为他不应当去做的事情。一个给出自己的全部财物的人，如荷马说格劳科斯对狄俄墨得斯[3]——

以黄金盔甲换青铜甲胄，
用一百头牛换九头，——

不能说是在受不公正的对待。因为，给予是他能力内的事，受不公正的对待却不是。受不公正的对待必须要有一个行不公正的人。所以受不公正的对待不可能是出于意愿的。

还有两个问题提出来讨论：不公正是在于给予得过多还是在于接受得过多？一个人能否对他自己不公正？如果不公正在于给予得过多，在于知情地、出于意愿地多给别人少给自己——谦让的人据说就是这么做的，例如公道的人[4]就倾向于少要求一点——的给予者不公正，而不是在于接受者不公正，一个人就可能对他自己

① 即对于不公正行为的定义。

② 出于意愿的行为，按照亚里士多德，有些可能是符合希望的，有些则可能违反希望。一个人希望的始终是对他是善的事物，他出于意愿而做或接受的则可能不是这样的事物。

③ 格劳科斯，Glaucus，希波洛克斯(Hippolox)之子，特洛伊战争中吕克昂军的首领；狄俄墨得斯，梯丢斯之子，攻打特洛伊的希腊将军之一。两人有世交，据说每在战场上相遇，必互换盔甲以致友谊。关于狄俄墨得斯，亦参见 1116a24—25。

④ ἐπιεικὴς，通情达理的人，在权利方面肯通融一点的人。

不公正。[①] 或者，这个说法是否需要加些限制？因为首先，给予者可能得到较大份额的其他某种善，例如荣誉与高尚[高贵]本身。[②]其次，我们的不公正行为的定义可以说明给予者没有对自己不公正。因为，给予者没有接受任何他不想接受的东西。因而，他没有受到任何不公正的对待，而至多是利益上有些损失。当然，在有人得到了超出他应得的份额时，显然是给予者做了不公正的事，接受
1137a 者并不总是做了不公正的事。因为，不是接受了不公正的份额的人做了不公正的事，而是给出了这个不公正的份额的人做了不公正的事。就是说，是发动了那个行为的人做了不公正的事，而这个人不是接受者，而是给予者。但是，“做了”这个词的意义不很明确。在某种意义上，也可以说一个无生命物、一只手或一个按命令行事的奴隶杀了人。但是这些[③]只能说是做了不公正的事，不能说是行了不公正。而且，如果一个法官是出于不知情而判决错了，就不能在法律公正的意义上说他行了不公正，也不能说他的判决不公正（虽然可以在某种意义上说那个判决不公正）。因为，法律公正同最初意义上的公正有区别。而如果他明明知情却作出不公正的判决，他就是自己多取了超过应得的东西，这或者是感激，或者是报复。作不公正判决的法官也像抢劫者那样多得了超过自己应得的份

---

① 反过来说，如果不公正是在于接受得过多，是在于接受者一边，一个人就不可能对他自己不公正。因为他能做的事情只是给予，接受是一个被动的行为，必须有一个给予者。所以，上面两个问题的联系仅仅在于：一个给予者，即给予别人过多的人，是否会对于他自己不公正？

② τοῦ ἁπλῶς καλοῦ。

③ 指工具，可能也指给出了不公正份额的给予者。

额，尽管在不公正地把一块土地判给抢劫者时他得的不是土地而是钱。[①]

人们认为行不公正是人能力以内的事，因而行公正是很容易的。但实际上不是这样。与邻妇通奸、殴打路人、向人行贿是容易的，是我们能力以内的，但是出于一种品质地做这些事情却不容易，也不是我们能力以内的事。其次，人们还认为，理解什么是公正、什么是不公正不需要专门的智慧，因为与法律相关的事务并不难了解。但是法律所列举的行为仅仅是它宣布为合于公正的行为。[②] 要理解一个行为怎样去做才是一个公正的行为，一个分配怎样去分才是一个公正的分配，远比理解医疗困难得多。在医疗中，了解蜜、酒、菟葵、熏灸、开刀的作用容易，但是要理解这些东西和技术如何以及什么时候用到一个什么样的人身上才会使他恢复健康，就同要当个医师一样困难。第三，也由于这个原因，人们认为，公正的人也同样能够行不公正，因为他们比别人更有能力做一件不公正的事，如通奸、打人，一个勇敢的人也更有能力丢弃武器，朝这个或那个方向逃跑。但是，怯懦和不公正并不是在于这些事情（除非偶性地），而是在于出于一种品质地做这些事情。这正像做一个医师和治疗一个病人并不在于开不开刀或

---

① 从“但是……”之后的这段话，语言比较艰涩，其要旨可表达如下。虽然可能承认，给予得过多的人尽管没有对自己不公正，却由于给了另一个人超出其应得东西而做了不公正的事，但是这需要做些限定。首先，给予得过多者是像一个工具那样地做了不公正的事。其次，他是由于不知情、判断错误而做了不公正的事。所以，这种不公正不是法律意义上的，而是道德意义上的。而如果他是知情而故意做出错误的判断，像一个偏袒的法官那样，他就是想自己多得，就是做了法律上不公正的事。

② 即只是一些公正的行为的个例。所以按照亚里士多德的看法，法律不可能规定公正行为的全部含义。法律对于道德而言是工具性的，就像医疗工具和手段对于医师一样，它只能辑录一些公正的行为的例证。真正的公正则要出于公正的品质。

用不用药,而是在于以一种特定的方式来做这些事情。[①]

公正存在于能够享得自身即善的事物,并且能享得的多一点或少一点的人们之间。有些存在者,比如神,不能再享得更多的这类善。[②] 还有些存在者,即那些不可救治的恶的存在者,[③]哪怕是享得最少的一点这类善都于它们有害。另一些则在一定限度内可以分享这类善。所以公正是属人的。

10. [公道][④]

我们接下来要谈一谈公道[⑤]和公道的事,以及它们同公正和

---

① 亚里士多德在这段话中评论了关于公正行为的性质的三种流行意见,即公正是(1)外部的行为,(2)是了解了法律的规定就容易做到的行为,(3)是包含着其相反者的技艺能力。参见格兰特,卷Ⅱ第137页。亚里士多德提出的见解是:公正(1)不是外部的行为而是行为的品质,(2)不是对规则的了解(知识)而是一种做事情的方式,它(3)由于是品质和做事情的方式而不包含相反者(不公正)。

② 因为神享得着最充分的善,所以无法再增添。

③ 兽,或兽似的人。同样,上面所说的神也含神似的人之意。多数的人或一般的人处于兽与神之间,或处于兽似的人与神似的人之间。

④ 对于第10、11两章的位序,不少译注者们都指出了其中发生编排错误的可能。格兰特(卷Ⅱ第138页)引证斯本格尔的看法,认为第10章与上下文没有关联,放在此处是手稿编辑者的编排错误所致。斯图尔特(卷Ⅰ第526页)赞同尤伯韦格(F. Ueberweg)的意见,主张把第9章最后两个自然段连同第10章一起插在第8章的后面。杰克森("导言"第14、21页)则把第10章作为第五卷的结尾章。格兰特(卷Ⅱ第138页)认为第10章的位序没有错误,相反,是第11章的位序有错误,不过他并没有指出第11章的正确位置应当在何处。看起来,第11章可能是由于错误的编排而误置于此是多数译注者的共同见解。韦尔登、罗斯和莱克汉姆的译本都没有对此处稿本的位序作任何变更,但韦尔登也认为第11章的正常位置不是在第10章之后。

⑤ ἐπιείκεια,公道,参见第110页注②。亚里士多德在这一章中,把公道规定为公正的一种,优越于僵硬的、简单的公正,但不是不同于公正的另类。格兰特(卷Ⅱ第139页)说,ἐπιείκεια同γνώμη(体谅)有密切的联系。在民法中,它一般是指利益上受损的当事人在自己的权利得到法律支持的情况下,体谅对方的情况而自愿(接下页注文)

公正的事的关系。因为我们的省察表明，它们既不完全是一回事，又不根本不同。我们有时称赞公道和公道的人。在这样称赞时我们甚至把这个词用到其他德性上面，把它就看作善，意思是越公道就越是善。有时候，当我们仔细思考时，我们又感到奇怪，1137b
既然公道和公正不同，它为什么又被我们称赞。因为，如果它们不同，那么就要么公正不好，要么公道不好；如果它们都好，它们就是一回事。在公道概念上的困难就产生于这些考虑。这些考虑在某种意义上都对，但是又相互有矛盾。因为一方面，公道优越于一种公正，本身就公正；另一方面，公道又不是与公正根源上不同而比它优越的另一类事物。所以，公正和公道是一回事，两者都是善，公道更好些。困难的根源在于，公道虽然公正，却不属于法律的公正，而是对法律公正的一种纠正。这里的原因在于，法律是一般的陈述，但有些事情不可能只靠一般陈述解决问题。所以，在需要用普遍性的语言说话但是又不可能解决问题的地方，法律就要考虑通常的情况，尽管它不是意识不到可能发生错误。法律这样做并没有什么不对。因为，错误不在于法律，不在于立法者，而在于人的行为的性质。人的行为的内容是无法精确地说明的。所以，法律制定一条规则，就会有一种例外。当法律的规定过于简单而有缺陷和错误时，由例外来纠正这种缺陷和错误，来说出立法者自己如果身处其境会说出的东西，就是正确的。所以说，尽管公道是公正且优越于公正，它并不优越于总体的公正。它仅仅优越于公正由于

(续前页注文) 放弃一部分应当得到的补偿权利的做法。所以，公道常常被看作对法律公正的必要补充。一些西方国家(例如英国)的法律体系中有引入公道的概念而形成的所谓"衡平(即公道)法"。

其陈述的一般性而带来的错误。公道的性质就是这样，它是对法律由于其一般性而带来的缺陷的纠正。实际上，法律之所以没有对所有的事情都作出规定，就是因为有些事情不可能由法律来规定，还要靠判决来决定。因为，如果要测度的事物是不确定的，测度的尺度也就是不确定的。就像勒斯比亚的建筑师用的铅尺，[①]是要依其形状来测度一块石头一样，一个具体的案例也是要依照具体的情状来判决。这样，我们就说清楚了什么是公道，说明了它是公正，并且优越于一种公正。从这一点就可以明白什么样的人是公道的人。公道的人是出于选择和品质而做公道的事，虽有法律支持也不会不通情理地坚持权利，而愿意少取一点的人。这样的一种品质也就是公道。它是一种公正，而不是另一种品质。

11. ［对自身的不公正］

一个人能否对他自己行不公正这一问题的答案从前面的讨论[②]中已经明白了。因为首先，有一类公正的行为[③]是符合于法律所要求的所有德性的行为。例如，法律不允许自杀（凡是它没有明确地允许的就是它禁止的）。所以，一个人如果出于意愿地（即知道谁会受到影响，使用什么工具）实施（而不是回报）了一种法律所不允许的伤害，他就做了不公正的事。一个人如果出于怒气而伤害自身，

---

① τῆς Λεσβίας οἰκοδομῆς ὁ μολίβδινος κανών。莱斯比亚人生活在爱琴海莱斯波斯岛（Lesbos），莱斯比亚建筑师使用的铅尺可以弯曲，根据石头的形状来测量。

② 1129a32—b1，1136a10—1137a4。

③ 即总体上公正的行为。参见第1章。

他就出于意愿(但是违反正确的逻各斯)地实施了一种伤害。所以,他是做了不公正的事。但是,是对谁不公正?这是不是对城邦不公正,而不是对自己不公正?[1] 因为,他可以出于意愿地接受一件不公正的事,可是没有人会出于意愿地受不公正的对待。[2] 所以,惩罚要由城邦来实施。城邦羞辱自杀的人,[3]因为他做了对城邦不公正的事情。其次,在不公正的具体意义,即一个人虽做了不公正的事但总体上并不坏(这不同于前面那种意义,因为这个不公正的人只在一种具体意义上恶,而在总体上并不坏,所以还必须说明人不可能在这种意义上对自己不公正[4])的意义上,一个人也不可能对他自己不公正。因为首先,假如一个人能对他自己不公正,就等于说我们能够同时在某物上拿掉并加上同一个东西,而这是不可能的。公正与不公正涉及的必定不止一个人。其次,不公正的行为必定是出于意愿和选择的和主动而为的(由于受了不公正的对待而进行同样的报复,不是不公正的行为)。但是,如果一个人伤害自己,他就同时既是伤害者又是受害者了。[5] 第三,假如一个人能够对他自己行不公正,就等于说他愿意受不公正的对

---

① 按照公正即守法这种总体的公正的概念,一个人自杀就是在违法,因而就是在做不公正的事,但不是对自己,而是对城邦,因为法律是城邦制定的。

② 因为,出于意愿地接受一件不公正的事不等于出于意愿地受不公正的对待。参见第 165 页注④。

③ 据埃斯基涅斯(Aeschines,古希腊政治演说家)(《泰西封篇》[*Ctesiphon*]244)说,在雅典,自杀者的手要被割下来焚烧。

④ 括号里面的话似乎只是一个注释。

⑤ 而如果他既是一个伤害者又同时是一个受害者,他就不是一个主动行为的伤害者,就不是在对自己行不公正。

待了。[1] 第四，一个人如果没有做不公正的事就没有行不公正，而一个人不可能与他的妻子通奸，也不可能抢劫他自己的家舍，不可能偷窃他自己的财产。总起来说，“一个人能否对他自己不公正”的问题，已经通过我们对“一个人是否能出于意愿地受不公正的对待”问题的分析[2]而解决了。

（显然，受不公正对待和行不公正都是恶。因为，前一个是所取少于适度，后一个是所取多于适度，而适度就相当于医疗中的健康和锻炼上的适量。[3] 不过，行不公正更加是恶。因为它由于内含着恶，内含着那种完全的恶本身，[4]或是接近于内含着这种恶——的确，不是所有出于意愿的不公正行为都内含着恶的——而值得谴责。但是在受伤害者这方面，受不公正的对待却必定不
1138b 内含着恶。所以，就其本身来说，受不公正的对待是较小的恶。不过这不是说它不会在偶然情况下成为较大的恶。但是没有什么技术可以确定这种偶然情况。技术判断说胸膜炎比扭伤更严重，可要是一个人由于扭伤而跌倒，后来又落到敌人手里被杀了，扭伤就比胸膜炎还严重了。）[5]

但是在比喻或类比的意义上，这里也存在某种公正，不是在

---

① 既然没有人自愿地接受不公正的对待，一个人也就不可能对他自己行不公正，尽管他可以出于偶性地对自己做一件不公正的事。

② 1136a31—b5。

③ 莱克汉姆(第 320 页注)认为，“而适度就相当于医疗中的健康和锻炼上的适量”这一短语与此处的内容没有直接关联。

④ κακίας ἤ τῆς τελείας καί ἁπλῶς。

⑤ 括号中的这段话，杰克森(“导言”第 16 页)将其移至第 5 章最后一自然段之前，理由是与此处上下文无关联。

一个人同他自己的关系中，而是在他自身的不同部分之间。不过这不是前面那些意义上的公正，[1]而是主人的公正或家室的公正。[2] 因为，在对这个问题的讨论中，灵魂的有逻各斯的部分和无逻各斯的部分是被人们区别开的。这种区别使得人们认为，存在着一种对于自己的不公正，因为这些部分会受到某种相反于它们自身的欲求的伤害。所以在它们之间可以存在某种像治者与受治者之间的那种公正。

对公正和其他德性，我们就谈到这里。

---

① 即不是总体意义上的和具体意义上的公正。

② 主人的公正或家室的公正，参见 1134b15—17 及第 163 页注①。

第六卷

[理智德性]

1. [理智德性引论]

前已说到，我们应当选择适度，避免过度与不及，[1]而适度是由正确的逻各斯[2]来确定的。[3] 我们现在就来考察这一点。

我们谈到过的那些品质以及其他的品质，都有一个仿佛是可以瞄准的目标，具有逻各斯的人仿佛可以或张或弛地用弓来瞄准它；也有一个合乎正确的逻各斯的标准，确定着我们认为是处于过度与不及之间的适度。这个说法虽然对，却不很明确。诚然，说在旨在建立起科学的各个领域，我们的努力都应当张弛得当，符合于正确的逻各斯，这并不错。不过，一个人了解了这一点并不就比原来更聪明。例如，如果只是告诉他医学的要求是什么，医师的要求是什么，他还是不知道应当用些什么药。灵魂的品质也是这样。仅仅知道上面那些一般的说法是不够的，我们还必须准确地

---

[1] 1104a11—27，1106a26—1107a27。

[2] 关于逻各斯以及逻各斯的汉译问题，参见第6页注④。

[3] 1103b31，1107a1，1114b29。

确定正确的逻各斯是什么，合乎正确的逻各斯的标准是什么。

我们已经把灵魂的德性分为道德德性和理智德性。[①] 道德德性我们已经谈了很多了，[②]我们现在先对灵魂作些说明，然后接着谈谈理智德性。[③] 如已说明的，灵魂分为有逻各斯的和没有逻各斯的两个部分。我们现在要在有逻各斯的部分[④]再作一个类似的区分。我们假定这个部分中又有两个部分：一个部分思考其始因不变的那些事物，另一个部分思考可变的事物。因为，对于不同性质的事物，灵魂也有不同的部分来思考。这些不同能力同那些不

---

① 1103a3—7。关于理智(διάνοια)和理智的(διανοίας，διανοητικῆς)，参见第15页注①。

② 第三卷第6章至第五卷第11章。

③ 以上的部分被许多研究者看作是由两个不同的引言构成的：第二自然段为引言(1)，第三段开始至此处为引言(2)；两个部分之间存在明显的不契合性，其中引言(2)似乎与前面的第一卷第7、13章衔接，引言(1)则似乎是某种歧出。基于这种不连贯性提出的主要的分析意见有下述三种。斯图尔特(卷Ⅱ第1—3页)说，这两个引言在写作动机上显然不同。引言(2)旨在表明政治家的工作应当涵盖人的本性的整个基础，把理智德性作为与道德德性不可分离的部分包含于内，所以把理智德性与道德德性表现为彼此合作的关系。而引言(1)则不是简单地跳跃，而是提供给我们一种逻辑的联系，使我们了解进入对理智德性的讨论是旨在完成对道德德性的研究并达到对道德德性的全面的领悟。彼得斯(第181页注)认为，这两个引言的不相容以及许多其他迹象表明这部著作是不完整的。引言(2)与第一卷相衔接，赋予理智德性一种独立甚至更高的地位；独立的引言(1)则把对理智德性的讨论表达成对道德德性的讨论的需要，似乎是一个未完成的部分的引言。格兰特(卷Ⅱ第144、147页)则对导言(1)是不是亚里士多德所写的提出怀疑。除了这两个部分缺乏连贯性这一理由外，他还提出了另一更为复杂的理由。他指出，在前一部分即导言(1)中的“这个说法虽然对，却不很明确”这句话也出现在《欧台谟伦理学》(第八卷第3章)，这表明它是亚里士多德的学生欧台谟对老师关于适度与法则的理论的不明确性的抗议(参见138页注①)。因此一个可能的推论是这个部分同整个第五、六、七卷一道不是亚里士多德本人所写，而是欧台谟为表达自己的意见而加上去的。这两段文字之间存在着不一致性这一点，我们的确可以依据文本作出判断。无论引言(1)与后面的讨论部分是否存在积极联系以及是否为亚里士多德本人所写，两个引言之间的突兀转换在本卷中显然没有得到合理的说明都是一个明显的事实。

④ 即理智的部分。

同性质的事物之间也有某种相似性和亲缘关系。这两个部分中，一个可以称为知识的[①]部分，另一个可以称为推理的[②]部分。考虑[③]与推理是一回事，我们从不考虑不变的事物。[④] 所以，推理的部分是灵魂的逻各斯部分中的一个单独的部分。我们必须弄清楚这些不同部分的何种状态是最好的，因为那种最好的状态就是它们各自的德性。

2.［两种理智德性及其对象］

但是，一事物的德性是相对于它的活动而言的。灵魂中有三种东西主宰着实践[⑤]与真[⑥]：感觉、努斯和欲求。[⑦] 在这三者中，感

---

① ἐπιστημονικὸν，知识的、科学的；参见第 3 页注①。“知识”一词，亚里士多德有时用ἐπιστήμη，有时用γνῶσις，两者意义大致相同，但有细微差别。ἐπιστήμη通常指具有了形态的知识，γνῶσις则指形成过程中的知识，相当于知道了、了解了其确定性的东西。

② λογιστικόν，计算的、推理的。

③ βουλεύεσθαι。关于考虑的讨论见后面的第 9 章。

④ 考虑与推理都是对可变动的事物，它们是同一个部分，而不是不同的部分。

⑤ πρᾶξίς。参见第 1 页注③。

⑥ ἀληθεία，真、正确、适当等意。通常的译法是真理，但是这个译法似乎将原意限制了很多。在下文中，我将其名词形式译作真，形容词形式译作真实的。

⑦ αἴσθησις，νούς，ὄρεξις。关于亚里士多德对“努斯”一词的用法，还需要从它与欲求的关系的方面作些补充性的说明。亚里士多德对努斯的使用似乎可以区分出其广义的与狭义的两种。此处，正如莱克汉姆（第 328 页注）指出的，是对于努斯的广义的用法。依此种用法，努斯主要与欲求相对，是灵魂的基于某种目的而把握可变动的题材的能力的总称。亚里士多德在《论灵魂》（第三卷第 10 章）中谈到的也是这种努斯：

> 如果把想象看作某种运动，那么欲求和努斯就似乎是这运动的原因。……努斯和欲求能产生位置移动。

努斯是为着某种目的而进行推理的东西，是推理的（λογίζομενς）和实践的（πρακτικῆς）思想（理智［διάνοια］），它与欲求一道引起动物和人的运动的原因：欲求 （接下页注文）

觉不引起实践。这从较低等的动物的例子可以看出，它们虽有感觉却没有实践。欲求中的追求与躲避也总是相应于理智[1]中的肯定与否定的。而如果道德德性是灵魂的进行选择的品质，[2]如果选择也就是经过考虑的欲求，[3]那么就可以明白，要想选择得好，逻各斯就要真，欲求就要正确，就要追求逻各斯所肯定的事物。这种理智和真是与实践相关联的。而沉思的理智[4]同实践与制作没有关系。它的状态的好坏只在于它所获得的东西是真是假。获得真其实是理智的每个部分的活动，但是实践的理智的活动是获得相应于遵循着逻各斯的欲求的真。[5]选择是实践的始因（选择是

（续前页注文）是实践的理智的出发点，实践的理智的终点又是行为的始点。在这种意义上努斯是理智的一个部分，如果理智既是对不变事物的沉思，也是对可变事物的思考、推理。科学，依照亚里士多德在《后分析篇》和《尼各马可伦理学》中的看法，不属于努斯的范围。科学是无欲求的，努斯则是包含了某种欲求（作为出发点）。努斯显然应当包含明智。但是它似乎也应当包含技艺，因技艺也是有欲求的。所以这种广义的用法常常非常模糊，被经常地与理智混用。造成这种情形的原因，如斯图尔特（卷Ⅱ第24页）所说，在于亚里士多德及其学派一方面一直试图区分作为运动原因的努斯与理智，一方面又没有明确地区分它们作为这种原因的相互区别的概念。依据其本意，他们想把理智说成是派生的理智，把努斯说成是原本的理智。但是那个整体的东西，他们又时而称作διανοία（理智），时而称作 νοῦς，故而时常交替地使用这两个词。参见第15页注①、第38页注①。

① 即下文阐述的与沉思的理智相对的实践的理智。

② 参见1106b36。

③ 参见1113a10。

④ τῆς θεωρητικῆς διανοίας，沉思的（或思辨的）理智。

⑤ 相应于理智的两个部分，亚里士多德说，灵魂所欲把握的真也区别为两种。因为，灵魂的不同部分所把握的东西皆与其自身有某种亲缘关系。沉思的理智把握的是事物的本然的真，因它不是欲求，没有目的。实践的理智把握的是相对于目的或经过考虑的欲求的真。它仍然是真，然而，按照亚里士多德的方法，是在本然的真的类比的意义上的真。

它的有效的而不是最后的原因),选择自欲求和指向某种目的的逻各斯开始。所以,离开理智和某种品质也就无所谓选择。(因为离开了理智和品质,好的实践及其相反者就不存在。)理智本身①是不动的,动的只是指向某种目的的实践的理智。实践的理 1139b 智其实也是生产性活动的始因。因为,无论谁要制作某物,总是预先有某种目的。制作活动本身不是目的,而是属于其他某个事物。而完成的器物②则自身是一个目的,因为做得好的东西是一个目的,是欲求的对象。所以,选择可以或称为欲求的努斯,或称为理智的欲求,人就是这样一个始因。

(选择不是对已经发生的事情的。例如,没有人会选择去洗劫特洛伊城。因为,没有人考虑过去,人们考虑的是将来会怎样,会不会发生某件事情。而已经发生了的事情,谁也无法把它收回。所以阿加松③说,

> 就是神也不能
> 使已经发生的事未发生。)

所以,获得真是这两个部分的活动。因而它们的品质就是使它能获得真的那种性质。

---

① 即沉思的理智。

② τὸ πρακτόν。

③ Ἀγάθων,Agathon,与苏格拉底同时代的剧作家。

3. [科学]

让我们再更细致地来考察这些品质。我们假定灵魂肯定和否定真的方式在数目上是五种，即技艺、科学、明智、智慧和努斯，[1]观念[2]与意见则可能发生错误。科学的品质我们可以作如下表述。我们必须在准确的意义上使用“科学”这个词，而不理会其派生的意义。我们都认为，我们以科学方式知道的事物不会变化，变

---

① 灵魂肯定或否定真的这五种方式，格兰特（卷Ⅱ第 145 页）、斯图尔特（卷Ⅱ第 32 页）、伯尼特（第 257 页）都指出，不等于理智的五种德性。这五种方式中，只有明智与智慧是德性。这份表格，格兰特（卷Ⅱ第 153 页）说，非常可能是从《后分析篇》（89b7—9）中挑选来的。亚里士多德在这里从一个新的角度，即从获求真的方式的角度，对理智的两个部分——知识的和推理的——加以考察。在讨论了知识与意见的区别之后，亚里士多德列举了理智与努斯、科学与技艺、明智与智慧，作为知识与意见在其中出现的灵魂活动方式。斯图尔特（卷Ⅱ第 31—32 页）对亚里士多德在《后分析篇》中的讨论方式作了下述的概括。理智（διάνοια）与努斯被相互区别：努斯是把握始点（始因）的，理智是派生的；科学、技艺、明智被当作这种衍生的理智的三种形式来说明（但是如已说明的，科学按照亚里士多德的看法不属于努斯的范围）；最后，智慧是对这三种衍生的理智以及努斯的总体把握。在这一章中，理智被从《后分析篇》的这份表中略去，原来的六种方式遂剩下了五种，理智被用作这五种方式的总名。这种变化的发生，按格兰特（同上）的看法，可能是由于《尼各马可伦理学》中的这个部分经过欧台谟的修改。欧台谟可能因不同意老师对理智与努斯的区分的观点，删除了理智一项，把其余五种方式作为一份项目完全的表格保留下来。但是，不论这个改变是不是亚里士多德自己做出的，都可以有另外一个解释，即需要一个述说灵魂的所有这些活动方式的总的概念，而这个概念不是逻各斯，因为逻各斯是灵魂的这个部分的名称，而不是它的活动方式的名称。在《尼各马可伦理学》中，理智（διάνοια）被分离出来作为这个总的概念。参见 15 页注①。

② ὑπόληψις。“观念”一词在此处，如斯图尔特（卷Ⅱ第 35 页）所说，是在与意见大致相同的意义上使用的。观念与意见，在亚里士多德的伦理学中，是对于可变动的且不能作出证明的事务所提出的、可能会遭到反对的判断。两者的区别只在于意见都是表达出来的。

化的事物不在处于观察的范围之外，我们无法知道它们是存在还是不存在。所以，科学的对象是由于必然性而存在的。因此，它是永恒的。因为，每种由于必然性而存在的事物都是永恒的。而永恒的事物就既不生成也不毁灭。其次，我们还认为，科学可以传授，科学的知识可以学得。然而像我们在《分析篇》[①]里说过的，传授都从已知的东西开始。因为传授或者是归纳的，或者是演绎的。归纳使我们走向始点，它们是一些普遍的陈述，演绎则从普遍陈述出发。[②]所以，存在着一些可由之出发进行演绎而它们本身又不能被推演出来的始点，它们可以通过归纳而获得。所以，科学是我们可以凭借它来作证明的那种品质。科学还具有我们在《分析篇》[③]中举出的其他品质，即只有当一个人以某种方式确信，并且对这结论依据的始点也充分了解时，他才是具有科学知识的。因为，除非对始点比对由始点引出的结论更加了解，否则他就只是偶然地有科学知识。

4. ［技艺］

1140a 可变化的事物中包括被制作的[④]事物和被实践的事物。但是制作不同于实践（我们甚至从普通讨论中也能看出这种区别），实践的逻各斯的品质同制作的逻各斯的品质不同。其次，它们也

① 见《后分析篇》71a1 及以下。

② 参见 1095a31—b1。

③ 见《后分析篇》71b9 及以下。

④ ποιητὸν，从名词ποιητική（制作）派生。

不互相包含。实践不是一种制作，制作也不是一种实践。例如，建筑术是一种技艺，是一种与制作相关的、合乎逻各斯的品质。如果没有与制作相关的合乎逻各斯的品质，就没有技艺；如果没有技艺，也就没有这种品质。所以，技艺和与真实的制作相关的合乎逻各斯的品质是一回事。所有的技艺都使某种事物生成。学习一种技艺就是学习使一种可以存在也可以不存在的事物生成的方法。技艺的有效原因在于制作者而不是被制作物。因为，技艺同存在的事物，同必然要生成的事物，以及同出于自然而生成的事物无关，这些事物的始因在它们自身之中。如果制作与实践是不同的，并且技艺是同制作相关的，那么技艺就不与实践相关。在某种意义上，技艺与运气是相关于同样一些事物的。正如阿加松所说，

技艺爱恋着运气，运气爱恋着技艺。①

所以，如上面说过的，技艺是一种与制作相关的、包含着真实的逻各斯的品质。其相反者，无技艺，则是同制作相关的、包含着虚假的逻各斯的品质。两者都同可变的事物相关。

① τέχνη τύχην ἔστερξε καὶ τύχη τέχνην。τέχνη（技艺）与τύχη（运气）在希腊语中词形和读音都相近，所以阿加松的这句诗可能像绕口令一样被人们传诵。亚里士多德引用它是借此说明技艺也与运气一样具有偶性，与科学不同。

5.［明智］

我们可以通过考察那些明智[①]的人来引出明智的定义。明智的人的特点就是善于考虑[②]对于他自身是善的和有益的事情。不过，这不是指在某个具体的方面善和有益，例如对他的健康或强壮有利，而是指对于一种好生活总体上有益。这一点可由下面的事实得证，如果有人在（某个谈不上有技艺的领域）对实现某个目的方面精于计算，我们也说他在那个方面明智。（所以，在总体上明智的人是善于考虑总体的善的人。）但是，没有人会考虑不变的事

---

① φρόνησις。格兰特（卷Ⅱ第145页）认为，对作为理智之一种德性的明智的说明构成了本卷的中心。明智，或实践的智慧，迄今为止一直是被作为一种道德德性来说明的。在接下去的讨论中，明智被作为理智的一种德性而与道德德性区别开来，尽管它的确与道德德性不可分离。与多数英译者用prudence（明智）译解φρόνησις的做法不同，格兰特主张用thought来译解这个词，因为φρόνησις在柏拉图的哲学中包含着对普遍的存在的思考。格兰特追溯（同上，第158—159页）至《尼各马可伦理学》为止的明智（φρόνησις）概念的发展。柏拉图在《裴多篇》（69a）中认为，（道德）德性包含着明智，但是把这种明智规定为对普遍的思考（79d），即把明智等同于智慧。亚里士多德逐步地把明智与智慧区分开来。在《论题篇》（第五卷第6章）中，明智基本上是理智的最高状态，就如节制是欲望部分的最高状态一样。在《政治学》（第三卷第4章）中，明智被说成是适合于治理者的唯一德性，因而是实践的智慧，不过是在国家事务上的实践智慧。最后，在《尼各马可伦理学》中，明智被与智慧相互区别，并且其范围包括了个人生活。格兰特未能提到在他之后发现的亚里士多德更早写成的《劝勉篇》（*Protrepticus*），亚里士多德在那里对于明智的观点与柏拉图最为接近，与《尼各马可伦理学》形成了对照。

② ὁ βουλευτικός，考虑、考量、思虑等等。如下面（第9、10、11章）的讨论所表明的，亚里士多德把好的考虑（εὐβουλία）、理解（σύνεσις）和体谅（γνώμη）看作是明智的内容或与之相关的品质。

物。也没有人会考虑他能力以外的事物。所以,既然科学包括证明,[1]而对于那些其始点可变化的事物无法作出证明(因为有关它们的一切都是可变化的),既然人不可能去考虑那些必然的事物,明智就同科学不同。它也与技艺不同。明智不同于科学,是因为实践的题材包含着变化。明智不同于技艺,是因为实践与制作在始因上不同。[2] 所以,明智是一种同善恶相关的、合乎逻各斯的、求真的实践品质。所以,我们把像伯利克里[3]那样的人看作是明智的人,因为他们能分辨出那些自身就是善、就对于人类是善的事物。我们把有这种能力的人看作是管理家室和国家的专家。(这也就是我们用节制来称呼那种品质的原因,"节制"这个词的意思就是保持明智。[4] 节制所保持的是明智的意见。因为快乐与痛苦并不毁灭和扭曲所有意见,例如三角形内角之和等于或不等于两个直角的意见,而只毁灭和扭曲有关实践的意见。实践的始因是我们的实践的目的。但是,一旦一个人被快乐和痛苦所毁灭,他就完全不能辨别始点,就不会明白他的选择和行为都应当向着或为着那个目的,因为恶会毁灭对始点的理解。)所以,明智是一种同人的善相关的、合乎逻各斯的、求真的实践品质。其次,技艺中有德性,明智中却没有德性。此外,在技艺上出于意愿的错误比违反意愿的错误好,在明智上则如同在德性上一样,出于意愿的错误更坏。

---

① ἀπόδειξις。

② 莱克汉姆(第 337 页)将此句译作:"因为制作的目的是外在于制作活动的,而实践的目的就是活动本身,——做得好自身就是一个目的。"

③ Περίκλες,Pericles,雅典政治家、思想家。

④ 希腊语的节制(σωφροσύνη)一词是由明智(φρόνησις)变形而来。前缀σω-来自动词σώζω,意思是保持。参见第 95 页注①。

由此可见，明智是一种德性而不是一种技艺。在灵魂的两个有逻各斯的部分中，明智必定是一个部分的德性。就是说，它是那个构成意见的部分的德性。因为，意见是同可变的事物相关，明智也是这样。但是，明智不仅仅是一个合乎逻各斯的品质。这可以由下面这个事实得证：纯粹的合乎逻各斯的品质会被遗忘，明智则不会。[1]

6.［努斯］

科学是对于普遍的、必然的事物的一种解答。[2] 而证明的结论以及所有科学都是从始点推出的（因为科学包含着逻各斯）。所以，科学据以推出的那些始点不是科学、技艺和明智可以达到的。因为科学是依靠证明的，技艺和明智则是同可变的事物相关联的。始点也不是智慧的对象。因为爱智慧者也要依靠证明。如果我们凭借着在不变甚至可变的事物中获得真，并且从未受到其欺骗的品质是科学、明智、智慧和努斯，如果使我们获得始点的不是这三者（我们所说的这三者就是明智、科学和智慧）之一，那么始点就只能靠努斯来获得。

---

① 明智在这一章中是借助同科学与技艺的比较来说明的。这种说明的方式表明了《尼各马可伦理学》同《后分析篇》的联系。（参见第 182 页注⑦）明智与技艺属于衍生的理智的范畴。明智与科学的不同在于(1)科学考察不变的事物，明智只考虑可变动的、与实践相关的事物；(2)科学是证明的，明智不包含证明。明智与技艺的不同在于(1)实践与制作在起点上不同；(2)技艺包含德性，明智不包含德性（而与德性不可分离）；(3)在技艺上出于意愿的错误是好，在明智上出于意愿的错误则更加错误。

② ὑπόληψις，解答、回答、反对、意见等等。

7. [智慧]

“智慧”这个词，我们在技艺上用于述说那些技艺最完善的大师，例如雕刻家菲迪阿斯和雕塑家波利克里托斯。[①] 在这种用法上，智慧仅仅是指技艺上的德性。但是，我们也认为某些人总体上有智慧，而不是在某个方面，或者像荷马在《玛基提斯》[②] 中所说的，

众神没有让他成为一个掘地者或耕夫，
也没有让他在其他某件事上有智慧。

所以，智慧显然是各种科学中的最为完善者。有智慧的人不仅知道从始点推出的结论，而且真切地知晓那些始点。所以，智慧必定是努斯与科学的结合，必定是关于最高等的题材的、居首位的科学。[③] 因为，如果说政治和明智是最高等的科学，那将是荒唐的，因为人不是这个世界上最高等的存在物。而且，人们说智慧的总是

---

① 菲迪亚斯(Φειδίας,Pheidias,约公元前 490—前 430)，雅典雕塑家，其成名作是雅典卫城的三座雅典娜纪念像；波利克里托斯(Πολύκλειτος,Polycleitus)，活动时期为公元前 5 世纪后半期，最杰出的作品有《束发的运动员》(前 430)和《荷矛者》(前 450—前 440)。

② *Margites*.

③ 此句话原文是，ὥστ' εἴη ἂν ἡ σοφία νοῦς καὶ ἐπιστήμη，ὥσπερ κεφαλὴν ἔχουσα ἐπιστήμη τῶν τιμιωτάτων.
智慧，也就是爱智慧的活动，即与智慧不能舍分的追求智慧的活动。亚里士多德在此处提出了一个爱智慧即哲学的定义，即它是努斯与科学的结合。格兰特(卷Ⅱ第 164—165 页)说，这是一个出色的关于哲学的定义，比《形而上学》中提出的定义更好。亚里士多德在《形而上学》第一卷中把哲学规定为更普遍、更精确、因自身而被追求的、关于始点(始因)的科学；在第十卷中，亚里士多德一方面把物理学、实践科学、数学同哲学相区别，另一方面又把上述科学看作哲学的分支；而在此处，亚里士多德为了把哲学同实践理智相区别，将哲学定义为努斯与科学的结合，是一积极的结果。亚里士多德的把哲学视为纯粹思辨的研究的理论在黑格尔哲学中达到了极致的表现。

指同样的事情，说明智的则是指不同的事情。这就像是，健康与善对于人和鱼来说根本不是一回事，而白的和直的则总是指同样的意思。因为，凡是能辨清自己的善的人便会被称为明智的，人们也就会信任他去掌握他自己的利益。所以，我们甚至说某些低等动物明智，譬如说那些对于自己的生活表现出预见能力的动物。同样很显然，智慧也不同于政治学。因为，如果智慧只是与自己的利益相关的，就会有许多不同的智慧了。那样的话，就不会存在同所有存在物的善相关的唯一一种智慧了，正像不存在一种同所有存在物相关的医术一样。有人可能会争论说人优于其他动物，但这个理由也没有什么意义。因为，还存在着远比人优越的事物，例如，举最为明显的例子，组成宇宙的天体。① 这些考察说明，智慧是科学和努斯的结合，并且与最高等的事物相关。所以，人们说阿那克萨格拉斯②和泰勒斯③以及像他们那样的人有智慧，而不说他们明智。因为人们看到，这样的人对他们自己的利益全不知晓，而他们知晓的都是一些罕见的、重大的、困难的、超乎常人想象而又没有实际用处的事情，因为他们并不追求对人有益的事务。另一方面，明智则同人的事务相关。我们

---

① 所以，按照亚里士多德的看法，智慧与明智和政治学的不同，不仅在于智慧比明智更完全，比政治学更唯一，而且在于智慧不仅是属于人的。明智和政治学仅仅是属于人的。智慧则是人与更高的存在物共享的，是关于永恒的事物的。依照这种观点，格兰特（卷Ⅱ第 165 页）说，智慧或哲学在最高意义上就是神学，是关于纯粹、超越、不变的存在的科学，即作为存在的存在的科学。亚里士多德的这一偏离了其哲学主旨的思想开启了他之后的基督教神学。

② ’Αναξαγόρος，Anaxagoras，希腊哲学家。

③ Θαλῆς，Thales，希腊哲学家、著名的七贤之一。

说，善于考虑是明智的人的特点。然而没有人考虑那些不变的事物，也没有人考虑不是实现一个目的的手段的事物，或实现一个不可实现的善目的的手段。一个在一般意义上善于考虑的人是一个能够通过推理而实现人可获得的最大的善的人。其次，明智也不是只同普遍的东西[①]相关。它也要考虑具体的事实。因为，明智是与实践相关的，而实践就是要处理具体的事情。所以，不知晓普遍的人有时比知晓的人在实践上做得更好。比如，如果一个人知道鸡胸容易消化、有益健康，却不知道何为鸡胸，他就还不如一个只知道鸡肉容易消化、有益健康的人更能帮助别人恢复健康。[②] 明智既然是与实践相关的，我们就需要这两种知识，[③]尤其是需要后一种知识。不过这种知识，还是要有一种更高的能力来指导它。[④]

8. [明智的种类]

政治学和明智是同样的品质，虽然它们的内容不一样。城邦

---

① τῶν καθόλου。

② 莱克汉姆(第 347 页)此处加上了："在其他事务上，有经验的人也比理论家更成功。"

③ 即关于普遍的知识和关于具体的知识。

④ 即下文将谈到的政治学的智慧。爱尔温(《亚里士多德尼各马可伦理学》[第 2 版，哈奇特出版公司，1999 年]第 245 页)说，亚里士多德在这里是想纠正由于前面的叙述而形成的一种印象，即明智不需要普遍的知识或普遍知识的指导，表明他并不认为普遍的东西对明智的人不重要。

事务方面的明智，一种主导性的明智是立法学，另一种处理具体事务的，则独占了这两者共有的名称，被称作政治学。处理具体事务同实践和考虑相关（因为法规最终要付诸实践）。所以，人们只是把那些处理具体事务的人说成是在“参与政治”，因为只有他们才像工匠那样地活动。明智也常常被理解为同一个人自己相关。一般所说的明智就指的是这种。但是它其实包括所有这些种类，其他的种类有理财学、[①]立法学和政治学。政治学又包括考虑的明智和裁决的明智。知道对自己而言的善是什么无疑是一
1142a 种明智，尽管它同其他的那些明智十分不同。而且，人们都认为，知道并关心自己的利益的人很明智，而政治家们都是些忙忙碌碌的人。[②] 所以欧里庇德斯说，

> 我混迹于大众，享受一份平等的自由，
> 就算是明智？
> 那些整日忙碌不休的人……[③]

因为人们都追求他们的利益，并且觉得这样对。于是就有了这样的意见，那些关心自己的所得的人就是明智的人。但事实上，一个

---

① οἰκονομία，理财学、经济学，来源于οἶκος（家），原意是管理家庭的经济。

② πολυπράγμονες，有许多事情要操劳而不得闲暇的人。

③ 出自欧里庇德斯佚失的《菲洛克忒忒斯》（*Philoctetes*）（欧里庇德斯《残篇》[丁道尔夫（W. Dindorf）注本]785—786）。菲洛克忒忒斯是在特洛伊战争后期起了决定性作用的希腊英雄。他在奥德修斯和狄俄墨得斯的劝说下重返特洛伊，最后射死帕里斯（Paris），为攻陷特洛伊铺平了道路。亚里士多德所引用的第三句是节选的，全句是：

> 做人还有什么比这更无价值！
> 那些整日忙碌不休的人
> 我们尊敬为有用的人。

人的善离开了家庭和城邦就不存在。而且，即使是个人的事务，要掌握得好也不容易，也需要研究。①

另一个证明就是，青年人可以在几何和数学上学习得很好，可以在这些科目上很聪明，但是我们在他们身上却看不到明智。这原因就在于，明智是同具体的事情相关的，这需要经验，而青年人缺少经验。因为，经验总是日积月累的。（还可以再研究一下：青年人何以能成为一个数学家，却不能有智慧，也不能成为通晓自然的人。② 也许其原因就在于，数学只是抽象，那些始点则得自经验；青年人可以咏诵表达着始点的词句然而不相信它们，而数学的知识内容则是明明白白的）此外，在考虑上可能发生两种错误：或在普遍知识方面发生错误，或在具体内容方面发生错误。例如，一个人可能会说，所有的重水都无益健康，也可能会说这种水是重水。

其次，明智显然不是科学。③ 因为，如已说明的，④ 明智是同具体的东西相关的，因为实践都是具体的。明智是努斯的相反者。⑤

---

① 格兰特(卷Ⅱ第 168 页)说，本章的作者(依他的意见是欧台谟)的目的是把作为品质的明智和作为科学的分支的政治学联系起来。为使这两者相互间具有共同性质，政治学被处理为灵魂的品质和明智的一种处理政治事务的形式。

② σοφὸς δ' ἢφυσικὸς οὔ。ἢ φυσικὸς，通晓自然的人。

③ 既然明智不是科学(参见第 5 章)，既然明智也相关于普遍的东西，就需要说明它与科学在这个方面的不同。这种区别就在于，亚里士多德在这里说，科学不处理具体的事务，明智则同具体的东西相关。

④ 1141b14—22。

⑤ ἀντίκειται。努斯相关于始点，明智相关于思考的终点(具体事物)，所以是相反者。两个相反者在亚里士多德的概念中是逻辑上同范畴的。亚里士多德在此处是说，明智同努斯是同范畴的(尽管相反)，两者都与科学(作为证明的即间接的把握真的能力)不同，它们都是直接地把握对象的能力。

因为，努斯相关于始点，对这些始点是讲不出逻各斯来的。明智则相关于具体的事情，这些具体的东西是感觉而不是科学的对象。不过这不是说那些具体感觉，而是像我们在判断出眼前的一个图形是三角形时的那种感觉。因为，在这种感觉中也有一个停止点。然而这种感觉更靠近的是感觉而不是明智，尽管它是不同于具体感觉的另一种感觉。[①]

9.［好的考虑］

研究[②]与考虑不同，因为考虑是研究的一种。我们需要弄清楚什么才是好的考虑，以便把它同科学、意见、判断，以及其他这
1142b 类能力区别开来。首先，它不是科学。因为，人们不考虑他们知道的事物。而好的考虑是考虑的一种，考虑就意味着研究与推理。[③] 其次，好的考虑也不是判断。因为，判断不包含推理，而且是很快地作出的。而考虑则花费很长时间，而且人们都说，行动要快，考

---

① 亚里士多德此处所说的这种感觉（αἴσθησις），即不同于具体的感官感觉（ἡ τῶν ἰδεῶν αἴσθησις）的另一种感觉，有的译者译为直觉或数学的直觉（莱克汉姆，第351页）。但根据斯图尔特（卷Ⅱ第74—75页）的研究，这是指共同感觉（κοινῇ αἴσθησις，即common sense，汉语中通常译为常识）。亚里士多德对具体感觉（ἰδίᾳ αἰσθητα）与共同感觉的区分是在《论记忆》（*Peri Mnemes kai Anamneseos*）（450a9）中作出的。所谓共同感觉，在亚里士多德的意义上就是有机生命体对于对象的直接的感觉整体，这种感觉是对于对象的属的感觉，而不是像视觉、听觉等等那样的个别的感觉。依照这种区分，共同感觉也就是对共同感觉的意识。这种意识在对事物的把握上有一个停止点，而不会无休止地变化。

② ζήτησις，亚里士多德在第一卷开头使用的是μέθοδος，参见第1页注②。

③ 莱克汉姆把开头的一句，即“研究与考虑不同，因为考虑是研究的一种”，移至此处。

虑要慢。此外，好的考虑也不等于思想敏捷。思想敏捷是判断的一种。第三，好的考虑也不是一种意见。但是，既然考虑得糟糕导致错误，考虑得好导致正确，那么好的考虑显然是一种正确，然而它既不是科学的正确，也不是意见的正确。因为，科学不可能包含正确（正如它不能包含错误），而意见中的正确的东西也就是真。① 而且，意见的题材都是现成的。② （但是，好的考虑又必定包含着逻各斯。所以，好的考虑只能是所剩下的东西，即理智③的正确，

---

① 而不是好的考虑。亚里士多德关于真实的意见与虚假的意见相互对立的观点来自柏拉图。柏拉图在《美诺篇》(97e—98a)中认为，真实的(或正确的)意见同知识的区别在于它不像知识那样确定，而是会像奴隶那样跑掉。

② 因而不需要进行考虑的。因为，凡需要考虑的都是将来可能发生也可能不发生，可能这样地发生也可能那样地发生的事情。《会饮篇》(202a)中说，真实的意见处于有知与无知之间。《理想国》(477a—b)中说，完善的存在是知识的对象，无是无知的对象，介于二者间的即存在又不存在的东西是意见的对象。虚假的意见，柏拉图在《泰阿泰德篇》(*Theaetetus*)(187e—188a)中说，可能因(1)将一所知的事物误为另一所知的事物，(2)将一所不知的事物误为另一所不知的事物，(3)将一所知的事物误为一所不知的事物，或(4)将一所不知的事物误为一所知的事物，而产生。参见汪子嵩等著：《希腊哲学史》卷 2 第 692、938—940 页。

③ διάνοια ἄρα，字面意义是衍生的理智，即亚里士多德在《后分析篇》中所说的 νοῦς(努斯)(参见第 183 页注⑤)。διάνοια(理智)在《尼各马可伦理学》中主要在广义上使用。在这种用法上，διάνοια包含着努斯、智慧、科学、明智、技艺。但是从本章至第 11 章，διάνοια是在与沉思的理智相对的即衍生的意义上使用的，被称作διάνοια ἄρα，即进一步的理智。在这种意义上理智只包含技艺与明智，以及明智的主要因素，即考虑或研究、理解以及体谅。这种理智被说成是衍生的，原因在于它是沉思的理智的引申。在初步的或原本的意义上，理智是对不变事物的沉思；在衍生的意义上，它也包含对可变事物的思考。亚里士多德在这个概念下考察了明智的三种基本因素，即好的考虑、好的理解(或理解)，和体谅。这三种理智的性质，亚里士多德说是某种正确，即为某种善的目的而选择正确的手段。格兰特(卷Ⅱ第 174 页)说，这种理智的概念原本是柏拉图使用的，亚里士多德很可能也同意这种区别。

因为理智还不是确定的东西。[1]）意见尽管不是研究，却是确定了的东西。而一个在进行考虑的人，不论是考虑得好还是不好，都要做某些研究或计算。但是，好的考虑是正确的考虑的一种（所以我们需要先弄清楚什么是考虑，以及它的对象是什么）。“正确”这个词在这里有多种意义，好的考虑显然不是指所有这些意义。因为首先，一个不能自制者或坏人可以经过计算而确立一个他认为正确的目的，这样，尽管他将做的事对于他是极大的坏事，他却做了正确的考虑。但是人们都觉得，好的考虑是某种善。所以，好的考虑是所考虑的目的是善的那种正确考虑。但是其次，一个善目的可能不是通过正确的思考过程而确立起来的，一个正确的目的可能不是借助于正确的前提，而是借助于错误的中介[2]而达到的。这种经由错误的推理而达到的正确，也不是好的考

---

① 莱克汉姆（第 354 页注）认为这两句话是被误置于此处：第一句当属于前面的部分，也许当在“而好的考虑是考虑的一种”的后面，后一句使用的是柏拉图的διάνοια ἄρα概念，与此处没有关联。莱克汉姆的见解似乎与莱索和苏斯密尔的相同。格兰特（卷Ⅱ第 174 页）和斯图尔特（卷Ⅱ第 81 页）认为，亚里士多德在此处使用这个概念，是为了把好的考虑与意见加以区别，所以他自然地要在此强调考虑作为思想的过程的性质。这种见解似乎比较稳妥。但亚里士多德同时也是为了把好的考虑与知识加以区别。διάνοια ἄρα（衍生的理智）既然蕴涵于διάνοια（理智）之中，它的正确也就蕴涵于διάνοια（理智）之中。但由于是διάνοια ἄρα（衍生的理智）的正确，它又不同于知识的正确。换句话说，亚里士多德在广义地使用διά νοια的同时，也使柏拉图的διάνοια ἄρα（衍生的理智）概念及其与沉思的理智的区别蕴涵于其中。

② τὸν μέσον。按通常的理解，亚里士多德此处是指推理三段论的小前提可能错误。格兰特（卷Ⅱ第 175 页）认为此说不准确，因为结论的真假是前提的性质所致，不是小前提所致。韦尔登（第 193 页）以小前提的事实错误来诠释亚里士多德。他举例说，在三段论

奎宁有益于治疗发烧
此种药品是奎宁
此药有益于治疗发烧

（接下页注文）

虑。第三,一个人可能考虑的时间很长,也可能考虑得很快。考虑的时间长不等于就是一个好的考虑。考虑的正确是在于它对人有帮助,在正确的时间、基于正确的思考而达到正确的结论。第四,考虑得好有的是就总体而言,有的是就某个目的而言。就总体而言的好是指达到了就总体的目的而言的正确;就某个目的而言的好是指达到就某个目的而言的正确。所以,如果考虑得好是一个明智的人的特点,好的考虑就是对于达到一个目的的手段的正确的考虑,这就是明智的观念之所在。[1]

10. [理解]

理解或好的理解,[2]即我们说某个人理解或善于理解时所指的那种品质,不同于科学本身(以及意见,因为否则,每个人就

(续前页注文)中,当小前提是一个事实错误,即它其实不是奎宁,但恰好也有益于治疗发烧时,一个人就是通过不正确的小前提而达到了正确的结果。不过这种例证大概在亚里士多德看来是偶性的。斯图尔特(卷Ⅱ第82页)建议,亚里士多德所说的错误可能既指前提的,也指条件(小前提)的。亚里士多德此处的确不很明确。

① 莱克汉姆(第356—357页注)说,代词"这"在此处所指的可能不是(像格兰特[卷Ⅱ第176页]理解的那样)"目的"而是达到目的的手段。因为亚里士多德在下文中谈到了明智同手段而不是同目的相关。所以,他说,好的考虑同明智的区别在于,前者是理智的性质,表现于正确地研究行为问题的过程;后者则是心灵据有和关照这种研究结果的持久而确定的品质,或更准确地说,明智包含这两种品质,好的考虑是明智的一个方面。

② σύνεσις,理解;ἐν-συνεσία,好的理解。本章的作者力图把理解作为明智的一个方面或因素与之相互区别。其要旨有三。(1)除了部分与全部的区别外,明智提出命令,理解只是单纯的判断。明智,格兰特(卷Ⅱ第176页)解释说,是理智,也是意志(意愿),而理解则仅仅是(衍生的)理智。爱尔温(第249页)举出一个有意义的例子,他说理解是说,如果你向他道歉,他就不那么生气了;明智则说,既然不 (接下页注文)

1143a 都是善于理解的了)。它们也不同于一种具体的科学,例如关于恢复健康的事务的医学,和关于空间的几何学。因为,理解的对象不是永恒存在而不改变的事物,也不是所有生成的事物,而只是那些引起怀疑和考虑的事物。所以,理解和明智是与同样一些事物相关联的。然而,理解又与明智有所不同。明智发出命令(因为它的目的是一种我们应当做或不做的状态),而理解则只作判断。(因为理解与好的理解是一回事,一个理解的人也就是一个善于理解的人。)所以,理解既不在于具有明智也不在于获得明智。但是,就像运用科学能力的学习被称为理解一样,运用意见能力来判断别人所说的有关明智的事情(以及判断得好,因为理解与理解得好是一回事)也被称为理解。"理解"这个名词,即我们说某个人善于理解时所指的那种品质,其实就是从学习上的理解品质那里引申出来的。事实上我们常常把这种学习称作理解。

(续前页注文)想让他生气,你就必须向他道歉。(2)如果理解不意味对行为的要求,那么理解本身就是好的理解,因为好与坏的区别只在理解与不理解之间。(3)理解意味着对某种并非产生于自己头脑的意见或建议的领会。斯图尔特(卷Ⅱ第 84 页)解读了理解的这一层含义,即它意味着善于从别人提供的建议中汲取理智的东西。他说,理解是感悟和肯定另一个人所提供的好建议的能力。理解的人,作为理解的人本身,不提出行动的办法或计划,但是他具有认识提供给他的好建议的理智。不过理解当然不意味着不行动。所以斯图尔特(同上)又说,理解可以被看作是明智的思考过程的一个阶段,多数人也许达不到明智,而只能达到理解。

11. ［体谅］

体谅，[①]即我们说某个人善于体谅或原谅[②]别人时所指的那种品质，也就是对于同公道相关的事情作出正确的区分。这可以由以下事实得证：我们都认为公道的人最能原谅别人，并且在某些情况下，公道就在于原谅别人。但是，原谅是对公道的事情作出了正确的区分的体谅。[③] 而正确就意味着真。

---

① γνώμη。格兰特（卷Ⅱ第178页）说，希腊语中的体谅（γνώμη）很可能是从同原谅（συγγνώμη）的联系中分离出来而获得独立的意义的。"体谅"一词在词源上可能派生于γνῶμα（知识），在最早的使用中它就是指认识或知识。格兰特说，它在第欧根尼的著作中指一般知识，在图西迪德斯（Thucydides）的著作中获得了多种意义，如心灵、思想、感情、准则（尤其是这个词的复数形式）等等。柏拉图在《理想国》（476e）中大致是在知识的意义上使用这个词。亚里士多德在《修辞学》（第二卷第21章）中在道德准则的意义上使用它，在本章中则把它确定为公道的人的正确的判断。亚里士多德时代的许多箴言和警句也都是这样使用它的。所以，斯图尔特（卷Ⅱ第87—88页）把它解读为判断。他说，一条γνώμη也就是一条箴言或谚语智慧，它被人们创造，也无须证明地被人们接受，然而它由于与那个社会的感情吻合而具有说服力。

② συγ-γνώμη，前缀συγ-中συ的意义为你，整个前缀的意义为与你一道或共同，所以συγ-γνώμη的原意是与你一道来（按斯图尔特的用语）判断。συγ-γνώμη在古希腊语中很可能出现得比γνώμη（体谅）更早。一方面，如下文表明的，公道（ἐπιείκεια）与原谅的联系似乎比与体谅更为紧密。另一方面，原谅似乎包含着体谅并且具有意志与感情的直接要求，体谅似乎是从中分化出来的理智成分，尽管它也伴随有感情。体谅与原谅的关系，从这方面说，恰似理解与明智的关系。所以斯图尔特（卷Ⅱ第88页）说，原谅意味着与他人共同地思考和产生感情的共鸣：善于原谅的人是一个有社会同情心的人，他与他人共同地思考，分享他们的感情；尤其是在正式和非正式的裁决中，当对法律的严格解释会引出对于对方不利的判决时，愿意考虑他们的困难并作出有利于减轻其困难的判决。

③ ἡ δὲ συγγνώμη γνέμη ἐστὶ κριτικὴ τοῦ ἐπιεικοῦς ὀρθή。

可以说，所有这些品质[①]指的都是同一个东西。因为，我们用体谅、理解、明智和努斯来说同样一些人，[②]我们说他们长大了，懂得体谅了，有努斯[③]了，明智了和学会理解了。因为，所有这些品质都是同终极的[④]、具体的事务相关的：当一个人能够分辨这些同明智相关的事务时，他就学会了理解，懂得了体谅，并且能够原谅别人。公道的事情对所有的好人都是相同的。所有的实践事务都是些终极的、具体的事务（明智的人都承认这些事情），而理解与体谅都是同终极的实践事务相关的。其次，努斯也从两端来把握终极的事务。因为，把握起点和终极的是努斯而不是逻各斯。在证明中，努斯把握那些起点，在实践事务中，努斯把握终极的、可变的事实和小前提。这些就是构成目的的始点，因为普遍的东西就出于具体。所以，我们必定有对于这些具体事务的感觉，这种感觉也就是努斯。由于这个原因，我们认为这些品质是人生来就有的：尽管不是生来就有智慧，一个人却生来就会体谅、理解，也生来就具有努斯。这种看法表现在这个事实中，即我们认为它们可以随着年龄而生长。我们认为，在某个年龄阶段，一个人就必定会获得努斯和体谅。这意味着它们是自然地获得的。（所以，努斯既是一个始因，又是一个目的。因为证明既是从这些出发又是以它们为题材的。[⑤]）所以，对有经验的人、老年人和明智

---

① 体谅、原谅和公道。

② 指青年人。

③ 努斯在这两处是在与理智相同的意义上使用的。

④ ἐσχάτον，最终的、终极的。实践的事务是终极的，即对于它们的真或正确的理解有一个停止点（参见第 195 页注⑤）的那些事务。

⑤ 括号中的两句话，多数译注者认为与此处无直接关联。

的人的见解与意见，即使未经过证明，也应当像得到了验证的东西那样受到尊重。因为经验使他们生出了慧眼，使他们能看得正确。[①] 关于明智和智慧的性质、各自的题材，以及它们各是灵魂的哪一个部分的德性，我们就谈这些。

12.［明智与智慧的作用］

但是，有人可能会提出这些品质有什么用处的问题。因为首先，智慧不考虑那些增进人的幸福的事物（因为它不关心生成）。明智虽然考虑这个问题，但是我们为什么需要明智？明智是同对人而言的公正的、高尚［高贵］的、善的事物相关的，但是这些是一个好人出于本性就会做到的。如果德性是品质，那么仅仅知道德性就并不能使我们做事情更有德性。这与健康和强壮的情形一样。“健康”和“强壮”这两个词并不带来健康和强壮，而恰恰产生于健康和强壮。仅仅知道什么是健康和强壮不等于做有益健康

① 彼得斯（第 201 页注）在此处有一重要评论。他说，亚里士多德不仅在第 6 章把直觉（νοῦς）看作是沉思的理智的基础，而且在此处把直觉看作是实践的理智的基础。他区分了亚里士多德对实践的理智的三种运用方式：（1）无证明的陈述，例如，“在此种情况下，做这个是正确的”；这类陈述基于直觉。（2）推理的陈述，例如，“做这个是正确的，因为它公正”，在此类陈述中理智的直觉或者提供着实践三段论的小前提（“这个行为是公正的”），或者提供着大前提（“公正的行为是善的”）。（3）演绎或证明，在这里理智的直觉提供着前提。或许可以这样说，狭义的努斯是与智慧和科学、明智和技艺并列或平行的；广义的努斯则不仅是在智慧和科学中，而且是在明智和技艺中把握思考的始点的理智活动方式。

和健壮的事情。因为懂得医学和运动学并不使我们更能从事有益健康和强壮的活动。其次，如果我们反过来说人需要明智不是为了知道德性而是为了成为好人，那明智就对已经是好人的人没有用处。它也对那些还没有德性的人没有用处，因为是自己有德性还是听有德性的人的话并没有什么不同。就如同在健康这件事上我们总是该怎么做就怎么做。我们希望健康，但是并不需要学习医学。第三，说本身低于智慧的明智反而比智慧优越，这必定荒唐。不过，那个最初的东西[①]又好像处处在服从。[②] 我们已经指出这些问题上的困难，现在就来谈谈这些问题。首先，我们可以说，智慧与明智作为理智的两个部分的德性，即使不产生结果，也自身就值得欲求。其次，它们事实上产生一种结果，即幸福。但不是像医学产生健康那种意义上，而是在健康的事物带来健康的意义上。因为，智慧是德性总体的一部分，具有它或运用它就使得一个人幸福。再者，明智与道德德性完善着活动。德性使得我们的目的正确，明智则使我们采取实现那个目的的正确的手段。（另一方面，灵魂的第四个部分，即营养的部分，则没有完善活动的德性。因为在这个部分，做与不做什么不在我们的能力之

① 指智慧。

② 本章作者的目的在于说明理智的两种德性——智慧与明智的关系，以及明智作为理智德性同道德德性的关系。作者在上面提出的问题可归结为四个：(1)智慧既然不关乎获得幸福的手段，它对于追求幸福有何种用处？(2)明智如果只是关于德性(德性作为使我们获得幸福的品质)是什么的知识，它就不能使我们更有德性，那么它对追求幸福有什么用处？(3)如果说明智不仅仅是知识，而且是关于如何可以有德性的技艺，那么听一个有德性的人的教导就够了，何需自己有明智？(4)如果智慧高于明智，何以智慧处处在听从明智？这四个问题中，(1)(4)相关于明智与智慧的关系，(2)(3)相关于明智与道德德性的关系。

内。)但是,对于明智不使一个人更能够做事公正、行为高尚[高贵]这种意见,我们还要进一步回答。我们先从以下的考察开始。有的人做了公正的事却不是公正的人(例如,那些违反意愿、出于无知或为着某种目的,而不是因为行为本身而做了法律所要求的事情的人就是这样,尽管他们也做了一个好人会做的事)。所以,必定存在着某种品质,一个人出于这种品质而做出的行为都是好的,就是说,好像是出于选择的和因为那个行为自身之故的。使得我们的目的正确的是德性。而使得我们去做为实现一特定目的而适合于去做的那些事情的却不是德性,而是另外一种能力。我们必须花点时间把这点说清楚些。有一种能力叫做聪明,[①]它是做能很快实现一个预先确定的目的的事情的能力。如果目的是高尚[高贵]的,它就值得称赞;如果目的是卑贱的,它就是狡猾。所以,我们才会称明智的人是聪明,称狡猾的人是卑贱。[②]但是能力不等于明智,虽然明智也不能没有能力。但是灵魂的这只眼睛[③]离

---

① δεινότης。亚里士多德对于聪明与明智的区分在于,明智是对于一个高尚[高贵]的、善的目的的手段的,聪明则是对于任何一个确定的目的的。格兰特(卷Ⅱ第182页)说,明智离开了德性就只是聪明,并很容易蜕变为狡猾(πανουργία)。斯图尔特(卷Ⅱ第101页)说,聪明不常出现于道德的领域,在非道德的领域,它就是聪明本身;在出现在道德领域时,它便会发生转变:它如果成为实现恶的目的的原因,就是狡猾;如果是实现善的目的的原因,就是明智。

② διὸ καὶ τοὺς φρονίμους δεινοὺς καὶ [τοὺς] πανούργους φαμὲν εἶναι。此处[τοὺς]为克雷恩(A. E. [?]Klein)所加,莱克汉姆(第369页)与韦尔登(第200页)依克雷恩的解读,认为这是原文的遗漏,也可能是合理的省略。据上下文,此种解读似比较稳妥。格兰特(卷Ⅱ第185页)与罗斯(第156页)此处坚持未采取[τοὺς]的解读,依此种解读,此句当作"所以,我们才会称明智的人聪明或狡猾"。

③ 即由于经验而形成的实践理智的直觉。见1143b8—10。

开了德性就不可能获得明智的品质。这种品质是什么，我们在上面刚刚说过，[①]应当是明白的。因为，实践的演绎也有这样的始点——既然目的或最大善是某种事物(不论它是什么，因为这里只是从逻各斯上讲)。但是最大善只对于好人才显得善。恶会扭曲实践的始点或是在始点上造成假象。因此，不做个好人就不可能有明智。

13.［明智与道德德性的关系］

1144b 所以，我们需要重新考察德性。德性的情形与明智同聪明的关系大致相同。明智与聪明不相同，但两者非常相像。自然的德性[②]与严格意义的德性的关系也是这样。人们都认为，各种道德德性在某种意义上是自然赋予的。公正、节制、勇敢，这些品质都是与生俱来的。但同时，我们又希望以另一种方式弄清楚，在严格意义的善或此类东西中是否有别的东西产生。因为，甚至儿童和野兽也生来就有某种品质，而如果没有努斯，它们就显然是有害的。一个强壮的躯体没有视觉的情形更为明显。由于没有视觉，他在行动时摔得更重。这里的情形也是如此。然而如果自然的品质上加上了努斯，它们就使得行为完善，原来类似德性的品质也就成了严格意义的德性。因此，正如在形成意见的方面灵魂有聪明与明智两个部分，在道德的方面也有两个部分：自然的德

---

① 1144a6—26。

② φυσικὴ ἀρετή。

性与严格意义的德性。严格意义的德性离开了明智就不可能产生。[①] 所以有些人就认为，所有的德性都是明智的形式。苏格拉底[②]的探索部分是对的，尽管有的地方是错的。他认为所有德性都是明智的形式是错的。但他说离开明智所有的德性就无法存在却是对的。一个证明是，即使在现在，人们在定义一种德性，说明它是什么、相关于什么之后，也还要加上一句，说它是由正确的逻各斯规定的。而正确的逻各斯也就是按照明智而说出来的逻各斯。所以，每个人都似乎以某种方式说出了这个道理：德性是一种合乎明智的品质。然而这个说法需要作一个小小的修正。德性不仅仅是合乎正确的逻各斯的，而且是与后者一起发挥作用的品质。在这些事务上，明智就是正确的逻各斯。苏格拉底因此认为德性就是逻各斯（他常说所有德性都是知识的形式）。而我们则认为，德性与逻各斯一起发挥作用。[③] 显然，离开了明智就没有严格意义的善，离开了道德德性也不可能有明智。（这一见解也解答了有些人在对辩中提出的一种诘难。他们说，德性可以相互分离。他们说，一个人不可能具有所有的德性，所以，他获得了

---

① 所以，正像聪明的能力离开了德性的品质就不能成为明智一样，自然的德性（例如自然的勇敢、公正等等）离开了明智（实践的、把握终极事务的努斯）就不能成为道德德性。所以德性离不开明智。这种关系，伯尼特（第 286 页）写道，可以这样来表达："德性无明智则盲，明智无德性则空。"

② 苏格拉底的名字前面没有加冠词，格兰特（卷Ⅱ第 188 页）据此认为此处指的是历史上的苏格拉底，而不是柏拉图对话中的苏格拉底。

③ 斯图尔特（卷Ⅱ第 108 页）说，亚里士多德在此处力图避免苏格拉底的极端——德性即知识，恶都不是出于意愿。亚里士多德此处的论点是：德性（作为品质）与逻各斯（理智的知识）一道起作用，如果一个行为也出于品质，那么它就是出于意愿的，因为品质本身最终是在我们能力之内的、出于我们的意愿的。（第三卷第 5 章）

某种德性，而没有获得另一种德性。说到自然的德性，这是可能
1145a 的。但说到使一个人成为好人的那些德性，这就不可能。因为，一个人如果有了明智的德性，他就有了所有的道德德性。）从这里也可以明白，即使明智不引起实践，它也是需要的。因为它是它所属的灵魂的那个部分的德性。与没有德性的情形一样，离开了明智我们的选择就不会正确。因为，德性使我们确定目的，明智使我们选择实现目的的正确的手段。然而，明智并不优越于智慧或理智的那个较高部分。这就像医学不优越于健康一样。医学不主导健康，而是研究如何恢复健康。所以，它为健康，而不是向健康，发出命令。此外，我们还可以补充说，说明智优越于智慧就像说政治学优越于众神。因为，政治学在城邦的所有事务上都发布命令。

第七卷

[自制]

1. [自制、不能自制和关于它们的流行意见]

我们现在开始讨论一个新题目。[1]我们说，要避开的品质有三种：恶、不能自制[2]和兽性。[3]其中两种品质的相反者很明白，一个我们叫做德性，另一个叫做自制。[4]兽性的相反者，我们最适合说它是超人的德性，一种英雄的或神似的德性，就像荷马笔下的普利阿摩斯[5]在说赫克托耳有超常的善，

---

① 亚里士多德从本卷开始，转而讨论那些特别与人的心理意志相关的品质，自制与不能自制、坚强、软弱和柔弱。这些品质，他说，既不同德性和恶是一回事，又不与它们根本不同。格兰特(卷Ⅱ第191页)评论说，与前面的讨论仅仅区分德性与恶相比，本卷的前9章采取了一种更为实践的观点，考察伦理学体系常常过多忽略的中间品质，提供了关于人的道德弱点的一种细微然而不甚清晰的现象心理学。

② ἀκρασία，不自制、不能自制。我之所以倾向于译为不能自制，是因为亚里士多德把它看作是一种与意志状态相关的品质，而不仅仅对于过去的不自制行为的陈说。

③ θηριότης，兽性，与人性相对。

④ ἐγκράτεια，自制，或自我控制，与不能自制相对。

⑤ 见第26页注⑤。

且不似凡人所生，

而像某位神祇的后裔[①]

时所描述的那样。所以，如果像人们所说，超越了德性人就成为神，与兽性相反的品质就不属于人。[②]因为，野兽与神祇无德性与恶可言。神性高过德性，兽性则与恶不属同种。如果在斯巴达人断言他们特别崇拜的人是神人[③]这种意义上用这个词，像神那样的人就是很少的。同样，兽性在人类中也是少见的。只有在野蛮人、病人或有发展障碍的人中间才见得到兽性。不过我们也用“兽性”这个词责骂那些超乎常人的恶。但是兽性我们要放到后面一点[④]来谈，而恶我们已经谈过了。[⑤]我们现在必须谈谈不能自制、软弱[⑥]和柔弱，[⑦]还要谈谈自制和坚强。[⑧]这两类品质既不能看作同德性与恶一回事，又不能看作是同它们根本不同的。[⑨]讨论这个问题的恰当

---

① 《伊里亚特》，258。

② 因为，神与兽这对相反的存在物皆与人不属同种。

③ σεῖος ἀνήρ，斯巴达土语，意为神似的人，σεῖος为θεος(神)的变形，意为准神，ἀνήρ意为人，男人。

④ 本卷第5章。

⑤ 第二至五卷。

⑥ μαλακία，软弱、脆弱。亚里士多德主要在意志品质的意义上使用这个词。

⑦ τρυφῆ，柔弱、娇柔。在亚里士多德的术语表中，它是软弱的一种。见后面第7章的有关讨论。

⑧ καρτερία，坚强、坚忍，与软弱相反的意志品质状态。我译作坚强是取其与软弱相对的意义。而且，在汉语中，它也包含着亚里士多德强烈地赋予καρτερία的忍耐与抵抗两种消极性意义，尽管这两种意义的区分不很明显。

⑨ 亚里士多德在上面共排列了六种品质状态：(1)神性或神的德性，(2)属人的德性，(3)自制，(4)不能自制，(5)恶，(6)兽性。(参见格兰特，卷Ⅱ第193页；斯图尔特，卷Ⅱ第116—117页。)神性是人不能达到的。自制与不能自制是处于德性与恶之间的品质。所要避免的品质状态是后面的三种。

方式，和讨论其他问题时的一样，也是先摆出现象，[①]然后考察其中的 1145b
困难，最后，如果可能，就肯定所有关于这些感情[②]的意见，如不可能，就肯定其中比较重要或最重要的意见。因为，如果困难可以解决，且流行的意见还有一些站得住脚，真实的意见就可以充分地确立。[③]

首先，人们看来是认为，自制和坚强是好的和可称赞的，不能自制和软弱是坏的[④]和可谴责的。其次，人们认为，自制者是遵守他经推理而得出的结论的人，不能自制者则是放弃此种结论的人。第三，人们认为，不能自制者总是出于感情而做他知道是恶的事，自制者则知道其欲望是恶的，基于逻各斯而不去追随它。第四，人们认为，节制者都是自制的和坚强的。但是有些人否认自制者都是节制的，有些人则肯定这点。肯定这点的人认为不能自制者就是放纵者，放纵者就是不能自制者，这两者不分；否定这点的人则区分这两者。第五，人们有时说明智的人不会不能自制，有时又说有些明智的人不能自制。第六，人们是在怒气方面，以及在对荣誉或财富的追求方面，[⑤]说一个人不能自制。这些就是所提出的意见。

---

① φαινὸμενα，现象、显现出来的东西，这里指有关这个问题的各种意见。

② 亚里士多德在这里存在表达上的不一致性：他在上面称自制与不能自制等等是品质，在此处又称它们为感情（πάθη）。或者，他所指的是与这些品质相关的感情。

③ 这段话是亚里士多德对他的伦理学方法的说明。这种方法分为（1）举出所论问题上的流行意见，（2）分析其中的困难，（3）保留其中经得住辩难的部分三个步骤或阶段。这种方法表明他的伦理学是把辩证推理运用于对常识意见的分析而形成的。莱克汉姆（第 376 页注）说，亚里士多德认为常识意见、哲学家的意见以及行为事实中可能有真实的成分。斯图尔特（卷Ⅱ第 121 页）评论说，在亚里士多德看来，伦理学就是常识意见的形式化。《范畴篇》与《论题篇》中讨论的有关辩证推理的方法是他把常识道德形式化的基本方法。

④ φαῦλος，衍生于名词φαυλότης。由于把自制与不能自制看作是既与德性和恶不同又与之相关的中间性品质，在谈到不能自制品质的性质时，亚里士多德较多使用的是φαῦλος（坏），而不是κακία或πονηρία（恶）。

⑤ 韦尔登（第 206 页）在此处加上了“而不是只在感官快乐方面”。

2.［不能自制方面的疑难］

首先，困难在于，一个行为上不能自制的人在何种意义上有正确的判断。[1] 有些人说，一个人如果知道那个行为是恶的，就不会去做。因为，如苏格拉底所说，一个人有知识，又奴隶般地被别的事物宰制，这是荒唐的。苏格拉底一直完全反对这种观点。他坚持说，既然没有人会明知而去做与善相反的事，除非不知，那么就完全不存在不能自制的情形。这种说法与现象[2]不相符，我们应当去弄清那种感情[3]；如果那样做是出于无知，我们就要弄清它是出于何种无知。因为，不能自制者在受感情影响之前显然不认为那个行为是正确的。但是对上面的说法，[4]有些人的看法略有不同。他们同意知识比别的事物有力量，但是不同意一个人不可能做与他认为善的行为相反的事的说法。所以他们认为，不能自制者在屈从于欲望时不是具有知识，而是具有意见。[5] 可是，如果不能自制者具有的是意见而不是知识，如果意见不是一种强有力的抵抗的观念，而比较脆弱——就像优柔寡断的人那样，我们就会原谅在强烈欲望

---

① 抑或，这种判断是知识的、意见的还是明智的？因为判断的概念本身是很含糊的。

② 在这里指经验的事实。

③ 指不能自制。

④ 即苏格拉底的观点。

⑤ 这种见解，伯尼特（第 293 页）说，可能是柏拉图的追随者们的。但斯图尔特（卷Ⅱ第 129 页）认为，这是柏拉图本人在《美诺篇》（97e—98a）中表达的见解。这种见解在于，意见不像知识那样确定，因为意见的观念不像知识的观念那样，它们不是关于事物与它们的原因的联系的。所以一个人的即使是真实的意见也会像奴隶那样地逃离他。

下没有坚持其意见的人了。然而我们并不原谅这种行为，也不原谅其他可谴责的品质。那么，是抵抗着欲望的明智吗？[①] 因为，明智是强有力的。但是这又非常荒唐。因为这意味着一个人同时既明智又不能自制，然而又没有人会认为明智的人会出于意愿地做卑贱的事。而且，前面也已经表明，明智是实践的[②]（因为明智同具体的事务相关[③]），明智意味着同时具有其他德性。[④] 第二，如果自制意味着有强烈的、坏的欲望，节制的人就不是自制的，自制的人也不是节制的。节制的人没有坏的欲望。但是一个自制者必定有。因为，如果他的欲望是好的，阻止他去追随其欲望的品质就是坏的了，自制也就不总是好的。而如果他的欲望是脆弱的但不坏，抵抗此种欲望也就没什么可骄傲的；如果这种欲望坏但是脆弱，抵抗它也就没什么了不起了。第三，如果自制使一个人坚持他的任何意见，这可能不是好事，因为它使人坚持他的虚假意见。如果不自制使人容易放弃任何意见，这有时倒是好事。例如索福克洛斯的《菲洛克忒忒斯》中的涅俄普托勒墨斯[⑤]的行为就值得称赞：他因说谎太令他痛苦而放弃了奥德赛说服他作出的一个虚假选择。[⑥] 第四，智者派的说法也指出了一个困难。他们希望使论敌陷入矛盾来表现他们的聪明，

---

① 完整的形式当是：不能自制者所具有的是抵抗着欲望的明智吗？

② 1140b4—6。

③ 1141b16，1142a24。

④ 1144b30—1145a2。

⑤ Νεοπτόλεπος，Neoptolemus，阿客琉斯之子。阿客琉斯死后，为夺取特洛伊城，奥德赛让他冒充阿客琉斯欺骗菲洛克忒忒斯。

⑥ ψευδομένος。ψευδο-意为虚假的，μένος意为选择、判断、决定等等。格兰特（卷II第200页）说，此语或者是指智者派的粗陋的诡辩形式，或者指欧布里德斯（Eubulidos）的著名的“说谎者”二难推理。

如果他们成功，演绎就会最终是一个死结。因为，我们的思考不肯停止，除非有了满意的结论。但是我们又无法推进结论，因为解不开那个死结。他们的一个论点是：愚蠢[①]加不能自制等于德性。因为，如果一个人是愚蠢的和不能自制的，因不能自制他就会去做与他判断为好的事情相反的事，但是他判断为好的事情恰恰是坏事，[②]所以他将做好事而不是坏事。第五，出于信念[③]与选择而追求快乐的人，[④]可能比全无推理、因不能自制而追求快乐的人好些。因为，他可以被说服改变其信念。而不能自制的人正如一句谚语所谴责的，“假如被水噎住了，你还能用什么把它冲下去呢？”要是他原
1146b 来相信他做得对，说服他改变信念还可以使他停止。可是，他却信的是一回事，做的是另一回事。[⑤]第六，如果自制与不能自制是对于任何事物的，什么是一般的不能自制呢？谁也不会在任何事上都不

① ἀφροσύνη，愚蠢、无头脑。

② 因他是愚蠢的。

③ τῳ πεπεῖσθαι，由于信念，πεπεῖσθαι是动词πείθω（相信）的变化形式。

④ 即放纵者。莱克汉姆（第 382 页注）说，这是智者派提出的另一难题。智者派把不能自制者等同于放纵者，同时肯定不能自制者的行为不是出于选择的，并基于这种矛盾提出下述的难题。

⑤ 劳伦丁抄本（Kb）：εἰ μὲν γὰρ ἐπέπειστο ἃ πράττει，μεταπεισθεὶς ἂν ἐπαύσατο. νῦν δὲ πεπεισμένος οὐδὲν ἧττον ἄλλα πράττει（要是他原来相信他做得对，说服他改变信念还可以使他停止。他信的是一回事，做的却是另一回事）。ἐπέπειστο，即τῳ πε-πεῖσθαι，意思是，由于听信别人的说服，把坏的行为当作好的行为。巴黎抄本（Lb）在ἐπέπειστο之前有μή（不、没有）。格兰特（卷Ⅱ第 201 页）依照此抄本将这两句译为“要是他原来不相信他做得对，说服他还可以使他停止。他信的是一回事，做的却是另一回事”。莱姆索尔和拜沃特（见莱克汉姆，第 384 页注）认为应当在δὲ πεπεισμένος之间加上否定性的连词ἀλλὰ，其意义如正文中所示。多数译者，如罗斯（第 163 页）、莱克汉姆（第 385 页）、克里斯普（第 123 页）、奥斯特沃特（第 179 页），都采取莱姆索尔和拜沃特校本。

能自制,可是我们却笼统地说一些人不能自制。

这些大概说来就是那些意见中存在的困难。那些意见中一部分要摈弃,一部分要保留下来。因为解决难题就是寻找答案。

3. [不能自制与知识]

我们接下来考察,不能自制者是否具有知识,以及如果具有知识,是在何种意义上具有;自制和不能自制是同哪些事物相关,就是说,是同所有的快乐和痛苦相关,还是只同某些特殊的快乐和痛苦相关;自制与坚强是一回事,还是有所区别,以及其他一些与此相关的问题。作为开始,①我们先来考察,使自制者和不能自制者与具有其他品质的人相区别的是同这两种品质相关的对象,还是行为的方式。就是说,一个人被称为不能自制者是因他在某些事物上不能自制,还是因他的行为方式本身,或是同时因这两者。下一个问题是,自制与不能自制是否同一切事物相关。因为,我们在笼统地称一个人不能自制时,不是指一切事物,而是指说一个人放纵的那些事物。而且,我们也不仅是指这个人沉溺于这些事物(因为那样就与说他放纵没有区别了),而是指他以一种特殊的方式同这些事物相关。放纵者是

① 从此处到本自然段尾的这一节,按许多学者研究,与上下文无必然的关联。斯图尔特(卷Ⅱ第243页)引证莱姆索尔,怀疑它是亚里士多德的其他佚失作品的一段引言被误置于此。格兰特(卷Ⅱ第202页)把它看作是对后面几章的讨论内容的一个蹩脚的预告。莱克汉姆(第384页注)认为它是对前一小节的不必要的重复。彼得斯(第215页注)认为它可能是作者临时写下的手记或片段,表明作者准备对前面的一小节作些修改,《尼各马可伦理学》的许多部分在他看来都具有这种尚未完成的特点。

出于选择，认为应当追求当下的快乐。不能自制者则不是出于此种选择，但也同样沉溺于这些事物。

至于不能自制者的行为所违反的不是知识而是真实的意见的见解，[1]对我们的讨论没有重要的意义。因为有些人对所持的意见坚定不移，把这种意见当作他知道的东西。所以，如果有人说，具有意见的人由于其信念的脆弱更容易违反正确的判断，我们就可以回答说，从这方面来说，意见与知识没有什么区别。因为，有的人对所持意见的信念也像其他人所具有的知识一样坚定。赫拉克利特就是这样一个例子。[2] 但是首先，具有知识有两种不同的意义（有知识而不运用它，与有知识并且去运用它都是有知识）。一个做了不应当做的事的人是有知识而没有意识到这种知识，还是清楚地意识到这种知识，这是非常不同的。后一种情形[3]是非常令人奇怪的，而前种情形则不令人奇怪。其次，前提
1147a 有两种形式，[4]但是懂得两种前提并不足以阻止一个人做违反其知识的事。因为，他可以只运用普遍前提而不运用具体前提，而行为总是同具体事物相关的。而且，普遍性的词语在使用上也有差异，一部分是说行为者自身的，一部分是说事物的。例如，“干燥的食物对所有的人都有益”，[5]“我是一个人”，或者“某种食物是干燥的食物”。但是“这个食物是某某类食物”这个知识，一个人

---

① 1145b32—7。

② 这可能是指，彼得斯（第216页注）说，赫拉克利特关于对立面的统一的学说，亚里士多德不公平地把这个学说解释成对矛盾法则的否认。参见《形而上学》1012a24。

③ 即意识到（运用）知识，但出于意愿地做相反的（错误的）事。

④ 即普遍前提（大前提）与具体前提（小前提）。

⑤ 这个大前提中，前一部分是说事物的，后一部分是说行为者自身的。

可能或者不具有，或者具有而没有去运用。[①] 这些差异使得具有知识呈现出显著的差别。一个人[②]若是以刚刚说明的那种方式具有知识便不很令人奇怪，以另一种方式具有知识则令人奇怪。第三，除上面谈到的之外，一个人还可能以第三种具有知识。因为在具有知识而未运用知识的情形中，我们还可以作出一种区分。因为，一个人在某种意义上可以说像一个睡着的人、一个疯子或醉汉那样地既有知识又没有知识。[③] 那些受感情宰制的人也是这样。怒气、欲望和某些其他感情可以使身体变形，甚至使人疯狂。所以我们必定会说，不能自制者如果有知识，也只是像睡着的人、疯子或醉汉那样地有知识。[④] 背诵知识的词句也不说明就具有知识。甚至醉汉也可以吟咏恩培多克勒[⑤]的诗句。一个初学者可以把各种名言收集起来，却一点也不懂。知识需要成为自身的一个

---

① 前面的讨论谈到了有知识而没有意识到（运用）知识的一般情况，这里的讨论进一步具体化了。没有意识到（运用）的不是知识的普遍前提，而是直接关系到结论（结果）的具体前提。流行意见的有知识观念是知道或了解普遍前提与具体前提。而实践三段论的性质则在于对知识的有意识的运用，这种运用在这里被表达为运用普遍前提于具体知识并引出结论（结果）。莱克汉姆（第 388 页注）认为，作者在这里举出两个可能未出现于意识中的具体前提，一个相关于事物，一个相关于行为者，表明他认为这种意识（运用）包含两个三段论。第一个是："干燥的食物对所有的人都有益"（普遍前提），"我是一个人"（具体前提），所以"干燥的食物对我有益"（结论）。第二个是："干燥的事物对我有益"（普遍前提），"这个食物是干燥的食物"（具体前提），所以"这个食物对我有益"（结论）。

② 指不能自制者。

③ 与前面谈到的具有知识而没有意识到（运用）其知识的情形有所区别，这里谈到的情形是像醉汉或睡着的人那样既有知识又没有知识，说他没有知识，是说他在那种状况下不可能意识到（运用）他的知识。彼得斯（第 217 页注）认为，这第三种情形很可能是亚里士多德"后想起来"而加在这里供将来改写用的。

④ 即既有知识又无知识。

⑤ Ἐμπεδοκλῆς，Empedocles，希腊哲学家，著名的七贤之一。

部分，而这需要时间。所以，应当把不能自制者所说的话当作演员所背的台词来看待。第四，对于不能自制者的情形，还可以从根本原因上考察。一个意见是普遍前提，另一个与具体事实相关，属感觉的范围。当两个前提结合成一个结论时，它就在一个领域[①]表现为灵魂的一种肯定，在制作的领域[②]直接地产生一个行动。例如，如果“甜的食物是令人愉悦的”，且“这个食物是甜的”——作为类的一个个例，你如果能够并且没有被阻止，就必定去品尝。如若有一个普遍意见阻止我们去品尝，另一方面又有一个意见说，“甜的食物是令人愉悦的”，且“这个食物是甜的”——这种意见[③]有一种现实的驱动力量，如若我们有了欲望，那么即使第一个普遍意见阻止我们，欲望也会驱使我们向前（因为它能使身体的每个部分都动起来）。所
1147b 以在某种意义上，不能自制者的行为似乎是出于一种不是自身就与正确的逻各斯对立的意见（因为与之相反的不是意见而是欲望）。[④]

---

① 即知识的领域。

② ταῖς ποιητικαῖς。实践（πρᾶξις），根据他的理论与上下文，这里的确更应当提到实践（πρᾶξις）。斯图尔特（卷Ⅱ第 157 页）认为，制作在这里是在生产性的意义上使用的。由于作者想建立严格的实践三段论，所以把具体前提视为直接生产性（即产生结论或结果）的前提。这个解说的确给人启发。不过也存在另一个可能性，即作者本欲像在第六卷第 2 章（1139a28）那样，将实践与制作（πρακτικῆς μηδὲ ποιητικῆς）并提，由于疏忽或文稿抄写上的疏漏而落掉了“实践”一词。

③ 即“这种食物是甜的”这个小前提。

④ 在实践的推理中，普遍前提（原理）是非生产性的，关于环境与境况的具体前提（事实）是生产性的。当两者结合时，产生的结论（结果）就既是普遍前提所肯定的东西，又直接是一个行动。而在不能自制者的例子中，这两者出现了不一致：普遍前提阻止，但具体前提仍然促使他去行动。从这种分析中可以引出两个主要的推论。其一，在实践与制作活动中，具体前提是推理中的更加起作用的前提。其二，出于具体前提的行为并不是本身就与普遍前提对立的，因为具体前提（关于事实的意见）可以与普遍前提相结合。

由于这个缘故,我们不说野兽不能自制。因为,它没有普遍判断,只有对具体事物的表象和记忆。不能自制者如何克服此种无知并回到有知识的状态,与醉汉和睡着的人的问题是一样的,没有什么特别之处。在这里应当听听生理学的意见。但是,由于后一个前提是一个对于感觉对象的、主导着行为的意见,不能自制者在受着感情的宰制时就或者不具有这种知识,或者即使具有,所具有的也不是知识,而只是醉汉所重复的恩培多克勒的词句。而且,由于这种前提不是普遍的判断,不像普遍前提那样是科学的对象,苏格拉底所努力说明的问题就仍然是对的。因为,当一个人不能自制时,呈现给他的知识不是真实的知识,也不是受到感情扭曲的知识,而只是感觉的知识。[①] 关于不能自制者是否具有知识,以及具有何种知识的问题,我们就说到这里。

4. [不能自制的范围]

接下来,我们需要讨论是否有一般的不能自制,或不能自制是否一定与某些特定的事物相关,以及如果是,同哪些事物相关。自制和坚强,不能自制和软弱,显然都相关于快乐与痛苦。在产生快乐的事物中,有些是必要的,有些则是本身值得欲求,但我

---

① 苏格拉底致力于说明的问题是,一个人如果有知识便不会做坏事情,除非是没有知识。作者在证明不能自制者虽然有知识仍然可能做出坏事之后,作了一个限定,即一个不能自制者所具有的只是感觉的知识(这被解释为知道普遍前提与具体前提,但未能意识到后者并把前者应用于它),并在这种限定的意义上重新肯定了苏格拉底的问题的合理性,即一个人如果有真实的知识便不会做坏事。

们在追求它们时可能过度。必要的快乐是同肉体相联系的，我指的是营养、性爱，即与放纵和节制相关的那些肉体活动。另一些则是不必要的，但是它们自身值得欲求，我们指的是胜利、荣誉、财富以及其他善的和快乐的事物。对这些事物的获得违反了正确的逻各斯时，我们并不笼统地说它们是不能自制，而是加上些限制，如在财富、获得、荣誉或怒气上不能自制，而不是只说不能自制。因为，它们同严格意义上的不能自制不同，称它们是不能自制只是因其类似。正如奥林匹克运动会获奖者安斯罗珀斯[①]的例子，他的定义同人的一般定义虽不是根本不同，但还是有些不同。（这可由以下事实得证：在谴责一般的或某种肉体快乐方面的不能自制时，我们说它们不但是错误，而且是恶；而对这里所说的这类不能自制，我们不说它们是恶。）但是，在那些在与节制和放纵相关的肉体快乐方面出错的人中间，我们把其中过度追求快乐，并在渴与饿、热与冷及所有影响我们的触觉与味觉的事物上躲避一切痛苦，且不是出于选择而是违反其选择与理智而这样做的人，称为不能自制者。我们这样说他们时不加任何限制，即不说他们在某某方面——如怒气——不能自制，而只说他们不能自制。（一个证明是，我们把在这些事上屈从于快乐与痛苦的人称为软弱的人，对屈从于怒气的人则不这样说。）所以，我们把不能自制者与放纵者，把自制的人与节制者相提并论，而不把他们同屈

---

① Ἄνθρωπος，Anthropos，公元前56年奥林匹克拳击冠军。Ἀνθρωπος在希腊语中的意义为“人”。亚里士多德这里借这种定义上的逻辑差别比喻上面所说的一般的不能自制与在某种具体事物方面的不能自制间的差别。

从于怒气等等的人放在一起来讨论。因为,不能自制与放纵是和同样一些快乐与痛苦相关的。然而事实上,尽管它们都与同样的事物相关,它们却不是以同样的方式同这些事物相关。放纵者是出于选择,不能自制者则不是。所以我们应当说,那些没有或只有微弱的欲望便过度追求快乐和躲避痛苦的人,比具有强烈欲望而这样做的人更是放纵。因为,如果他们具有了青春的强烈欲望,并感受到缺少必要快乐而产生的强烈痛苦,又会怎样呢?

既然有些欲望和快乐是与在性质上就高尚[高贵]和好的事物相联系的(因为依照前面①的区分,令人愉悦的事物之中,有一些本性上就值得欲求,有一些则与此相反,有一些是中间性的),例如财富、获得、胜利、荣誉,人们就不会因感受、欲求和喜爱这些以及那些中性的事物而受谴责,而是因以某种方式这样做,即过度,而受谴责。(例如有些人违反逻各斯地屈从和追求某种本性上高尚[高贵]和善的事物,如太看重荣誉,太关心子女与父母。关心子女与父母本是好事,本应受称赞。但是在这方面可能做得过分,例如像尼奥贝②那样甚至要与众神对立,或是像萨图罗斯③

① 1147b23—31。作者在这里引入了第三种愉悦的事物,即自身就是恶的事物。产生于对这类事物的喜爱的快乐因此自身就是恶的。同这种本性上恶的快乐相区别的是本性上高尚[高贵]而只在追求得过度时才是坏事的快乐,和与肉体相关的必要的(中性的)快乐,后面这种快乐也同样容易追求得过度而成为坏事。

② Νιόβη,Niobe,尼奥贝声称她的孩子比雷托(Leto)的还美丽。

③ Σάτυρος,Satyrus。文字的记述上说法不一。据阿斯帕西尔斯(Aspasios),希腊故事中,一个叫萨图罗斯(Satyrys)的人当父亲去世时,以自杀来寄托其哀思。但是,西里奥多罗斯(Heliodorus)则说,爱父者萨图罗斯敬父如神。斯图尔特(卷Ⅱ第178页)说,公元前4世纪伯斯普鲁斯(Bosporus)王叫作萨图罗斯。伯尼特(第310页)据萨图罗斯的名字推断这一点很可能属实。

那样由于爱父亲而得到“爱父者”的绰号，就太过分了。）所以，在
1148b 这些事物上不存在恶。因为如已说明的，这些事物就其自身而言都是值得欲求的，尽管过度的追求是坏事情因而应当避免。同样，在这些事物上也不存在不能自制。因为不能自制不仅仅是应当避免，而且是应当谴责的品质。但是由于感情状态上的相似，我们也在这些方面使用不能自制这个词。不过，在这样说时总要说在某某方面不能自制，就像对某个我们不能简单地说是坏人的人，我们说他是个坏医师或者坏演员一样。对于一个医师或演员，我们不能不加限制地说他坏，因为他们各自的品质[①]都不是严格的恶，而只是有些类似。同样，在前面的不能自制的例子里，我们只能说在与节制和放纵相关的那些事物上的不能自制是不能自制，而在说怒气方面的不能自制只是在类比意义上说的。所以，我们要加上在怒气方面这样的限定，就像说在荣誉或获得方面一样。

5.［兽性与病态］

有些事物是在正常情况下令人愉悦的。其中有些是一般愉悦的，有些是令特定的动物或特定的人愉悦的。但是还有些事物，不是在正常情况下令人愉悦，而是由于发展障碍、[②]习惯或天生残疾[③]才变得愉悦的。相应于每种这样的快乐，我们都可以

① 即作为医师或演员的品质。

② πηρώσεις，由于发展受挫而形成的障碍。

③ μοχθηρὰς，天生的能力丧失、残障。

发现一种相关的品质。我首先是指那种兽性的品质，例如人们所说的那个剖杀孕妇、吞食胎儿的女人，[①]黑海沿岸的嗜好吃生肉和人肉并易子而食的蛮人，以及法拉里斯[②]的故事所表现的那种品质。这些是兽性的例子。另外一些这类品质来自病[③]（或者，在某些例子中，来自疯，[④]例如那个把自己的母亲拿去献祭并吃掉她的疯子，以及那个吃掉自己伙伴的肝脏的奴隶）。其他的病态的[⑤]品质则来自习惯，如拔头发、咬指甲、吃泥土，以及鸡奸等等。这些行为有些是出于本性，有些则出于习惯，例如有些人由于从小成为性欲对象而形成的品质。出于本性的品质不能被责备为不能自制，正如不能责备妇女在性交中总是被动而不主动一样。对形成于习惯的病态品质也是这样。这些品质本身不属于恶，正如兽性不属于恶一样。不论是战胜它们还是屈服于它们都算不得严格意义上的不能自制。[⑥] 说它们是不能自制只是在类比的意义上说的，正如对一个不能控制其怒气的人我们说他是在怒气上不能自制，而不简单地说他不能自制一样。（一切极端的品质，不论是愚蠢、怯懦、放纵还是怪癖，事实上都或者是兽性，或者是病态。一个生性对一切都害怕，甚至连老鼠的叫声都害怕的人，表现的是兽性的怯懦。有的人害怕鼬鼠则是病态。愚蠢也是一样。有

① 莱克汉姆（第 400 页）说，这可能是指民间传说中的一个女魔。

② Φάλαρις，Phalaris，见下页注①。

③ νόσος，疾病、病。病在本卷有广义与狭义两种用法：狭义上指使人偏离正常发展的生理变异，区别于发展障碍与残疾；广义的用法将后两者包含于内。

④ μανία，疯狂、疯癫、癫痫等等，属病的一种。

⑤ νοσηματώδεις，病态，衍生于名词 νόσος（病）。

⑥ 这里正如莱克汉姆（第 403 页注）所说，应当领会为“自制与不能自制”。

些人，如远方的蛮人，生来就没有推理能力，与世隔绝，靠感觉生活，这是兽性。有些人则是由于某些病，如癫痫、疯，而丧失推理能力，这是病态。）在这些不正常的品质上，一个人可能只是有倾向而并未屈从于它们。我是说，法拉里斯也许是有吃一个小孩的欲望或某种愚蠢的恶欲，但忍住了而没那么做。[①] 但一个人也可能不仅仅是具有，而且受其宰制。所以，对于人的恶我们便直接称其为恶。对于非人的恶，我们则加上一些限定语，称之为兽性的、病态的恶。不能自制也是一样。所以有些是兽性的不能自制，有些是病态的不能自制。只有与人的放纵相应的不能自制才是一般意义上的不能自制。

所以，不能自制与自制只是就与放纵和节制相关的那些事物说的。涉及其他事物的不能自制则是另一类的不能自制。它们只是在转义上，而不是在本来意义上被称为不能自制。

6. ［怒气上的不能自制与欲望上的不能自制］

我们来考察这样一种情况：与欲望方面的不能自制相比，怒气上的不能自制不那么让人憎恶。[②] 怒气在某种程度上似乎是听

① 法拉里斯(Phalaris)，一说为西西里岛公元前570年阿格里儋图(Agrigentum)的僭主。但据伯尼特(第313页)说，很少有相关的记述。他认为法拉里斯的名字可能是文本的誊抄者由于不知道κατεῖχεν(忍住)的用法，误认为它没有主语而偶然地加在这里的。格兰特(卷Ⅱ第215页)引证阿里斯托芬的诗句表明，κατεῖχεν可以以无主语的形式使用。伯尼特的推断可能是受此启发。

② 在分别讨论了严格意义上的不能自制和类比意义上的或特殊的不能自制之后，作者在本章把这两种不能自制加以比较；在这里，怒气方面的不能自制被当作特殊的不能自制的例证，与此同时，严格意义上的不能自制被直接称为“欲望上的不能自制”。

从逻各斯的，不过没有听对，就像急性子的仆人没有听完就急匆匆地跑出门，结果把事情做错了。它又像一只家犬，一听到敲门声就叫，也不看清来的是不是一个朋友。怒气也是这样。由于本性热烈而急躁，它总是还没有听清命令，就冲上去报复。当逻各斯与表象告诉我们受到了某种侮辱时，怒气就好像一边在推理说应当同侮辱者战斗，一边就爆发出来。与此对照，欲望则一听到（逻各斯以及[①]）感觉说某某事物是令人愉悦的，就立即去享受。所以说怒气在某种意义上听从逻各斯，欲望则不是。所以屈服于欲望比屈从于怒气更耻辱。因为，在怒气上失控的人还在一定程度 1149b 上受逻各斯的控制，在欲望上失控则不受逻各斯控制而受欲望宰制。其次，服从正常的冲动更容易得到谅解。因为，就是在欲望方面，服从人人都有的欲望也更容易得到谅解，如果它们是人人都有的欲望的话。而怒气与怪癖比对过度的不必要的快乐的欲望更为正常。这可以由那个打自己的父亲的人用来为自己的行为作辩护的那番话得证。“是的”，他说，“我父亲过去也打他父亲，他的父亲也打他父亲的父亲。”他指着自己的儿子说，“这个孩子，将来长大了也会打我，这是我们的家风。”另一个故事也是一个证明。当父亲被儿子推向门外时，总是央求儿子到了门口就别再推了，说他过去也是推到门口就不再推的。[②]第三，一个人越工于心计[③]就越不公正，而发怒的人都是不工于心计的。怒

① 莱克汉姆（第 406 页注）把“逻各斯以及”括了起来，认为这是后人所加。

② 阿里斯托芬的《云》的最后一幕反映了亚里士多德在这里提到的父亲与儿子间的冲突。见爱尔温，第 263 页。

③ ε'πιβουλή，计谋、心计。

气也不是心计，而是明明白白的。然而欲望则是心计，就像人们说阿芙洛狄特[1]是

塞浦路斯的诡计多端的女儿；[2]

荷马也写到过她的绣花腰带，说它

精巧得令最明智者也丧失理智。[3]

所以，与怒气上的不能自制相比，欲望上的不能自制不仅更耻辱，而且更不公正。欲望上不能自制是严格意义上的不能自制，并且在某种意义上就是恶。[4]第四，羞辱他人[5]不是使人痛苦而是使人感到快乐，出于怒气而做的事情却总是使人痛苦。所以，如果一个侮辱的行为越不公正，引起的公正的愤怒就越强烈，那么，出于欲望的不能自制也就比出于怒气的不能自制更加是不公正，因为怒气中不含有羞辱他人的成分。[6]所以，欲望上的不能自制显然比怒气上的不能自制更耻辱，自制与不能自制其实都是同肉体欲望

---

① ᾿Αφροδίτη，Aphrodite，希腊爱神、美神，一说为海水泡沫所生，在塞浦路斯岛上岸。

② 作者不详，一说（见伯尼特第 315 页以及莱克汉姆第 408 页注）是出于撒珀（Sappho）之手的游吟诗句。

③ 《伊里亚特》，214，217。

④ 亚里士多德在前面的讨论中把不能自制规定为出于德性与恶之间的中间性品质，他比较多地使用的表语是坏，他在这里只在限定的即类比的意义上说它是恶。

⑤ ὑβρίζειν，羞辱或侮辱他人，衍生于名词ὕβρις（羞辱）。亚里士多德把羞辱他人看作出于欲望的侵犯行为，同发怒不同，因为怒气在某种程度上是听从逻各斯的。

⑥ 因为，莱克汉姆（第 408 页注）解释说，出于怒气的不能自制比出于（羞辱对方的）欲望的不能自制在受害人（接受发怒的人）那里引起的怒气要小，所受到的公正的报复也不似后者的那样强烈；所以，它不像出于欲望的不能自制那样是一种不公正或一种伤害。

与快乐相关的。[1] 但是对肉体欲望与快乐也需要加以区别。因为,如已说过的,[2]其中有一些在性质和程度上都是合人性的、正常的,有一些是兽性的,另外一些则是由发展障碍与病所致。节制与放纵只同前面一类相关。所以,我们不说动物是节制的还是放纵的,除非在类比意义上说某类动物比其他动物更喜欢羞辱、伤害对方和更贪吃。因为,动物既无选择也没有推理能力,它们不属于正常范围[3]之内,就像人类中的疯子一样。兽性虽然可怕,但并非是恶。因为在兽性中,最高的那个部分不像在人身上那样被扭曲,而是不存在。要把兽性与恶相比较,就像把一个无生物与一个生命物加以比较,问何者更恶一样。没有始因的恶总是为害较小,而努斯就是一个始因。(这两者的比较就好比是不公正和不公正的人的比较:每一个都可以说是比另一个更恶。)一个坏人所做的事比一个野兽多一万倍。[4]

---

① 怒气上的不能自制比欲望上的不能自制较少受到谴责,亚里士多德说,这是因为怒气比欲望(1)更听从逻各斯,(2)更多出于气质或习惯,(3)更少心计,(4)更多出于痛苦而更少出于侮辱。

② 1148b15—31。

③ 亚里士多德这里说的正常范围,显然是以有选择和推理能力的人为尺度的。

④ 关于兽性与恶不可比较的最后这一小节引起了许多批评。彼得斯(第229页注)认为,把这两者的比较同不公正与不公正的人的比较相类比是蹩脚的、多余的;把它同不公正的行为与不公正本身的比较相类比似乎更好些。伯尼特(第317页)认为这一小节可能是作者临时写下的手记。莱克汉姆(第410页注)也持相同的看法,并抱怨文意的含混说:"任何两个诠释者都不会对它作出相同的解读。"这一小节的确像是一段有待扩展的提纲。但是从与本卷第1章的上下文联系来看,文意上似乎并不过于含混。

7.［坚强与软弱］

与放纵与节制相关的触觉与味觉方面的快乐与痛苦，以及对于它们的追求与躲避，在前面[1]已经作过说明。在这个方面，一个人可能在多数人能主宰[2]的事上反而屈服[3]了，或在多数人会屈服的事上反而能够主宰。这两种情形在快乐上就是不能自制与自制，在痛苦方面就是软弱与坚强。大多数人的品质是中间性的，尽管倾向于坏的一端。既然快乐有些是必要的，有些是不必要的，必要的快乐只是在一定限度内才必要，过度与不及都不是必要的，并且欲望与痛苦的情形也是一样，一个人如果追求过度的快乐或追求快乐到过度的程度，并且是出于选择和因事物自身，而不是从后果考虑而这样做，便是放纵。这种人必然是不知悔改因而不可救药的，因为不知悔改的人便不可救药。不及的人则与此相反。有适度品质的人则是节制的。同样，一个人如果不是因为无力忍受，而是出于选择而躲避肉体痛苦，也是放纵。（那些不是出于选择而这样做的人中，有些是因受到快乐的引诱，有些是为了躲避欲望中的痛苦。所以他们之间也有区别。人们都认为，不是出于强烈欲望，而是没有或只有微弱欲望就做了可耻的事的人[4]更坏，不发怒而打人的人比发怒才打人的人更坏。因

---

① 本卷第3章。

② κρατεῖν，主宰、掌握。

③ ἡττᾶσθαι，屈服、屈从。

④ 这里是指放纵者。追求快乐的放纵者在亚里士多德看来是出于选择而追求过度的快乐或追求到过度的程度，而不是出于强烈的欲望。

为，他如果带着强烈的感情，又会做出些什么呢？所以，放纵的人比不能自制者更坏。）在上面所说的两种品质[①]中，出于选择而躲避痛苦是某种软弱，出于选择而追求快乐则是严格意义上的放纵。不能自制同自制相对立，软弱与坚强相对立。坚强意味着抵抗，[②]而自制意味着主宰，两者互不相同，正如不屈服于敌人与战胜敌人不相同一样。所以自制比坚强更值得欲求。有的人缺乏抵抗大多数人能忍耐的痛苦的能力，这就是柔弱（因为，柔弱也就是软弱的一种表现）。这样的人会把罩袍拖在地上而懒得提起，或佯装病得提不起罩袍，他不知道假装痛苦也是痛苦的。在自制与不能自制的问题上也是这样。一个人屈服于强烈的或过度的快乐或痛苦并不奇怪。如果他进行过抵抗，例如像希奥迪克

---

① 由于上文讨论了两种品质，即(1)出于选择地过度追求快乐（放纵）与(2)出于选择地躲避痛苦（尚未确定名称，但也是一种放纵）；在括起来的部分里也讨论了两种品质，即(3)不是出于选择地过度追求快乐（不能自制）与(4)不是出于选择地躲避痛苦（软弱），作者在此处说的两种品质所指究竟是什么，引起了研究者的许多争论。格兰特（卷Ⅱ第221页）、伯尼特（第319页）认为作者在把这两对品质[(1)(2)与(3)(4)]加以比较，而比较的中心是放纵与不能自制。但是这样一种判断即使对，也显然与接下去的“出于选择而躲避痛苦是某种软弱，出于选择而追求快乐则是严格意义上的放纵”没有直接联系。斯图尔特（卷Ⅱ第190—191页）、莱克汉姆（第414页注）、罗斯（第176页注）和爱尔温（第264—265页）等认为，作者此处是指括号前讨论的两种品质。亚里士多德此处显然对那里说品质(2)“也是放纵”的说法不甚满意，因为这与本章一开始确定的“在痛苦方面就是软弱与坚强”的定义不合。所以他在此处说品质(2)是某种软弱。这可以说是他所做的一个补救。由此构成的相关品质体系可表示为

在快乐方面	在痛苦方面
自制	坚强
不能自制(3)	软弱(4)
放纵(1)	软弱（引申意义）(2)

节制，亚里士多德没有引申到这两方面做分别的讨论，因为似乎不需要作这种区分。

② ἀντέχειν，抵抗、抵制。

特斯[1]笔下的菲洛克忒忒斯[2]在被毒蛇咬伤时，或像卡基诺斯[3]《阿罗比》中的凯尔克翁所做的那样，或者像克塞诺方图斯[4]那样忍住不笑出来，那就更容易被原谅。令人奇怪的倒是，有的人既不是出于天性，也不是由于病，竟也在多数人能够抵制住的事情上屈服。天性柔弱的例证是西徐亚各位国王。[5]他们有祖传的软弱天性，就像女性与男性相比总是软弱那样。人们还认为，消遣[6]就是放纵。但实际上这是软弱。消遣是休息，是松懈，沉溺于消遣是过度松懈的一种形式。不能自制有两种形式，一种是冲动，[7]一种是孱弱。[8]孱弱的人进行考虑，但不能坚持其考虑所得出的结论。冲动的人则由于受感情的宰制而不去考虑。有些人则正像已经抓过别人的痒自己就不再怕被抓痒[9]那样，由于能预见到事

---

① Θεοδέκτος，Theodectes，修辞学家与悲剧作家，亚里士多德的一个朋友，曾在伊索克拉第斯（Isokrates）学园学习过，他把修辞学方法引入悲剧创作。

② 希奥迪克特斯一悲剧中的人物。关于菲洛克忒忒斯，见第194页注③。

③ Καρκίνος，Carcinus，悲剧诗人。他在《阿罗比》（*Alope*）中描写了凯尔克翁（Κερκύων，Cercyon）的残酷品质与道德感之间的斗争。

④ Ξενοφάντυς，Xenophantus，亚历山大（Alexander）的宫廷乐师。塞涅卡（Seneca）曾说，克塞诺方图斯的战斗音乐使亚历山大听到就会抓起武器，而亚历山大的音乐在克塞诺方图斯身上却效果正相反。

⑤ Scythians。莱克汉姆（第416页）注：据希罗多德，西徐亚人在夺取了乌尔拉尼亚（Urania）的爱神神殿后，都得了一种柔弱病，并传给了后代；希波克拉底（Hippocrates）则说是他们中的富有阶级和地位高贵者得了这种病，因为他们骑马过多。

⑥ παιδιώδης，消遣、戏耍。

⑦ προπέτεια，冲动、急切等等。

⑧ ἀσθένεια，身体上的孱弱。

⑨ 韦尔登（第227页注）说，在这种游戏中，先抓别人的痒的人就好比有了某种武装，在被抓时也不会产生强烈的效果。亚里士多德在《问题集》（*Problemata*）（965a11）中说，一个人如果不是在不知觉中，就不很怕被抓痒，所以一个人无法抓自己的痒。

情的来临,并预先提高自己,即提升自己的逻各斯,而经受住感情的——不论是快乐的还是痛苦的——冲击。急性子和好激动的人,容易成为冲动的不能自制者。前者是由于急于求成,后者则是由于激动而把逻各斯抛到了后面。由于这种特质,他们就只好顺从表象了。

8. [不能自制与放纵]

前已说明,[1]放纵者都不存悔恨,因为他所做的是他选择要做的事。然而不能自制者则总是悔恨。所以前面所举出的那种困难[2]并不是那样一种困难。相反,倒是放纵者不可救药,不能自制者则可能改正。因为,恶就像浮肿和结核,不能自制则像癫痫病,前者是慢性的,后者则是阵发性的。总起来说,不能自制与恶在性质上是不同的。恶是无意识的,[3]不能自制则不是。其次,在不能自制者中间,那些冲动类型的人比那些意识到逻各斯而不能照着做的人[4]要好些。因为,后面这种人有一点诱惑就要屈服。而且,与冲动的人不同,他们并不是未经考虑而那样做的。这种不能

---

① 1150a21。

② 1146a31—b2。本章的讨论,针对第2章中举出的第五种困难,亦即由智者派提出的第二个困难。这个困难是说,放纵者由于做事是出于选择还可以通过改变其信念而改正,不能自制者做事不是出于选择所以无可救药,因而放纵者比不能自制者要好(就其更容易改正而言)。在这里,作者对于这个困难本身作了否定。

③ 即对于逻各斯即正确的道理无意识,而不是没有行为的意愿与选择。彼得斯(第233页注)说,坏人虽然知道人们认为他坏,但是不同意人们对他的判断,所以可以说他是无意识的。

④ 指孱弱的不能自制者。

自制者就像爱醉的人那样，只要一点点酒，甚至远远少于多数人的正常量的酒，就会醉倒。不能自制不是严格意义上的恶（虽然在某种意义上也是恶）。因为，不能自制不是选择，而恶则是选择。然而，这两种实践却产生类似的恶。这就像德谟多克斯[1]说米利都人——

米利都人并不笨，
但做起事来却像笨人

一样。不能自制的人并非不公正，但是却做着不公正的事。第三，不能自制者在违反正确的逻各斯而追求过度的肉体快乐时，并不认为自己应当那样做。放纵者则认为他自己应当那样去做。所以前一种人容易经劝告而改正，后一种人则不容易。因为，德性保存着始点，恶则毁灭始点。在实践中，目的就是始点，就相当于数学中的假设。所以在实践方面也和在数学上一样，始点不是由逻各斯述说，而是由正常的、通过习惯养成的德性帮助我们找到的。所以，具有德性的人就是节制的，相反的人就是放纵的。但是，还有一种人[2]是由于受感情影响而违背了正确的逻各斯并放弃了自己的选择的。感情的影响使他未能按照正确的逻各斯去做，但是还没有使他相信这样追求快乐是正确的。不能自制者就是这种人。[3] 他好过放纵者，并且总体上不坏。因为在他身上，始点还保

---

① Δημοδόκος，Demodocus，勒若斯（Leros）的箴言体作家，他写作了一些针对其他城邦的箴言和警句，有诗歌残篇留世。下面两句警句，是他针对米利都人而作的，见于他的《残篇》（*Fragments*）（迪尔［E. Diehl］《希腊抒情诗选》［*Anthologia Lyrica Graeca*］，第 3 版，1949—1952 年）第 1 章。

② 这里指上面谈到过的冲动的不能自制者。

③ 所以，在冲动的和孱弱的不能自制者中，亚里士多德把冲动的不能自制者看作严格意义上的不能自制者。

存着。与不能自制者相反的，是坚持自己的选择而没有在感情的影响下放弃它的人。通过这些考察，自制是种好的品质，不能自制是坏的品质，就很清楚了。

9. [自制与固执]

那么，一个自制的人是任何一种逻各斯或选择都坚持，还是只坚持正确的？一个不能自制者是任何一种逻各斯或选择都不能坚持，还是仅仅不能坚持那些正确的？这是前面[1]提出的一个困难。前者所坚持的和后者所不能坚持的，是否尽管在偶性上可以是任何逻各斯和选择，在实质上却是同一种正确的逻各斯和选择呢？因为，如果一个人选择这个事物是为着那个事物，他就实质上是在选择那个事物，选择这个事物只是出于偶性。我们说实质上的意思是说总体上。所以，尽管在某种意义上，自制者坚持、不能自制者不能坚持的是任何一种意见，但在实质上他们各自坚持或不能坚持的只是真实的意见。[2] 但

---

① 1146a16—31。

② 自制者所坚持的看上去只是他个人的一种意见，但是在本质上是一种正确的意见；不能自制者所不能坚持的看上去也只是他个人所持有的一种意见，但在本质上是他所持有的一种正确的意见。为什么亚里士多德不更直接地说，自制者坚持的是正确的意见，不能自制者坚持的是错误的意见？爱尔温（第215、266页）认为，这是因为不能自制者对于不同的快乐与善的沉溺是不同的，对音乐的过度沉溺与对威士忌酒的过度沉溺不同，一个人慢慢地不再过度沉溺于音乐不等于他就同时不再过度沉溺于威士忌酒，这些不同的不能自制需要不同的训练来达到自制。的确，我们大致可以说，自制总是大致相同的，不能自制则是多样的，在肉体快乐上也是同样，因而不能以坚持错误的意见来充分地加以说明。

是有一种坚持自己的意见的人，我们称其为固执的人。[①] 对这样一个人，既不容易说服他相信什么，也不容易说服他改变什么。这些特点与自制有几分相似，就像挥霍与慷慨、鲁莽与勇敢有些相似一样，但是固执与自制实际上在很多方面不同。首先，自制的人不动摇是要抵抗感情与欲望的影响，他有时其实是愿意听劝说的。固执的人不动摇则是在抵抗逻各斯，因为他们有欲望并常常受快乐的诱惑。其次，固执的人有固执己见的、无知的和粗俗的三种。固执己见的人所以固执是因为快乐与痛苦。因为，如果他未被说服，他就认为是胜利了，就感到高兴；如果他的意见被说服改变了——就像法令在公民大会上被改变那样，他就感到痛苦。所以，他们更像不能自制者，而不是像自制者。还有一种人，他们没有坚持自己的决定也不是因为不能自制，而是由于别的原因。例如索福克勒斯《菲洛克忒忒斯》中的涅俄普托勒墨斯。当然，使得他放弃了他的决定的也是快乐，但那是一种高尚[高贵]的快乐。因为，讲真话让他感到愉快，而奥德赛却曾经说服他说了一次谎。[②] 所以，并不是所有为着快乐的行为，只有为着卑贱的快乐的行为，才是放纵和不能自制的。

还有一种人对肉体快乐的喜爱少于正常的程度。这种人也是没有坚持逻各斯。自制的人处于这种人和不能自制者之间。不能自制者没有坚持逻各斯是因为过度，刚刚提到的这种人则是因为不及。自制的人坚持逻各斯是由于他不因过度与不及而改

---

① ἰσχυρογνώμονας。

② 参见第213页注⑤。

变。如果自制是好品质，其他两种相反的品质就是坏的品质。它们事实上也的确是坏的品质。不过，由于其中的一种很少见，我们就把不能自制当作与自制对立的唯一品质，就像放纵被当作与节制对立的唯一品质一样。有许多词我们是在类比意义上用的。我们说节制的人的自制就是在类比意义上说的。因为，自制的人和节制的人都不因肉体快乐而违背逻各斯。但是自制的人有坏的欲望，节制的人则没有。节制的人不 1152a
觉得违反逻各斯的事令人愉悦。自制者则觉得这类事情使他愉悦，但不受它诱惑。[①] 不能自制者与放纵者也有相似处，虽然它们不同。两者都追求肉体快乐。不过，放纵者认为这样做是对的，不能自制者则并不这样认为。

10.［不能自制与明智的不相容性］

此外，一个人不可能在同时既明智又不能自制。[②] 因为前已说明，[③]明智与道德德性是不可分离的。明智不仅是要知而且要实践，而不能自制者恰恰是做不到。（另一方面，聪明人倒可能

① 由于把节制规定为德性，把自制规定为中间性的品质，亚里士多德需要在说明了自制的人所坚持的实质上只是正确的意见，而且不是出于快乐（在这两点上与固执的人不同）而坚持这种意见之后，说明自制与节制的联系与区别。在前面所谈到的区别，即自制者有坏欲望，节制的人则没有，在此处进一步从对象的愉悦性方面得到了说明。节制比自制更高的性质因而得到加强，并且提示了这样一种引申的意义：我们可以谈节制者的自制（在类比意义上），因为节制是更高的品质，但是不能谈自制者的节制，因为自制低于节制。

② 这是对第2章列举的第一个困难的回应。

③ 1144a11—b32。

不能自制。就是因为这个原因，人们才觉得有些人明智却不能自制。因为如前面说明过的，[1]聪明与明智是做事情方式上的不同：作为领悟逻各斯的能力它们接近，但是在选择上不同。）不能自制者也不像一个具有知识并在沉思的人，而像一个睡着的人或醉汉，尽管他是出于意愿的（因为他在某种意义上知道他在做什么以及为着什么）。不过他并不是坏人。因为他的选择是好的，他只是半个坏人。[2]他也并非不公正。因为他不是工于心计的人。其中一种人[3]只是不能坚持考虑得出的结论，另一种人[4]则没有做考虑。不能自制者好比一个城邦，它订立了完整的法规，有良好的法律，但是不能坚持，就像阿那克萨德里德斯[5]所嘲讽的，

我简直想去
一个不关心其法律的国度。

坏人则像一个坚持其法律的城邦，不过那法律是坏的。就多数人的品质来说，自制与不能自制都是某种极端。因为与多数人所能够做的相比，自制的人所坚持的东西过多，不能自制者所坚持的又过少。好激动的人的不能自制比经过考虑而做事的人的不能自制更好改正。习惯养成的不能自制比天生的不能自制更好改正。

---

① 1144a23—b4。

② ἡμιπόνηρος。πόνηρος，坏人；ημι-，半个。

③ 指孱弱的不能自制者。

④ 指冲动的不能自制者。

⑤ Ἀναξανδρίδης，Anaxandrides，雅典戏剧作家，据说在其作品中对雅典人进行过讽刺。

因为习惯可改，本性难移。但是习惯一旦成为自然也就难改了。所以埃内努斯[1]说道，

朋友，习惯是长期养成，

它最后就成为人的自然。

我们在上面讨论了什么是自制与不能自制，什么是坚强与软弱，以及它们之间有着怎样的联系。

---

① Εὔηνος，Enenus，帕罗斯（Paros）的格言体诗人。

[快乐]

11. [对快乐的三种批判意见]

1152b 快乐和痛苦是政治哲学家考察的对象。因为,他是最大的匠师,专司制定作为判断一般人的善恶的标准的目的。然而这种研究对于我们的研究也是必要的。因为我们已经说明,①道德品质中的德性与恶都与快乐与痛苦有关。而且,多数人都认为幸福包含着快乐。这就是人们从“享福”这个词中引出“福祉”②一词的原因。有些人认为,快乐不论就其自身来说还是在偶性上都不是一种善,他们说这两者是不同的东西。另一些人认为,有些快乐是一种善,但多数快乐是坏的。第三种意见认为,即使所有快乐都是善的,快乐也不可能是最高善。③首先,主张快乐根本不是一种善的人提出了这样一些理由。其一,一切快乐都是向着正常品质回复的感觉过程,而过程与其目的在性质上是不同的,正如建筑

---

① 1104b8—1105a13。

② τὸν μακὰριον ὠνομάκασιν ἀπὸ τοῦ χαίρειν。μακάριον(μακάριος),福祉;μάλα χαίρειν,享福。亚里士多德认为前者在词源上来自后者。

③ 莱克汉姆(第430页注)说,第一种意见是斯彪西波的(斯图尔特[卷Ⅱ第224页]和伯尼特[第330页]都认为它既是斯彪西波的意见——斯彪西波,伯尼特举证说,最先提出快乐与痛苦是两种相互反对并都与善对立的恶的看法——也是昔尼克学派的意见),第二种意见是柏拉图《菲力布斯篇》(53c)中的观点,第三种观点出现于《菲力布斯篇》结尾处(65b—66a),是亚里士多德在后面第十卷中所持的观点。

过程同房屋是不同的一样。其二，节制的人都避开快乐。其三，明智的人追求的是无痛苦而不是快乐。其四，快乐蒙蔽明智，而且它越蒙蔽明智就越是快乐。例如，性快乐就是这样。在性快乐中，没有人会去思考①什么。其五，快乐无技艺，然而每种善都有一种使它产生的技艺。其六，儿童和兽类都追求快乐。第二，主张快乐不都是善的人提出了这样一些理由。其一，有些快乐是卑贱的、耻辱的。其二，有些快乐有害，因为令人愉悦的事物有些使人致病。第三，主张快乐不是最高善的人的理由是，快乐是过程而不是目的。这些大概就是所提出的一些意见。

12. [快乐与实现活动]

下面的考察将表明，上述论据都不能充分地表明快乐不是一种善，以及快乐不是最高善。首先，②善有双重意义（一是总体上，二是对某个人而言）。本性与品质，运动与过程的善也有这双重意义。同样，那些被认为坏的过程，有时尽管总体上坏，对某个具体的人却相对不坏甚至值得欲求；有时尽管对一个人总体上坏，在某些场合和某些时候却值得欲求。还有的时候，它尽管实际上不值得欲求，却显得是值得欲求。例如，施加给病人的充满痛苦

① νοεῖν，思考的活动。

② 针对上文举出的各种意见，下文（第12至13章）大致分为七点作出回应。但是讨论的理路错综复杂，使人不易看清它们之间的联系。为使讨论的问题转换明确，我在作者转换论题的各处均以“首先”、“第二”等序号标明，就像在前面许多地方所做的那样。如果以1(1)—(6)、2(1)—(2)和3分别代表前面举出的三种主张及这些主张之下的具体意见，以下七点回应与所举出的意见的对应之关系可以这样来说明：一回应意见1(1)；二回应意见3；三回应意见2(2)；四回应意见1(4)；五回应意见1(5)；六回应意见1(2)、(3)、(6)；七回应意见2(1)。

的治疗过程就是这样。某种善的东西或者是一种实现活动，或者是一种品质。使人回复到正常品质[①]的快乐只在偶性上令人愉悦。在这个过程中，欲望的实现活动只是还处在正常品质的那个部分的活动。因为，存在着不包含痛苦或欲望的快乐（如沉思的快乐），这是一个人处于正常的状态而不存在任何匮乏情况下的快乐。回复性的快乐只在偶性上令人愉悦这一点可由以下的事实得证：在正常的状态下，我们不再以在向正常品质回复过程[②]中所喜爱的那些东西为快乐。在正常的状态下，我们以总体上令人愉悦的事物为快乐。而在向正常品质回复过程中，我们甚至从相反的事物，例如苦涩的东西中感受到快乐。这类事物在本性上或总体上都不是令人愉悦的，所以我们从中感受到的快乐也不是本性上或总体上令人愉悦的。因为，正如令人愉悦的事物不相同[③]一样，由此产生的快乐也同样不相同。第二，这不等于像有些人说的，就像目的比过程好那样，一定有一种比快乐更好的东西。[④]因为快乐不是过程，快乐也不是伴随着所有的过程。快乐既是实现

① τὴν φυσικὴν ἕξιν，正常品质，或自然状态。

② καθεστηκυίας，回复、恢复过程。

③ 令人愉悦的事物分为自身便是恶的、自身便是善的和中间性质的三类，参见1148a24—26。

④ 格兰特（卷Ⅱ第237页）、伯尼特（第333页）认为，此处是指斯彪西波本人的或者他的学派的观点。斯彪西波及其学派的基本观点在于，快乐是朝向一个目的的变动不居的过程，而目的则是一种确定不变的状态，确定不变的东西总是比变化不定的东西更好，所以目的是比快乐更好的东西。作者在这里的反驳建立在快乐是实现活动而不是过程（生成）的理据上。生命的实现活动（实践）既是活动又是目的本身。它朝向它的目的（如果它有目的），同时它自身又是目的。所以实践不同于制作活动。制作活动是过程或生成，对制作活动而言，目的（产品）比活动过程更为重要；但是对实践而言。实现活动与目的两者同样重要。所以伯尼特的下述评论是不恰当的：他说，亚里士多德在这段讨论中使用的“实现活动”（ἐνέργεια）一词应当理解为运动（κίνησις）。因为，运动只是对实现活动的物理意义上的而不是全部的理解。

活动,也是目的。快乐不产生于我们已经成为的状态,而产生于我们对自己的力量的运用。快乐也不是都有外在的目的的,只有使我们的正常品质完善的那些快乐才有这样的目的。所以,说快乐是感觉的过程是不对的。最好是把“过程”这个词换成我们的正常品质的实现活动,把感觉的换成未受到阻碍的。[1] 还有一些人把快乐看作是过程,是因为他们把过程看作某种善,把实现活动看作过程。[2] 然而实现活动与过程是不同的。第三,说因为有些令人愉悦的事物会使人致病,所以快乐是坏的,就等于说健康是坏的,因为有的健康的事物对赚钱有害。从这个方面说它们是坏的,但从本身来说它们并不是坏的。甚至沉思有时也有损健康。[3] 第四,明智和任何其他品质都不会被属于它自身的快乐所妨碍,而只会被其他快乐所妨碍。所以,沉思和学习的快乐能使人思考和学习得更好。第五,快乐的活动没有技艺,这是很自然的。因为,任何技艺都不产生实现活动,而只产生一种能力,尽管制造香味和食物的技艺被看作快乐的技艺。[4] 第六,节制的人回避快乐,明智的人追求的是无痛苦,

---

① ἀνεμπόδιστον。所以,亚里士多德在这里提出的快乐的暂时定义是,快乐是我们的正常品质的未受到阻碍的实现活动。

② 格兰特(卷Ⅱ第 237 页)、斯图尔特(卷Ⅱ第 242 页)和伯尼特(第 334 页)都认为,这里所针对的是昔勒尼学派(Cyrenaics)的见解。昔勒尼学派认为善只存在于瞬间的感觉中,把快乐看作最高善,理据是快乐是灵魂的过程,而灵魂的过程就是最高善。柏拉图学派接受这个定义,但反对这个结论。作者(一般认为就是亚里士多德本人)在这里则接受这个结论,但是认为理由应当是快乐是实现活动,而不是快乐是过程。

③ 这里所提出的是根据善的定义而成立的一个反驳。一个事物如果在相对意义上坏,并不证明它自身(即在总体意义上)就坏。

④ 快乐不同于技艺,技艺不引出快乐,在本章作者看来并不是一个要辩驳的诘难,而是一种正常的情况。格兰特(卷Ⅱ第 238 页)说,作者的回答包含两个方面,就像他对于善的双重意义的分析那样:(1)在总体上,快乐不是技艺,它高于技艺;(2)在类比的(相对的)意义上,又可以说有这种技艺,因为人们把某些技艺说成是(尽管它们本身不是)制造快乐的技艺。

以及儿童与兽类都追求快乐这几条意见,可以由同一个道理来作回答。我们已经说明,[1]在何种意义上快乐在总体上是一种善,以及在何种意义上并非所有快乐都在总体上是善。兽类和儿童追求的就是并非在总体上是善的快乐。明智的人所追求的就是避免由于缺少这类快乐而产生的痛苦。这些快乐也就是含有欲望与痛苦的肉体快乐(因为,肉体快乐才具有欲望与痛苦),或表现着放纵的肉体快乐的极端形式。所以节制的人避免这样的快乐。因为,节制的人也有自己的快乐。

13. [快乐与幸福]

1153b 痛苦是恶,是应当避免的。它或者在总体上是恶,或者以某种方式妨碍实现活动而是恶。与恶的、应当避免的东西相反的,就是善。所以快乐是某种善。斯彪西波的反对意见,是快乐与适度品质和痛苦相反,正如过多与正好和过少相反。但这个论点不能说明问题。因为他不能因此就说快乐是恶。[2] 第七,即使某些快乐是坏的,也说明不了某种快乐不能是最高善。[3] 这正如尽管

---

① 1152b26—1153a7。

② 斯彪西波说快乐不是善,但是不说快乐是恶。彼得斯(第 244 页注)把斯彪西波与亚里士多德的对立论点做了下述表达:

论题:快乐是善,因为它同痛苦相反,而痛苦是恶。

斯彪西波:不,善既不是快乐也不是痛苦,而是中间状态,它既与痛苦相反,也与快乐相反。

亚里士多德:不,如果那样,快乐就是恶。

③ 亚里士多德在此提出一个逻辑的反驳:从特称命题中推不出全称命题。但是这里的讨论有一个论题上的转换:在前面,讨论的主旨是快乐是善,在这里则转换为有的快乐可以是最高善。

某些科学是坏的，某一种科学仍然可以是非常好的一样。首先，如果每种品质都有其未受阻碍的实现活动，如果幸福就在于所有品质的，或其中一种品质的未受到阻碍的实现活动，这种实现活动就是最值得欲求的东西。而快乐就是这样的未受到阻碍的实现活动。从这一点来看，即使大多数快乐是坏的或在总体上是坏的，某种特殊的快乐仍然可以是最高善。正因为这一点，人人都认为幸福是快乐的。也就是说，人们都把快乐加到幸福上。这样看是有道理的。因为，既然没有一种受到阻碍的实现活动是完善的，而幸福又在本质上是完善的，一个幸福的人就还需要身体的善、外在的善①以及运气，这样，他的实现活动才不会由于缺乏而受到阻碍。（有些人说，只要人好，在贫困中和灾难中都幸福。这样的话，无论有意无意，说都等于不说。）但是由于还必须有运气，有些人就认为幸福就等于好运。但是事情并不是这样。如果过度，好运本身也会成为阻碍。这样，它也就不配称为好运了。因为只有和幸福联系在一起，它才能称为好运。其次，如果兽类和人都追求快乐，这就表明它在某种意义上的确是最高善：

众口相传的事，就绝不会是胡说。②

但是人们追求的是不同的快乐，尽管都在追求着快乐。因为，没有哪种本性或品质是对所有人都最好或显得最好的。不过，他们也可能实际上在追求同一种快乐，而不是在追求他们各自觉得或

① τὰ σώματι ἀγαθά，身体的善；τὰ ἐκτὸς ἀγαθά，外在的善。关于身体的善、外在的善及灵魂的善的区分，参见第 21 页注②。

② 赫西阿德《工作与时日》，763。

口头上说自己在追求的那些快乐。因为，自然使所有存在物都分有神性。但是肉体快乐据有了快乐的总名。因为，它是我们接触
1154a 得最多且人人都能够享受的快乐。所以，人们就认为只存在着这样的快乐，因为他们只知道这些快乐。其三，如果快乐与实现活动不是某种善，幸福的人的生活就显然不是令人愉悦的。因为，如果快乐不是善的，而且追求快乐的生活是痛苦的人要快乐做什么？因为，如果快乐不是善的，痛苦就既不善也不恶，他又何故要躲避它？而如若一个好人的实现活动不比其他人的更令人愉悦，他的生活也就不会比别人的更令人愉悦。[①]

14.[②][肉体快乐]

有些人说，虽然有的快乐，如高尚[高贵]的快乐，非常值得欲求，但是肉体快乐，即和放纵相关的那些快乐，却不值得欲求。持

---

① 亚里士多德在本章关于某种善可以是最高善的三条理据的观念可表述如下：(1)最高善的定义的理据。最高善(人们称之为幸福)的定义恰好与快乐的定义相合：最高善是所有品质或一种最好品质的未受阻碍的实现活动，快乐恰恰是未受阻碍的实现活动，两者同种属。(2)事实的理据。兽类与人都追求快乐是一个事实的证据，表明快乐被作为最高善来追求，尽管被当作最高善的快乐是不同的。(3)幸福的性质的理据。幸福的生活是善的和令人愉悦(快乐)的，表明快乐与幸福是不可分离的。如果快乐不是善，幸福的生活就将是痛苦的。而如果某种快乐是同幸福(最高善)不可分离的，它也就是最高善。

② 格兰特(卷Ⅱ第243页)说，这一章的理路与同样讨论快乐概念的前三章判然有别。前三章，按照他的看法，是欧台谟在老师亚里士多德的体系框架之内所做的诠释，本章则是欧台谟自己在讨论一个亚里士多德从未谈到的问题。这个问题是：如果快乐是不同的，与幸福相联系的那种快乐属于最高善，肉体快乐是什么？为什么人们更沉溺于肉体快乐？

这种意见的人应当考察一下快乐的性质。如果这样说是对的，如果与恶相反的是善，那么与快乐相反的痛苦为什么是恶？是否应当说，如果不是恶便是善，那么必要的这类快乐就是善的东西？或者，在一定范围内就是善的？因为，尽管有些品质和过程在善这方面不存在过度，因而也不会有过度的快乐，但在另一些品质与过程中的确存在这种过度，因而会有过度的快乐。在肉体快乐方面存在过度。坏人所以成为坏人就是由于追求过度的而不是必要的肉体快乐。所有的人都在某种程度上享受佳肴、美酒和性快乐，但不是每个人都做得正确。痛苦方面的情形则与此不同。人们[①]躲避的不仅仅是过度的痛苦，而且是所有痛苦。[②] 因为，过度快乐的相反物不是痛苦，除非对追求过度快乐的人才是这样。[③]

然而，我们不仅应当说明真，而且应当说明假。因为说明了那些虚假的意见可以使我们增强[④]对真实的意见的信念。[⑤] 当我们充分地说明了某种看似真的意见并不真时，我们对于真实意见的信念就会增强。我们接下来需要谈一谈，为什么肉体快乐显得比其他快乐更值得欲求。首先，这是因为它驱逐开痛苦。过度痛

---

① 此处指追求过度（肉体）快乐的人，即放纵者。

② 罗斯（第 189 页）在这里加上了："这对于他（坏人，放纵者）是很特别的"。

③ 对于好人来说，极端快乐的相反物是适度的（必要的）快乐。极端快乐与痛苦，罗斯（同上，注②）说，仅仅对于放纵者才显得是仅有的选择，并且由于他常常选择过度的快乐，他始终躲避痛苦。格兰特（卷Ⅱ第 244 页）说，这个论证是要证明，肉体快乐本身是善，仅当过度时才是恶，另一方面，所有的痛苦都是恶；所以快乐与痛苦是相反者，一个是善另一个就是恶；斯彪西波的理论要站住脚，就必须使痛苦与过度快乐构成相反者；然而它们并不是这样的相反者，除非对于放纵的人才是这样的相反者。

④ συμβάλλω，走近、接近于、倾向于。

⑤ πίστις，信念、确信等等。

苦使人们追求过度快乐，一般来说是过度的肉体快乐，作为某种治疗。由于与痛苦的鲜明反差，这种快乐显得十分强烈，所以人们追求它。(有些人不把快乐看作是好的有两个原因。首先，有些快乐是出于坏本性的行为，这种本性有的是天生的，例如兽类，
1154b 有的是由习惯养成的，例如坏人。其次，其他的快乐是从匮乏向正常品质回复过程中的快乐，而处于正常的状态比处在向它回复的过程中要更好。但是这些快乐又是伴随着一个走向完善的过程的，所以它们在偶性的意义上又是好的。)第二，这是因为它强烈。有的人不能享受其他的快乐，只能享受强烈的快乐(例如特意使自己饥渴)。这种事情如果无害，也无人反对。但是如果有害，那便是坏事情。这些人这样做是因为他们没有其他的快乐。对他们来说，中等的感觉就等于痛苦。(这是因为，动物的机体经常处于痛苦状态。自然科学家告诉我们，看和听都是痛苦的，不过我们[1]已经变得习惯了，他们是这么说的。)同样，青年人由于发育而陶醉，因而青春就是快乐。此外，那些好激动的人总是需要回复到正常的状态。由于性格的原因，他们的身体总是处于躁动之中，他们的欲求也总是很强烈。而快乐，不仅是相反的快乐，而且是偶发的快乐，只要是强烈的，都驱除着这种痛苦。所以，冲动的人会变得既放纵又坏。与此相反，不带痛苦的快乐就不存在过度。这些快乐是自身就令人愉悦，而不是在偶性上令人愉悦的。所谓偶性上令人愉悦的，我指的是那些治疗性的东西。实际上，只是由于正常品质还残留的部分的作用，它们才产生治疗的作

---

① 指人，人类。

用，那个过程才使人愉悦。相反，那些激起正常本性的活动的事物，[1]则是本性上令人愉悦的。

同一种事物不会永远令我们愉悦。因为我们的本性不是单纯的，而是有另一种成分（所以是有死的存在）。其中一种成分的活动必定与另一种成分的本性相反。而当两者平衡时，它们的活动就既不痛苦也不快乐。如果有某种存在的本性是单纯的，同一种活动就会永远令他愉悦。所以，神享有一种单纯而永恒的快乐。因为，不仅运动有实现活动，不运动也有实现活动。而快乐更多地是在静止中，而不是在运动中。“变化是甜蜜的”，[2]诗人说，因为人有劣性。因为，正像变化多的人是劣性的一样，变化多的本性也是劣性的：它既不是单纯的，也不是公道的。

我们在上面谈到的自制与不能自制，以及快乐与痛苦，说明了它们各自都是什么，以及其中的一种在何种意义上是某种善，另一种又在何种意义上是恶的。下面我们要谈到的是友爱。

---

[1] 即引起我们的正常品质的实现活动的事物，而不是引起向正常品质的回复活动的那些事物。

[2] 欧里庇德斯的《奥里斯提斯》(*Orestes*)234。

第八卷

［友爱］

1. ［友爱方面的意见与难题］

1155a　在谈过这些之后，我们来谈谈友爱。① 因为，它是一种德性或

---

① φιλία。φιλία来自动词φιλέω，意义十分丰富，词典意义一般为爱、喜爱以及出于这类爱的感情的行为，如款待、求爱、吻，等等。但是词典解释提供的主要是φιλέω的可理解的感情倾向意义与动作意义，这些动作与倾向的那些共同特性则难以提供。这些特性中至少包含以下几个主要之点：1）动作者或倾向者是主动的；2）动作者或倾向者有意愿；3）动作者或倾向者在做事情；4）动作者或倾向者是出于习惯而在这样做事情。所以φιλία在希腊语中的最初的意义是指具有上述性质的爱与行动，指一个人对某种生命物或某种活动的主动的、出于意愿与习惯的爱与关护、照料，例如爱马、爱父、爱智慧等等，其动词词根φιλ-通常作为前缀用于词头，表示爱……，既可以用于对人，对各种生命物，也可以用于对无生命物，对各种活动的喜爱以及出于此种感情而作出的行为。所以，从动词φιλέω引申出了述说爱者的爱的行动的名词φιλήσις（爱，喜爱），和述说使对象的被爱的那种特殊性质的形容词φιλητόν（可爱的）。φιλία在古代希腊语的使用中逐步地变得专指对另一个人的爱。φιλία这种感情的行动有着自然的本性上的原因。在柏拉图的对话中，φιλία与ἔρως（性爱，情爱）有着最为自然的联系，是由美的对象激发的对智慧的爱：当爱者的盲目的爱被理智所驯服并带着崇敬与畏惧去追随美的对象时，爱者称之为ἔρως（性爱），被爱者则把它叫做φιλία（友爱）。（《会饮篇》204，《菲德罗篇》［*Phaedrus*］253—255）在亚里士多德的以下的讨论中，φιλία则与共同生活有最为自然的联系。父母同子女的共同生活与产生于这种共同生活的爱的行动是φιλία的最原本的形式。这种友爱是因对方自身之故而发生的、为着对方的善的。不过由（接下页注文）

包含一种德性。[①] 而且,它是生活最必需的东西之一。因为,即使享有所有其他的善,也没有人愿意过没有朋友的生活。[②] 实际上,富人、治理者和有能力的人[③] 看起来最需要朋友。因为,有好东西给朋友是最多见也是最受称赞的善举,[④] 倘若没有朋友可以给予,纵有财产又有何益处?而且,若没有朋友,财产又如何享有和保持?因为,财产越多,危险就越大。而陷入贫困和不幸时,只有朋友才会出手相援。而且,青年人需要朋友帮助少犯错误;老年人需要朋友关照生活和帮助做他力所不及的事情;中年人也需要朋友帮助他们行为高尚[高贵]。因为"当两人结伴时",[⑤] ——无论在思考上还是做事情上都比一个人强。其次,父母对子女或子女对父母的感情似乎是天性,不仅人类如此,鸟类与多数兽类也是如此。同种类存在物的成员间,人类尤其如此,都存在此种感情。所以我

(续前页注文)这种共同生活派生的兄弟的共同生活与爱似乎是所有其他φιλία的更为直接的母体形式。从这种爱中派生出我们同伙伴的基于快乐的,乃至同一般公民(同邦人)的基于用处的、感情联系变得弱化,因而需要以法律的契约作为它的主要的维系方式的友爱。在这两卷关于φιλία的讨论中,亚里士多德只在很有限的程度上谈到在古代多利安人(the Dorians)中曾经很流行的武士(πολεμιστής)或启智者同其扈从或追随者(αἴτης)之间的情爱。对此格兰特(卷Ⅱ第250页)有一出色评论:"这里所谈到的都是广义上属人的东西。然而φιλία的观念是纯然希腊的。罗马人仿效了这种观念。但近代以来它被制度婚姻的观念替代了。基督教忽略了φιλία。理论上说,它现在只是作为青年人的短暂的特惠而存在着。"

① 《尼各马可伦理学》最早提到友爱的是第二卷第7章(1108a28),那里谈到友爱是一种在一般生活方面的愉悦性品质。

② 爱尔温(第273页)认为,亚里士多德在这里意在说明朋友与所有其他的外在的善的区别:那些善是工具性的,朋友则不是。

③ δυναστείας。

④ εὐεργεσία,善举。ευ-,好的;εργεσία,活动、举动。

⑤ σύν τε δύ' ἐρχομένω。《伊里亚特》224。柏拉图在《会饮篇》(174d)中引用此句时只用第一个词,这表明这句话在当时已成为箴言或警句。

们称赞爱他人的人。① 甚至在旅行时，我们也能看到人们之间如何交友互爱。② 第三，友爱还是把城邦联系起来的纽带。立法者们也重视友爱胜过公正。因为，城邦的团结就类似于友爱，他们欲加强之；纷争就相当于敌人，他们欲消除之。而且，若人们都是朋友，便不会需要公正；而若他们仅只公正，就还需要友爱。人们都认为，真正的公正就包含着友善。③ 友爱不仅是必要的，而且是高尚[高贵]的。④ 我们称赞那些爱朋友的人，⑤认为广交朋友是高尚[高贵]的事。我们还认为，朋友也就是好人。

但是，关于友爱本身的性质，人们有许多不同意见。有的人认为，友爱在于相似。⑥ 他们说，我们爱的是与我们本身相似的朋友，所以谚语说，"同类与同类是朋友"，"寒鸦临寒鸦而栖"，⑦如此

---

① φιλανθρώ πος。φιλ-，爱-；ἄνθρωπος，人。

② 亚里士多德只是在这里，爱尔温(第 273 页)说，谈到对于不相识的人的一般的友爱，并且把这种对于陌生人的自然地发生的友爱看作值得称赞的。在所有其他地方，他所讨论的都是同认识的或熟悉的人的友爱，因为希腊城邦都是人口不很多的城市社会。

③ φιλικός。

④ 亚里士多德在上面讨论了友爱之所以必要的三项原因：(1)人需要朋友接受或提供善举，帮助己所不能，或促进自身完善；(2)人出于本能或自然而需要友爱；(3)过政治的生活需要友爱。然而所有这三种原因，虽然并不表明朋友的工具性，还不是过高尚[高贵]生活的原因。

⑤ φιλοφίλος。φιλο-，爱；φίλος，朋友。

⑥ ὅμοιος，相似、相近。

⑦ 据伯尼特(第 349 页)，τὸν ὅμοιόν φάσιν ὡς τόν ὅμοιον(同类与同类是朋友)与καὶ κολοιόν ποτὶ κολοιόν(寒鸦临寒鸦而栖)两句，前一句可能出于荷马《奥德赛》(218)，后一句亚里士多德可能引自埃庇卡莫斯(Epicharmus)。这两句诗句在当时似乎已广为流传。柏拉图《李思篇》(*Lysis*)(214—215)也引用了这两句。

等等。另一方面，有的人则说，“相似的人就如陶工和陶工是冤家”。① 在这方面，有人想说出更高的、更合乎自然的道理来。② 欧里庇德斯写道，“大地干涸时渴望雨露，天空充满雨水时渴望大地”。③ 赫拉克利特说，“对立物相互结合”，“最优美的和谐来自不一致”，“万物由斗争而生成”。④ 另一些人则表达了相反的意见，例如恩培多克勒说，“同类找同类”。⑤ 我们先放下这些关于自然界的问题（它们同我们目前的讨论没有关系）。我们来研究这个问题的与人相关并对我们的道德与感情有意义的方面，例如，任何两个人都可以是朋友，还是坏人和坏人不能成为朋友；只有一种友爱，还是有几种不同的友爱。有些人认为友爱只有一种，因为其中可以有程度的差别。这种意见理由不充足，因为不同种类之中也可以有程度的差别。但是这个问题我们已经谈过了。⑥

---

① δ' ἐξ ἐναντίας κεραμεῖς πάντας τοὺς τοιούτους ἀλλήοις。此句是对赫西阿德的《工作与时日》25 的引申。赫西阿德原诗说，

καὶ κεραμεὺς κεραμεῖ κοτέει καὶ τέκτονι τέκτων。

（“陶工嫉妒陶工，木匠欺负木匠”。）

“陶工和陶工”，莱克汉姆（第 453 页）解为两个同行。亚里士多德的原话的意思，相当于汉语中所说的“同行是冤家”。此句也见于柏拉图《李思篇》（215）。

② 格兰特（卷Ⅱ第 253 页）说，这就是说，想说出不仅适合人类的友爱现象，而且适合整个自然界的道理来；亚里士多德把这样的意见看作是与关于友爱的伦理学讨论不相关的。

③ 此句可能出于欧里庇德斯的一个逸失的剧本。

④ 出处不详。格兰特（卷Ⅱ第 253 页）认为“对立物相互结合”可能是某戏剧中模仿赫拉克利特风格的一句台词。柏拉图《李思篇》（215e）也引用了此句。

⑤ 这可能是当时流传很广的一句名言。《欧台谟伦理学》（1235a11）和《大伦理学》（1208b11）都引用了这句话。

⑥ 但是这个问题前面并没有谈到过。格兰特（卷Ⅱ第 254 页）认为这可能是抄写中窜入的错误。

2. [三种可爱的事物]

这个问题也许只有在弄清了说某某事物可爱的意思之后才会清楚。并不是所有事物都为人们所爱，只有可爱的[①]事物，即善的、令人愉悦的和有用的事物，才为人们所爱。但是人们认为，有用的东西就是能产生某种善和快乐的东西。这样，作为目的的可爱的事物只剩下善的和令人愉悦的事物。那么，人们是喜欢本身即善的事物，还是喜欢对他们而言是某种善的事物？因为，这两者有时不是一回事。对于令人愉悦的事物也可作同样的提问。每个人都似乎喜欢对他而言是某种善的事物。尽管本身即善的事物在总体上是可爱的，只有对一个人而言是某种善的事物才对那个人而言是可爱的。而且人们所爱的不是真正对于他是善的东西，而是对于他显得是某种善的东西。但这点并不重要，因为我们说的可爱也就是显得可爱。所以，爱[②]有三种原因。[③]但是友爱不是指对无生物的爱，因为在这里没有回报的爱，我们也没有对它们的善的希望(例如，希望一瓶酒好是荒唐的，我们最多是希望它保持得好，以便可以享用)。但是人们说，对朋友就应当希望对于他是善的事物。如果抱有这种希望但是对方没有回报这样的希望，它就只是善意。[④]只有相互都抱有善意才是友爱。而且，也许还要附
1156a 加一个条件，即这种善意必须为对方所知。因为，一个人有时对他未曾谋面的他认为好或有用的人抱有善意，这些人中间可能也有某

① φιλητόν，可爱的、使人喜欢的。参见第248页注①。

② φίλησις。参见第248页注①。

③ 即善、令人愉悦、有用。

④ εὔνοια。ευ-，好的；νοια，思考；εὔνοια即善意、好意，即希望一个人好的意向。

个人对他抱有同样的善意。这两个人当然相互都有善意,但如果他们每一个都不知道对方的善意,我们怎么能说他们是朋友呢?所以,要成为朋友,他们就不仅要互有善意,即都希望对方好,而且要相互了解对方的善意,并且这种善意须是由于上面所说的原因之一产生的。

3. [三种友爱]

由于这三种原因彼此不同,基于它们而产生的爱或友爱也就彼此不同。所以,相应于三种可爱的事物,就有三种友爱。因为,相互的爱可以因这三种原因中的任何一种而发生,并相互为对方知晓。当人们互爱时,他们是因这三种原因之一而希望对方好的。① 由此便可以知道,因有用而互爱的人不是因对方自身② 之故,而是因能从对方得到的好处而爱的。基于快乐原因的友爱也是这样。例如,人们愿意同机智的人相处,不是因他的品质,而是因他能带来的快乐。所以,那些因有用而爱的人是为了对自己有好处,那些因快乐而爱的人是为了使自己愉快。他们爱朋友都不是因朋友是那种人,③ 而是因他有用或能带来快乐。所以,这两种

---

① 例如,他们希望对方更有德性、更令人愉悦,或更有用。

② καθ' αὐτοὺς,词面意义为因其普遍的自身,是由καθ' αὑτο变形而来。格兰特(卷Ⅱ第 255 页)说,这不是一种合乎语法的用法,而是一种逻辑的表达。

③ οὐχ ἧ ὁ φιλούμενός ἐστιν。那种人此处在亚里士多德的意义上即好人。我们不会因为一个人是坏人而与他做朋友。与坏人做朋友总是有其他的目的(如有用)。如爱尔温(第 275—276 页)说,亚里士多德使(1)因一个人自身之故而做朋友,与(2)因他所是的那种人(好人)而做朋友,以及因他的德性(或善)而做朋友这三者相互蕴涵;或者,在亚里士多德对于善(德性)的友爱的描述中,这三者总是不可分离地同时出现。

友爱是偶性的。因为，那个朋友不是因他自身之故，而是因能提供某种好处或快乐，才被爱的。所以，一旦哪一方有所变化，这样的友爱就容易破裂。因为，如果相互间不再使人愉悦或有用，他们也就不再互爱。而且，有用不是一种持久的性质，它随着时间的迁移而变化。因此，随着友爱的原因的消逝，友爱本身也就随之解体，因为这种友爱就是为着那个目的的。有用的友爱似乎最常见于老年人（由于年龄已老，他们不再追求快乐，而追求有用）以及以获利为目的的中年人和青年人之中。这样的朋友不喜欢共同生活。[①] 因为，他们相互间有时候会不愉快。既然他们每个人只因对方能给自己带来好处才觉得对方使他愉快，所以除非相互能期望对方会带来好处，否则也没有必要相互来往。主人与客人的友爱也属于这一类。另一方面，青年人之间的友爱似乎是以快乐为原因的。青年人凭着感情生活，他们追求令他们愉悦的、当下存在的东西。然而他们觉得愉悦的事物随着他们年龄的增长而不断改变。所以，他们会很快成为朋友，很快又不再是朋友。1156b 因为，他们的友爱随着他们觉得令他们愉悦的事物而变化，而这种快乐上的变化是很快的。而且，青年人很容易相爱。而爱主要是受感情驱使、以快乐为基础的。所以他们常常一日之间就相爱，一日之间就分手。青年人的确愿意共同生活，因为在共同的生活中他们才能得到他们期望于友爱的快乐。

完善的友爱是好人和在德性上相似的人之间的友爱。因为首

---

① συζῶσι，产生于动词συζάω。σύ-，与你一起；ζάω，生活。συζῶσι原意是把牲畜拴在一起饲养，引申义为共同地生活。亚里士多德在其伦理学著作中较常使用的是其名词形式συζήν，词面引申义即共同生活。

先，[①]他们相互间都因对方自身之故而希望他好，而他们自身也都是好人。那些因朋友自身之故而希望他好的人才是真正的朋友。因为，他们爱朋友是因其自身，而不是由于偶性。所以，这样的友爱只要他们还是好人就一直保持着，而德性则是一种持久的品质。其次，他们每个人都既在总体上是好人，又相对丁他的朋友是好人，因为好人既是总体上好又相互有用。他们每个人也在这两种意义上令朋友愉悦。因为，好人既在总体上令人愉悦，相互之间也感到愉悦。他们每个人都由于自己的实践而愉悦，因而也由于与他的相似的实践而愉悦，而所有好人的实践都是相似的。第三，这样的友爱自然是持久的。因为朋友所具有的所有特性都包含在这种友爱中。每一种[②]友爱都因善或快乐——总体上的或对爱者而言的——而发生，并且都有某种相似。而这种友爱，由

---

① 在下文中，亚里士多德在与快乐的友爱和有用的友爱的比较中，讨论了善的友爱的五个特点，即在这种友爱中，(1)每一方都是因对方自身之故而希望他好（基本性质），快乐的友爱和有用的友爱则不具备这种性质；(2)每一方都既在总体上是善的、令人愉悦的和有用的，又相对于对方是善的、愉悦的和有用的（其他性质），快乐的友爱和有用的友爱则只具备具体意义上的善、愉悦与有用；(3)善的友爱是持久的（持久性），快乐的友爱和有用的友爱则只具备相对的持久性；(4)这种友爱产生于对相同事物的愉悦，并且每一方从这种友爱中得到的东西都是相同或相似的（相似性），快乐的友爱和有用的友爱只具备部分的相似性；(5)这种友爱不受离间（稳固性，或相互信任），快乐的友爱和有用的友爱则不具有这种性质。

② 从这里开始的这一段话，格兰特（卷Ⅱ第257页）与韦尔登（第252页）做了如下的解读：

> "友爱都因善或快乐——总体上的或对爱者而言的——而发生，并且都只在某种程度上相似。而完善的友爱，由于友爱双方的本性，把一切相似的性质都包含于其中了。因为，其他的友爱只是在某一点上与它相似：总体上的善也就是总体上的快乐，这些都是最可爱的东西。"

格兰特认为这段话中的对比是在其他友爱与完善的友爱之间所作的对比，而其他译者则把这种对比理解为友爱的"因朋友自身之故"而爱的性质和其他性质之间的对比。

于友爱双方的本性，把这一切性质都包含于其中了。因为，它甚至在其他性质[①]上也都相似：总体上的善也就是总体上的快乐，这些都是最可爱的东西。所以，只有在这些朋友中间，爱与友爱才最好。不过，像这样的友爱是很少的。因为，很少有这样的人。这种友爱需要时间，需要形成共同的道德。[②] 正如俗话所说，只有一块儿吃够了咸盐，人们才能相知。而且，一个人也只有在表明了自己值得爱、值得信任之后，才会被另一个人接受为朋友。那些很快就显得友善的人是希望交朋友，但还不是朋友。因为，只有表明自己值得爱并且有了相互了解，人们才能是朋友。交朋友的希望可以来得很快，友爱却不行。

4. [友爱中的相似性]

第四，这种友爱不仅在持久性和其他特性上完善，而且每一方从这种友爱中得到的东西都是相同或相似的。朋友之间就应当是这样。快乐的友爱与这种友爱有相似之处，因为好人都相互感到愉悦。有用的友爱也与它有相似之处，因为好人也相互有用。在快乐的友爱与有用的友爱中，也只有在双方都得到了同样的东西，如快乐，并且在同样的事物上得到同样的东西——如两个机智的人的友爱的情形[③]——时，友爱才能保持。但是爱者与被爱者[④]的友爱不是这样，因为他们并不是从相同的事物中得到

① 即愉悦性和有用性。

② συνηθε ίας。συν-，共同的；ηθείας，习惯、道德。

③ 两个机智的人都同样地从机智中得到快乐，并且从机智的交往中得到同等程度的快乐。

④ ἐραστῃ，爱者；ἐρωμένῳ被爱者。这两个名称在亚里士多德的伦理学中尤其是指性爱中的爱者与被爱者。

快乐。爱者的快乐在于注视被爱者，被爱者的快乐则在于爱者对他的注视。当被爱者的青春逝去，友爱有时就会枯萎（注视不再给爱者快乐，被爱者也再得不到爱者的注视）。但是，如果有了共同的道德并变得喜爱这种道德，因而在实际上变得相似，许多人还是可以保持住友爱。但是，如果所欲换得的不是快乐而是有用，他们便不是真朋友，友爱也不会持久。那些因相互有用而结为朋友的人一旦当对方不再有用了就不再做朋友。因为，他们相互间并不存在爱，他们所爱的是能从朋友那里得到的东西。快乐的友爱和有用的友爱可存在于两个坏人之间，一个公道的人[①]和一个坏人之间，一个不好不坏的人[②]和一个好人、坏人或不好不坏的人之间。[③] 但是，显然只有两个好人才能因相互自身之故而做

① 此处意义即为好人。

② μηδέτερος。μηδ-，不、不在；έτερος，其中之一；即既不在好人一边也不在坏人一边的人。此语出自柏拉图的《李思篇》。

③ 这是对柏拉图的《李思篇》(214—218)中关于友爱或爱的难题的回应。在《李思篇》中，“苏格拉底”（柏拉图）认为，爱不可能存在于两个同类事物之间，因为两个坏的事物，比如坏人，即使被强拉到一起也会相互伤害。两个好的事物之间也同样不可能有友爱。因为，如果两个好事物是朋友，它们一定不是因它们的“相似”（同类），而是因它们的德性，而成为朋友。然而，由于它们都有德性，它们就是在品性上自足的，因为德性在本性上就是自足的，因而不可能在德性上互补。依此推理，说好人与好人之间有友爱就是悖论。反过来，如果说是相异导致吸引，这又无异于说一个人最爱那个恨他的人，或者一个人是他的敌人的最好的朋友，这也同样是悖论。所以，爱也不可能存在于一个好人与一个坏人之间。但是，“苏格拉底”（柏拉图）说，一个不好不坏的人同一个好人、坏人或不好不坏的人之间也不可能有友爱。因为例如在他同一个好人的关系的例子中，一个不好不坏的人是因为有恶并欲得到善而同好人友好，然而恶是偶性的东西，不可能是友爱的真正原因。而如果说不是恶而是欲是这种友爱的原因，一个不好不坏的人也只是因为对属于他自身的东西的需要而与它友好。于是同类是同类的朋友。但是如前面的推理所表明的，爱也不可能存在于两个同类的事物之间。亚里士多德反对柏拉图《李思篇》中的论点，认为在这些关系中都存在某种友爱。他从“苏格拉底”认为应当放弃的一个前提——对任何一个人，在本性上属于他的都是某种善或对他显得善（而不是恶）的事物——出发。所以问题并不在于友爱是存在于同类的人还是异类的人之间，而在于对何种人显得善的事物是更真实的善的事物。

朋友。因为坏人相互间感到不愉快，除非能得到某种好处。第五，也只有好人之间的友爱才是不受离间的。[①] 因为，对一个久经考验、彼此间可以信任，确信他永远不会做不公正的事，并具有真正朋友的所有其他特性的人，我们不会相信别人关于他的闲话。而其他友爱则不免受到此类中伤。但既然人们用朋友这个词述说有用的朋友，正如说城邦与城邦是朋友（谁都知道利益是城邦结盟的动机）那样，并且也用它述说快乐的朋友，例如说儿童交朋友，我们就必须说这些关系也是友爱。这样我们就必须说有几种不同的友爱，即存在着好人之间的友爱，这是原本的、严格意义上的友爱，以及其他的在类比意义上的友爱。那些人被称为朋友是因为那些友爱中有某种类似的善。在爱快乐的人眼里，快乐就是善。不过，这后两种友爱并不总是相容：人们不会既由于快乐又由于有用而做朋友。即使有人偶然地既是快乐的朋友又是有用的朋友，这两种友爱也不会总是相互结合。

1157b 所以，友爱可以分为上面这几种。坏人之间可以做快乐的或有用的朋友，他们在这方面相似。好人则因自身之故而是朋友，因为他们是好人。后一种人是严格意义上的朋友。前面两种在偶性上、在与后者的类比意义上是朋友。

5. ［友爱品质和友爱的活动］

正如在德性上有人是因为具有那些品质，有人是因为在实现

---

① ἀδιάβλητος。α-，不；διάβλητος，受离间的、受闲话挑拨的。

活动中运用那些品质而被称为好人一样，友爱也是如此。共同生活，相互提供快乐与服务的人们是在做朋友，睡着的人和彼此分离的人则不是在实际地做朋友，而只是有做朋友的品质。因为，分离虽然不致摧毁友爱，却妨碍其实现活动。但如果分离得太长久，友爱也会被淡忘。所以有人说

若不交谈，许多友爱都会枯萎。①

老年人和古怪的人很难成为朋友。他们很少给人快乐，没有人愿意整日与这种痛苦的、不给人以丝毫快乐的人相伴。因为，人最强烈的本能就是躲避痛苦和追求快乐。那些相互客客气气，但是不共同生活的人，所具有的是善意而不是友爱。没有什么比共同生活更是友爱的特征的了：穷人希望得到他们朋友的帮助，甚至那些享有福祉的人也愿意有朋友一起消磨时光（他们其实是最不愿意过孤独生活的人）。然而，如果相互之间没有快乐，或者不能从相同的事物上得到快乐，人们就不可能一起共度时光。伙伴②似乎就是这样的。

如已经多次说过的，③好人之间的友爱是真正的友爱。因为，

---

① πολλάς δὴ φιλίας ἀπροσηγορὶα διέλυσεν。ἀπροσηγορία，不在一处交谈。这句诗的作者尚无详考。

② ἑταιρική，伙伴、同伴。在雅典，莱克汉姆（第 470 页注）说，有年龄和地位相同的男性公民的组织，类似于我国历史上存在过的兄弟会的帮会组织。在公元前 5 世纪这种组织在雅典具有了政治的性质。公元前 5 世纪末的一项立法遂禁止为政治的目的建立此类组织。因此在亚里士多德的时代这类组织只是社交性的，其成员由个人感情而相互联系，相互间都有分享对方资源的权利。

③ 1156b7，23，33；1157a30，b4。

总体上善的和令人愉悦的东西是值得欲求的、可爱的，相对于一个人的善和愉悦对那个人而言是值得欲求的和可爱的，而每个好人都对另一个好人在这两种意义上值得欲求和可爱。爱似乎是一种感情，友爱则似乎是一种品质。[①] 因为，对无生命物也可以产生爱，回报的友爱则包含着选择，而选择出于一种品质。人们在因所爱的人自身之故而希望他好时，这种善意不是基于感情而是基于一种品质。爱着朋友的人就是在爱着自身的善。因为，当一个好人成为自己的朋友，一个人就得到了一种善。所以，每一方都既爱着自己的善，又通过希望对方好，通过给他快乐，而回报着对方。所以人们说友爱就是平等，[②]这在好人之中表现得最为明显。

6. [友爱的数量方面]

在古怪的人和老年人中很少产生友爱。因为他们变得乖戾，而且不喜社交。而好脾气和好社交才是友善的特点且最能产生友爱。所以青年人会很快成为朋友，老年人却不行。因为他们不和自己不喜欢的人交朋友。脾气古怪的人也是这样。古怪的人和老年人相互间也会有善意，他们也相互希望对方好，并且在需

---

① 亚里士多德在第二卷第5章(1105b23)把友爱归为一种感情，此处则说它似乎是一种品质。格兰特(卷Ⅱ第261页)认为这完全不矛盾，因为品质只是对感情进行调整之后的结果。斯图尔特(卷Ⅱ第290页)说，亚里士多德的更明确的理论在于友爱是品质，而品质被理解为自然感情的理智的表达。友爱在亚里士多德看来显然是德性品质包含着最多感情的一种品质。

② 据拉尔修(第八卷第1章)，毕达哥拉斯曾说过平等即爱。毕达哥拉斯学派把道德观念同数的观念相联系。

要时相互帮助，但是他们不能说是朋友。因为他们不能共同生活并以此为愉悦，而这些正是友善的主要的标志。在完善的友爱的意义上，一个人不可能是许多人的朋友，正如一个人不能同时与许多人相爱（因为，爱是一种感情上的过度，由于其本性，它只能为一个人享有）。而且，一个人也不可能同时被人爱。此外，好人也没有那么多。再者，你必须彻底了解一个人，与之相处亲密，而这件事做起来是很难的。但是在快乐与有用方面，一个人却可能同时得到许多人的爱。因为，有用的人和令人愉悦的人很多，而且他们给予的好处可以同时享得。这两种友爱之中，快乐的友爱更接近正确的[①]友爱。因为首先，在快乐的友爱中，双方从同样的事物得到快乐并且相互间也感到愉悦。青年人的友爱就是这样。其次，在快乐的友爱中存在较大的慷慨。而有用的友爱中则充满了斤斤计较。第三，那些享得福祉之人不需要有用的朋友，但需要快乐的朋友，因为他们追求与他人共同生活。尽管短时间的不愉快可以忍受，持续不断的不愉快却无人能够忍受，甚至是最高善自身，[②]如果它对于一个人是痛苦的话。所以，享福祉的人要找快乐的朋友。当然，他们也必定要求这些朋友也是好人，而且也对他们而言是好人。因为这样，他们就具有朋友所具有的所有品质。那些有权势的人[③]则似乎交不同的朋友：有些朋友是有用的，有些是快乐的，但很少既有用又快乐的朋友。因为，他们所寻求的不是既令人愉

---

① ἔοικε，即εἰκός，正确的、适合的。

② οὐδ᾽ αὐτὸ τὸ ἀγαθόν。格兰特（卷Ⅱ第 262—263 页）认为，亚里士多德这里似带有戏谑的口气，因为按照他的看法，最高善既有用又令人愉悦，说最高善使人痛苦是矛盾的。

③ ταῖς ἐξουσίαις。

悦又有德性的朋友，也不是由于有高尚[高贵]的目的而有用的朋友。他们寻求机智的人来使他们快乐，寻求聪明的人去做要他们去做的事情，这两种本领很少为同一个人兼有。前已说过，[1]好人既令人愉悦又有用。但是，好人不能与有优越地位的人交朋友，除非那个人在德性上也比他高。[2] 否则，他就会觉得这种关系没有达到比例的平等。[3] 不过，既有优越地位又有突出德性的人是很少见的。

1158b 然而上面所谈到的友爱都包含着平等。因为，双方或者都提供同样的东西并希望得到同样的东西，或者以不同的东西，如快

---

① 1156b13—15，1157a1—3。

② 原文字面意思是，除非他在德性上被超过。关于“他”在此处的所指，彼得斯和格兰特作了完全相反的解读。彼得斯（第264页注）认为，“他”在此处当是指那个地位高的人，因为好人不可能在德性上被超过；并且，如果好人在地位与德性上都处于劣势，在这种友爱中他就不可能找到平衡。格兰特（卷Ⅱ第263页）认为，“他”在此处是指好人，亚里士多德接下去讲到的比例的平等是指分配的公正，即按照德性之比（配得）来回报（参见第五卷第6章）。因为，一个地位较高的人有较高的德性并不带来对其他人而言的不平等，恰恰是一个没有德性的人占据高位才带来此种不平等。格兰特的解读似乎更有道理。即使这段话可能有亚里士多德与马其顿宫廷的关系的背景，似乎也不能简单地说，亚里士多德主张一个有德性的人只能，如果他愿意，同一个在德性上远远低于他的人做朋友，或者主张这样一个人根本不能同一个有权力也有德性的人做朋友。亦参见斯图尔特，卷Ⅱ第296—297页。

③ 因为，如果地位高的人在德性上也更高（是一个富有而更好的人），地位低的（贫困的）好人必定会以爱与尊敬回报那个地位优越的好人（因为好人把德性的高低视为配得的尺度），以达到比例的平等。而如果地位高的人在德性上更低（例如一个富有而邪恶，或富有而不好不坏的人），那么尽管从地位上说好人应当以爱和尊敬来回报，从德性上来说则是那个地位高的人应当以爱与尊敬来回报地位低的好人，因为好人的标准（以德性为配得的标准）是更真实的标准；然而地位高而德性低的人必定因其地位高而不会以爱与尊敬来回报，所以这种关系无法达到比例的平等。

乐和好处，相交换。（但是如已说明的，[①]这些友爱较为低等，也不怎么持久。由于它们与友爱既相似又不相似，所以人们认为它们既是友爱又不是友爱。由于与德性的友爱有相似之处，它们似乎是友爱。因为德性的友爱既包含快乐又包含用处，这两种友爱之一包含快乐，另一个包含用处。另一方面，由于德性的友爱既不受离间又持久，而这些友爱，除其他方面的许多不同外，都很快会变化，它们又显得似乎不是友爱。因为它们与德性的友爱不相似。）

7. ［不平等的友爱］

还存在另一类友爱，即包含一方的优越地位的友爱，[②]如父亲与子女的，以及广义地说，老年人与青年人的，男人与妇女的，治理者与被治理者的。这些友爱之间也有区别。父母与子女的友爱同治理者与被治理者的友爱不同，父亲对儿子的友爱不同于儿子对父亲的，丈夫对妻子的不同于妻子对丈夫的。因为在这些人之中，每个人的德性与活动都不同，他们爱的动机也不同，因而爱与友爱也就不同。每一方从另一方得到的和寻求的东西也都与另一方的不同。不过，如果子女对父母做了他们所应做的，父母对子女做了他们所应做的，父母与子女的友爱就是持久的、公道的。然而，在所有包含一方优越地位的友爱中，爱又必须是成比例的。较好的一方，如较有用的一方，在其他例子中亦可类推，所

① 1156a16—24，1157a20—33。

② 一译不平等的友爱。

得的爱应当多于所给予的爱。当所得到的相当于配得时，就产生了某种意义的平等。[①] 这种平等似乎是友爱的本性。

但是，友爱上的平等同公正上的平等不同。在公正上，平等首义为比例的平等，数量的平等[②]居其次；在友爱中，数量的平等则居首位，比例的平等居其次。[③] 如果两个人在德性、恶、财富或其他方面相距太远，他们显然就不能继续做朋友，实际上也不会期望继续做朋友。这一点最明显地表现在诸神身上，因为他们在善的方面具有最大程度的优越。这在君主身上也同样明显，因为他们治下的属民没有人会期望同他们做朋友。此外，一个毫无优 1159a 点的人也不会期望同最好、最有智慧的人做朋友。对这种差距的界限不可能作出一个精确的规定，差距可以越来越大，而友爱依然存在。但是差距如果大到像人距离神那样远，友爱就肯定不能保持。从这里也产生了一个疑问：我们是否真的希望朋友得到最大的善，例如成为神。因为这样他就将失去朋友，[④]即失去某种

---

① 这不是本义上的友爱的平等，所以是“某种意义上的”。友爱上的本义的平等，即数量的平等，见下文中的讨论。

② 比例的平等，亚里士多德在前面第五卷第4章中称为“几何比例的平等”；数量的平等，在那里被称为“算术比例的平等”。几何比例的平等是使所得相应于配得或应得的平等；数量的平等或算术比例的平等则是使两个地位上平等的人保持其同等地位（友爱）或在一方的平等的利益受到损害时恢复这种地位（矫正的公正）的平等。

③ 公正的前提是两个地位不平等的人，公正的要求是使他们各自得到其配得（应得），所以比例的平等为其首要之义；友爱的前提是两个平等的人，其要求是他们各得到其配得（应得），所以数量的平等为首要之义。因为，兄弟的共同生活与爱似乎是广义的φιλία的更为直接的母体形式（参见第248页注①），父母与子女的共同生活对于友爱而言则是已变得间接的共同生活母体，尽管它更为原初。

④ 因为由于他太完善，我们无法继续做他的朋友。说我们希望他得到的最大善意味着他要失去一种重要的善，这似乎是一个悖论。

善，因为朋友是善。所以，如若一个真朋友是因朋友自身之故而希望他好，那个朋友就需要仍然是他之所是的那种人。所以，我们是在朋友仍然是人的前提下希望他得到最大善。而且，也许不是所有的最大善，因为一个人首先还是希望自己得到这些善。[1]

8.［友爱中的爱与被爱］

大多数人由于爱荣誉，所以更愿意被爱而不是去爱。[2] 所以多数人是爱听奉承的人。因为，一个奉承者是一个地位比你低或表现得自己地位比你低，并表现得爱你胜过你爱他的人。而被爱的感觉十分接近于多数人所追求的被授予荣誉的感觉。然而，人们喜欢荣誉不是因其自身，而是因偶性。[3] 多数人喜欢被有权势的人授予荣誉，是因为他们抱着这样的期望，即他们可以凭着这荣誉从后者那里得到自己想要的东西。他们把这荣誉当作日后从后者那里得到那些东西的一个象征。那些希望被公道的人和

---

① 所以即使是一个好人，按亚里士多德的看法，也首先是出于希望自己还能保有另一个好人做自己的朋友，而希望那个朋友得到某种或某些最大善。

② 爱尔温（第 280 页）说，亚里士多德在此处似乎在继续关于友爱中的比例与平等的讨论。格兰特（卷Ⅱ第 266 页）说，被爱相当于被给予荣誉。多数人喜欢被爱，喜欢听奉承，是因为他们愿意别人给予他荣誉。在存在着比例的友爱中，处于优越地位的人和处于较低地位的人，大多数都愿意更多地被别人爱而不是去爱别人。处于优越地位的人，虽然他们由于贡献（有用等等）大应当被爱多于爱，但是由于被爱给他们一种被授予荣誉的感觉，他们沉溺于被爱的感觉。处于不利地位的人，虽然本应爱多于被爱，但是由于爱荣誉，他们也愿意更多地被爱而不是去爱。所以人不论处于有利地位还是不利地位，都更愿意被爱。此处可以被看作是亚里士多德对流行道德的一个重要的批评。

③ 荣誉是自身即善的事物，但是它可能被当作手段来追求。当它作为手段被追求时，按照亚里士多德的看法，它是在偶性而不是本性的意义上被追求的。

熟人授予荣誉的人，则是想肯定他们对自身的看法。他们喜欢这荣誉，是因为如果别人说他们好，他们就觉得自己好。另一方面，人们喜欢被爱则是因其自身之故。所以，被爱似乎比被授予荣誉更好，友爱似乎是因自身而被欲求的。但是，友爱又似乎更在于去爱而不是被爱。这可由以下事实得证：母亲总是以爱为喜悦。有些母亲把孩子送出去哺育，虽然她们爱着自己的孩子，也认得他们，但如果不可能被孩子爱，她们也并不期望被爱。她们只要看到孩子好就心满意足；即使孩子由于不认识她们而不能回报应属于一个母亲的爱，她们也仍然爱自己的孩子。[①] 所以，友爱更在于去爱。而且，我们称赞爱朋友的人。爱似乎就是朋友的德性。所以，给对方以所配得的爱的朋友是持久的朋友，他的友爱也是持久的友爱。而且，提供给对方他所配得的爱也使得不平等的人们[②]能最接近于真朋友，因为这使他们变得平等。[③] 可爱在于平等与相似，尤其是两个都具有德性的人之间的相似。因为，他们自己做事情有持久性，相互间做事情也同样持久。他们相互间既不会提出坏的要求，也不会提供坏的帮助，甚至可以说完全杜绝了这种事情。因为，好人既不会自己犯错误，也不会允许朋友去犯错误。另一方面，坏人则不稳定。因为，他们甚至不能始终与他

---

① 在雅典以及其他希腊城邦，由于战争、海难、抢劫等等致使子女与父母离散而由他人抚养成人的情况相当普遍。在斯巴达，还有子女共养的制度。所以亚里士多德有此番对于离散或由他人抚养的子女的母爱的评论。

② οἱ ἄνισοι。

③ 亚里士多德从平等的和不平等的友爱，说到相似与不相似的友爱：好人间的友爱是相似的，但可能是平等的或不平等的；坏人之间以及相反者之间的友爱则是不相似或只在部分上相似的。

们自身相似。所以，他们做朋友只能很短的时间，在这段时间里，他们就相互以邪恶为快乐。有用的朋友和快乐的朋友，如若他们能相互提供快乐或好处，则稍为长久些。相反者间的友爱，[①]如穷人与富人的友爱，无知的人与有知识的人的友爱，似乎以有用的友爱最为常见。因为，一个人如果缺少某种东西，就会以别的东西来换它。爱者与被爱者、英俊的人与丑陋的人的友爱也可以算作这一类。所以爱者有时会变得可笑，因为他们竟会要求他如何地爱就如何地被爱。如果他们也同样地可爱，这要求倒也合情理。但如果他们不是那么可爱，这就十分可笑了。然而，相反者欲求对方也许是出于偶性而不是因对方自身之故，也许它真实欲求的是那种中间的状态（因为这就是善）。例如对干来说，善是不干不湿，而不是湿。对热等等亦可类推。不过我们暂且搁置这些问题，它们同我们的讨论没有多大关系。[②]

---

① 柏拉图在《李思篇》（215）中似乎对相反者的友爱持一种相当积极的肯定态度。他把相反者是互有助益的这一点看作是不存疑问的，并且认为两个好人（有德性的人）不能在德性上互有裨益。柏拉图的这种积极态度，是受到欧里庇德斯的影响。按照欧里庇德斯的看法，相反的事物或人是相互需要的。柏拉图引证他的见解。首先，同行（同类）都互怀敌意，例如赫西阿德说，“陶匠和陶匠是冤家，吟游诗人和吟游诗人是对头，乞丐和乞丐是仇人”，所以人们说“同行是冤家”。最相似的人之间总是充满着最多的妒忌、争斗和仇恨。相反，那些最不相似的人之间却充满最多的友爱。比如，由于需要帮助，穷人成了富人的朋友，弱者成了强者的朋友，病人成了医生的朋友，无知者成了有知识的人的朋友。愈相反的东西似乎反而是愈相互友好，比如干欲求湿，冷欲求热，苦欲求甜，锐欲求钝，空欲求满等等，每种事物都欲求与其相反的事物——“相反物是相反物的食物”。亚里士多德在下文中对柏拉图做了一个重要的修正：对于相反者的需要不等于目的，目的是某种中间的状态，而不是相反者自身。所以，相反者似乎只是进行治疗而需要的东西。参见《欧台谟伦理学》1139b26—9。

② 参见1155b8—9。

9.［友爱、公正与共同体］

如开始就说过的，[①]友爱与公正相关于同样的题材，并存在于同样一些人之间。首先，在每一种共同体中，都有某种公正，也有某种友爱。至少是，同船的旅伴、同伍的士兵，以及其他属于某种共同体的成员，都以朋友相称。他们在何种范围内共同活动，就在何种范围内存在着友爱，也就在何种范围内存在公正的问题。其次，"朋友彼此不分家"这个俗语也说得对，因为友爱就在于共同。在兄弟与伙伴之间一切都是共同的。在其他人群中，则某些特殊的东西是共同的。有些人群中这类东西多些，有些则少些，因为友爱也是有些深些，有些浅些。公正也因此而不同。父母同子女间的公正就与兄弟之间的不同。伙伴之间的公正也与城邦公民之间的公正不同。其他的友爱中的公正也各不相同。所以，在这每种关系中的不公正也是不同的。而且朋友关系越亲近，不公正就越严重。例如，抢一个伙伴的钱比抢一个公民的钱更可恶；拒绝帮助一个兄弟比拒绝帮助一个外邦人更可憎；殴打自己的父亲比殴打他人更可耻。同样，友爱越强烈，对公正的要求也越高。[②] 因为，友爱同什么人相关，公正就同什么人相关；哪里有友爱，哪里就有公正问题。但是，所有的共同体都是政治共同体

① 1155a22—8。

② 友爱与公正的相关性质，在于(1)友爱与公正都同共同的东西相关；(2)共同体或关系的性质不同，公正也就如友爱一样地不同；因为 a)友爱越强烈，所犯的不公正就越严重，或反过来说，b)对公正的要求就越高。所以，虽然有友爱便不需要公正(1155a24)，这种相关性仍然可以从公正的相反者方面看出来。

的组成部分。因为,人们结合到一起是为了某种利益,即获得生活的某种必需物。人们认为,政治共同体最初的设立与维系也是为了利益。而且,这也是立法者所要实现的目标。他们把共同利益[①]就称为公正。其他共同体以具体的利益为目的。例如,水手们结合在一起航海,是为了赚钱或诸如此类的目的;武装的伙伴[②]聚集在一起打仗,是为了劫夺钱财、取胜和攻城略地。氏族和社区[③]也具有自己的目的。(有些共同体似乎是出于娱乐,例如为了献祭和社交而举行的教会团体的宴会。但这些共同体都从属于政治共同体。政治共同体所关心的不是当前的利益,而是生活的整体利益。[④])人们奉献祭品举行祭典,既是祭祀神明,也是为自己过一个欢娱的节日。古代的祭祀和庆典往往作为丰收节在谷物收获之后举行。因为,只有在这个季节里,人们才有最多的闲暇。所有这些共同体都是政治共同体的一个部分,友爱也随着这些具体的共同体的不同而不同。

10. [政治共同体的政体形式]

存在着三种政体,以及同样数目的三种变体,作为它们的蜕

① κοινῇ συμφέρον。

② συστρατιώτης。

③ δῆμος。在雅典,经克勒斯提尼(Cleisthenes)变法,原有的氏族村社改为社区,全境共分为100个社区,依地域而不是依氏族管理。从此公民不再以部落名相称,而以居住区名相称,称为δημότης(社区居住者)。社区的治理者由民选产生。以此基础建立的政制称为δημοκρατία(平民政体或民主制)。参见吴寿彭译亚里士多德《政治学》第115页注①。氏族与社区除政治与军事的功能外,一般还具有一些宗教的功能。

④ 括号中的句子,威尔逊(C. Wilson)、莱克汉姆、汤姆森(J. A. K. Thomson)、奥斯特沃特等认为是亚里士多德本人的修改笔记或为后人所加。

变形式。这三种政体，首先是君主制，其次是贵族制，第三种是基于资产的，似乎当称资产制，但多数人习惯于把它称作共和制。[①]
1160b 这些政体中，最好的是君主制，最坏的是资产制。僭主制是君主制的变体。它们都是一人治理，但是有很大不同。僭主为自己谋利益，君主则为属民谋利益。因为，一个人只有占有远远优越于其他人的充分财富，才能是君主。而如果这样一个人别无所求，他就不会去为自己，而是为属民谋好处（那些不能如此优越的君主，只能是某种抽签选出的[②]君主）。僭主制则与此相反。因为僭

---

① πολιτεία，政体；παπεκβάσις，变形、变体，πατεκ-，旁侧，βασις，基础、基本。亚里士多德对政体的分类是按照政体本身和变体来区分的：

政体	变体
君主制（βασιλεία）	僭主制（τυραννίς）
贵族制（ἀριστοκρατία）	寡头制（ὀλιγαρχία）
共和制（πολιτεία）	民主制（δημοκρατία）

亚里士多德在这里以及在《政治学》中谈到的这六种政体，来源于柏拉图的《政治家篇》（*The Statesman*）（291c—292a，300d—303b）。柏拉图认为，存在着三种治理形式：一人的治理、少数人的治理和多数人的治理。这三种形式又各有好坏两种：一人治理的有君主制与僭主制，少数人治理的有贵族制与寡头制，多数人治理的有共和制与民主制。三种好的政制中最好的是君主制，最差的是共和制；三种坏的政体中最好的是民主制，最差的是僭主制。因为最好的政体的变体就最差，最差的政体的变体则最好。在《尼各马可伦理学》中，亚里士多德在基本之点上采取了柏拉图的观点。共和制柏拉图也称为τιμοκρατία，但对于前缀 τιμο-的意义柏拉图在《理想国》（545a—b）中认为它来源于τιμή（荣誉），所以称之为荣誉制，亚里士多德则认为它来源于τίμημα（财产），因此称之为资产制。

② κληρωτός，经抽签选出的；衍生于动词κληρόω（抽签选出）。抽签选举，亚里士多德在《雅典政制》（*Atheniensium Respubulica*）（第 43—55 章）中说，是平民亦即民主政体的一种选举方式。依此方式选出的官员大都有规定的任期，轮流执政。雅典的执政官就是这样选出的。在古代希腊，许多城邦的政制常常是以一种政体的治理方式为主，以其他方式辅之。亚里士多德这里说抽签选出的君主，格兰特（卷Ⅱ第 270 页）说，当含着贬义，他未必指某种采用过的实践，而是欲表明，如此选出的君主只有象征性的权威和部分的君主功能，甚至还可能指这些人因履行君主职责而取得报酬。

主追求自己的善。这种蜕变形式是最坏的。因为,最好的反面就是最坏的。君主制蜕变就成为僭主制。因为僭主制是一种坏的一人治理。所以一个坏君主就蜕变为僭主。贵族制蜕变就成为寡头制。这种蜕变是由于治理者们的恶。他们不按照配得的标准分配城邦的善,使得全部或大部分好东西归于自己。他们又使得同一些人长期把持公职,只看重财富的地位。这样就形成少数人的治理,权力就落入坏人手里,而不是在公道的人手里。资产制蜕变就成为民主制。这两种政体有共同之处。资产制的理想也是多数人治理,一切有资产的人都是平等的。民主制在所有蜕变形式中是坏处最少的。因为它作为一种政体变形得最少。这些是蜕变的最常见的形式。因为这些是改变最小、最容易达到的变体。在家庭中也可以看到与政体相似的形式。父子关系具有君主制的形式,因为父亲都关心儿子。所以荷马也把宙斯称为父亲。① 君主制的理想是家长式治理。但是在波斯,家长式治理是僭主制式的,因为波斯人使用儿子如同奴隶。主人和奴隶的关系也是僭主制式的,因为这种关系是为着主人的利益的。在这种关系上僭主制似乎是对的,但是像波斯人那样对待儿子就错了。因为对不同对象应当用不同的形式治理。② 丈夫同妻子的关系似乎是贵族制式的。因为,丈夫的作用是要按配得的尺度分派事项。适合于妇女做的事情,就应当让妇女们去做。如若丈夫主宰一切

---

① 《伊里亚特》503 等处。

② 亚里士多德认为父亲同子女的关系、男人同女人的关系、主人同奴隶的关系是一些基本的相互区别的关系,这些关系都含有某种天然的不平等,因为奴隶完全没有思考能力,妇女有但是不充分,儿童也有但是不成熟。见《政治学》1260a9—14。

就成了寡头制。因为那不是按配得的尺度来分派，也不是在让在 1161a 那些事情上做得比较好的那个人去做。有时候，妻子作为继承人来治家。这种治理显然不是基于德性，而是基于财富和权力，就如在寡头制中一样。[①]兄弟间的关系类似于资产制。因为，他们是平等的，且年龄也相当。所以，如果年龄相差过大，就不会有兄弟式的友爱。一个没有主人的家（在这里每个人都是平等的），或者一个主人非常软弱、每个人都各行其是的家，则最像是民主制。

11. ［不同政体中的友爱与公正］

在这各种政体中都有友爱存在，正如都有公正存在一样。君主对属民的友爱是优越者的善举。[②]因为，如果他是好人并关心其属民，就像牧人关心其羊群那样，他就在提高他们的善。所以荷马会称阿加门农"众人的牧人"。[③]父亲对子女的友爱也是这样。（其区别在于，父亲的善举更好，因为他是子女存在的原因，这是最大的恩惠。而且，他还抚育子女。我们的先祖也都对我们有这种恩惠。）父亲对子女，祖先对后代，君主对属民自然地享有权力。

① 在古代希腊，由于战争频繁，许多男子死于战争，以及某些城邦的继承制度的改革，女继承人成为重要的社会现象。亚里士多德的《政治学》(1270a21—35)谈到这在斯巴达社会造成的后果。

② ὑπεροχῇ εὐεργεσία。

③ 《伊里亚特》243 等处。基督教关于牧师的职责的观念，看来与这种"牧人"的观念有某种相似。君主是人世间的牧人，他驱赶着羊群（众人），然而是把它们赶到水草最丰沃的地方，因为他关切它们的福利。牧师是"神的牧人"；神离人远，无法关切人的尘世幸福，牧师是受神之遣，在人世关照人的灵魂。

这种友爱中包含一方的优越，这就是父母受到尊敬的原因。因此，在这些关系中，公正在双方是不同的，它与配得成比例。友爱也是一样。丈夫同妻子的友爱相当于贵族制。它相应于德性，较好的多得，每个人各得其所。公正也是这样。兄弟间的友爱与伙伴的友爱相似，因为他们平等，且年龄相近。所以兄弟与伙伴通常有同样的感情与品质。因此，这种友爱类似于资产制。在资产制下，公民们希望平等和公道，所以他们轮流治理，权力共享。他们的友爱也是这样。在那些变体中，少有友爱，也少有公正。在最坏的变体中，友爱就最少。在僭主制中，只有很少的友爱，或是不存在友爱。因为，在治理者与被治理者没有共同点的地方，就没有友爱，也没有公正。这就像工匠同工具、灵魂同肉体（或主人同奴隶）的关系。即使后者由于得到使用而受益，对于这些无生命物也不存在什么友爱和公正。对于一匹马或一头牛，对于作为奴隶的奴隶[①]也是这样。因为，在这两者之间没有共同点。奴隶是有生命的工具，工具是无生命的奴隶。所以，对作为奴隶的奴隶不可能有友爱。然而，对作为人的[②]奴隶则可能有。因为，一个人同每个能够参与法律与契约过程的人的关系中都似乎有某种公正。因此，同每个人都可能有友爱，只要他是一个人。[③] 所以，甚至在

① πρὸς δοῦλον ᾗ δο ῦλος。

② ᾗ δ' ἄνθρωπ ος。

③ 斯图尔特（卷Ⅱ第316—317页）此处有一重要评论。他认为亚里士多德在此处是囿于希腊社会现实存在的奴隶制度和人与奴隶两分的观念，而仅仅停留在那些在生理上是人类的奴隶们“参与”了一些法律与契约的过程这个简单的事实上。他指出，亚里士多德没有依照他一贯的研究方式，提出下述的进一步的问题：在何种意义上奴隶是人？他的参与法律与契约的过程的能力意味着什么？以及在奴隶身上是否存在某种尚未得到发展的此类能力？而他本来是可以提出这些问题的。

僭主制下，友爱与公正也在非常小的范围内存在。在民主制下友爱与公正最多。因为，在平等的公民中有很多共同的东西。

12. ［家室的友爱］

一切友爱，如已说过的，[①]都意味着某种共同体的存在。然而我们可以把家室的友爱、伙伴的友爱同其他的友爱分别开来。[②]因为，同邦人、同族人、同船人等等更像是某种共同体中的友爱，因为它们仿佛在遵守某种契约。主人与客人的友爱也可以归于这一类。家室的友爱也有多种，但都是从父母同子女的友爱派生的。父母爱子女，是把他们当作自身的一部分。子女爱父母，是因为父母是他们存在的来源。父母更知道孩子是己之所出，孩子则对这点所知较浅。相比之下，生育者更把被生育者看作是属于自己的。被生育者则较少把生育者看作属于自己。因为，总是产品属于其制作者，[③]正如牙齿、头发等等属于它们的所有者，而制作者则不属于其产品，至少在程度上小得多。父母对子女的爱在时间上也更长久。父母从孩子一出生就爱他们。孩子则只有经过一段时间并理解了之后才爱父母。由此便可以明白，母亲何以对子女有更强烈的爱。父母爱孩子，是把他们当作自身（因为出于己身的就如同是与自身分离了的另一自身）。孩子爱父母，则

---

① 1159b29—32。

② 在前面（第10、11章）把家室的关系同政体进行类比之后，这一章的目的，是具体地讨论家室的三种主要的友爱，即父母同子女的友爱、丈夫同妻子的友爱、兄弟的友爱以及由此衍生的亲属间的友爱和伙伴的友爱。

③ τῷ ποιήσαντι。

是把他们当作自身的来源。兄弟间互爱，则是由于有共同的生命来源。这种共同的生命来源造成了他们的共同点。所以人们说，兄弟间是血脉相通，骨肉相连。所以，兄弟实际上是相互分离了的同一个存在。兄弟的友爱也由于共同的抚育和年龄相近而增长。因为，要是两人一般大，有共同的道德便是伙伴。[①] 所以兄弟 1162a
的友爱与伙伴的友爱相似。叔伯兄弟以及其他亲属的感情都是从兄弟感情派生，因为他们出于同一祖先。而这种感情的强弱，也总是与同始祖相距之远近相应。子女对父母的友爱类似人对于神的爱，是一种对于善与优越的爱。因为，父母所给予的恩惠是最大的。他们不仅生养、哺育了子女，而且还是子女的教师。和非亲非故的友爱比，父母与子女的友爱还具有更多的快乐与用处。因为，父母与子女的生活有更多的共同点。兄弟的友爱与伙伴的友爱有许多共同之处。而如果他们是公道的，共同之处就尤其多，并且在总体上彼此相像。因为，兄弟之间更彼此相近。他们从一出生就相互喜欢，如果再出于同源，一起由父母抚养、教育长大，他们自身就更为相似。而且，兄弟的友爱也更为持久、牢固。在其他亲属间的友爱中，友善的程度也都同关系的远近成比例。丈夫同妻子的友爱似乎是出于自然的。与城邦相比，人更需要配偶。家庭先于城邦且更为必需。[②] 繁衍后代是动物的普遍特性。其他动物的异性共同体只

---

① ἥλιξ γαρ ἥλικα, καὶ οἱ συνήθεις ἑταῖροι。ἥλιξ γαρ ἥλκα，词面意义为二人同龄。此短语是谚语ἧλιξ ἥλικα, τέρπε, γέρων δέ τε τέρπεγέροντα(词面意义：两人一般大便相处得愉悦，老人喜欢老人)的缩略形式。柏拉图在《菲德罗篇》(240c)，亚里士多德在《欧台谟伦理学》(1238a34)、《修辞学》(1371b14—5)中也引用了这句谚语。οἱ συνήθεις ἑταῖροι，词面意义为有共同的道德便成为伙伴。这大约是当时流行的另一谚语。

② 亚里士多德此处当是指自然家庭的存在在时间上早于国家。他在《政治学》(1253a19)中谈到过国家在性质(本性)上先于家庭和个人。

是为了繁衍后代，人的此种共同体则不只为生育，也为提供满足生活的需要。男子与妇女在活动上有明显的不同：男子的作用与妇女的总是相互区别。所以他们相互帮助，把自己的独特作用投入到共同的生活中。所以，这种友爱似乎既有用又有快乐。如果他们是公道的人，这种友爱还是德性的。因为，男人与妇女各有其德性，德性也可以是相互吸引的原因。孩子也是维系的纽带，没有孩子这种共同体就容易解体。因为，孩子是双方共同的善，共同的东西把人结合到一起。丈夫与妻子——以及一般地说朋友与朋友——当如何相处，似乎与他们当如何公正地生活是同一个问题。因为，对朋友、对陌生人、对伙伴和对同学的公正都是不同的。

13.[1][平等的友爱中的抱怨与公正]

存在着——如开始就说过的[2]——三种友爱，每种之中有些朋友双方是平等的，有些则包含一方的优越地位。（因为，不仅两个同样好的人可以做朋友，一个比较好的人和一个比较坏的人也

---

① 在第13、14两章，亚里士多德基于前面一章对家室的不平等的（基于一方的较大恩惠的父亲与子女的友爱，和基于一方的较高德性的丈夫与妻子的友爱）友爱和平等的友爱（兄弟的友爱）的讨论，转而讨论“其他的”即公民（作为同邦人、同族人、同船人等等）之间的平等的与不平等的友爱。我们在这里看到一个值得注意的对比：在家室的友爱中，父亲与子女的友爱被看作是更为根本的；在公民的有用的友爱中，平等的友爱被看作是更为根本的。

② 1156a7—11。

可以做朋友。快乐的朋友的情形也与此相同。[①] 有用的朋友方面 1162b
也是这样,他们提供的好处可能是相等的,也可能是不相等的。)那些平等的朋友就必须在爱或其他事情上平等。包含一方优越地位的朋友就必须按照优越的程度以成比例的回报[②]使之平等化。抱怨和指责[③]仅仅或主要存在于有用的友爱中,这是可以想象的。因为,德性的朋友都相互希望对方好(这是德性和友爱的本性)。由于都想努力做到这点,在他们之间就不会有抱怨和争吵。因为,没有人会对爱他、希望他好的人不满。如果他有美惠的品质,他还会回报那种善。而如果优越的一方做到了把好处给对方,他也不会抱怨那位朋友。因为他们每个人希望于对方的就是善。在快乐的朋友中也不会有抱怨。因为,如果他们以朋友的陪伴为快乐,他们就同时得到了自己想要的东西。一个人要抱怨对方没有给他快乐也荒唐可笑,因为他如果不想去是可以不去的。但是,在有用的朋友中间则会发生抱怨。因为,他们相互做朋友是为了获利。他们总想多得,总觉得自己得的不够多。所以,他们总是抱怨说他们没有得到期望的和应得的那么多。而给予的一方则不可能他想要多少就给多少。[④] 有两种公正,不成文的公正和法律的公正。相应地,有用的友爱也或者是伦理的,或

① 即不仅两个同样令人愉悦的人可以做朋友,一个比较令人愉悦和一个不很令人愉悦的人也可以做朋友。有用的朋友亦可类推。

② 在这里即指以成比例的爱(感情)来弥补自己在善、用处、愉悦性上的不足。

③ ἐγκλήματα,抱怨、埋怨;μέμψεις,指责、责备。

④ 公民之间的友爱是有用的友爱,这种友爱的最普遍的动机是希望自己多得或阻止别人多得。

者是法律的。抱怨所以会发生，主要是双方在终结交易时没有按照开始那项交易时的做法去做。法律基础上的有用的友爱有明白的文书[①]规定。它包括两种形式：当下付款的商业交易，和比较自由些的规定付款时间的交易；[②]而后者又附带着一些关于延迟付款的补偿条款。[③]在后面这种延迟付款的交易中，付款的责任是清楚的，但延迟付款的做法又包含了一些友善。因此，有些地方不把这种交易纳入法律的范围，认为一个人既然基于信任而做这样一种交易，他就应当自己承担其后果。另一方面，伦理的友爱则不是基于明白的文书的。人们仿佛是像朋友那样地相互送礼。但他们最终还是期求同样的或更多一些的回报，就好像那不是馈赠而是一笔贷款。[④]而如果一个人想以与开始交易时不同的方式[⑤]来终结交易，他就会抱怨另一方。这原因在于，所有的或大多数的人，尽管都希望自己做得那样好，选择的却是得到好处。做
1163a 事不求回报是高尚[高贵]的，但得到回报却是好事情。[⑥]所以，如

① ῥητοῖς，文书、行文、条文；指借助文字表达明白了的规定。

② ἐλευθεριωτέρα εἰς χρόνον，规定时间的付款、延迟付款。这种商业交易有别于当下付款的交易。所以，这种延迟只是相对于当下时间而言的，是指当下暂不付款，而不是指把原定的付款时间向后延迟。

③ καθ' ὁμολογίαν δὲ τί ἀντὶ τίνος。ὁμολογίαν，条款；ἀντὶ τίνος，付款。这很可能是指关于延迟付款者所要加付的费用（如利息、服务费）的规定。

④ 公民之间的有用的友爱，亚里士多德说，有伦理的与法律的两种。其中法律的友爱又分为当下付款的交易与延迟付款的交易，其中延迟付款的交易看上去有些像是伦理的友爱。但这种有用的友爱即使是伦理的，人们事实上也还是为得到回报而做朋友的。

⑤ 开始时是像朋友那样在互相送礼，现在想象法律的商业交易那样结算。

⑥ 普通人，爱尔温评论（第 287 页）道，希望的是做高尚[高贵]的事，但是当按照某种选择行动时，选择的意图却不是对高尚[高贵]事物的希望，而是得到某种其他的快乐或善物的愿望。

果有能力，对所接受的东西应当给予回报。因为，若一个人不愿意，我们便不能与他交朋友。[①] 相反，我们必须承认自己从一开始就犯了一个错误：接受了一个不应接受的好处，因为它不是来自一个朋友，他给予我们这好处不是因我们自身之故。我们应当终结这样的交往，就好像我们是按明白的文书接受他的好处的。而且，我们会同意尽能力偿还[②]（如若没有能力，对方也就不会指望偿还了）。所以，只要有可能，我们就应当偿还。但我们更应当从一开始就考虑，是在从什么人、以什么条件接受，以便决定是接受还是拒绝。关于这好处应当由受惠者来估价并依此来偿还，还是由施惠者来估价，还会引出争论。受惠者会说，他所接受的对施惠者来说是微不足道的，而且他从别人那里同样可以得到。他尽量贬低那个善举。施惠者则会说，他所给予的是最好的，是从别的地方得不到的，是在他自己处于危险中并同样需要它的情况下给出的。如果友爱是基于用处的，自然应当以对受惠者而言的善作为尺度。因为，是他需要那好处，施惠者提供给他是为得到同等的回报。所以，帮助的大小正好就是受惠者得到的好处的大小。所以，受惠者应当按他得到的好处的大小，或更多一点，来偿还。在德性的友爱中则不会产生抱怨。但是，衡量好处大小的尺度似乎是施惠者的选择。因为，选择是德性与道德中主导的东西。

① 因为（在有用的友爱中），他的意愿（一般地说）是得到回报，如果你不回报从他那里得到的好处，就违反了他的意愿，就不能和他交朋友。

② ἀποδώσειν，ἀποδοτέον。

14.［不平等的友爱中的分歧与公正］

在包含一方优越地位的友爱中也存在争吵。因为，每一方都要求得到得更多一点。[①] 而一旦某一方得到了，友爱也就解体了。较好的人认为他应当得到得更多些，因为好人应当多得。提供的好处较大的人也认为他应当得到得更多些。他说，没用的人就不应当拿同样多的一份；如果从友爱所得到的不符合活动所配得的，友爱就成了公益服务，[②]而不再是友爱。他们还认为，就像在商业共同体中投资多就得到得多一样，在友爱中也应是如此。另一方面，穷人和地位较低的人则持相反的看法。他们认为，所谓好朋友就在于帮人所需。如果他们一毛不拔，做这些有德性、有地位的人的朋友还有什么用？这每一方所提出的要求看来都是对的。他们应当从友爱中得到得更多些，但不是在同一种东西 1163b 上。地位优越的人应当得到的是荣誉，穷人应当得到的是收益。因为，荣誉是对德性与善举的奖赏，收益则是穷人所需要的帮助。从城邦生活中也能得出同样的结论。对共同事业无所贡献的人不应当得到荣誉。共同的财富只能给予对共同事业有贡献的人，而荣誉就是共同财富的一部分。一个人不能从公共财富中既得

---

① 地位较低的一方要求从地位优越的一方得到更多一点好处，地位优越的一方则要求从地位较低的一方得到更多一点荣誉（与爱）。

② λειτουργία。在雅典及其他一些城邦，富人出资赞助公益，例如设立公共设施、提供剧团的装备、举办共餐会、建造三层舰、修建神殿等等，被看作是值得称赞的善举。

钱财又得荣誉。因为,谁也不会满足于在所有事情上都只得到较少的一份。所以,对在钱财上受损的人[1]就要给他们以荣誉,那些受贿的人[2]就得了钱财。这种按配得分配的安排,如所说过的,[3]既重建了平等,又保全了友爱。这也应当是不平等的朋友之间交往的方式。在钱财上、德性上得到好处的人要尽其所能地以能够支配的东西,即荣誉,来回报。因为,友爱所寻求的是尽能力回报,[4]而不是酬其配得。因为,酬其配得有时候是不可能的。例如,用荣誉就不足以回报神与父母的配得。因为,人们甚至无法给出神和父母所配得的荣誉。所以,一个尽能力回报的人被看作是公道的人。所以,儿子永远不可以不认父亲,尽管父亲可以不认儿子。因为,欠债者应当还债,而儿子不论怎么做也还不完父亲给他的恩惠。所以儿子永远是个负债者。但是债权人可以免除负债者的债务,所以父亲可以不认儿子。同时,除非儿子太坏,否则谁也不会不要儿子。因为,除了这种自然的友爱之外,作为人任何一个做父亲的都不会拒绝儿子的帮助。但是,一个儿子如果很坏,却可能不去帮助父亲,或不尽心地帮助父亲。因为,多数人都想得到所希望的并逃避没有好处的事情。关于这些问题就谈到这里。

---

① 因担任公职而在经济上受损失的人。

② 借担任公职之机接受贿赂、为自己谋好处的人。

③ 1158b27,1159a35—b3,1162a34—b4。

④ τὸ ἐνοεχομένον。

第九卷[①]

[友爱(续)]

1. [不相似的友爱中的公正]

所有不相似的[②]友爱,如已说过的,[③]都通过比例而达到平等并得以保持。[④] 例如在公民的生活中,鞋匠按其鞋的所值得到报

---

① 第八卷与第九卷的划分,格兰特(卷Ⅱ第 249—250 页)认为,完全是作者或编辑者人为地做出的,在论题上它们完全是连续的,这两卷就像一部单独的论友爱的著作。他认为这两卷的讨论可以分为三个部分:(1)论友爱的种类、性质以及最好或完善的友爱,第八卷第 1—8 章;(2)论友爱与公正的联系,第八卷第 9 章至第九卷第 3 章;(3)论其他与友爱性质相关的问题及友爱同幸福的关系,第九卷第 4—12 章。

② ἀνομοιειδέσι。ἀν-,不;ομοιειδέσι,相似的。不相似的友爱,亚里士多德是指因于双方是不同的原因而发生的友爱,即双方(1)提供不同的东西,并(2)为得到不同的东西,而发生的友爱。关于快乐来源上不同的友爱和地位不同者之间的友爱,参见1158b27,1159a35—b3,1162a34—b4,1163b11。

③ 亚里士多德前面只是在谈到与德性对立的两个极端之间的不相似(1108b33),以及快乐的友爱和有用的友爱两者同德性的友爱的相似与不相似(1158b5,11)时,使用过不相似的一词。所以罗斯(第 220 页注)、莱克汉姆(第 516 页注)、汤姆森(《亚里士多德伦理学》[企鹅书屋,1976 年]第 286 页注)和奥斯特沃特(第 245 页注)认为亚里士多德前面没有谈到过不相似的友爱。不相似的友爱应当说是自本卷开始讨论的一个新的概念。

④ 莱克汉姆(第 516 页注)认为,以比例恢复平等的说法适用于说不平等的即包含一方优越地位的友爱,而不适用于说不相似的友爱,因为(在公民的友 (接下页注文)

酬,[①]织工与其他工匠也是这样。在这里,货币是共同的尺度,一切都以它为标准,用它衡量。然而在性爱[②]上,爱者有时抱怨他的热烈的爱[③]没有得到回报,可能是由于他没什么可爱之处,被爱者 1164a 则常常抱怨爱者,说他以前许诺的事情都成了空话。这种抱怨所以发生,是因为爱者所爱的是快乐,被爱者所爱的是用处,两个人都没能满足最初的愿望。因为,如果友爱建立在这样的基础上,一旦他们得不到想要的东西,友爱就会解体。因为,他们每个人所喜欢的不是对方自身,而是能从他那里得到的东西。这种东西都是不长久的,所以这种友爱也不会长久。基于道德的友爱则是因朋友自身的,因而如已说过的[④]是持久的。其次,争吵所以会发生,有时也是由于一方所得到的不是他所想要的东西。因为,如果一个人得到的东西不是他想要的,就像没有得到一样。这就像那个

(续前页注文)爱的例子中)尽管交易双方提供的东西不成比例,但是它们在价值上可以相等起来(因为它们都是某种用处),所以亚里士多德的这一说法似乎不正确。可以确定,亚里士多德这句话的确是指公民之间的有用的友爱,即他们的交易行为。在广义上,这是相似的友爱,因为交易双方所提供和所想得到的都是某种用处。但是亚里士多德所持的关于不相似的友爱的观点不会妨碍他在实质意义上把这类行为看作不相似的友爱。设甲乙二人为鞋匠,丙丁二人为织工,并且甲的能力等于乙的 2 倍,丙的能力等于丁的 2 倍,则甲同乙、丙同丁之间是不平等的,甲同丙与丁、乙同丙与丁、丙同甲与乙、丁同甲与乙之间,以及他们的友爱,则是不相似的。所以,基于用处的不相似的友爱,如果能够建立一种比例从而被平等化,便能够得以保持。(参见第五卷第 5 章)但是另一类不相似的友爱,即一方为快乐、另一方为有用的友爱,如下面的讨论所说明的,则难于建立这样的比例。

① ἀμοιβὴ,报酬、酬劳。

② ἐρωτικὸς,爱、性爱。希腊人说爱常用 ἔρως与φιλία两个词。ἐρωτικὸς衍生于ἔρως(性爱、情爱)。关于 ἔρως与φιλία 在柏拉图观点中的自然的联系,参见第 226 页注①。

③ ὑπερφιλῶν,强烈的、极端的爱。

④ 1156b9—12。

雇琴师弹琴的人的故事所说的。他许诺琴师，琴弹得越好，报酬就越高。当琴师第二天要他兑现其承诺时，他说他已经用快乐回报了快乐。如若两个人原来希望的都是得到快乐，这样说是对的。但是，若一个人希望的是快乐，另一个希望的是拿到钱，前者得到了快乐，后者却没有拿到钱，这个交易就不是公平的。因为，每个人关心的都是他恰好需要的东西，他是为了这个东西才乐于出让自己拥有的东西的。那么，应当由提供的一方还是由接受的一方来确定一项服务所配得的回报呢？因为，故事里那位提供服务的人①似乎相信那个接受的一方所作的判断。据说普罗塔格拉斯②也是这样做的。他不论讲什么，总是让听讲者对听课所得的知识作出估价，然后照此收费。在这类事情上，有些人主张“先讲好报酬”。③但是，那些先收钱，做了许多许诺而又做不到的人，自然会引起抱怨，因为他们没有兑现所许诺的事情。那些智者们似乎不得不先收钱，因为人们不愿为他们讲授的知识付钱。所以，要是他们做不到人们付钱让他们做的事情，就会引起抱怨。但是，在要做的事情没有预先商定的情

---

① 指琴师。

② Πρωταγόρας，Protagoras，哲学家、著名的智者。

③ μισθὸς δ’ ἀνδρί，词面意义为那个人的工钱。此语出自赫西阿德的《工作与时日》(370)，原句为

μισθὸ s δ’ ἀνδρὶ φίλῳ εἰρημένος ἄρκιος ἔστω.
(那个朋友的工钱，讲好多少就是多少。)

斯图尔特(卷Ⅱ第341页)把赫西阿德的建议理解为一种由接受方先出价而在事后付钱的方式，区别于普罗塔格拉斯的由接受方事后定价并付钱的方式，和另一些智者的要接受方根据他们(智者们)的自我吹嘘先出价和先付钱的方式。亚里士多德在此处，格兰特(卷Ⅱ第283页)说，意在批评后一种做法，把这种做法同普罗塔格拉斯的做法加以对照。

况下，如果那是朋友因对方自身之故而做的事情，如前面说过的，[①]就不会引起抱怨(因为德性的友爱不会产生抱怨)。而报酬也应当根据对方所做的选择来给予(因为是选择使一个人成为朋友和有德性)。对那些以其爱智慧之学[②]让我们共同分享[③]的人，我们也应当 1164b 这样做。因为，这项服务所配得的东西是无法用钱来衡量的。而且，任何荣誉都不能与之相等。但是，就像对神与父母那样，尽能力的回报便被看作是相等的。另一方面，如果所给予的东西不是这样的，而是为着某种回报的，那么，回报最好是在双方看来相当于配得的。如果达不到这种一致，事先由接受者确定回报的数额就不仅必要，而且公正。因为，如果提供者从回报中得到了相当于接受者的受益的或接受者愿意为将得到的快乐付出的东西，提供者就得到了他所配得的东西。因为，人们在市场上买东西时也是这样做的。[④]在有些地方，法律禁止对自由交易进行干预，认为如果一个人基于信任同另一个人进行交易，他就必须按照开始时的方式终结那项交易。[⑤] 因为法律认为，价格由被信任的一方确定比由信任的一方确定更公正。因为一般地说，物品的所有者与需要那物品的人对它的估价是不同的。在所有者看来，物品配得很高的回报，然而报酬却要由接受的一方根据其估价来付给。但是，接受者不能根据他有了那物品以后的估价，而必须根据他得到它之前的估价来付给报酬。

---

① 1162b6—13。

② φιλοσοφία，即今天所说的哲学。哲学在古希腊语中的意思为爱智慧之学。前面我按希腊语原意将φιλόσοφους译为“爱智慧者”(第 12 页注②)，这里仍然按此方式将φιλοσοφία译为“爱智慧之学”。

③ κοινωνήσασιν，共同分享，派生于κοινωνία(共同体)。

④ 即价格是买方愿意付出的钱数。

⑤ 参见 1162a29—31。

2.［不同回报责任的冲突］

还有一个进一步的问题：一个人对父亲应当在任何事情上都尊重和听从，还是在生病时听从医生，在挑选将军时选最善于打仗的人。或者，如若不能两者兼顾，一个人是否更应当帮助一个朋友而不是一个好人，是否更应当回报一位受其善举的人而不是施惠于一个伙伴。对这些事情是否不容易确切地作出规定呢？因为，不同的情况之间在重要程度上，在高尚［高贵］性和迫切性程度上，都千差万别。不应当把我们所有的东西[①]都偿还给同一个人，这毋庸置疑。而且一般地说，我们显然应当先回报他人的善举，而不是先施惠于伙伴。这就像，我们应当先还欠别人的钱，而不是先借钱给别人。[②]但是，甚至这一条也不是总是如此。例如，如果一个人被另一个人用钱赎回来，他是应当先用钱把那个人——不论他是谁——赎回来，或者先把钱还给那个人，假如那个人没有被绑架但是要他把钱还回去，还是应当先把自己的父亲赎回来？因为，一个人甚至都应当先赎出自己的父亲而不是先赎出自己。[③] 所以，在一般情况

---

① 即感情、关心、考虑、支持、帮助、服务等等。参见下文所说的(1165a15)即使是"对父亲也不是一切都听从"。

② 这是亚里士多德提出的裁决相互冲突的责任的一般规则。但是他接下去说明，这条规则容有例外。

③ 如果一个人与自己的父亲同时失去自由并被索要赎金，如果他能够支配一笔钱赎出一个人并且可以做出选择，他似乎应该，亚里士多德说，先赎出自己的父亲。所以在上面的例子中，当事人不应当先赎回赎他出来的那个人或是先把钱还给那个人，而是应当先把自己的父亲赎出来，因为如果他能够，他本应该先赎出自己的父亲而不是自己。

下——如刚刚说过的,[①]我们应当先归还所欠的。[②]但是,如果用钱帮助另外一个人在高尚[高贵]性与迫切性上超过了还钱,我们就应当先帮助。因为在某些情况下,回报[③]一项先前受到的善待还是不平等的。例如,如果给予者知道他所给予的是一个好人,而接受者知道他要回报的是一个坏人,情况就是这样。因为有时候,尽管一个人借过钱给你,你不一定要回借给他。因为,他把钱借给你时知道你会还,因为你是个公道的人;你把钱借给他却没希望收回来,因为他是个恶棍。如果是这样的情形,他要你把钱回借给他就是不平等的。甚至,即使他不是个恶棍,但人们都认为他是,拒绝他也没什么不合情理。在有关感情与实践的事务上,如已经多次说过的,[④]我们只能获得题材所容有的那种确定性。我们不应当对所有的人都同样回报,而且对父亲也不是一切都听从,[⑤]正如对宙斯我们并不是献上所有牺牲一样,这毋庸置疑。父母、兄弟、伙伴和曾对我们行善举的人都不同,我们对每种人都应当给予适合他们的回报。人们实际上就是这样做的。举行婚礼时邀请亲戚,因为他们是家族成员,参与家族的活动。由于同样的原因,人们认为葬礼尤其应当邀

① 1164b31—1165a2。

② ἀποδοτέον。

③ 回报(ἀνταπόδοσις, ἀντιδανειστέον)比偿还(ἀποδοτέον)意义更丰富,它不仅指把从别人那里借来的钱物还回去(ἀποδοτεόν),而且指在对方需要时把自己的钱回借给对方(提供一项帮助)。

④ 1094b11—27,1098a26—29,1103b34—1104a5。

⑤ 也即,不能在一切问题上都把父亲的意见看得高于别人的意见,例如在健康问题上,一个人更应当听取医生的意见而不是父亲的意见;父亲的要求也不能在所有事情上都高于别人的要求,例如在推选治理者时,父亲要做治理者的要求不应当高于另一个更有治理能力的人的同样的要求。

集亲戚们参加。我们似乎首先要奉养父母，因为我们欠他们的恩。奉养自己生命的给予者比养活我们自己更加高尚[高贵]。而且，还要让父母像诸神那样享有荣誉。不过不是所有的荣誉。给予父亲的荣誉与给予母亲的不同。给予父母的荣誉也与给予一位有智慧的人或一位将军的不同。对父亲要给予适合于父亲的荣誉，对母亲要给予适合于母亲的荣誉。其次，对所有长辈都要给予适合他们年纪的荣誉，如起立、让座等等。另一方面，对伙伴和兄弟则应坦率直言、共享所有。此外，对亲戚、同族人、同邦人和其他的人也要给予适合的回报，并根据他们同我们的关系的远近、德性的高低和用处的大小而有所区别。当然，在同类人中间做比较容易一些，在不同的人中间做就比较困难。但我们不应当逃避困难，而应当尽力而为。

3. [友爱的终止]

另一个问题是，当朋友不再是他原来所是的那种人时，我们 1165b 是否应当终止友爱。如果是快乐的或有用的朋友，当一个朋友不再使人快乐或不再有用时，终止这种友爱是很自然的。我们赞扬的是朋友的其他性质。[①] 一旦这些性质消失了，我们自然地就不再爱他们了。如果我们爱一个朋友是因他令人愉悦和有用，却装做是因他的道德，他就会抱怨。正如我们开始时就说过的，[②]当友

---

① 即愉悦性、有用性。

② 这个评论，格兰特(卷Ⅱ第 287 页)与斯图尔特(卷Ⅱ第 349 页)认为，前面并未提到。但是第八卷第 13 章讨论的某些内容，如在公民的友爱中有些人似乎想以与开始交易时不同的方式终结交易(1162b23—5)，以及当一个人遭遇这样的情形时，他应当把这看作是自己的一个错误，并按照契约的交易的规则终结这种友爱(1163a3—10)，是与此相关的。

爱不是原来所想象的样子时,朋友间最容易发生分歧。如果一个人自己犯了错误,认为我们是因他的道德而爱他,而我们却不是,他就只能责怪自己。如果他是被我们的伪装欺骗,他就理所当然地会抱怨。这种抱怨比对骗钱的人的抱怨更强烈,因为友爱比钱更贵重。而如果一个人作为好人而交了朋友,他却变坏了,或我们认为他变坏了,我们应当继续爱他吗?[①] 也许,我们不大可能再爱他,因为(不是所有东西)只有善的东西才可爱,坏人不可爱?而且,再爱他是错误的,因为不应该爱坏的东西,也不应该让自己去爱不可爱的东西。而且前面说过,[②]同类爱同类。那么,我们要立即终止这种友爱吗?或者,也许不是对所有的人,而只是对不可救药的坏人才这样做?因为,那些人若还可以改正,他们更需要的也许是道德上而不是钱财上的帮助。对友爱来说,这比钱更重要。但是,终止这种友爱也没有什么不自然。因为,他已经不是以前所是的那种人。所以,如果朋友已经变了并且无法挽救他,就与他分手。但是,假如我们仍然是这个样子,朋友却在德性上极大地提升了,与他还能够继续做朋友呢,还是就不能做朋友了?如果这差距是很大的,例如和孩提时的友爱相比差距就很大,事情就比较明显。因为,如果一个人的理智仍然是孩提时的理智,另一个却成为出色的男子汉,志趣与好恶都变得不同,他们怎么能继续做朋友呢?因为,他们甚至不愿彼此相处。而如果不能彼此相处,他们就不能够做朋友。但这一点我们已经谈到过

---

① 前面的回答,是就快乐的友爱与有用的友爱而言的。如果没有伪装(自己所犯的错误除外),原因(快乐或用处)变化了,友爱便终止,是自然而然的事。下面的回答则是就善(德性或品质)的友爱而言的。参见爱尔温第 290 页。

② 1155a32—4,1156b19—21,1159b2—3。

了。[①]那么,对这样一个人[②]是否就应当视同与他没有做过朋友一样呢?或者,也许我们应当记得在一起的时光。而且,如果我们认为对朋友的关照应当与对陌生人的不一样,那么,只要不是由于极端的恶而分手,因过去的友爱之故我们也应当对昔日的朋友有所关照。

4. [友爱与自爱]

1166a 一个人对邻人的友善,以及我们用来规定友爱的那些特征,[③]似乎都产生于他对他自身[④]的关系。一个朋友是因另一个人自身之故而希望并促进那个人的善或显得是善的事情的人;或因另一个人自身之故而希望他存在着、活着(这是母亲对于孩子的,或吵过嘴的朋友[⑤]

① 1157b17—24,1158b33—5。

② 即一个与之终止了友爱的朋友。

③ “对邻人的友善”与“用来规定友爱的那些特征”,斯图尔特(卷Ⅱ第352页)解为同位语。友爱意含着一种友善的感情。这种感情,亚里士多德在下文中析分为(1)希望对方的善,(2)希望对方的存在,(3)希望与对方共同生活,(4)旨趣一致,(5)悲欢与共五种感情倾向。

④ ἑαυτόν。ε-,他-;αὐτόν,自身。

⑤ οἱ προσκεκρουκότες。彼得斯(第294页)认为这是指“有过不和的朋友”;格兰特(卷Ⅱ第288页)解为“相互间有了裂痕的朋友”;伯尼特(第409页)解为“吵过嘴彼此不再见面的朋友”,莱克汉姆(第532页注)也持相近的解释。斯图尔特(卷Ⅱ第355页)解释说,亚里士多德在此处是谈到完善的友爱(友爱本身)的一个方面,这个方面以母亲对孩子的感情或闹过不和或吵过嘴的朋友相互间的感情为典型。这种感情不是友爱中的最高尚[高贵]的感情,它不是希望对方的善的感情。但是它仍然是一种高尚[高贵]的感情,因为它是无利害的。母亲对孩子自然怀有这种感情,而且最为强烈。父亲对子女的感情更高尚[高贵]些(它是希望子女的善的感情),但没有母亲的那样强烈。闹过不和或吵过嘴的朋友已经没有相互希望对方的善的感情,因他们不再亲密,不再有共同生活;但是相互还保有希望对方存在和活着的无利害的感情。这种感情与母亲对孩子的感情同类,但当然没有母亲的那种感情强烈。

相互间还保有的那种感情)的人。还有人说，一个朋友是希望与我们相互同情、旨趣一致，[①]或者悲欢与共(这些也是母亲具有得最多的感情)的人。人们总是以其中这种或那种特点来规定友爱。然而，这每一种特征都存在于一个公道的人(以及其他的人——就他们把自己视为公道的人而言，可见正如已经说过的，德性和好人[②]就是尺度)同他自身的关系之中。因为首先，公道的人身心一致，全身心地追求同一些事物。他希望并促进着自己本身的善(因为一个好人就是要努力获得善)，并且是因他自身之故(因为他追求善是为着他自身的理智的部分，而这个部分似乎是一个人的真实自身)。其次，他希望他自身——尤其是其思考的部分——活着并得到保全，因为存在对好人来说是善。对他来说，每个人都愿望自己的善，但是没有人愿意成为另外的一种存在，即使因此而得到所有的善(例如神现在所享有的善)。相反，他愿望善是在他还是他自身这个条件之下。[③]但是思考的部分就是他自身或其主要部分。第三，他希望与他自身一起生活，因为他自身使他快乐。回忆令他快慰，所期望的更为美好，两者都令他愉悦。而且，他的思想中充溢着沉思。第四，他同他自身悲欢与共。因为，有的事物自身就让他快乐，有的事物自身就让他痛苦，而不是一会儿是这个事物，一会儿是另一个事物，让他快乐或痛苦。所以，他不会

① ταὐτὰ αἱρούμενον，字面意义为，抓住或挑选同样的东西的人。

② ὁ σπουδαῖος。

③ 尽管认为这段话可能是后人加上的，斯图尔特(卷Ⅱ第359—360页)认为这段话与本文之间在下述两点上保持着一种“哲学的联系”：(1)人所愿望的是对于他作为他自身而言的那种善(他所愿望的不是他作为另一种不同的存在的善)，神亦如此；(2)人之善在将来，神之善则现在就完全地享有。

悔恨。[①] 由于公道的人同他自身的关系具有所有这些特点，并且他怎么对待自身便怎么对待朋友（因为朋友是另一个自身），所以友爱便被说成是具有其中的这种或那种特点的，具有它们的人便被称为朋友。至于一个人是否能与他自身做朋友，我们暂且不做讨论。不过，在一个人具有两个或更多的部分的意义上，从刚才 1166b 所谈到的，以及从对另一个人的友爱的极端形式酷似一个人同他自身的关系这点[②]来看，似乎可以说存在着这种友爱。其实多数人，尽管是坏人，都具有刚才所描述的特征。也许，他们具有这些特征，是因为他们还肯定自己的德性，还认为自己是公道的人？因为，最坏的人和不敬的人都不具有，或看来是不具有，这些特征。其实，坏人基本上都不具有这些特征。因为，他们与他们自身不一致：他们欲求的是一种东西，希望的是另一种东西。不能自制者的情形也是这样。他们选择的不是他们认为善的东西，而是令人愉悦但有害的东西。另一些人则由于怯懦和懒惰而不去做他们认为是对自身最好的事情。那些做过许多可怕的事情的人甚至由于其罪恶而仇视生命。他们逃避生活，残害自身。坏人总想同别人凑在一起来逃避与他自身独处。因为，他们在与自身

---

① 因为，他追求同样一些事物，而对每种这类事物他都能同时获得快乐的与痛苦的全部丰富的感觉，因而他具有感觉的丰富性。而追求快乐的人，则时而追求这种事物，时而追求那种事物，此事物此时令他快乐，彼时令他痛苦，彼事物此时令他痛苦，彼时令他快乐；因而，他始终只具有部分的、偶性的感觉；所以他会因当下感觉到的东西而悔恨过去之没有感觉到它，然而这种悔恨不是因感觉的全部丰富性而发生，而是因此时的这一部分偶性地获得的感觉而发生。

② 莱克汉姆（第534—535页注）认为这句话中“在一个人具有两个或更多的部分的意义上”没有任何意义，“对另一个人的友爱的极端形式酷似一个人同他自身的关系”可能是后人加上的。

独处时会回忆起许多坏事,并且会想做其他这样的坏事情。如若和别人在一起,他们就会忘记这些。由于没有可爱之处,坏人对他们自身并不友善。所以,他们不能与自身共欢乐和相互同情。因为,他们的灵魂是分裂的:一个部分因其邪恶对缺乏某种东西感到痛苦,另一个部分则对此感到高兴;一个部分把他拉向这里,另一个部分把他拉向那里,仿佛要把他撕裂。如果不能同时感受快乐和痛苦,一个人享乐之后就很快会感到痛苦,他会希望自己没有享受那种快乐,因为坏人总是悔恨。[①] 所以,坏人由于没有可爱之处,甚至对他们自身都不友善。如果这种情形是极其可悲的,我们就应当努力戒除邪恶,并使自己行为公道。这样我们才能对我们自身友好,也才能与其他人做朋友。

5. [友爱与善意]

善意是友善的,但还不是友爱。因为,对陌生人也可以有善意,并且这种善意可以不为对方知晓。友爱却不是这样。但这在前面[②]已经说过了。善意也不是爱。因为,它不包含倾向[③]与欲

---

① 坏人的灵魂分裂,不等于他可以同时感受同一种事物的快乐与痛苦。因为,灵魂的这些分裂的部分不是同时对他起同样大的作用,否则,一个坏人就会永远处于不动的状态,而如果那样他也就不会被称为一个坏人。相反,他的感觉是片段性的:他此时对这种事物感到快乐,彼时又因另一种事物而对这种他刚刚感到快乐的事物感到痛苦;因为不同的事物对于他的灵魂的不同部分发生着作用。

② 1155b32—1156a5。

③ διάταξις,倾向、处置与行为的意向。

求，[①]而这两者总是伴随着爱的。爱之中还包含着形成共同的道德，而善意则是突然产生的。例如，我们会对某个竞赛者突然产生善意，希望他获胜，但是并不打算提供实际的帮助。这种善意如刚刚说过的是突然产生的、表面性的。所以，善意是友爱的始点。这就像视觉上的快乐是性爱的始点一样。没有对另一个人的形象上的愉悦感就没有性爱。但是，有了这种愉悦感不一定就是性爱。只有对方不在场时就想念，就欲求着那个人到来，才是性爱。同样，没有善意两个人就不会成为朋友，但有了善意也不一定因此就成为朋友。因为，他们可能只是希望对方好，不打算实际地做什么，也不因此去找麻烦。所以，在引申的意义上，善意可以说是尚未发展的友爱。如果继续下去并形成共同的道德，善意便成为真正的友爱。然而这不可能是有用的友爱或快乐的友爱，因为这些友爱里不存在善意。因为，一个人做出善举，被帮助者以善意来回报，这是公正的。如果一个人希望别人好是期望自己能从后者那里得到好处，那就不是对别人的善意，而是对自己的善意。这就像因为有用而对另一个人好的人不是真朋友一样。总起来说，善意是产生于德性与公道的。当一个人表现出高尚[高贵]、勇敢等等时，我们就会产生出善意，就像我们在观看竞赛时会产生善意一样。[②]

---

①　ὄρεξις。关于ὄρεξις(欲求)与ἐπιθυμία(欲望)的相关关系，参见第3页注②。

②　格兰特(卷Ⅱ第292页)说，亚里士多德在本章引入了对与友爱同种的感情的讨论，就像他在第三卷引入对与选择同种的能力的讨论，在第六卷引入对与明智同种的品质的讨论一样。善意，亚里士多德说，是由于高尚[高贵]的行为的出现而激发出来，突然地发生的、被动而浅表的、继续下去便可能产生友爱的那样一种感情。所以，这种感情同有用的友爱在性质上不同。

6. ［友爱与团结］

团结[1]也似乎是一种友善。所以，它不等同于共同意见。[2]因为，共同意见可以产生于与陌生人之间。它也不是关于某个问题——如天体——的共同认识[3]（因为这样的团结[4]不是友善）。但是当城邦的公民们对他们的共同利益有共同认识，并选择同样的行为以实现其共同的意见[5]时，我们便称之为团结。所以，团结是就团结起来要做的事情，尤其是那些关系到双方乃至所有人的目的的大事情，而说的。例如，一个城邦的公民决定要通过选举来分派公共职司，要与斯巴达结盟，或要让毕达科斯当治理者（如果他本人愿意），[6]就是这样的大事情。如果每个人都像《福尼克斯》[7]中的那两个人[8]那样想自己当治理者，就会引起争端。因为，每个人都在想同一件事不等于就团结。团结是在于每个人都把这件事与同一些人相联系，例如当普通人[9]和公道的人都同意 1167b

---

① ὁμόνοια。

② ὁμοδοξῖα。

③ ὁμογνωμονεῖν。

④ 此处本文为ὁμονοεῖν（团结，ομόνοια的动词不定式形式），莱克汉姆（第540页注）怀疑是作者误将ὁμογνωμονεῖν写成了ὁμονοεῖν。

⑤ 共同的意见，此处用的是κοινῆ δόξαντα。

⑥ 毕达科斯，Πιττακός，Pittacus。据莱克汉姆（第542页注），公元前6世纪，毕达科斯被选为米梯里恩（Mitylene）的执政官，执政14年后离职，全体公民都希望他继任，但他本人却不愿意，因此未能达到全体公民的一致。

⑦ 欧里庇德斯的《福尼克斯》（*Phoenissae*）588及以下。

⑧ 即厄忒俄克勒斯（Eteocles）与波吕尼刻斯（Polineices）兄弟。据希腊神话，他们二人在忒拜轮流执政，等待的一方必须在国外流放。

⑨ ὁ δῆμος，生活在δῆμος（社区）里的人。参见第269页注③。

应当让最好的人当治理者的时候。因为，只有他们都同意这样，他们才得到了他们想要的东西。所以，团结似乎就是政治的友爱。人们也的确说它就是政治的友爱。因为，它关系到利益，关系到那些影响着我们的生活的事物。这样的团结只存在于公道的人们之间。公道的人们不仅与自身团结，相互间也团结。因为，他们就好像是以同样的东西为根基的[①]：他们的希望稳定而持久，而不像埃夫里普[②]的潮水那样流转无常。他们所希望的是公正与利益，这是他们共同的追求。坏人之间不会有这种团结，除非在细小的事情上，正像他们的友爱一样。因为，他们总是想多得好处，少出力气。尽管他们每个人都这样想，他们却不愿别人多得好处或少出力气。因为，如果他们不这样做，共同的利益就会被毁灭。其结果就是出现争端：每个人都强迫别人出力，自己却不想出力。

7. [施惠者更爱受惠者的原因]

与受惠者爱施惠者相比，施惠者似乎更爱受到他的恩惠的人。人们讨论这件事，好像它有些背理。[③] 在多数人看来，这原因

---

① ἐπὶ τῶν αὐτῶν ὄντες, ὡς εἰπεῖν。ὄντες，格兰特（卷Ⅱ第 294 页）、奥斯特沃特（第 257 页）解为“基于同样的根基”；克里斯普（第 173 页）解为“属于同样的人”。

② 位于希腊埃维亚岛与大陆之间的一条狭长的海峡，水流方向一日之内变化多次。据说亚里士多德因为未能说明其水流变化的原因而感到沮丧。

③ 从理论上说，施惠者提供了帮助或好处，应当从受惠者方面得到爱或感情的回报，应当被爱多于爱。但是人们注意到，施惠者常常爱多于被爱：他更爱受惠者，而不是更被受惠者所爱。由于同意施惠者应当被爱这样一种意见，多数人认为这是背理的，并且用债权人的类比来解释这种背理。

在于受惠者处于债务人的地位，施惠者处于债权人的地位：债务人希望债权人不存在，债权人则希望债务人存在。所以，施惠者希望受惠者存在并从后者那里得到回报，受惠者则不关心回报施惠者这件事。埃庇卡莫斯[1]可能会说，这种观点是在从坏的一面看问题，但人差不多就是这样。因为，多数人都很健忘，总想多得好处而不是给别人好处。[2]然而，这种情形[3]还有更为根本的[4]原因。而且，债权人也不是个合适的类比。因为首先，债权人并不爱债务人，他希望后者的存在只是因他关心收回自己的钱。而施惠者则爱与钟爱[5]接受他的恩惠的人，即使后者现在和将来都对他没有用处。技匠的情形恰巧是这样。每个技匠都钟爱他的活动所创造的产品，而不是被那产品——若它有生命的话——所爱。这在诗人身上最为明显：他们过度地钟爱他们的作品，把它们当自己的孩子来爱。施惠者的情形差不多就是这种样子。那个接受到他的恩惠的人就是他的活动的产品，所以他钟爱那个受惠者，而那个受惠者却并不爱他这个制作者。其原因在于，存在对于一切生命物都值得欲求和可爱，而我们是通过实现活动（生活与实践）而存在，而产品在某种意义上也就是在实现活动中的制作者自身。所以，制作者爱他的产品，因为他爱他的存在。这

---

① ’Επίχαρμος，Epicharmus，公元前5世纪西西里（Sicilian）诗人、戏剧家，下文中“从坏的一面看问题”，见于其《残篇》（*Fragments*）146。

② 对埃庇卡莫斯的上述反驳表明，亚里士多德认为债权人解释并非全无道理，因为它适合多数人的情形。

③ 施惠者爱受惠者甚于受惠者爱施惠者。

④ φυσικώτερον，即更合于事情的本性（自然）的。

⑤ ἀγαπῆ，或慈爱。

其实很自然。因为，一个事物能够是什么，就在于它在其实现活动中实现了什么。其次，这种实践之中还有对施惠者来说是高尚[高贵]的东西。所以，施惠者对那个对象感到喜悦。而对受惠者来说，这种实践中则没有什么高尚[高贵]的东西，至多是有些不大令人愉悦、不大可爱的好处。实现活动、对未来的期望[①]和对已经实现的东西[②]的回忆都令人愉悦，但实现活动最令人愉悦，也最可爱。制作者所制作的产品是持久的（因为高尚[高贵]的东西是经久的），而它对于接受者而言的用处则是易逝的。[③] 对高尚[高贵]事物的回忆令人愉悦，对有用的事物的回忆则不令人愉悦，至少不像前者那样令人愉悦。对未来的期望则与此相反。[④] 第三，爱似乎是主动的，被爱则是被动的。所以，爱与友善都是那优越的一方[⑤]的实践的结果。第四，每个人都更珍惜他经自己劳动而获得的成果。例如，那些自己辛苦地赚得钱的人比那些通过继承遗产而得到一笔钱的人更加珍惜钱。接受似乎不包含辛苦，而给予却要付出辛苦。（正因为这点，母亲们更爱她们的孩子，因为生育的辛苦要更大些。）施惠者似乎也是这样。

---

① ἐλπίς，期望、期待。亚里士多德对ἐλπίς的用法与βουλή（希望）相近，指一个人对相对于自身而言的善的企盼。

② τοῦ δὲ γεγενημένου，已经使之生成、实现的东西。

③ 莱克汉姆将这句话置于“实现活动、对未来的期望和对已经实现的东西的回忆……”之前。

④ 在对未来的期待中，对有用的事物的期待令人愉悦，对高尚[高贵]事物的期待则不令人愉悦，或不像前者那样令人愉悦。

⑤ 即施惠者。

8. [两种自爱]

还有一个困难的问题,即一个人应当最爱自己还是最爱其他某个人。因为一方面,我们在贬义上用自爱者[①]这个词来称呼那些最钟爱自己的人。而且,坏人似乎做任何事情都只考虑自己,并且越这样他就越坏(所以有这样的抱怨,说这样的人从来不会想到为别人做些什么[②])。而公道的人做事则是为着高尚[高贵]的事物,并且越这样做他就越好,就越关心朋友而忘记他自己。但是,事实与上面的说法并不一致。这也并不令人奇怪。因为首先,人们说人应当最爱最好的朋友,而一个因我们自身之故而希望我们好——即便我们并不知道这一点——的人才是这样的朋友。而这些特点,以及朋友的其他那些特点,都最充分地表现在一个人同他自身的关系中。因为前面已经说过,[③]对朋友的感情都是从对自身的感情中衍生的。其次,所有的俗语,如"朋友心相通",[④]"朋友彼此不分家",[⑤]"友爱就是平等",[⑥]"施惠先及亲友"[⑦]等等,也都与

---

① φιλαύτος,爱自己的人。

② ἐγκαλοῦσι δὴαὐτῷ οἷον ὅτι οὐθὲν ἀφ' ἑαυτοῦ πράττει。

③ 本卷第4章。

④ μία ψυχή,此语出自欧里庇德斯的《俄瑞斯忒斯》(*Orestes*)1045—6。

⑤ κοινά τά φίλων,见1159b31。

⑥ ἰσότης φιλότης。1157b36:φιλοτὴς ἰσοτης。

⑦ γόνυ κνήμης ἔγγιον,字面意义为,膝比小腿更靠近(心)。γόνυ,膝;κνήμη,小腿;ἔγγιον,靠近。罗斯(第235页)与韦尔登(第300页)在此引申义上译为施惠先及亲友(Charity begins at home)。

这个说法相合。所有这些俗语都在人同自身的关系中表现得最充分，因为一个人首先是他自身的朋友。所以，人应当最爱他自己。这样就自然地产生出一个困惑：既然这两种说法都可信，究竟该采取哪种说法。[①]

也许，我们应当把这两种说法区分开，弄清它们各自在何种范围内、又以何种方式为真。如果我们清楚了每种说法在怎样使用自爱这个词，这一点就会变得明朗。那些在贬义上用这个词的人把那些使自己多得钱财、荣誉和肉体快乐的人称为自爱者。因为，这些就是被多数人当作最高善而欲求和为之忙碌的东西。而那些使自己多得这些东西的人，也就是满足[②]自己的欲望，总之，满足自己的感情或灵魂的无逻各斯部分的人。多数人都是这样的人。所以自爱这个词就这样[③]用起来。因为多数人的这种自爱是坏的。所以，这种意义上的自爱者公正地受到谴责。多数人是把在这些事物上使自己多得的人称为自爱者，这无可置疑。因为，如果一个人总是做公正的、节制的或任何合德性的事情，总之如果他总是做使自己高尚[高贵]的事情而不是别的事情，就不会有人谴责他是自爱或者指责他。然而，这样的人才最应当被称为自爱者。因为，他使自己得到的是最高尚[高贵]的、最好的东西。他尽力地满

---

① “自爱者是只考虑自己的人”和“友爱的特征都来源于人同他自身的关系”这两种流行的看法构成常识道德中的一个重要悖论。亚里士多德在下文的讨论中认为，这个悖论之所以会产生而且显得难以解决，原因在于它们各自理解的自爱是对灵魂的不同部分的爱。前者所说的自爱是对灵魂的无逻各斯部分的爱，多数人的自爱属于这一类。后者所说的则是对灵魂的主宰的即有逻各斯部分的爱。这种自爱是有德性的人的自爱，因而是更为真实和正确的，即真实意义上的自爱。

② χαρίζονται。

③ 即在贬义上。

足他自身的那个主宰的部分，并且处处听从它。一个城邦或一个组合体就在于它的主宰的部分，人也是一样。所以，钟爱并尽力满足自身的主宰部分的人才真正是一个自爱者。其次，我们说一个人自制或不能自制是就他的努斯是否是他的主宰而说的，这意味着那个主宰的部分就是他自身。此外，我们觉得， 个人的合逻各斯的行为才真正是他自身的行为，他的出于意愿的行为。[①]所以，这个部分就是一个人的自身，这无可置疑。而一个公道的人最钟爱的也就是这个部分。所以，这样一个人才真正是自爱者，不过是不同于那种贬义的自爱者的另一种自爱者。这种自爱者与贬义上的自爱者的区别，就像按照逻各斯的生活与按照感情的生活之间，以及追求高尚[高贵]与追求实利之间的区别一样大。人们都称赞和赞赏特别热心于行为高尚[高贵]的人。如若人人都竞相行为高尚[高贵]，努力做最高尚[高贵]的事，共同的东西就可以充分实现，每个人也就可以获得最大程度的善，因为德性即是这样的善。所以，好人必定是一个自爱者。因为，做高尚[高贵]的事情既有益于自身又有利于他人。坏人则必定不是一个自爱者。因为，按照他的邪恶感情，他必定既伤害自己又伤害他人。所以坏人所做的事与他所应当做的事相互冲突。公道的人所做的则是他应当做的事。因为，努斯总是为它自身选取最好的东西，而公道的人总是听从努斯。当然，公道的人常常为朋友的或

---

① 合逻各斯的行为，亚里士多德指的是出于欲望然而听从了逻各斯的行为。亚里士多德尽管也把出于欲望的即并非出于逻各斯的行为看作出于意愿的，但是他把合逻各斯的行为看作是最充分意义上的出于意愿的行为。

② πατρίδος。

他的祖国[2]的利益而做事情，为着这些他在必要时甚至不惜牺牲自己的生命。他可以放弃钱财、荣誉和人们奋力获得的所有东西，而只为自己保留高尚［高贵］。因为首先，他宁取一个短暂而强烈的快乐而不取一个持久但温吞的享受，宁取一年高尚［高贵］的生活而不取多年平庸的生存，宁取一次伟大而高尚［高贵］的实践而不取许多琐碎的活动。那些为他人舍弃其生命的人也许就是这样做的。他们为自身选取的是伟大而高尚［高贵］的东西。其次，他也乐于舍弃钱财，如果朋友们能得到的话。因为，这样朋友们得到了钱财，他得到了高尚，他仍然把最大的一种善给予了他自身。此外，在荣誉与地位上他也是这样。他可以把这些都让与朋友，因为这对于他是高尚［高贵］的和值得称赞的。所以，这样的人自然地是好人，因为他为自己选取的首先是高尚［高贵］。有时候他甚至会让朋友们去完成某项事业。因为，让朋友去做有时可能比自己去做更高尚［高贵］。所以在所有值得称赞的事物中，好人都把高尚［高贵］的东西给予了自己。所以，如上面说过的，我们应当做这种意义上的自爱者，而不应当做多数人所是的

1169b 那种自爱者。

9.［幸福的人也需要朋友的原因］

另一个困惑的问题是幸福的人是否需要朋友。人们说，享得福祉的、自足[1]的人不需要朋友。因为，他们自身已经应有尽有，并且——因为自足——不可能再添加什么了；而朋友作为另一个

---

① 希腊语中的自足概念，参见第 18 页注①。

自身，只是在补充一个人不能自身产生的东西。所以有这样的话：

若有神佑，谁还需要朋友？[①]

但是，说一个幸福的人自身尽善皆有，独缺朋友，这又非常荒唐。因为首先，朋友似乎是最大的外在的善。其次，如果一个朋友就在于给予而不是接受，如果好人或有德性的人就在于行善举，如果施惠于朋友比施惠于陌生人更高尚［高贵］，那么一个好人就需要一个承受其善举的人。正因为这样，人们才会提出一个人是在好运时还是在厄运时更需要朋友的问题。因为人们认为，处于厄运中我们需要有人对我们行善举，处于好运中我们又需要有人承受我们的善举。第三，也许把享得福祉的人想象成孤独的也是荒唐的。如只能孤独地享有，就没有人愿意拥有所有的善。因为，人是政治的存在者，必定要过共同的生活。[②]幸福的人也是这样。因为，他拥有那些本身即善的事物，与朋友和公道的人共享这些事物显然比与陌生人和碰巧遇到的人共享更好。所以幸福的人需要朋友。[③]

---

① 欧里庇德斯的《俄瑞斯忒斯》(*Orestes*)665。

② πολιτικὸν γὰρ ὁ ἄνθρωποςκαὶ συζ ῆν πεφυκός。

③ 亚里士多德说，由于(1)朋友是最大的外在的善(一个幸福的人不可能拥有所有的善而唯独缺少这种重要的善)，(2)一个人如果处于好运中就需要朋友来接受他的善举，以及(3)没有人(尤其是幸福的人)愿意过孤独的生活，幸福的人必定需要朋友。

④ 支持“幸福的人需要朋友”论点的一个更为重要的论据，即基于对人的实现活动的说明的论据，通过以下对反面论点的反驳而得到详细的陈述。对这个论据的陈述包括两大部分。(1)理智的实现活动论据：a)幸福在于实现活动；b)我们更能够沉思邻人的而不是我们自身的实现活动；c)我们需要朋友来沉思人(类)的好的实现活动。(2)生命的全面实现活动的论据：a)人的生命就在于感觉与思考这两种实现活动；b)正如一个人自己的存在值得他欲求，他朋友的存在也同样值得他欲求；c)如果生命之值得欲求就在于感觉到生命的善以及这种感觉本身的愉悦性，一个人也需要去感觉他的朋友对其存在的感觉。格兰特(卷Ⅱ第301页)把论据(2)理解为感觉的并称之为“同情”的论据。

那么,[4]持前面那种观点的人说的究竟是什么,又在何种意义上为真?他们那样说,是不是因为多数人觉得有用的人才是朋友呢?享得福祉的人不需要这样的朋友,因为他自身拥有所有的善。同样,他也不需要或很少需要快乐的朋友。因为他的生命自身就令人愉悦,无须另外的快乐。由于他不需要这两种朋友,这些人便认为他不需要朋友。但是这种看法并不真实。因为首先,我们在一开始就说过,[1]幸福在于实现活动,而实现活动显然是生成的,而不是像拥有财产那样地据有的。如果幸福在于生活或实现活动,并且一个好人的实现活动如开始就说过的[2]自身就是善的和令人愉悦的;如果一物之属于我们自身是令人愉悦的;如果我们更能够沉思邻人而不是我们自身,更能沉思邻人的而不是我们自身的实践,因而好人以沉思他的好人朋友的实践为愉悦(因为这种实践具有这两种愉悦性),那么享得福祉的人就需要这样的朋友。因为,他需要沉思好的和属于他自身的实践,而他的好人朋友的实践就是这样的实践。同时人们也都认为,幸福的人的生活应当是愉悦的。然而一个孤独的人的生活是艰难的。因为,只靠自身很难进行持续的实现活动,只有和他人一道才容易些。如果一种实现活动也自身就令人愉悦,享得福祉的人的实现活动就必定是这样(因为,好人由于善良而喜欢合于德性的行为,并厌恶出于恶的行为,正如一个乐师喜欢好的音乐而厌恶坏的音乐),它就会更为持久。此外,和好人相处,正如塞奥哥尼斯所说,会使得一个人变得

① 1098a16,b31—1099a7。

② 1099a14,21。

有德性。[①]第二,如果从事物的更根本处考察,好人朋友自然地就值得一个好人欲求。因为,如所说过的,[②]本性善的事物自身就令一个好人愉悦。动物的生命为感觉能力所规定,人的生命则为感觉与思考[③]能力所规定。而每种能力都与一种实现活动相关,并主要存在于这种实现活动之中。所以,生命主要就在于去感觉和去思考。生命自身就是善的和愉悦的。因为,它是限定的,而限定性是善的东西的本性。[④]凡是本性上善的事物就对公道的人是善,

---

① 塞奥哥尼斯(Θέογνίς,Theognis),公元前 6 世纪抒情诗人,上述引语是塞奥哥尼斯诗篇(迪尔的《希腊抒情诗选》)第 35 行的转述,原文是:

ἐσλῶν μὲν γάρ ἄπ' ἐσθλά μαθήσεαι.

(和好人相处,人会跟着学好。)

② 1099a7—11,1113a25—33。

③ νοήσεως,思考,νοεῖν的副词形式。

④ “因为,如所说过的,……而限定性是善的东西的本性”这段话,是亚里士多德对幸福的人必定也需要朋友的实现活动这一论据的前提或出发点所做的讨论。伯尼特(第 428 页)认为,这段讨论包含着有关他的实践三段论的起点的两个前提三段论推理:

前提三段论 1

人的生命在于感觉与思考的能力,
每种能力都要诉诸它的实现活动,
∴人的生命在于感觉与思考。

前提三段论 2

确定的东西本性上是善的。
生命是确定的,
∴生命本性上是善的。

罗斯(第 242—243 页注)做了以下更为详细的与此有所区别的分析,认为其中包含五个前提三段论及一个推论:

前提三段论 1

能力诉诸于实现活动,
人的生命由感觉与思考能力规定,
∴人的生命由感觉与思考的实现活动规定。(接下页注文)

因而也对所有的人都显得愉悦。但我们所说的生命不是恶的、腐败的和充满痛苦的生命。因为，这样的生命是无限定的，正如它的属性是无限定的一样（痛苦的这种无限定性在下面的讨论中将更加清楚）。如若生命自身就是善的和愉悦的（它似乎是这样的，因为每个人都欲求它，公道的人和享得福祉的人尤其欲求它，因为他们的生命最值得欲求，他们的生活有最多的福祉）；如若一个人看他就感觉到他在看，听就感觉到他在听，走就感觉到他在走；同样，在进行有其他活动时也都有一个东西感觉到他在活动，因而如果感觉就感觉到自己在感觉，思考就感觉到自己在思考，而感觉到自己在感觉和思考也就是感觉到自己存在着（因为我们把存在规定

（续前页注文）

前提三段论 2

确定的东西本性上是善的，
生命是确定的，
∴生命本性上是善的。

（隐含的）前提三段论 3

本性上善的对好人是善的和愉悦的，
生命本性上是善的，
∴生命对于好人是善的和愉悦的。

（隐含的）前提三段论 4

生命对于好人是善的和愉悦的，
人的生命由感觉与思考的实现活动规定，
∴感觉与思考对好人是善的和愉悦的。

前提三段论 5

所有人尤其是幸福的人欲求的是自身即善的事物，
生命是被这样地追求的，
∴生命是自身即善的事物。

推论

自身感觉伴随着感觉与思考。

为感觉与思考);如若感觉到自己存在着本身就令人愉悦(因为生 1170b
命本性上就是善,而感觉到自己拥有一种善自身就令人愉悦);如若生命就值得欲求,并且对于好人尤其值得欲求,因为存在对于他们是善的和愉悦的(因为他对那些自身即善的事物的感觉使他愉悦);如若好人怎样对待自己就怎样对待朋友(因为朋友就是另一个自身),那么,正如他自己的存在对于他是值得欲求的,他的朋友的存在也同样或几乎同样值得欲求。[①] 但是,存在所以值得

---

① 这段冗长的推理,是亚里士多德关于幸福的人也必定需要朋友的主要论证。这样精细的论证在《尼各马可伦理学》中并不多见。伯尼特(第 428—430 页)将这段论证分析为三个主要的实践三段论推理,这些三段论的前提都是上述前提三段论的结论:

三段论 1

生命在于(去)感觉和(去)思考,

生命本性上是善的,因而对于好人是愉悦的,

∴感觉与思考在本性上是善的,且对于好人是愉悦的。

三段论 2

感觉与思考是善的,且自身对于好人是愉悦的,

自身感觉是对感觉与思考的感觉,

∴对于善的自身感觉自身就是善的和愉悦的。

三段论 3

好人对朋友如对自身,

好人的自身感觉是善的和愉悦的,

∴好人对于朋友之自身感觉的感觉自身就是善的和愉悦的。

罗斯(第 242—243 页)对亚里士多德的这段论证,像对亚里士多德的前提三段论的分析一样,也做了更为精细的分析。他认为其中含有六个三段论与一个推论:

三段论 1

自身感觉伴随着感觉与思考,

人的生命由感觉与思考的实现活动规定,

∴对感觉与思考的自身感觉就是对生命的自身感觉。

三段论 2

拥有某种善的自身感觉是愉悦的,

(接下页注文)

一个人欲求，是由于他感觉到自己好，是由于这种感觉自身就令人愉悦。所以，一个人也必须一道去感觉[1]他的朋友对其[2]存在的感觉。这种共同感觉可以通过共同生活和语言与思想的交流来实现。共同生活对人而言的意义就在于这种交流，而不在于像牲畜那样的一起拴养。[3]所以，享福祉的人的存在自身就值得欲求。因为，它在本性上就是善的和愉悦的。如果他的朋友的存在对于他也几

（续前页注文）

生命自身就是善的，

∴对生命的自身感觉是愉悦的。

（隐含的）三段论 3

对生命的自身感觉是愉悦的，

对感觉与思考的自身感觉就是对生命的自身感觉，

∴对感觉与思考的自身感觉是愉悦的。

推论

好人的生命尤其值得欲求，因为他所感觉到的实现活动是善的。

三段论 4

好人对朋友如对自身，

生命对于好人是善的和愉悦的（＝值得欲求的），

∴朋友的生命对于好人是值得欲求的。

三段论 5

生命对于好人值得欲求是因为他感觉到他的实现活动是善的，

朋友的生命对于好人是值得欲求的，

∴对朋友的善的实现活动的自身感觉也是值得欲求的。

结论三段论

如要幸福，一个人就必须拥有所有值得欲求的事物，

朋友的生命对于好人是值得欲求的，

∴如要幸福，一个人就必须要拥有朋友。

① συναισθάνεσθαι。

② 即他的朋友的。

③ 共同生活（συζῆν）一词的本义是指把牲畜拴养在一起。所以亚里士多德此处谈到它的对人而言的意义。

乎同样值得欲求，那么朋友对于他就值得欲求。而对他而言，凡值得欲求的东西就必须拥有，否则就存在匮乏。所以，要做一个幸福的人就必须要有好人朋友。

10. [朋友需有限量的原因]

那么，一个人是应当有许多朋友？还是应当——像关于待客的俗语所说的，

既不要太多，也不要过少，[1]

因为这也适合于说交朋友——既不要没有朋友，也不要有太多朋友？对于有用的朋友，这话是十分中肯的。[2]（因为，一个人很难回报许多人，且人生短暂也令我们回报不及。实际上，朋友多过需要也就成为多余，会妨碍高尚[高贵]的生活。所以，我们自己最好不要有过多的朋友。）快乐的朋友也是有几个就可以了，就像一顿饭有点甜食就够了一样。但是，好人朋友是应当越多越好呢，还是应当像城邦的人口那样，有个确定的数量？十个人构不成一个城邦，但是若有十万人，城邦也就不再是城邦了。[3]恰当的数量也可能不是某一个数量，而是某些限定的数量中间的

---

① 赫西阿德的《工作与时日》715。

② 首先要谈到有用的朋友，因为“多数人觉得有用的人才是朋友”（1169b23—24）。

③ 奥斯特沃特（第 267—268 页）引证艾伦伯格（V. Ehrenberg）的《希腊城邦》（*The Greek State*）（[牛津大学出版社，1960 年]第 33 页）所提供的亚里士多德时代雅典的人口结构 （接下页注文）

一个。所以,朋友的数量也有某些限定,也许就是一个人能持续
1171a 地与之共同生活的那个最大数量(因为,我们已经说过,[①]共同生活似乎是友善的一个主要标志)。但是,一个人不可能与许多人共同生活或让许多人分享其生命,这无可置疑。其次,一个人的朋友们相互间也必须是朋友,如若他们也要彼此相处的话。但是如若有许多朋友,这件事就比较困难。第三,一个人很难与许多人共欢乐,也很难对许多人产生同情。[②]因为,一个人可能在与一个朋友一起欢乐的同时,又需要与另一个朋友一起悲伤。所以,比较好的做法可能是不要能交多少朋友就交多少,而只交能与之共同生活的那么多的朋友。实际上,一个人也不可能与许多人产生强烈的友爱。正因为这一点,一个人不可能对许多人产生性爱。因为,性爱往往是极端的友爱,只能对某一个人产生。强烈的友爱也同样只能对于少数的人产生。这种看法可由事实得证。伙

(续前页注文)

总人口	258,000
其中:	
男性居民	28,000
含其妻子、子女	112,000
外籍居民	12,000
含其妻子、子女	42,000
奴隶	104,000

证明,亚里士多德此处所指数字为不含奴隶的男性居民的人效。亚里士多德《政治学》(1326b8—20)中认为,一个城邦的人口当以能保障城邦的丰足生活之所需,以及人人皆能相互熟悉的人数范围为其上限。所以他在下面认为,朋友的数量当以一个人能够与之共同生活的最大人数为上限。

① 1157b19,1158a3,10。

② συναλγεῖν,同情、感情共鸣。

伴的友爱只包括少数几个人。常为人们歌颂的友爱[1]都只存在于两个人之间。与许多人交朋友,对什么人都称朋友的人,就似乎与任何人都不是朋友(除非说同邦人都是朋友)。我说的是那种被看作是谄媚的人。当然,一个人可能同许多人都有同邦人的友爱而仍然是一个公道的人而并不谄媚。但是,一个人却不可能是许多人的朋友,并且都是因他们的德性和他们自身之故而爱着他们。因德性和他们自身之故而交的朋友,有少数几个我们就可以满足了。

11. [好运中的朋友与厄运中的朋友]

一个人是在好运中,还是不幸中需要朋友?因为,我们在这两种情况下都需要朋友。在厄运中我们需要帮助。在好运中我们需要有人陪伴,需要有人接受善举,因为我们可能希望这样做。所以在厄运中友爱更必要,更需要有用的朋友。在好运中友爱更高尚[高贵],更需要有公道的人做朋友。因为,对公道的人行善举和与公道的人相处更值得欲求。其次,无论在好运中还是在不幸中,朋友的在场[2]都令人愉悦。朋友的同情使痛苦减轻。所以我们有时候竟弄不清,我们的痛苦是因朋友们真的分去了一份,还是因他们的在场使我们愉悦或使我们感觉到了他们的同情而

① 例如普鲁塔克(Plutarch)的《道德论丛》(*Moralia*)(93c)中提到的希腊神话英雄阿客琉斯与帕特罗克洛斯(Patroclus)的友爱、俄瑞斯忒斯(Orestes)与皮拉德斯(Pylades)的友爱,以及忒修斯(Theseus)与皮里托俄斯(Pirithous)的友爱,等等。

② παρουσία。

得到减轻。痛苦的减轻到底是由于这两种原因的一种，还是由于别的，我们倒不必去讨论。不管怎样，上面所说明的情况的确是存在的。不过，朋友的在场似乎既给我们以快乐，又令我们痛苦。因为一方面，见到朋友这件事本身令人愉悦，尤其是当处于厄运之中时。这的确有助于减轻痛苦。因为，一个朋友如若是体贴的，他的目光和言谈都使我们宽慰。因为，他知道我们的品质，知道什么使我们快乐，什么使我们痛苦。但另一方面，看到另一个人因我们的厄运而痛苦又令我们觉得痛苦。因为，每个人都不愿意让朋友因为自己而痛苦。所以，一个有男子气的人总是尽力不让朋友分担他的痛苦。除非对一切都感觉不到痛苦，否则他就无法忍受朋友为他的痛苦而痛苦这件事。他也不愿意让朋友与他一道悲哀，因为他自己从不悲哀。但是妇女和女性化的男子却喜欢别人与他一道悲哀，把他们当作朋友和同情者来爱。然而，我们在每件事上都显然应当按照较好的人的样子去做。在好运中，朋友的在场则总是使时光过得愉快，并且看到朋友因我们的善而快乐也使得我们感到高兴。所以，在好运中我们似乎应当邀请朋友们来分享（因为行善举是高尚［高贵］的）。但是在遭遇厄运时，我们必定对是否要让朋友知道感到犹豫（因为，恶的东西我们应当尽量少让朋友分担。所以俗语道，“厄运就都让我来承担吧”①）。请朋友帮助的，应当主要地是那些他们费力很小而对我

① 出处尚无详考。

们帮助很大的事情。[1] 反过来说,对于遭受厄运的人,我们应当不请自到,乐于帮助(因为做朋友就应当帮助,尤其是当对方需要而没有提出请求的时候。这样的帮助才对双方都更高尚[高贵]、更令人愉悦)。对于交好运的朋友,我们也要乐于合作(因为他们需要朋友合作)。但在分享好处时则不要那么主动(因为急于分享好处不是高尚[高贵]的举动)。但是,也要注意避免因执意推却而产生不快,有时候这种情形的确会发生。所以说,朋友的在场在任何时候都值得欲求。

12. [共同生活对于友爱的意义]

对爱者来说,最令他愉悦的是看到所爱的人,这种感觉比其他感觉更值得欲求,因为性爱就产生和存在于这种感觉之中。那么对友爱来说,共同生活是否就是最值得欲求的东西?因为首先,友爱就存在于某种共同体之中。其次,一个人怎样对自身,就会怎样对朋友。自身存在的感觉值得欲求,对于朋友的存在的感觉也就值得欲求。但是,这种感觉只有在共同生活中才能实现。所以,朋友们自然地寻求这种共同生活。第三,无论一个人把什么当作他的存在或使他的存在值得欲求的东西,他都希望与他的

---

① 爱尔温(第 300 页)认为第 8 章临近结尾处(1169a32—34)的一句话,"有时候他甚至会让朋友们去完成某项事业,因为让朋友去做有时可能比自己去做更高尚[高贵]",构成对这句话的含义的解释。但是他认为,亚里士多德的这句话只是在从邀请帮助的一方的角度考虑,因而没有充分地展开他自己的观点在这种场合中的含义,因为朋友在这种时刻总是希望做得更高尚[高贵]些。

朋友共同享有之。所以，有些朋友一起喝酒，有些一起掷骰子，另一些则一起锻炼，一起打猎，一起从事爱智慧的活动。每种人都在对他们而言是最好的那种事情上一起消磨时光。[①] 由于希望与朋友共同生活，他们都尽可能参加给他们以共同感觉的那种活动。所以坏人的友爱是坏事（因为他们做事情不稳定，又共同地做坏的事情，他们会在相互模仿中变得更坏）。而公道的人之间的友爱则是公道的，并随着他们的交往而发展。他们在其实现活动中通过相互纠正而变得更好。因为，他们每个人都把对方身上值得他欲求的东西当作自己的榜样。所以俗语说，

和好人相处，人会跟着学好。[②]

关于友爱就谈到这里。我们下面要谈谈快乐。

---

① 所以，由于（1）友爱就在于某种共同生活，（2）对于朋友的存在的感觉（它也同样值得欲求）只有在与朋友的共同生活中才能实现，（3）一个人喜爱什么便会希望与朋友共享什么，共同生活是所有友爱中最值得欲求的东西。但是关于共同生活的这种重要性的讨论似乎是对前面的讨论的重复。本章的目的不在于重申共同生活的这种性质，而在于指出下面的事实：由于在不同的友爱中人们在不同的所喜爱的事物上分享共同生活，他们会因为这种共同生活而变得更好或更坏。

② 塞奥哥尼斯诗篇第 35 行。参见第 305 页注①。

第 十 卷

［快乐］

1.［快乐问题上的两种意见］

接下来我们似乎应当谈谈快乐。[①] 因为，它似乎与我们的本性[②]最为相合。所以，我们把快乐与痛苦当作教育青年人的手段。[③] 而且，我们把爱所应当爱的，恨所应当恨的看作养成德性的

---

① 《尼各马可伦理学》第七卷第 11—14 章和本卷第 1—5 章两处集中讨论了快乐的概念。这两处讨论，斯图尔特（卷Ⅱ第 217 页）说，尽管遵循着相同的理路，却在某些问题上引出了不同结论。格兰特（卷Ⅱ第 312—313 页）认为，第十卷的讨论没有引证前面第五至七卷的讨论，其原因可能在于《尼各马可伦理学》第五至七卷不是出于亚里士多德本人，而是出于其学生欧台谟之手。斯图尔特（同上）还认为，亚里士多德本人不可能在同一部著作中两处专门讨论快乐的概念，这种情况可能说明现存的《尼各马可伦理学》手稿是经过编辑者编辑加工的。爱尔温（第 301 页）则认为，亚里士多德在第七卷的讨论是针对学园派斯彪西波关于快乐不是善（以及一种善）的否定的观点，第十卷则既针对欧多克索斯关于快乐就是善本身的极端快乐主义观点，也针对斯彪西波的反快乐主义观点，两者似乎有所互补，而亚里士多德本人的观点在第十卷中表现得更清楚。

② 即我们作为人的本性。

③ 这句话是对柏拉图的《法律篇》653 的转述。

品质的最重要的内容。快乐与痛苦贯穿于整个生命，对于德性与幸福至为重要。因为人总是选择快乐，躲避痛苦。所以，我们不应忽略这个问题，尤其是因为在这个问题上存在许多不同的意见。有些人认为快乐就是善。[①] 有些人则相反，认为快乐完全是坏的。其中有的人也许真的认为快乐是坏的。有的人也许是认为，即使快乐不是坏的，把它算作坏的也有利于我们的生活。因为，许多人都片面地追求快乐，成为快乐的奴隶，所以应当矫枉过正，以期达到适度。[②] 但是这种看法是不对的。在感情与实践事务方面，逻各斯不像活动那样可靠。只要逻各斯与感觉的东西相冲突，它就会遭到嘲笑，其真实的东西就也被弃之一旁。如果一个人谴责快乐而又被发现有时追求着快乐，人们就会认为这表明他把所有快乐都看作可以追求的。因为，多数人不会把事情分得很清楚。所以，[③]逻各斯的真实似乎不仅对看问题有用，而且对生活有帮助。因为，它由于与活动相符而使人信服，并且鼓励着那些已明了它的人去按这种方式生活。这一点我们就说到这里，接下来我们来考察关于快乐的各种说法。

---

① 即认为快乐是一般的或总体的善（τἀγαθὸν），而不是某种善（ἀγαθὸν）。例如下面一章谈到的欧多克索斯认为，快乐不是像其他的善事物那样是某种善（这是《尼各马可伦理学》第七卷所持的观点），而是一般的善。伯尼特（第 437 页）说，欧多克索斯用快乐的概念取代了柏拉图的善自身。关于亚里士多德对善（τἀγαθὸν）和某种善（ἀγαθὸν）的相互区别的用法，见第 2 页注②。不过值得指出，τἀγαθὸν这个亚里士多德的专门的术语没有出现在第七卷的有关讨论中。

② 这里所指的是斯彪西波及其学派的观点。参见第七卷第 11—14 章。

③ 这里可以直接引出的结论似乎应当是：逻各斯必须真实，即符合于活动和对活动的感觉。逻各斯在此处的意义相当于“话”或关于快乐所说的“话”。

2. [快乐是善的意见]

欧多克索斯[1]认为快乐是善,因为他看到一切生命物,无论有逻各斯的还是无逻各斯的,都追求快乐。他说,在每种事物中,所被追求的东西都是善,最被追求的就是最大的善。既然快乐被一切生命物追求,这就表明它对于所有生命物是最高善(因为每种生命物都寻求获得某种属于它自己的善,正如它寻求自己的特殊的食物)。而对所有生命物都是某种善、被所有生命物追求的东西,也就是善。但是,人们信服他的这些说法是因为他的品质出众,而不是因这些说法本身。他以节制闻名,所以人们认为,他这样说似乎不是因为他是个爱快乐的人,而是因为事情的确如此。[2]其次,欧多克索斯认为,从相反者方面来看,这一点也同样明显。痛苦自身就是为所有生命物躲避的东西。所以,它的相反者也就是被所有生命物追求的东西。第三,他还认为,最值得欲求的是那些因自身而不是因某种它物而被追求的事物,而快乐就被看作是这样的事物。因为,我们从来不问一个人他享受快乐是为着什么,我们认为快乐自身就值得欲求。最后,他认为,任何善的、公正的行为和节制的行为,加上快乐就更值得欲求,可是只有善的

---

① 参见 1102b27—34,及第 2 页注①。

② 因为人们认为,事物对好人(节制的人也就是好人)显现的样子可能就是它的真实的样子。欧多克索斯没有对快乐的欲望。所以,他说快乐是善,可能就说明快乐的确是善。

东西才能加到善的东西上面。[1] 可是，这后一说法只能说明快乐是某种善，而不能说明它比别的善更好。因为，任何一种善在加上另一种之后都比它单独时更值得欲求。柏拉图[2]就用这个逻各斯说明了快乐不是善。他说，与明智相结合的快乐生活比单纯的快乐生活更值得欲求，如果快乐在与明智结合之后更善，这就表明快乐不是善。因为没有什么东西可以加到善上面并使得它更值得欲求。所以，如果某种东西要加上某种自身即善的事物才更值得欲求，它自身就不是善。[3] 那么，这个我们能够共同享有的善[4]究竟是什么？这也正是我们所要寻求的东西。

另一方面，[5]那些反对这种意见并且认为所有生命物所追求
1173a 的并不是某种善的人们，[6]其实都言之无物。因为，我们认为，如果某种东西对所有生命物都显得是一种善，它就是善的。而如果有人反对这种看法，他就很难让我们相信他所说的。如果只是不

---

① 欧多克索斯关于快乐就是善的主要理据可表达如下：(1)快乐是所有生命物所欲求的；(2)快乐是所有生命物所躲避的东西(作为恶)的相反者；(3)快乐没有自身之外的目的；(4)快乐使善的事物更值得欲求。

② 《菲力布斯篇》20e—22e，60b—e。

③ 所以，按照亚里士多德，柏拉图的观点是，一个事物的“是(某种)善”是单纯的性质，这种性质可以为其他事物所彰显，而不可能为别的事物之“是善”所添加。亚里士多德引用柏拉图的这段论证作为反驳欧多克索斯的一个论据这一点表明，在柏拉图与亚里士多德的时代，虽然许多人把快乐看作是善(目的)本身，明智更被看作是自身即善的。

④ 即那种既不需要附加上别的事物，也不需要加到某种自身即善的事物上而自身便值得欲求的善。

⑤ 亚里士多德在这里转而讨论斯彪西波学派针对欧多克索斯的论据(1)与(2)而提出的反对意见。显然，他认为斯彪西波学派所提出的反驳比欧多克索斯的论据更加没有道理，尽管他不完全同意欧多克索斯的论据。

⑥ 指斯彪西波及其学派。关于他们的观点，参见第七卷第 11—14 章。

能思考的生命物追求它，这还算说出了点东西，如果连明智的存在物都追求它，这话还有什么意义呢？而且，也许甚至低等动物中也有某种比它们自身更高的东西，使它们趋向于它们自身的某种善。其次，他们对那条相反者论据[①]的反驳也同样不妥。因为他们说，如果痛苦是恶，这不等于说快乐就是一种善，因为恶也可以与另一种恶相反，并且两者都与那种既不善也不恶的适度相反对。这个说法本身倒还说出了些东西，但放在这里却不真实。因为，如果快乐与痛苦两者都是恶，它们就都是我们要躲避的；而如果它们都既不善也不恶，我们就对两者都不躲避或都在同样程度上躲避。然而，我们显然都把痛苦当作恶来躲避，把快乐当作一种善来追求。所以，它们是相反的。

3. ［对快乐是恶的意见的反驳］

第三，[②]如果他们说快乐不是一种性质，他们也仍然不能说快乐不是一种善。因为，德性的实现活动也不是一种性质，幸福也同样不是。第四，他们还说，善是限定的，快乐则不是限定的，因为快乐可以多一点或少一点。如果他们指的是一个人所享受到的快乐，那么对公正与德性同样可以这样说。我们显然可以说对它们拥有得多一点或少一点，在行为上更合德性一点或不那么合

---

① 即欧多克索斯关于痛苦是恶表明快乐是善的论据。

② 亚里士多德接下来讨论斯彪西波学派的三条更为广泛的反快乐主义论点：(3)快乐不是性质，所以不是善(因为善是性质)；(4)快乐是无限定的，所以不是善(因为善是限定的)；(5)快乐是运动或生成，所以不是善(因为善是完成了［完善］的)。

乎德性(例如,一个人可能更公正、更勇敢些,在行为上可能更合乎公正或节制,或不那么合乎公正或节制)。如果他们指的是快乐本身的性质,那么他们恐怕没有说出那个正确的根据,即有些快乐是非混杂的,有些是混杂的。[1]而且,快乐何尝不是像健康一样既是限定的,其中又包含着较多和较少呢?因为,健康中不包含一个共同的尺度,[2]在同一个人身上也不存在这样的尺度,它是在一定界限内变化的,包含着较多和较少。快乐也是这样。[3]第五,他们还提出,善是完成了的[4]东西,而运动与生成都是未完成的,并试图证明快乐是运动与生成。但这种看法似乎不妥。首先,快乐甚至都不是运动。因为,运动就有快慢之分,不是就自身而言

---

① ἀμιγεῖς,非混杂的;μικταί,混杂的。非混杂的快乐与混杂的快乐的区分见于柏拉图的《菲力布斯篇》(52e)。混杂的快乐他从低到高分为三类:(1)肉体快乐,其中肉体因匮乏或欲望而产生的痛苦与肉体的满足的快乐相混合;(2)期望回复的快乐,其中肉体因匮乏而产生的痛苦与从精神上解除这种痛苦的快乐相混合;(3)滑稽的快乐,其中看到不美的形象的精神痛苦与嘲笑它的精神快乐相混合。非混杂的快乐柏拉图也从低到高分为三类:(1)嗅觉的快乐;(2)视觉与听觉的快乐;(3)理智的快乐。柏拉图认为,混杂的快乐没有尺度可以衡量(ἀμετρία),非混杂的快乐则可以有尺度衡量(εὐμετρία)。格兰特(卷Ⅱ第319页)说,斯彪西波忘记了老师的这种区分,似乎把无尺度的特点说成是所有快乐的普遍特点。

② συμμετρία。参见上注。

③ 所以,关于斯彪西波学派的论点(3),亚里士多德以有些不是性质的事物(如某些活动)也是善提出反驳。关于论点(4),亚里士多德说,如果这是指享受快乐的人,那么一个人对某些其他德性的具有也含有程度差别;如果这是指快乐本身,那么他们本应当说许多(混合的——依照柏拉图的区分)快乐是无尺度可以衡量的,因而是无限定的。而且实际上,快乐似乎与健康一样不存在限定的尺度,而是在一定范围内变化。斯彪西波学派的立场是:限定的东西有尺度,不限定的(包含着较多和较少的)东西没有尺度;快乐是不限定的,所以快乐没有尺度。亚里士多德批判他的僵化观点,认为有些限定的东西是(相对)无变化的,有些则是包含着变化的,但仍然在一定限度内保持着那种性质。快乐像健康一样属于后者。

④ τιθέντες,动词τίθημι(做、使某某事物产生,等等)的完成式形式,意义是产生了、完成了的。

的（例如天体运动过程），就是就其他事物而言的。但是快乐却没有这样的性质。一个人可以很快地变得高兴，很快地变得生气，1173b
但是没有人能够像步行或生长那样很快地是快乐的，甚至相对于其他事物是快乐的。变得快乐可以或快或慢，但快乐的实现活动却不可能快，所以快乐也不可能快。其次，快乐又怎么会是生成呢？因为，随便什么事物都不是从某个偶然的事物产生，而是从它毁灭后要成为的那种事物产生的。所以快乐由之生成的东西，也就是痛苦使之毁灭的东西。[①]他们的确是说，痛苦是正常品质的匮乏，快乐是这种匮乏的补足。[②]但是匮乏与补足只是肉体的感受。如果快乐是朝向正常品质的补足，那么感到快乐的就是得到补足的东西。所以是肉体感到快乐。但是，事情似乎并不是这样。所以，快乐不是补足。但是在补足的生成中也伴随有快乐，就像在划开皮肤时伴随有痛苦一样。这种意见[③]似乎是根据与进食有关的痛苦和快乐而提出来的。因为，我们先经过腹空的痛苦，才感受得到补充食物的快乐。但是，并不是所有的快乐都是这样。学习数学的快乐，以及那些同气味、声音、景象、记忆、期望相关的感觉的快乐，就不痛苦。这些快乐算是从那里生成的呢？因为，这里不存在需要补足的匮乏。对于提出这类不体面的快乐

---

① 格兰特（卷Ⅱ第 321 页）认为亚里士多德在此处缺少一个结论性的反问："那么，快乐由之生成而又为痛苦所毁灭的那种质料是什么呢？"亚里士多德显然认为没有这样一种质料。所以他在后面用实现活动取代了生成：快乐是实现活动，而不是生成。

② ἀναπλήρωσις，补充、补足。补足是柏拉图与亚里士多德伦理学中的一个重要概念，指从匮乏状态向正常品质的回复，即匮乏的充实的过程。亚里士多德认为，关于快乐由之生成、痛苦又将之毁灭的那种质料，斯彪西波及其学派所说过的只是"匮乏"。而匮乏显然并不是构成人的性质的因素或成分。

③ 上面所讨论的斯彪西波学派的痛苦在于匮乏、快乐是匮乏的补足的意见。

20 作为意见根据的人们，我们可以回答说，首先，这些东西并不令人
愉悦。因为，尽管它们对品性恶的人是快乐，我们却绝不能认为
它们就是快乐，除非是对那些人。这正如我们不能因某些东西对
病人是有利于健康的、甜的、苦的，就说它们本身是有利于健康
25 的、甜的或苦的，或者因有些东西对害眼病的显得白，就说它们本
身是白的一样。其次，我们可以说，快乐本身是值得欲求的，但如
果是来源于这些条件的，它们就不值得欲求。这正如财富值得欲
求，但如果这要求你去背叛，它就不值得欲求；健康值得欲求，但
如果这要求你不论什么都吃，它就不值得欲求。第三，我们还可
30 以说，快乐在种类上是不同的。因为，来源于高尚[高贵]事物的
快乐不同于卑贱的快乐。不做个公正的人就不能享受到公正的
快乐，正如不做个乐师就不能享受到音乐的快乐，等等。朋友与
奉承者的区别也说明快乐不是善，或者快乐有种类的不同。因
为，朋友在一起是为着某种善，奉承者则是为着让我们快乐。朋
1174a 友则受到称赞，奉承者则受到谴责，因为奉承者总是另有目的。[①]
而且，谁也不会愿意一生都处在儿童的心智阶段，即使他一直能
从令儿童愉悦的事物中得到最大的快乐。也没有人愿意总是以
5 做卑贱的事情来取乐，即使这没有痛苦。[②] 有许多事情，例如看、

---

① 亚里士多德此处所说的朋友是指善的或德性的朋友。奉承者与我们交往时，亚里士多德说，有双重的目的：当下的目的是讨我们高兴，为这个目的他可以做任何事情；但是他这样做不是为着我们自身的善，因为他的更根本的目的是为了得到他想要的东西。

② 可以假定这两句话之间有某种联系，即后者所说的是儿童时期所做的可耻的事情，因为只是在儿童时期的这种行为才没有痛苦。正如爱尔温(第 304 页)所说，亚里士多德的这个论证的基本前提是，我们所关切的是我们作为人所独具的那些能力的实现活动。

记忆、观照[①]和具有德性，即使它们不会带来快乐，我们也会积极去做。即使这些活动都伴随有快乐，这也没有什么不同。因为，即使不伴有快乐，我们也仍然会期望它们。所以，快乐不是善。或者，并非所有快乐都值得欲求，只有那些在形式上[②]和来源上与其他快乐不同的快乐自身才值得欲求。关于快乐与痛苦，我们就谈到这里。

4. [快乐与实现活动]

如果我们再从头说一遍，快乐在种上是什么就会更清楚了。看[③]似乎在任何时候都是完善的。它无须任何后续的干预来完成其形式。[④]快乐似乎也是这样。因为，它是完整的，它的形式在任何时候都不可能靠延长时间来完成。所以，快乐不是运动。[⑤]因为，每种运动都经历时间，都有一个目的，如建造一所房子。一种

---

① εἰδέναι εἴδω。此处的意义介于看(ὁράω)与沉思(θεωρέω)之间，εἴδω与θεωρέω的基本意义都从视觉上的看引申。

② εἴδει。

③ ὅρασις。

④ εἶδος，其原意即为看。参见第10页注①。看的形式，奥斯特沃特(第279页注)说，在这里的意思就是看的一组性质。莱克汉姆(第591页)此处就把εἶδος解释为“特殊性质”。

⑤ 运动(κίνησις)一词在这里是在广义上使用的。变化或者发生在(1)质料，或者发生在(2)性质、(3)数量、(4)位置的方面，后三种变化亚里士多德称为运动，但他的运动概念有时也包括生成，即一事物从潜在到实在的过程。关于亚里士多德的运动的概念，见《物理学》第三卷第1、2章和第五卷第1、2章；《形而上学》1069b3—34。参见汤姆森的《亚里士多德伦理学》“附录E”第2节(第355页)。

运动只有目的达到了，或者说，只有经历了这整个时间或在那个最后时刻，才是完善的。这个时间中的每个片刻的运动都是不完善的，它们都同这整个运动不同，同时也相互不同。砌石料与雕廊柱是不同的，这两者也与神殿建造的整体运动不同。因为，神殿的建造是一个完整的运动（它无须其他任何东西来令其完善）。而打地基和拢石柱的运动都是不完善的（因为它们只是部分）。所以，这两种运动在形式上都与总体的运动不同。同样，我们也无法在其间任何一个时刻，而只有在整个持续的时间中，从形式上看到这整个运动。行走和其他位置移动也是这样。因为，如果位移是从一点到另一点的运动，它就包括飞、走和跳等等不同形式。不仅如此，就是走本身也有很多不同（因为，整条跑道的起止点和某一段的起止点不同，某一段的起止点也与另一段的不同，在这条跑道上跑也和在那条跑道上跑不同；①因为我们跑的不仅
1174b 仅是一条线，而且是某一个位置，而这条线的位置不同于那条线的位置）。对于运动，我已经在另一个地方②作了讨论。一个运动似乎在每一时刻③都是不完善的。各个片刻的运动也都是不完善的并且相互不同的，因为一个运动的起止点确定了它的形式。快

---

① 莱克汉姆（第 592 页）说，讲演者在这里似乎边讲边画出了一个运动场跑道的示意图并把它分成两条跑道，以便说明一条跑道上的位置不同于另一条上的位置。据汤姆森（第 319 页注），在雅典和埃庇扎夫罗斯，运动场跑道一般用小柱子分割成六个各长 100 码的部分，亚里士多德此处提到的线当是这些跑道的分割线。

② 《物理学》第 6—8 卷。

③ 即既区别于过去又区别于将来的现在时刻。尽管我们谈论过去的快乐（我们一般不会谈论将来的快乐），但所谈论的只是对那种快乐的回忆，而不是它本身。我们所感觉到的快乐都是现在的，它并不经历时间，因为它没有生成，在感觉到它时它就是完整的。

乐则在任何时刻都是在形式上完善的。所以,快乐不同于运动,它是某种整体的、完善的东西。这一点也见证于以下事实:运动经历时间,但快乐则不经历时间,因为快乐在每一时刻都是整体的。上面所说的也表明,说快乐是运动或生成是不对的。因为,这样的说明不适用于所有事物,只适用于那些可分析为部分的,不是整体的事物。看的活动、几何点和数学单位都没有生成,它们都不是运动或生成。快乐也是这样。因为快乐是整体的。

其次,每种感觉都通过其实现活动而相关于被感觉的对象。当感觉处于良好状态,并相关于最美好的对象时,它就是完善的(因为,这似乎就是完善的实现活动,不论就实现活动自身而言,还是就活动的人而言,都没有什么不同)。所以对每种感觉来说,最好的实现活动是处于最好状态的感觉者指向最好的感觉对象时的活动。这种实现活动最完善,又最愉悦。因为,每种感觉都有其快乐。思想与沉思也是如此。最完善的实现活动也就最令人愉悦。而最完善的实现活动是良好状态的感觉者指向最好的感觉对象时的活动。快乐使这种实现活动臻于完善。但是,快乐——如果是好的——使感觉的实现活动完善的方式不同于感觉对象与感觉者。这正如健康与医生不是在同样意义上是保持健康的原因。[①](每种感觉都显然伴随有快乐。因为我们用愉悦这个词来说所看到的景象和听到的声音。而最完善的快乐就是当最好的感觉能力指向最好的对象时的快乐。当感觉能力与感

① 健康是一个人能够保持健康的根本原因,医生(治疗)是使一个人恢复从而保持健康的原因。

觉对象都处于这种状态，并且同时发挥作用时，就必定产生快乐。）快乐完善着实现活动。但是，它不是作为感觉者本身的品质，而是作为产生出来的东西而完善着它，正如美丽完善着青春
1175a 年华。[①] 所以，只要一方面思考或感觉的对象，另一方面在思考或沉思着的人，都处于适合的状态，其实现活动就将是快乐的。因为，只要主动的一方与被动的一方仍然彼此相似，并仍然以同样的方式相互关联，就还会产生相同的结果。那么，为什么没有人能持续不断地感到快乐呢？这是不是由于疲倦呢？因为，人的实现活动不可能是不间断的。快乐也不可能持续不断，因为它产生于实现活动。由于这种原因，有些东西在新鲜时让我们喜欢，后来就不大让我们喜欢了。这是因为，起初我们的思想受到刺激，积极地进行指向对象的活动，就像我们的目光注视对象一样。但是后来活动就变得松弛了，不那么专注了，快乐也就消逝了。也许可以认为，人们都追求快乐是因为他们都向往生活。生活是一种实现活动。每个人都在运用他最喜爱的能力在他最喜爱的对象上积极地活动着。例如，乐师用听觉在旋律上活动，爱学问的人运用思想在所沉思的问题上活动，如此等等。快乐完善着这些实现活动，也完善着生活，这正是人们所向往的。所以，我们有充分的理由追求快乐。因为快乐完善着每个人的生活，而这是值得欲求的。至于我们是为着生活而追求快乐，还是为快乐而追求生活，我们暂时先不做讨论。因为，这两者似乎是紧密联系、无法分开的。

---

① 美丽是青春年华所产生的东西，而不是青春年华的内在原因。同样，快乐也不是作为感觉者内在的东西而影响他的实现活动。

没有实现活动也就没有快乐,而快乐则使每种实现活动更加完善。

5.[快乐在类属上的不同]

所以,[①]快乐就有类属上的不同。因为我们认为,不同的事物是由不同的东西来完善的。[②] 每一种自然物品和人工制品,如动物、树木、图画、雕塑、房屋、工具,都是这样。同样,在形式上不同的实现活动也由在形式上不同的东西来完善。思想的实现活动与感觉的实现活动不同,它们之中这种形式的活动也与另一种不同。所以,完善着它们的快乐也不同。这一点也可由每种快乐都与它所完善的实现活动相合而得到见证。因为,每种实现活动都由属于它的那种快乐加强。当活动伴随着快乐时,我们就判断得更好、更清楚。例如,如果喜欢几何,我们就会把几何题做得更好,就对每个题目有更深的领会。同样,爱音乐、爱建筑等等的人,也可以由于喜欢它而在取得进步。所以,快乐加强着实现活动,而加强着一种实现活动的快乐也就必定属于它。实现活动在形式上不同,属于它们的快乐也就在形式上不同。这一点更明显 1175b 地见证于以下事实:有些实现活动会被其他的快乐所妨碍。例如,爱听长笛的人听到长笛的演奏就无心继续谈话,因为他们更

---

① 即由于快乐与生活或实现活动是无法分开的。

② 在上面一章,亚里士多德从两个基本点,即快乐是完整的(而不是运动或过程),快乐作为结果而完善着实现活动,肯定欧多克索斯关于快乐是(某种)善的意见。在这一章中,他通过陈述他关于快乐因实现活动的不同而有类属的不同的论点,表明欧多克索斯关于快乐的抽象的观点的一个基本的缺陷:它没有区别快乐的不同类属。

喜欢听长笛演奏而不是谈话。所以,听长笛演奏的快乐妨碍谈话的活动。当我们同时进行两项实现活动时,情况也是这样。因为,其中更令我们愉悦的活动会排斥另一项活动。它越令我们愉悦,就越排斥另一项活动,甚至使后者全然停止。所以,如果我们从一项活动中得到强烈的快乐,我们就几乎不能做别的事情。我们仅当做一件事情只得到一般的快乐时,才会转向别的事情。例如那些在剧场里吃甜食的人,演出越糟糕,就越想吃甜食。既然相适合的快乐使一项实现活动更加准确,持续的时间更长,进行得更好,而其他的快乐则会妨碍它的进行,快乐就显然是彼此不同的。不同类属的快乐对一项实现活动的作用,其实就相当于那项活动的属于自身的痛苦。因为,自身的痛苦也毁灭实现活动。例如,如果写作与推理不令我们愉快并且伴随着痛苦,我们就不会写作和推理,因为这项实现活动是痛苦的。所以,一项实现活动的自身的快乐与痛苦对于它有相反的影响。自身的快乐和痛苦,也就是从一项实现活动本身产生的快乐和痛苦。而不同类属的快乐,如刚刚说过的,就相当于自身的痛苦。因为,它们毁灭实现活动,尽管不是以同样的方式。①

既然实现活动有好坏的不同,有的值得欲求,有的应当避免,有的既不值得欲求也不需要避免,它们各自的快乐就也是如此。因为,每种实现活动都有自身的快乐。所以,实现活动是好的,其快乐也是好的,实现活动是坏的,其快乐也是坏的。甚至是欲望,如果是对于高尚[高贵]事物的,就也值得称赞,如果是对卑贱事

---

① 因为,一种实现活动在被不同类属的快乐毁灭时,活动者不感觉到痛苦,他仿佛是被更令他愉悦的事物所吸引。

物的，就应受谴责。快乐比欲求更属于实现活动自身。因为，欲求在时间上和本性上都与实现活动相分离，而快乐则与实现活动联系紧密，难以分离，以致产生了它们是否就是一回事的问题。我们既不能把快乐看作思想，也不能把它看作感觉（因为这样看是荒唐的）。不过，由于快乐与实现活动不能分离，有些人觉得它们就是一回事。① 所以，由于实现活动不同，它们的快乐也就不同。视觉在纯净上超过触觉，听觉与嗅觉超过味觉，它们各自的快乐之间也是这样。同样，思想的快乐高于感觉的快乐，在思想的快乐相互之间，也有一些快乐高过另外一些快乐。每种动物都似乎有它本身的快乐，正如有它本身的活动。也就是说，每种动物都有相应于其实现活动的快乐。如果我们一个动物一个动物地想，这一点就会更为明白。马、狗、人，都有自己的快乐。赫拉克利特说，驴宁要草料而不要黄金，②因为草料比黄金更让它快乐。所以，不同种的动物有不同的快乐。反过来也可以说，同种动物有同种的快乐。不过在人类中间，快乐的差别却相当大。因为，同样一些事物，有些人喜欢，有些人则讨厌；有些人觉得痛苦和可恨，有些人则觉得愉悦和可爱。甜味的东西也是这样。同一样东西，健康的人尝着甜，发烧的人却尝着不甜。虚弱的人与强壮的人对温度的感觉也不同。其他亦可类推。但是在这类事情上，情况似乎是，事物对一个好人显得是什么样，它本身也就是什

① 一旦我们能够把快乐区别于实现活动，爱尔温（第 307 页）解释说，我们就会看清，我们选择生命及其实现活动并不是因快乐之故。

② 《残篇》D9，见《古希腊罗马哲学》（商务印书馆，1961 年）第 19 页。

么样。[1] 如果这类事情，就像人们所认为的，的确是这样，如果德性与好人——就他作为好人而言——是所有事物的尺度，那么对于他显得是快乐的东西就是快乐，令他感到愉悦的东西就是愉悦的。如果令他感到不愉快的事物令某些人愉悦，这并不奇怪。因为，人容易在多方面堕落或受到扭曲。那些事物并不令人愉悦，而只是使堕落的或个性扭曲的人感到愉悦。[2] 所以，我们显然可以说，那些被视为卑贱的快乐并不是快乐，而只是对那些堕落的人才是快乐。但是在那些好的快乐之中，哪一种是特别属于人的快乐呢？也许，这需要联系实现活动才看得清楚？因为快乐是属于实现活动的？所以，完善着完美而享得福祉的人的实现活动——不论是一种还是多种——的快乐就是最充分意义上的人的快乐。其他的快乐，也像其实现活动一样，只在次等的或更弱的意义上是人的快乐。

---

① 参见 1099a7—25，1113a25—32，1166a12，1170a14。

② 坏人，爱尔温(第 307 页)评论道，对于何种事物令人愉悦的观点是错误的，甚至他们对于何种事物令他们愉悦的观点也是错误的，因为他们把对他们而言显得愉悦的事物当作对他们而言是愉悦的事物。

［幸福］

6. ［幸福与实现活动］

在谈过德性、友爱和快乐之后，我们接下来要扼要地谈谈幸福。因为，我们把幸福看作人的目的。如果我们从前面谈到过的地方说起，我们的讨论就可以简短些。我们说过，[①]幸福不是品质。因为如果它是，一个一生都在睡觉、过着植物般的生活的人，或那些遭遇不幸的人们，也可以算是幸福的了。[②] 如果我们不能同意这种说法，并且更愿意像前面所说过的那样[③]把它看作是一 1176b
种实现活动，如果有些实现活动是必要的，是因某种其他事物而

---

① 1095b31—1096a2，1098b31—1099a7。亚里士多德在此处引述第一卷中的结论，即幸福不是品质，而是人的一种自身就值得欲求的、自足的实现活动。

② 相应于对生命的营养的（植物的）活动、感觉的（动物的）活动和实践的活动的区分（1097b32—1098a5），亚里士多德显然认为人的生活有植物的生活、动物的生活和实践的生活的区别，并且每一种更高级的生活都把低于它的生活包含于内（例如动物的生活包含植物的生活，人的实践的生活包含植物的生活和动物的生活），并且认为对人而言的幸福只属于人的实践的生活。一个睡着的人可以说有品质，但不可以说有人的实践的活动，所以不能说是幸福的。与此相似，一个不幸的人也可以说有过幸福生活的品质，但是不具有过幸福生活的外在善（因为幸福的生活作为人的实践的生活还需要外在善作为条件），所以也不能说是幸福的。

③ 1098a5—7。

值得欲求，有些实现活动自身就值得欲求，那么，幸福就应当算作因其自身而不是因某种其他事物而值得欲求的实现活动。因为，幸福是不缺乏任何东西的、自足的。而那些除自身之外别无他求的实现活动是值得欲求的活动。合德性的实践似乎就具有这种性质。因为，高尚[高贵]的、好的行为自身就值得欲求。但是令人愉悦的消遣[①]也是这样。因为，它们之值得欲求不是因别的事物之故。实际上，它们的弊大于利：它们使人忽视自己的健康与财产。[②] 而且，被多数人视为享受着幸福的那些人都喜欢在消遣中消磨时光。正因为如此，那些精于此道的人才总能得到僭主们的欢心。他们投其所好，而僭主们也正需要这样的人。由于有权势的人都在消遣中度日，消遣就似乎被看作具有幸福的性质。但是首先，[③]这样一些人[④]的喜好也许不足以作为证据。德性与努斯是好的实现活动的源泉，而这两者并不取决于是否占有权势。如果这些人没有对纯净的、自由的快乐的喜好，而只是一味沉溺于肉体快乐，我们就不应当把这种快乐看作是最值得欲求的。因为，儿童也总是把他们看重的东西看作是最好的。正如儿童和成年人以不同的东西为荣耀，坏人和公道的人对于值得欲求的东西也有不同的标准。所以，如已多次谈到的，[⑤]对好人显得荣耀的、

---

① τῶν παιδιῶν，παιδιῶδης，或娱乐；派生于动词παίζω(运动、玩耍、消遣)。

② 也就是说，如果它们是因某种其他事物而值得欲求的，这种作为原因或目的的事物也是坏的而不是好的。

③ 有权势的人沉溺于消遣并不表明幸福就在于消遣，亚里士多德下面提出了四条论据：(1)对好人(而不是有权势的人)显得是荣耀和愉悦的事物才真正是荣耀的和愉悦的；(2)消遣不是目的(尽管自身值得欲求)；(3)幸福在于合德性的生活，而合德性的生活在于严肃的工作而不在于消遣；(4)严肃的工作比消遣更好(因为(1)一个人越好，他就越喜爱严肃的工作)。

④ 有权势的人。

⑤ 1099a13，1113a22—33，1166a12，1170a14—16，1176a15—22。

愉悦的事物才真正是荣耀的和愉悦的。对每个人来说，适合他的品质的那种实现活动最值得欲求。所以，对好人而言，合德性的实现活动最值得欲求。所以，幸福不在于消遣。其次，如果说我们的目的就是消遣，我们一生操劳就是为了使自己消遣，这也非常荒唐。因为，我们选择每种事物都是为着某种别的东西，只有幸福除外，因为它就是那个目的。把消遣说成是严肃工作的目的是愚蠢的、幼稚的。阿那卡西斯[①]说，消遣是为了严肃地做事情。这似乎是正确的。因为消遣是一种休息，而我们需要休息是因为我们不可能不停地工作。所以休息不是目的，因为我们是为着实现活动而追求它。第三，幸福的生活似乎就是合德性的生活，而合德性的生活在于严肃的工作，而不在于消遣。第四，我们说，严肃的工作比有趣的和伴随着消遣的事物更好；较好的能力和较好的人，其实现活动也总是更为严肃。所以，较好的能力或较好的人的实现活动总是更优越，更具有幸福的性质。而且，肉体的快乐任何一个人都能享受，奴隶在这方面并不比最好的人差。但是没有人同意让一个奴隶分享幸福，正如没有人同意让他分享一种生活。[②] 所以，幸福不在于这类消遣，而如已说过的，[③]在于合德性

① 'Ανάχαρσις，Anacharsis（公元前 6 世纪初），传说中的古代西徐亚的一位王子，七贤之一，被尊为原始美德的典范，曾游历希腊，有许多警句流传。

② εὐδαιμονìας δ' οὐδεìς ἀνδραπόδῳ μεταδίδωσιν，εἰ μὴ καì βίου。格兰特（卷Ⅱ第 334 页）与斯图尔特（卷Ⅱ第 439 页）认为，此处的βίου（生活）是在与ζωής（命、生命）区别的意义上使用。在《政治学》（卷一第 13 章）中，亚里士多德说奴隶与主人家庭有一种共同的生命，但没有一种共同的生活。在另一处（《政治学》卷三第 9 章），亚里士多德写道，“奴隶与动物不是城邦的成员，因为他们不分享幸福和有目的的生活”。

③ 1098a16，1176a35—b9。

的实现活动。

7. [幸福与沉思]

如果幸福在于合德性的活动,我们就可以说它合于最好的德性,即我们的最好部分的德性。我们身上的这个天然的主宰者,这个能思想高尚[高贵]的、神性的事物的部分,不论它是努斯还是别的什么,也不论它自身也是神性的还是在我们身上是最具神性的东西,正是它的合于它自身的德性的实现活动构成了完善的幸福。而这种实现活动,如已说过的,也就是沉思。[1] 这个结论与前面所说的[2]是一致的,并且符合真实。因为首先,沉思是最高等的一种实现活动(因为努斯是我们身上最高等的部分,努斯的对象是最好的知识对象)。其次,它最为连续。沉思比任何其他活动都更为持久。第三,我们认为幸福中必定包含快乐,而合于智慧的活动就是所有合德性的实现活动中最令人愉悦的。爱智慧的活动似乎具有惊人的快乐,因这种快乐既纯净又持久。我们可以认为,那些获得了智慧的人比在追求它的人享有更大的快乐。第四,沉思中含有最多的我们所说的自足。智慧的人当然也像公

---

① 关于灵魂的最高部分的实现活动就是沉思,亚里士多德在前面并没有谈到。不过他多次谈到了这个部分的德性即智慧在理智的德性中的最为优越的地位。参见1141a18—b3,1143b33—1144a6,1145a6—11。

② 即(1)幸福是终极的、自足的(1097a25—b21);(2)幸福的生活自身就令人愉悦(1099a7—21);(3)沉思不含有痛苦(1173a15—19);(4)这种实现活动最完善,又最愉悦(1174b15—19);(5)沉思的快乐最为纯净(1175b36—1176a3)。

正的人以及其他人一样依赖必需品而生活。但是在充分得到这些之后，公正的人还需要其他某个人接受或帮助他做出公正行为，节制的人、勇敢的人和其他的人也是同样。而智慧的人靠他自己就能够沉思，并且他越能够这样，他就越有智慧。有别人一道沉思当然更加好，但即便如此，他也比具有其他德性的人更为自足。第五，沉思似乎是唯一因其自身故而被人们喜爱的活动。1177b
因为，它除了所沉思的问题外不产生任何东西。而在实践的活动中，我们或多或少总要从行为中寻求得到某种东西。第六，幸福还似乎包含着闲暇。[①] 因为我们忙碌是为着获得闲暇，战斗是为着得到和平。虽然在政治与战争的实现活动中可以运用德性，但这两种实践都似乎是没有闲暇的。战争不可能有闲暇。（因为，没有人是为着战争而进行或挑起战争。只有嗜血成性的人才会为战争和屠杀而对一个友好邻邦宣布战争。[②]）政治也不可能有闲暇。政治总是追求着政治之外的某种东西，即职司与荣誉。即便政治家也追求自身或同邦人的幸福，这种幸福与政治也不是一回事（对幸福的追求也显然被认为与政治不是一回事）。[③] 尽管政治与战争在实践的活动中最为高尚［高贵］和伟大，但是它们都没有闲暇，都指向某种其他的目的，并且都不是因其自身之故而被欲求。而努斯的实现活动，即沉思，则既严肃又除自身之外没有其

① σχολῆ。σχολῆ 不同于τῶν παιδιῶν（消遣），τῶν παιδιῶν是一种休息与松懈，σχολῆ则是别无其他目的而全然出于自身兴趣的活动。

② 进行战争的人，除少数兽性的人之外，不是为着战争而是为着得到和平。然而战争活动本身不可能有闲暇。

③ 政治本身不可能是幸福，它的本性是忙碌的。因为，政治是工具性的，在政治中，人是像工具那样地被使用的。而工具的性质就在于它是被使用的，而不是享有闲暇的。

他目的，并且有其本身的快乐（这种快乐使这种活动得到加强）。所以，如果人可以获得的自足、闲暇、无劳顿以及享福祉的人的其他特性都可在沉思之中找到，人的完善的幸福——就人可以享得一生而言，因为幸福之中不存在不完善的东西——就在于这种活动。[1] 但是，这是一种比人的生活更好的生活。因为，一个人不是以他的人的东西，而是以他自身中的神性的东西，而过这种生活。他身上的这种品质[2]在多大程度上优越于他的混合的品质，他的这种实现活动就在多大程度上优越于他的其他德性的实现活动。[3] 如果努斯是与人的东西不同的神性的东西，这种生活就是与人的生活不同的神性的生活。不要理会有人说，人就要想人的事，有死的存在[4]就要想有死的存在的事。应当努力追求不朽的东西，过一种与我们身上最好的部分相适合的生活。因为这个部分虽然很小，它的能力与荣耀却远超过身体的其
1178a 他部分。最后，这个部分也似乎就是人自身。因为它是人身

---

① 幸福在于沉思（或爱智慧的活动），亚里士多德在上面说道，因为沉思（1）是我们本性的最好部分的实现活动；（2）最为持久；（3）能带来最纯净的快乐；（4）最为自足；（5）自身即是目的；以及（6）含有最多的闲暇。

② 神性的品质。

③ 智慧的实现活动比勇敢等其他德性的实现活动更好，斯图尔特（卷Ⅱ第443页）这样解释道，因为其他德性的实现活动更受肉体生活的限制，而灵魂比肉体更高等。亚里士多德从连续性（无劳顿性）的程度方面说明沉思活动的优点，表明他对灵魂的省察是时间性的，与对肉体的空间性的省察形成对照。由于人的混合性的品质，即由于灵魂离不开肉体，有生命力的肉体也不可能没有灵魂，所以人不像神，不能不间断地沉思。因为，尽管努斯是时间性的（持续的），肉体却是空间性的，即有间隔性的。但是由于有努斯，他可以进行（尽管有间断）这种活动，并且他的努斯越优越，他的沉思活动就越优越于其他德性的实现活动。

④ 此处即指人。

上主宰的、较好的部分。所以,如果一个人不去过他自身的生活,而是去过别的某种生活,就是很荒唐的事。前面说过[①]的那句话放在这里也适用:属于一种存在自身的东西就对于它最好、最愉悦。同样,合于努斯的生活对于人是最好、最愉悦的,因为努斯最属于人。所以说,这种生活也是最幸福的。

8. [沉思与其他德性的实现活动]

另一方面,合于其他德性的生活只是第二好的。[②] 因为,这些德性的实现活动都是人的实现活动。公正的、勇敢的以及其他德性的行为,都是在与他人的相互关系中做出的,都是在遵守交易[③]与需要方面的适合每一种场合的实践与感情,而所有这些都是人的事务。有些实践与感情还产生于肉体,道德德性在许多方面都与感情相关。而且,明智似乎离不开道德德性,道德德性也似乎离不开明智。因为,道德德性是明智的始点,明智则使得道德德性正确。由于它们都涉及感情,它们必定都与混合的本性相关。而混合本性的德性完全是属人的。所以,合于这种德性的生活与

---

① 1169b33,1176b26。

② 在这里,格兰特(卷Ⅱ第338页)说,第一次把合于德性的生活(明智的生活)同合于努斯的生活(爱智慧的生活)做了对比:爱智慧的(哲学的)生活及其幸福是最好的,这是依照人身上的神性的东西(努斯)的生活;明智的生活是第二好的,因为它是属于人的,是按照我们身上的属人的东西的生活。

③ συναλλ ά γματα,交换、交易。

幸福也完全是属人的。努斯的德性则是分离的。[①] 关于这一点我们就谈到这里。因为详细地讨论它不是我们现在的目的。其次，它[②]似乎只需要很少的，比道德德性所需要的更少的外在的东西。[③] 我们先假定这两者[④]都在同等程度上需要存在的手段(尽管政治的生活对身体等等的需要更多些)。因为它们在这方面的差别比较小。然而它们在实现活动上的差别却非常大。慷慨的人要做慷慨的事就要有财产，公正的人需要用钱对他人进行回报(因为希望是看不见的，不公正的人也会装作想做公正的事)；勇敢的人需要勇气，节制的人需要能力，如果他们要表现出他们的德性的话。否则，他们，或具有其他德性的人，怎么能表明他是有德性的？这里还有个关于选择与实践到底哪个对德性更重要的争论，因为德性似乎依赖于这两者。德性的完善显然包含这两者。但是德性的实践需要许多外在的东西，而且越高尚[高贵]、
1178b 越完美的实践需要的外在的东西就越多。但是一个在沉思的人，

---

① κεχωρισμένη，不属于混合的本性的。亚里士多德在《论灵魂》430a15—7(参见《亚里士多德全集》[苗力田主编，中国人民大学出版社，1990—1997年]第三卷第78页)中认为，心灵[努斯]也像整个自然界一样区分为两个方面：一方面是质料的、被动的，另一方面是形式的、技艺的、主动的。这种主动或积极的心灵[努斯]

> 造就万物，作为某种状态，它就像光一样。因为在某种意义上，光使潜在的颜色变为现实的颜色。这样的心灵[努斯]是可分离的、不承受作用的和纯净的。

所以，像努斯本身(作为积极的理智)一样，努斯的德性也是(可以与质料的或消极的理智的德性)分离的。

② 指努斯的德性。

③ δόξειε δ' ἂν καὶ τῆς ἐκτὸς χορηγίας ἐπὶ μικρὸν ἢ ἐπ' ἔλαττον δεῖσθαι τῆς ἠθικῆς。

④ 努斯的德性与道德德性，或合于努斯的生活与合德性的生活。

就他的这种实现活动而言，则不需要外在的东西。而且，这些东西反倒会妨碍他的沉思。然而作为一个人并且与许多人一起生活，他也要选择德性的行为，也需要那些外在的东西来过人的生活。第三，从另一个方面来考虑，也同样可以得出完善的幸福是某种沉思的结论。神最被我们看作是享得福祉的和幸福的。但是，我们可以把哪种行为归于它们呢？公正的行为？但是，说众神也互相交易、还钱等等岂不荒唐？勇敢的——为高尚[高贵]而经受恐惧与危险的行为？慷慨的行为？那么是对谁慷慨呢？而且，设想它们真的有货币等等东西就太可笑了。它们的节制的行为又是什么样呢？称赞神没有坏的欲望岂不是多此一举？如果我们一条一条地看，就可以看到用哪一种行为来说神都失之琐细、不值一提。可是我们一般都觉得它们活着并积极地活动着。我们不认为它们像恩底弥翁[①]那样一直睡觉。而如果一种存在活着，这些行为又都不属于它，而它的创造力又最大，那么它的活动除了沉思还能是什么呢？所以，神的实现活动，那最为优越的福祉，就是沉思。因此，人的与神的沉思最为近似的那种活动，也就是最幸福的。第四，另一个证明是，低等动物不能享有幸福，因为它们完全没有这种实现活动。神的生活全部是福祉的。人的生活因他的与神相似的那部分实现活动而享有幸福。动物则完全不能够有幸福，因为它不能沉思。所以，幸福与沉思同在。越能够

① 'Ενδυμίων，Endymion，希腊神话中的美少年。关于恩底弥翁有多种传说，一说宙斯喜爱他貌美，将他带到天上，但他爱上了赫拉(Hera)，宙斯大怒，使他永睡不醒。据另一传说，月神塞勒涅(Selene)爱上了恩底弥翁，使他在卡里亚的拉特摩斯山谷里长睡不醒，以便能亲吻这个美丽的少年。

沉思的存在就越是幸福，不是因偶性，而是因沉思本身的性质。因为，沉思本身就是荣耀的。所以，幸福就在于某种沉思。

但是，人的幸福还需要外在的东西。因为，我们的本性对于沉思是不够自足的。我们还需要有健康的身体、得到食物和其他的照料。但尽管幸福也需要外在的东西，我们不应当认为幸福需要很多或大量的东西。因为，自足与实践不存在于最为丰富的外在善和过度之中。做高尚[高贵]的事无须一定要成为大地或海洋的主宰。只要有中等的财产就可以做合乎德性的事(人人都看得到，普通人做的公道的事并不比那些有权势的人少，甚至还更多)。有中等的财产就足够了。因为，幸福的生活就在于德性的实现活动。梭伦也对幸福作过很好的描述。他说，那些具有中等程度的外在善，做了自己认为是高尚[高贵]的事，并节制地生活了的人们是幸福的。① 因为，有中等程度的外在善就可以做高尚[高贵]的事。阿那克萨格拉斯也似乎认为富有的人和有权势的人并不就幸福。因为他说过，如果他所说的幸福的人在多数人看来是怪人，他不会感到惊奇。因为，多数人是从外在的东西来判断，因为这就是他们所感觉的全部东西。所以，那些有智慧的人的意见与这里所说的是一致的。但是，虽然这些话里都有某种可信的东西，这种实践事务上的真实性却要从事实和生活中得到验证。因为，事实与生活是最后的主宰者。所以，我们所提出的东西

---

① 在同克洛伊索斯的谈话中，他说雅典的特鲁斯(Tellus)是他所知道的最幸福的人；因为特鲁斯生活得好，活着见到了自己的孙子，并且光荣地战死在疆场。参见第27页注①。

必须交给事实与生活来验证。如果它们与事实一致,我们就接受。如果与事实不合,它们就只是一些说法而已。努力于努斯的实现活动、关照它、使它处于最好状态的人,似乎是神所最爱的。[①]因为,如果神像人们所认为的那样对人有所关照,它们似乎会喜爱那些最好、与它们自身(即努斯)最相似的人们。它们似乎会赐福于最崇拜努斯并且最使之荣耀的人们。因为,这些人所关照的是神所爱的东西,并且,他们在做着正确和高尚[高贵]的事情。所有这些都在智慧的人那里最多,这毋庸置疑。所以,智慧的人是神所最爱的。而这样的人可能就是最幸福的。这便表明了,智慧的人是最幸福的。

9. [对立法学的需要:政治学引论]

我们已经详细地讨论了幸福和德性、友爱与快乐的主要之点。我们应当认为这个题目已经完成了,还是像所说的那样,在实践事务上,沉思和知道还不算完成,实践沉思所得的和所知的 1179b
东西才算是完成呢?[②] 如果说仅仅知道德性是什么还不够,我们

---

① θεοφιλέστατος。θεο-,神;φιλέστατος最爱的。θεοφιλέστατος一词在柏拉图的《理想国》中(613a)被频繁使用。在亚里士多德的《尼各马可伦理学》中只见于本章。

② 对伦理学理论的阐述,斯图尔特(卷Ⅱ第459页)解释说,到第8章就结束了,但是一种德性的伦理学,还要讨论德性如何得以实现的问题。德性的实现,亚里士多德在下文中说,与(1)本性、(2)学习及(3)习惯有关。本性或自然不在人的掌握之中,学习的对象可以由理论提供,习惯或风气则需要由制度对生活加以调整才能养成。这三者中,格兰特(卷Ⅱ第343页)说,习惯(ἦθος)似乎是伦理学与政治学的联系环节。因为一方面习惯或风气对人的获得德性和幸福的能力有极大的影响,另一方面个人的生活习惯与国家的制度之间有密切的联系。所以本章似乎既是伦理学的结语篇,又是政治学讨论的引言。

就还要努力地获得它、运用它，或以某种方式成为好人。如果仅仅逻各斯[①]就能使人们变得公道，那么讲授它的人就可以公正地，如塞奥哥尼斯所说，"获得大笔丰厚的报偿"了。[②] 而且，他们也应当讲授这种课。但是事实上，逻各斯虽然似乎能够影响和鼓励心胸开阔的青年，使那些生性道德优越、热爱正确行为的青年获得一种对于德性的意识，它却无力使多数人去追求高尚[高贵]和善。因为，多数人都只知恐惧而不顾及荣誉，他们不去做坏事不是出于羞耻，而是因为惧怕惩罚。因为，他们凭感情生活，追求他们自己的快乐和产生这些快乐的东西，躲避与之相反的痛苦。他们甚至不知道高尚[高贵]和真正的快乐，因为他们从来没有经历过这类快乐。那么，何种逻各斯能够改变这些人的本性？用逻各斯来改变长期习惯所形成的东西是不可能的，至少是困难的。因此，当具备了做一个公道的人的那些条件时，如果我们能够有一部分德性，我们就应当感到满足。有些人认为一个人好是天生的，有些人认为人是通过习惯，另一些人认为是通过学习，而成为好人的。本性使然的东西显然非人力所及，是由神赋予那些真正幸运的人的。逻各斯与教育也似乎不是对所有人都同样有效。学习者必须先通过习惯培养灵魂，使之有高尚[高贵]的爱与恨，

---

① 逻各斯在此处的意义更接近于谈论、言语。

② 塞奥哥尼斯诗篇第432—434行(迪尔，1949—1952)：

> 如果神给予医生
> 治愈人类罪孽的力量，
> 他们便可获得
> 大笔丰厚的报偿。

柏拉图的《美诺篇》(95e)引用最后两行来说明说教(理论)无助于获得德性，亚里士多德显然也是在同样意义上引用这句话。

正如土地需要先耕耘再播种。因为，那些凭感情生活的人听不进说服他改变的话。处于那样一种状态，怎么可能让他改变呢？而且，一般地说，感情是不听从逻各斯的，除非不得不听从。所以，我们必须首先有一种亲近德性的道德，一种爱高尚[高贵]的事物和恨卑贱的事物的道德。但是，如果一个人不是在健全的法律下成长的，就很难使他接受正确的德性。因为多数人，尤其青年人，都觉得过节制的、忍耐的生活不快乐。所以，青年人的哺育与教育要在法律指导下进行。这种生活一经成为习惯，便不再是痛苦的。但是，只在青年时期受到正确的哺育和训练还不够，人在成年后还要继续这种学习并养成习惯。所以，我们也需要这方面的，总之，有关人的整个一生的法律。因为，多数人服从的是法律而不是逻各斯，接受的是惩罚而不是高尚[高贵]的事物。所以有些人认为，一个立法者必须鼓励趋向德性、追求高尚[高贵]的人，期望那些受过良好教育的公道的人们会接受这种鼓励；惩罚、管束那些不服从者和没有受到良好教育的人；并完全驱逐那些不可救药的人。[①] 因为，公道的人会听从逻各斯，因为他们的生活朝向高尚[高贵]；坏人总是追求快乐，应当用痛苦来惩罚，就像给牲畜加上重负一样。所以他们说，所施加的痛苦必须是最相反于那些人所喜爱的快乐的。但是，如果想成为好人就必须——如所说过的[②]——预先得到高尚[高贵]的哺育并养成良好的习惯，并且将继续学习过公道的生活，而不去出于意愿或违反意愿地做坏事；

① 参见柏拉图的《法律篇》722d 及以下。

② 1179b31—1180a5。

如果只要具有努斯，生活在正确的制度下，并且这个制度有力量，一个人就能够这样地生活，那么父亲的——总起来说任何一个男子的——要求[①]就不带有强制性，除非他是一位君王等等。然而，作为表达着某种明智与努斯的逻各斯，法律具有强制的力量。[②]而且，如果一个人反对人们的口味，即使他是对的，他就会引起反感。但法律要求公道的行为却不会引起反感。斯巴达似乎是立法者关心公民的哺育与训练的惟一城邦或少数城邦之一。在大多数其他城邦，它们受到忽略。每个人想怎么生活就怎么生活，像库克洛普斯[③]那样，每个人“给自己的孩子与妻子立法”。[④] 所以，最好是有一个共同的制度[⑤]来正确地关心公民的成长。如果这种共同的制度受到忽略，每个人就似乎应当关心提高他自己的孩子与朋友的德性。[⑥] 他应当能做到这一点，或至少应当选择这样去做。从上面谈到的可以看出，如果他懂得立法学，他就更能

---

① ἡ πατρικὴ πρόσταξις。

② ἀναγκαστικὴ δύναμις。

③ κυκλωπικῶς，Cyclops，希腊神话中的独眼巨人族或他们中间的任何一个。荷马在《奥德赛》中说，他们住在极西方的山洞里，不习耕作，不信神祇，没有法律与治理。据赫西阿德的《神谱》(*Theogony*)，库克洛普斯是天神乌剌诺斯(Uranus)与地神盖亚(Gaea)的三个儿子布戎忒斯(Brontes)、斯忒罗佩斯(Steropes)、阿耳格斯(Argus)，这三个名字的意义分别是霹雳制造者、闪电制造者和亮光制造者，据神话传说这三个人是希腊工匠的始祖。

④ 《奥德赛》114：他们(库克洛普斯)“每人各自统帅自己的儿女与妻子，彼此不相往顾”。柏拉图的《法律篇》(630)、亚里士多德的《政治学》(1252b22)都引用了这句话。

⑤ κοινῇ。

⑥ 爱尔温(第 313 页)说，亚里士多德在此是在提出一个中策的建议：如果一个人未能生活于一个有良好法律的社会，他最好自己来履行提高他自己的孩子与朋友的德性的责任。

做到这一点。[1] 共同的关心总要通过法律来建立制度，有好的法律才能产生好的制度。法律不论是成文的还是不成文的，是对于个别教育的还是针对多数人的教育的，都没有什么不同，就像音乐教育、体育和其他行业教育的情形一样。正像在城邦生活中法律与习惯具有约束作用一样，在家庭中父亲的话与习惯也有约束作用。由于有亲缘关系，由于父亲对子女的善举，这种约束作用比法律的更大。因为，家庭成员自然地对他有感情并愿意服从他。其次，个别教育优于共同教育，这与医疗中的情形一样。虽然一般地说休息与空腹都对治疗发烧有帮助，但对一个特定的病人却可能无效。一个教授拳击的人也不可能让所有学生都学一种打法。所以，个别情况个别对待效果更好。因为这样，一个人更能够得到适合他的对待。不过，一个医生、教练或其他指导者，如果懂得了总体的情形或某个其他的同类情形，他就能最好地提供个别关照。因为，科学从它的名称[2]以及从实际看，都是关乎于共同的情况的。当然，一个不懂科学的人也能把一个特定的人照料得很好，因为他从经验中了解如何能满足那个人的需要。这正如有些人仿佛就是他自己的最好的医生，尽管他对别人的病可能一筹莫展。但是，那些希望掌握技艺或希望去沉思的人似乎就应当走向总体，并尽可能地懂得总体。因为科学，如刚刚说过的，是关乎于总体的。所以，假如有人希望通过他的关照使其他人（许

---

① 按照亚里士多德的看法，对生活（方式）的调整有公共的和私人的两种方式，家庭就是小城邦，或者，城邦在治理的意义上就是大家庭，所以立法学可以通及这两者。

② 莱克汉姆（第 636 页注）：例如医学是“治疗之学”，而不是“治疗某某人之学”。

多人或少数几个人)变得更好，他就应当努力懂得立法学。因为，法律可以使人变好。不是每个人都能把所有的或所接触到的人的品性变好，只有懂得科学的人(如果有这样的人的话)才能做到这一点。这正如在医疗或其他要运用关心与明智的活动中的情形一样。接下来，我们是否应当讨论，一个人从哪里以及如何获得立法学的知识？是从政治家们那里，就像所有从专家那里获得知识的例子一样？因为我们已经看到，[1]立法学是政治学的一个部分。或者，政治学与别的科学和能力的情形有所不同？因为，在别的科学和能力方面，传授能力者，如医师和画师，同时也是实践者。但是在政治学方面，声称教授政治学的智者们从来不实践。从事实践是政治家们，但他们所依赖的是经验而不是理智。因为，我们从来看不到他们写或者讲政治学的问题(尽管这种活动比写法庭辩词和公民大会演说词更高尚[高贵])。我们也看不到他们让自己的儿子或某个朋友成为政治家。[2] 如果他们能够的话，他们倒是最好能这样做。因为，除了政治能力之外，他们既没有更好的东西留给城邦，也不能为自己及朋友们带来什么好的东西。不过经验在从事政治方面的作用却相当不小。否则，和政治打交道的人也就成不了政治家了。所以，想懂得政治学的人还要具备政治的经验。另一方面，那些声称自己教授政治学的智者，却远不是在教授政治学。因为，他们根本不知道政治学是什么以

---

[1] 1141b24。

[2] 参见柏拉图的《美诺篇》，柏拉图在那里(95b)说，政治家们从来不向他们的儿子传授德性，相反，声称传授德性的是智者们，但是他们是否有资格传授德性则很令人怀疑。

及关于什么。否则，他们就不会把政治学看作修辞学或比它更低，也不会认为立法就像把以往的名声好的法律汇编在一起那么容易。[①] 他们觉得他们能挑选最好的法律，好像挑选本身不需要融会贯通，好像正确的判断不是——就像在音乐上那样[②]——首要的事情。其实，在每种技艺上，只有有经验的人才能正确地判断作品，才能理解完成一件作品的手段和方法，才能懂得什么与什么相配。没有经验的人则最多能看出一件作品，比如一幅绘画，完成得是好还是糟糕。法律似乎可以说是政治活动的产品。法律汇编怎么能够使一个人懂得立法学或者判断哪些法律最好呢？从未见过有人靠阅读手册就成为医生。医生们不仅要说明治疗过程，而且要根据不同的体质，说明对每种病人的治疗方法和处置方案。而他们所说的东西对于有经验的人都有帮助，尽管

① 从“那些声称自己……汇编在一起那么容易”这段话，据奥斯特沃特（第 300—301 页），是针对修辞学家伊索克拉底（Isocrates）的演说《安提多西斯》（*Antidosis*）中（79—83）的下面一段话的：

> 我认为你们都会同意，我们的法律有助于增进人类生活的最为重要的善。这些法律自然而然地要在城邦事务以及我们的相互交易方面起作用。……所以，发起这种［有关法律的］讨论的人比那些颁布和起草法律的人更加受人尊敬。因为这样的人更少、更难找，并且需要更高的理智。现在尤其如此。因为，在竞相来到城邦定居时，人们追求的当然都是同样的东西。但是，既然我们已经有了争吵并订立了数不清的法律，既然我们既尊重最古老的法律又重视最新发生的争吵，这就不再只是一个理智的问题。因为那些意在颁行法律的人已经订立了大量法律。他们不需要再订立新法。但是他们必须尽力从各个地方搜集那些名声好的法律。任何想这样做的人都能很容易地做到这一点。但是以演说为职业的人则没办法这样做。因为他们演说的题目以前没有人讲过。如果他们讲前人讲过的事情，听众就会觉得他们是在咿呀学语。而如果他们讲新的东西，他们就没办法找到好的演讲。所以我说，尽管这两种人都受称赞，那些从事更困难的工作的人应得到更多的称赞。

② 按照智者们的理解，正确的判断在音乐上不重要。

对无知的人没有用处。同样，那些法律与政制的汇编①对于有能力沉思、能判断孰优孰劣、懂得什么与什么相配的人②有帮助。那些没有这种品质的人阅读这些汇编也不能做出正确的判断，除非这种判断自动地出现在脑子里，尽管这种阅读可以使人更善于理解这些事务。由于以前的思想家们没有谈到过立法学的问题，我们最好自己把它与政制问题一起来考察，从而尽可能地完成对人的智慧之爱的研究。首先，我们将对前人的努力作一番回顾。然后，我们将根据所搜集的政制汇编，考察哪些因素保存或毁灭城邦，那些因素保存或毁灭每种具体的政体；什么原因使有些城邦治理良好，使另一些城邦治理糟糕。因为在研究了这些之后，我们才能较好地理解何种政体是最好的，每种政体在各种政体的优劣排序中的位置，以及它有着何种法律与风俗。③ 我们就从头说起。

① 亚里士多德此处是指在他主持编纂的 158 个希腊与非希腊城邦的政制汇编，《雅典政制》是其中的一部。

② 即在公共的或私人（家庭）的治理上有经验的人。所以总起来说，亚里士多德是认为，一个人不可能从政治学的专家（政治家）那里，也不可能从智者们那里学习立法学，而应当在自己取得的（政治的或家庭的）治理经验的基础上，理解那些好的立法。

③ 这里列出的三个步骤或方面，是亚里士多德的《政治学》的最初步的纲要。所以《政治学》是接着伦理学，从立法学与政制的方面对人的智慧之爱（即哲学）的进一步的研究。

附 录 一

全书内容提要

第一卷

［善］

1. 每种技艺与研究，同样地，人的每种实践与选择，都以某种善为目的。在各种目的中有些是从属性的。主导的目的优越于从属的目的。

2. 最高的善必定是因其自身而被追求的。而关于这种善的科学就是政治学。

3. 我们对每种科学只能期求那种题材所容有的确定性。政治学只能获得概略的确定性。学习政治学需要有良好的品质和生活的经验。

4. 那么什么是最高善？人们都同意这就是幸福。但对于什么是幸福则有不同意见。政治学的研究最好从有良好品质的人所承认的那些事实开始。

5. 享乐的生活是动物式的。政治的生活追求荣誉与德性，但这些也是不完善的。

6. 我们所爱的哲学家因此提出善型的概念。但是这有违于他的思想的逻辑，并且也无助于我们的实践。

7. 我们所追求的是可实践的善。作为目的的事物有些是因自身，有些是因它物而被追求的。最高善必定是完全的、自足的善。

8. 这个定义也可从流行意见得证。因为人们说幸福是最好、最高尚且最令人快乐的东西，并且始终与外在的善相联系。

9. 然而幸福是学得而不是靠运气获得的。因为幸福在于灵魂的合德性的活动，并且是一生中的合德性的活动。

10. 但是这不等于说，一个人只要还活着就不能说他是幸福的。

11. 但我们也不能说一个人的幸福丝毫不受他的后代人的命运的影响，尽管这种影响微乎其微。

12. 幸福可以说并不是适合我们称赞的事物。我们所能称赞的只是德性。

13. 然而要研究德性就必须研究灵魂。灵魂有一有逻各斯的部分和一无逻各斯的部分。相应地，德性也分为理智德性与道德德性。

第二卷

［道德德性］

1. 道德德性由习惯生成，既不出于自然，也不反乎自然。德性既生成于活动也毁灭于活动，并且只有在活动中实现。

2. 所以研究德性就要研究实践。然而对德性的研究只能是概略的。我们现在可以明了的是，德性必须避开过度与不及。

3. 其次，它同快乐与痛苦相关。与技艺一样，德性也是同比较困难的事情，即正确地对待快乐与痛苦，相联系的。

4. 但是，技艺只相关于对象的性质，德性还相关于自身的心态。获得技艺是知，获得德性是选择。

5. 从种上说，德性不是感受感情的能力而是对待感情的品质，不是被动的感情而是主动的选择。

6. 从属差上说，德性是选择适度的那种品质。适度有相对于对象的和相对于我们自身的。德性选择的是相对于我们自身的适度。

7. 但是这一前提只有深入到具体的德性上，才有更大的确定性。在恐惧与信心、快乐与痛苦、财富与荣誉、怒气与羞耻、言谈与交往方面，都存在着过度、不及和适度。

8. 过度与不及相互反对，它们也同适度的品质对立。

9. 要想获得适度，首先要避开那最与适度对立的极端，其次要弄清那把我们引向错误的东西并努力将自己拉向相反方向。

第三卷

[行为]

1. 行为有出于意愿的和违反意愿的。凡行为的始因在自身内的行为都是出于意愿的。

2. 德性意味着选择。选择是出于意愿的，但出于意愿未必都是选择。选择不同于欲望、怒气、希望与意见，意味着经过预先的考虑。

3. 我们所考虑的只是我们力所能及而又并非永远如此的事

物，而且，是手段而不是目的。

4. 希望则是对于目的的。好人所希望的善是他真正希望的善，坏人所希望的善则是只对他才显得善的东西。

5. 恶与德性一样是出于意愿的。因为，对一件事情做与不做都在我们能力之内。行为的始因在我们自身。

［具体的德性］

6. 勇敢是恐惧与信心方面的适度，是面对一个高尚的死时在恐惧方面的适度品质。

7. 勇敢的人也对那些超出人的承受能力的事物感到恐惧。但他能以正确的方式，按照逻各斯的要求并为着高尚之故恰当地对待这些事物。

8. 有五种同勇敢相似的品质：公民的勇敢、经验的勇敢、怒气的勇敢、乐观的勇敢、无知的勇敢。

9. 勇敢本性上是痛苦的。它意味着承受痛苦，尽管其目的令人愉悦。而且，一个人越有德性，面对死亡就越痛苦。

10. 节制是快乐与痛苦方面的适度。节制并非与一切快乐与痛苦相关，而只同肉体的尤其是触觉上的快乐与痛苦相关。

11. 节制的人适度地期望获得那些适当而愉悦的事物。他不以不适当的事物为快乐，对于这些事物中的令人愉悦的事物也不会感到过度的快乐。

12. 放纵比怯懦更出于意愿。然而放纵的品质却不是出于意愿。对快乐的欲望应当时时加以管教。

第四卷

［具体的德性（续）］

1. 慷慨是小笔财物的给予方面的适度。慷慨的人以最好的方式使用其财物。在挥霍与吝啬两个极端中，吝啬是更大的恶。

2. 大方是大笔财物的花费方面的适度。大方的人的花费是重大的和适宜的，其结果也是重大的和适宜的。

3. 大度是对重大的荣誉的欲求方面的适度。大度的人自视重要也配得上那种重要性。大度的人最关注荣誉而又对之取适当的态度。

4. 在对小荣誉的欲求上也有过度、不及和适度。爱荣誉者在欲求上过度，不爱荣誉者不及，适度的品质则无名称。

5. 温和是怒气方面的适度。温和的人是以适当方式、就适当的事、持续适当的时间发怒的人，尽管他显得偏向不及一边。

6. 友善是社交方面的适度。友善的人既不随意讨好人，也不随意使人痛苦。他的友好或所施加的痛苦都出于高尚的目的。

7. 诚实也是社交方面的适度，但相关于交往的真实与虚伪。诚实的人拒绝虚伪，但是他可能对自己少说几分。

8. 机智是消遣性交谈方面的适度。有品味地开玩笑的人被称作机智的。机智的人只说和听适合一个慷慨的人说和听的东西。

9. 羞耻不是德性，而是由坏行为引起的一种感情。羞耻感可以帮助青年人少犯错误。所以我们称赞有羞耻感的青年人。

第五卷

［公正］

1. 公正有两种意义:守法与平等。守法是总体上的公正。守法的公正不是德性的一部分,而涵盖着德性的整个范围。

2. 具体的公正则相关于荣誉、钱物等等这类事物的获得上的平等或不平等。具体的公正又分为分配的公正和私人交易的公正。

3. 分配的公正是两个人和两份事物间的几何比例的平等。这种公正就在于成比例。

4. 矫正的公正是对违反意愿的交易结果进行纠正的公正。矫正的公正是算术比例的平等,矫正是使双方交易之后所得相等于交易之前所具有的。

5. 回报的公正是自愿交易中的公正。它是把城邦联系起来的纽带。回报的公正是两种产品依几何比例关系的交换。必须预先建立此比例关系才能实现这种公正。

6. 公正又可分为政治的公正与家室的公正。只有在比例或算术上平等的人之间才有政治的公正。政治的公正是真正的公正。家室的公正只是类比意义上的。

7. 政治的公正有些是自然的,有些是约定的。

8. 行公正与不公正都可能出于意愿或违反意愿。出于意愿的是公正的或不公正的行为。否则就只是公正或不公正的事。

9. 受公正尤其是不公正的对待是否也会出于意愿?如出于意愿仅意味着知道,一个伤害自己的人就可以说是出于意愿地受此对待。如它还意味着违反他自己的希望,便不可作如是说。

10. 公道既与公正同类,又不等同于后者。它优于法律的公正,是对法律的由于一般性而带来缺陷的公正的纠正。

11. 所以,在本义上一个人不可能对自身行不公正。但是在人自身中有不同的部分且这一部分可能对另一部分不公正这种转义上,则可以有对自身的不公正。

第六卷

[理智德性]

1. 但是只懂得行为要适度并不使人更聪明,还必须懂得何为适度以及如何确定适度。所以还要懂得灵魂的有逻各斯的部分的性质。这个部分又可分为知识的部分和推理或考虑的部分。

2. 努斯与欲求主导着人对实践的真的追求。灵魂逻各斯的知识的部分的目标在于真。考虑的部分的目标在于正确。

3. 灵魂以科学、技艺、明智、智慧、努斯五种品质把握此真实。科学以不变的事物为对象,是可传授的、证明性的。

4. 可变的事物是制作或实践的对象。制作是使某事物生成,不同于实践。技艺是与真实的制作相关的、合乎逻各斯的品质。

5. 明智是灵魂的推理部分的品质,是考虑总体上对于自身是善的和有益的事情的品质。明智在对象上不同于科学,在始因上不同于技艺。

6. 努斯是灵魂把握关于不变事物的知识、关于可变事物的推理的始点的真实性的品质。

7. 智慧有具体的和总体的。总体的智慧是努斯与科学的结合,是对于最高等的题材的科学。

8. 明智有关于城邦的和关于个人生活的。前者有立法学与政治学。但是通常所说的是后者。明智同努斯相反,相关于感觉的具体。所以获得明智需要生活经验。

9. 明智包含好的考虑。好的考虑不是科学或判断与意见的真。它是对于达到一个好目的的手段的正确的考虑。

10. 明智也与理解相关。理解和明智都同变化而困难的事物相关然而有所不同。明智发出命令而理解则只做判断。

11. 明智也包含体谅。体谅是在同公道相关的事情上善于作出正确的区分的品质。理解与体谅都同终极的实践事务相关。

12. 明智与智慧即使不产生结果,其自身也值得欲求。它们事实上产生一种结果,即幸福。明智与道德德性完善着活动。

13. 明智与德性不可分离。自然德性离开明智就不能成为德性,离开了德性也不可能有明智。明智是它所属的灵魂的那个部分的德性。

第七卷

[自制]

1. 有六种品质:超越、德性、自制、不能自制、恶、兽性。要避开的是后三种。

2. 自制问题上的疑难问题有:不能自制者是否有正确知识?

是否自制者都不节制，节制者都不自制？自制是否意味着固执？不能自制是否比放纵更难改正？不能自制与哪些事物相关？

3. 有知识有两种意义：有知识且运用之，有知识但未运用。不能自制者的知识是残缺的：他或者像醉汉那样不能运用其知识，或者只运用大前提或小前提。

4. 自制或不能自制同营养、性爱等必要的肉体快乐相关。财富、荣誉上的不能自制则只是限定意义上的不能自制。

5. 出于残障与习惯的兽性和病态不属于恶，因而不属于不能自制的范围。它们只是在转义上被称为不能自制。

6. 怒气上的不能自制不像欲望上的不能自制那样可憎。自制与不能自制只是同肉体欲望与快乐相关的。

7. 放纵的人比不能自制者更坏，因为他没有强烈欲望就做了可耻的事。自制比坚强更值得欲求，因为战胜快乐比忍受痛苦更困难。

8. 不能自制者比放纵者好改正。因为他保持着德性的始点，不是出于选择并且存有悔恨。放纵者则相反。

9. 自制与固执相似但不同。自制者坚持正确并抵抗欲望，固执的人坚持一切，抵抗的是逻各斯而不是欲望。

10. 一个人不可能明智而不能自制。明智不仅意味着知而且要实践，不能自制者恰恰是知而行不及。

［快乐］

11. 对快乐有三种主要批判意见：所有的快乐都不是善；有些快乐是善，尽管多数不是；快乐是一种善但不是最高善。

12. 快乐是人的正常品质的不受阻碍的实现活动。向正常品质回复的快乐不是正常的快乐。正常的快乐是善而不是恶。

13. 快乐是某种善，因为快乐与痛苦相反且痛苦是恶；兽类和人都追求快乐。而且，如果快乐与实现活动不是某种善，幸福的人的生活就不是令人愉悦的。

14. 必要的肉体快乐不是恶，它只当过度时才是恶。肉体快乐特别被人们追求是因为它能驱逐开痛苦并且特别强烈，易于为人们享受。过度的快乐与必要的快乐对立，而不是与痛苦对立。

第八卷

[*友爱*]

1. 友爱是或近似一种德性。它不仅必要而且是高尚的。但友爱是源于相似性还是相反性？是一切人都会有朋友，还是坏人不会有朋友？友爱只有一种还是有多种？

2. 有三种东西可爱：善、愉悦和用处。友爱需要互有、互知善意，并且这种善意是出于上述原因之一。

3. 由此产生出三种友爱：善的或德性的、快乐的、有用的。快乐的和有用的友爱不是无利害的，因而是偶性的。善的友爱是因对方自身之故的、既善也愉悦和有用的、持久的。

4. 善的友爱还是相似的。快乐的与有用的友爱也可以是相似的，且仅当相似时才能持续。一旦一方变化了，友爱便枯萎。善的友爱也不受离间。其他两种友爱则不免受到离间。

5. 做朋友也与有德性一样有两种意义。只有共同地生活才是在实际地做朋友。好人因彼此的善、愉悦和有用而愿意共同生活。然而友爱不同于爱。爱是一种感情，友爱则是一种品质。

6. 所以德性的朋友不能拥有很多。快乐的、有用的朋友则可以同时有许多。快乐的友爱更接近于善的友爱。不过这些都是就平等的友爱而言的。

7. 另一类友爱包含着其中一方的优越地位。其中每一方从中寻求得到的都与另一方不同。但爱又需要以比例平等化。平等在友爱上首要的意义在于数量平等。双方如差距过远便不能继续做朋友。

8. 多数人由于爱荣誉,更愿意被爱而不是去爱。但友爱更在于爱。善的友爱双方能给对方以应得的爱,所以持久。

9. 友爱与公正都依赖于共同体且相关的程度相同。共同体不同,友爱与公正也就不同。政治共同体是最高共同体。共同利益被看作政治共同体的公正。

10. 有三种政体:君主制、贵族制、资产制。相应地也有三种变体:僭主制、寡头制、民主制。它们在家庭中都有其类似的形式。

11. 君主制和父子的友爱是善的,其公正在于成比例。贵族制和夫妻的友爱与公正是德性的。资产制和兄弟的友爱与公正是平等的。各种变体中,民主制下的友爱与公正最多。

12. 可以把家室的友爱同其他的友爱区分开来。家室的友爱有多种,但都从父子的友爱派生。与子女对父母相比,父母对子女知之更深、视为自身并爱得更长久。

13. 平等的友爱中抱怨主要存在于有用的友爱中。因为友爱中的每一方都想多得。基于法律的那种友爱中抱怨相对少些。公正的原则在于尽力偿还。

14. 不平等的友爱也有争吵。分歧在于是依德性、贡献还是需要来分配。公正的原则在于使不同的人多分得不同的东西。这种安排既重建了平等又保全了友爱。

第九卷

[友爱(续)]

1. 不相似的友爱当通过比例而达到平等并得以保持。对高尚的服务应尽力回报。若给予是为得报,就应回报其所配得的。如达不到一致,事先由接受者确定回报的数额就不仅必要而且公正。

2. 不同回报要求中何者当优先难以确定。总的原则是先回报后施惠于人。但是这容有例外。一个人的要求不能始终高过别人。对每种人亦应以适合他们各自的方式回报。

3. 如对方极大改变了,友爱当否终结?若是快乐的或有用的友爱,这无可厚非。若是善的友爱,则终结虽应当,但仍应为过去时光故而有所关切。

4. 对朋友的爱是自爱的延伸。友爱的特性存在于好人同他自身的关系中,而不存在于坏人同自身的关系中。好人对待朋友像另一个自身。

5. 友爱包含善意,但善意还不是友爱。善意是友爱的起点。善意继续发展,达到亲密,就成为友爱。然而不是有用的或快乐的友爱,因为这些友爱里不存在善意。

6. 团结近似于友爱。团结是指全体公民基于共同利益为实现共同的重大决定而努力。所以团结似乎就是政治的友爱。

7. 进一步的问题。首先，何以施惠者更爱受惠者而不是相反？施惠者爱受惠者就如作者爱他的作品。施惠的行为中有高尚。感情总是属于主动者。人们对辛苦得来的东西更珍爱。

8. 其次，一个人是否当自爱？若自爱是指使自己多得钱财与荣誉，便不应当。若是指爱自身中最高贵的那个部分，便应当。好人应当是后种意义上的自爱者。

9. 第三，幸福的人是否需要朋友？幸福的人既然万善具备就必定有朋友。他需要朋友来接受其善举。人天生要过政治的生活。幸福在于活动。幸福的人需要好人朋友一起进行持续的活动。

10. 第四，交友是否要适度限量？有用的和快乐的朋友都既不要没有也不要过多。交好人朋友也当以能持续交往的最大数量为限。一个人不可能与太多朋友共同生活。

11. 第五，人在幸运时还是不幸时更需要朋友？在这两种情况下我们都需要朋友。在不幸中我们更需要有用的朋友；在幸运中更需要有德性的朋友。

12. 共同生活是友爱的本质。它是友爱中最值得欲求的东西。每个人都在他最喜爱的活动中与朋友共同生活。共同生活使好人的友爱更好，使坏人的友爱更坏。

第十卷

［快乐］

1. 快乐问题不应忽略，因为快乐似乎与我们的本性最为相合。有两种对立的意见。有些人认为快乐就是善。有些人则相反，认为快乐完全是坏的。

2. 欧多克索斯认为，既然快乐为一切生命物所追求，其反面痛苦为一切生命物所躲避，其自身就值得欲求，且使其他的善更加善，它就是最高善。但是最后这条论据只能表明快乐是一种善。

3. 持相反意见的人认为，快乐不是一种性质，而且不是限定的、生成的，所以完全不是善。但是他们所说的是不正常的快乐。快乐有性质的不同。来源于高尚事物的快乐是自身就值得欲求的。

4. 快乐不同于运动，它是某种整体的、完善的东西。快乐同感觉的完善的实现活动不可分离并完善着这种活动。

5. 所以每种实现活动都有完善着它的特殊快乐。每种动物都有其特殊的快乐。不过在人类中不同的人有完全不同的快乐。完善着好人的实现活动的快乐是真正的快乐。

［幸福］

6. 幸福不是品质，而是因其自身而值得欲求的、合德性的实现活动。幸福不在于消遣。消遣是一种休息，我们需要休息是为着严肃的工作。越有德性的人，其活动就越是严肃。

7. 若幸福是合德性的活动，它就是合于我们自身中那个最好部分的德性的活动，即沉思。它是最完美的活动。但我们只有以自身中神性的东西才能过这种生活。努斯是神性的东西。

8. 道德德性的实现活动只是第二好的。因为道德德性是属于人的。德性的实践需要许多外在的东西，沉思则不需要。所以完善的幸福是某种沉思。智慧的人是最幸福的。

9. 对德性只知道还不够，还必须努力去获得。德性以好品质为前提，而好品质需在好法律下养成。这种教育可由公共制度或个人来实施。但懂得立法学才能更好地进行教育。所以我们还必须懂得立法学。

附 录 二

亚里士多德生平简表

前 384 年 生于今希腊北部的斯塔吉拉(Stagira)。这个城市靠近马其顿宫廷所在地贝拉(Pella)。亚里士多德的父亲老尼各马可(Nicomachus)是马其顿宫廷的御医,母亲是来自优卑亚岛(Euboea)的侨民,在斯塔吉拉有房产。亚里士多德也许在马其顿宫廷中度过了童年。

前 367 年 旅行到雅典(Athens),就学于柏拉图的学园。

前 347 年 柏拉图去世后,也许是因为同马其顿宫廷的亲近关系,亚里士多德离开雅典。在一位做了阿索斯(Assos)的僭主的柏拉图主义者赫尔米亚斯(Hermias)的邀请下,亚里士多德到了阿索斯,并娶了赫尔米亚斯的妹妹(一说养女)庇西阿丝(Pythias)为妻。与色诺克拉底(Xenocrates)和较早回到小亚细亚的另两位柏拉图主义者埃拉斯都(Erastus)和克里斯库(Coriscus)共同发展了雅典学园的小亚细亚分部。《政治学》第七卷在此期间完成。开始对动物学的研究。

前 345 年 旅行到米蒂利尼(Mytilene),继续动物学研究。

前 342 年　在马其顿王腓力二世（Philip Ⅱ）的邀请下，旅行到贝拉，做亚历山大（Alexander）的教师。《欧台谟伦理学》可能在这个时期完成。

前 340 年　腓力南征希腊，亚历山大为父王摄政，亚里士多德回到故乡斯塔吉拉休居。

前 336 年　腓力遇刺，亚历山大继位。

前 335 年　亚历山大远征亚洲，安提帕特（Antipater）——亚里士多德的好友——为亚历山大摄政，兼管希腊军务。短居斯塔吉拉之后，亚里士多德回到雅典，在吕克昂（Lyceum）租借了一些健身房，建立了他自己的学园。

同年，庇西阿丝去世，留给亚里士多德一个女儿小庇西阿丝（Pythias，jr.）。此后，亚里士多德同一个奴隶海尔庇利丝（Herpyllis）共同生活，后者为他生育了一个儿子尼各马可（Nicomachus，the son）。《尼各马可伦理学》大约在这一时期完成。

前 323 年　在亚历山大猝亡后，亚里士多德被祭司欧吕麦冬（Eurymedon）控犯大不敬罪，理由是他为赫尔米亚斯写的一首颂诗亵渎神灵。亚里士多德因此决定在判决前离开雅典，以免使雅典人"第二次对哲学犯罪"。他迁居哈尔基斯，他母亲的故乡，那里有他母亲的一处房产。

前 322 年　由于长期消化不良和过度工作，逝世于哈尔基斯，享年 63 岁。

附 录 三

关于亚里士多德德性表

下面列出的德性表见于《欧台谟伦理学》第二卷(1220b37—a12)。

不及	德性	过度
麻木,ἀοργησία inrascibility, spiritlessness	温和,πραότης gentleness, good-temper	愠怒,ὀργιλότης irascibility, passionateness
怯懦,δειλία cowardice	勇敢,ἀνδρεία courage	鲁莽,θρασύτης rashness,andacity
惊恐,κατάπληξις shyness,bashfulness	羞耻,αἰδώς modesty,shame	无耻,ἀναισχυντία shamelessness
冷漠,ἀναισθησία insensibility	节制,σωφροσύνη temperance	放纵,ἀκολασία intemperance,profligacy
无名称, ἀνώνυμον	义愤,νέμεσις indignation	妒忌,φθόνος envy
失,ζημία loss	公正,δίκαιο justice	得,κέρδος gain
吝啬,ἀνελευθερία meanness,illiberality	慷慨,ἐλευθεριότης liberality	挥霍,ἀσωτία lavishness,prodigality
自贬,εἰρωνεία self-depreciation,irony	诚实,ἀλήθεια truthfulness,sincerity	自夸,ἀλαζονεία boastfulness

续表

不及	德性	过度
恨,ἀπέχθεια peevishness,surliness	友爱,φιλία friendliness	奉承,κολακεία complaisance
固执,αὐθαδεία stubbornness	骄傲,σεμνότης proper pride	谄媚,ἀρεσκεία servility
柔弱,τρύφερότης softness,luxuriousness	坚强,καρτερία endurance	操劳,κακοπάθεια suffering hardworking
谦卑,μικροψυχία humility,smallness	大度,μεγαλοψυχία magnificence	虚荣,χαυνότης vanity
小气,μικροπρέπεια niggardliness, snobbiness,shabbiness	大方,μεγαλοπρέπεια magnanimity,greatness	铺张,δαπανηρία vulgarity,tastelessness
单纯,εὐήθεια simplicity	明智,φρόνησις prudence	狡猾,πανουργία cunningness

我将这些德性条目及其过度与不及形式的希腊语词汇和主要的英语译名列在表内,以方便读者理解。从《尼各马可伦理学》的讨论中我们不难看出,亚里士多德在讲授《尼各马可伦理学》时使用着一份极其相似的德性表,甚至可能就是同一份德性表。相似的德性表还可以从《大伦理学》和《修辞学》中看到。在《修辞学》(1366b1—21)中,亚里士多德提出了一份非常简约的德性表,与每种道德德性相应的只有一种最与它相反的恶的品质,或者是过度,或者是不及:

德性	**相反者**
公正	不公正
勇敢	怯懦
节制	放纵

大方	小气
大度	谦卑
慷慨	吝啬
温和	[未提及]

《大伦理学》(1185b1—13,1190b9—1193a37)则提供了一份内容非常丰富的德性表,不仅明智、机智与智慧等等被明确地作为理智德性与道德德性相区分(尽管机智仍然与道德德性放在一道讨论),而且对每种德性都尽可能区分了它的过度与不及的形式:

不及	德性	过度
冷漠	节制	放纵
	公正	不公正
	勇敢(与自信和恐惧相关)	
呆板	机智	滑稽
麻木	温和	愠怒
吝啬	慷慨	挥霍
谦卑	大度	虚荣
小气	大方	铺张
幸灾乐祸	义愤	妒忌
自傲	骄傲	谄媚
羞怯	羞耻	无耻
恨	友爱	奉承
自贬	诚实	自夸

从上面的引述看,如果我们把《尼各马可伦理学》第五卷至第七卷看作与其他部分是属于一个整体的,《欧台谟伦理学》德性表、《大

伦理学》德性表与《尼各马可伦理学》德性表的相似性便是显而易见的。

不过缜密的研究表明,《尼各马可伦理学》德性表与《欧台谟伦理学》德性表仍然存在一些区别。乌兹(M. Woods)在所译《亚里士多德欧台谟伦理学》(克莱伦顿出版公司,1982 年)“评注”(第 115 页)中指出了两者的下述区别:

1. 在《尼各马可伦理学》中,亚里士多德在不爱荣誉与过度爱荣誉两种极端之间规定了一种适度品质,尽管没有确定其名称;

2. 在《尼各马可伦理学》中,骄傲与友爱两者未分,尽管奉承与谄媚是相互区分的;

3. 在《欧台谟伦理学》中明智被作为两种极端之间的适度品质,在《尼各马可伦理学》中明智不再像道德德性那样被表明是存在于哪两种极端之间的,取代明智的是机智,这与《大伦理学》的做法相同;

4. 在《尼各马可伦理学》中,坚强没有出现在第二卷第 7 章的道德德性导言中,而是出现在第七卷第 7 章。我认为还可以补充:

5. 在《尼各马可伦理学》中,与机智相应的两种极端品质是呆板和滑稽(这一点也与《大伦理学》的做法相同),而不是天真和狡猾(像《欧台谟伦理学》那样);

6. 在《尼各马可伦理学》中,羞怯与惊恐或恐惧作为在羞耻上的不及,未加以区分;

7. 在《尼各马可伦理学》中,义愤的不及形式被暂时地确定为幸灾乐祸这一名称;

8. 坚强的过度的形式,亚里士多德在第七卷中并未直接地命名，不过他在其他地方也间或提到了操劳，尽管并没有直接把它与坚强的过度形式联系起来。

依据这样的分析，我们可以把《尼各马可伦理学》实际使用的德性表复原如下：

不及	德性	过度
麻木	温和	愠怒
怯懦	勇敢	鲁莽
羞怯、惊恐、恐惧	羞耻	无耻
冷漠	节制	放纵
幸灾乐祸	义愤	妒忌
失	公正	得
吝啬	慷慨	挥霍
自贬	诚实	自夸
不爱荣誉	无名称	好名
恨	友爱、骄傲	奉承
		谄媚
柔弱	坚强	操劳
谦卑	大度	虚荣
小气	大方	铺张
呆板	机智	狡猾

像明智与坚强在《欧台谟伦理学》和机智在《大伦理学》中一样，在《尼各马可伦理学》中，机智与坚强是作为理智德性讨论的。不过这一点没有妨碍亚里士多德考虑它们各自的不及和过度形式。

或许，亚里士多德是认为，坚强与机智是同道德德性最相近的理智德性，所以还可以像道德德性那样地区分出与它们各自相应的两种极端。而明智（以及特别与它相近的品质：理解和体谅）与智慧则无法区分相应的极端，而且事实上对于它们总是拥有得越多越好。

这份德性表仍然采取了《欧台谟伦理学》德性表的顺序，以便于同该表加以比较。至于这三部伦理学著作在讨论德性条目的顺序上的异同，这里不做讨论，它超出了这个附录本身的目的。

附 录 四

《尼各马可伦理学》的现代校订、翻译、注释本书目

-1-

本书译文与注释所参照的现代中英文翻译、注释本包括(依书名汉语拼音顺序排列):

▲《尼各马可伦理学》第一卷第1、2章,第二卷第1、2、5、6章,第十卷第7章,北京大学外哲史教研室翻译,载北京大学外哲史教研室编译的《古希腊罗马哲学》,新1版,商务印书馆,1961年;

▲《尼各马可伦理学》第一、二、三、六卷,佳冰、韩裕文翻译,载周辅成编《西方伦理学名著选辑》(上卷),商务印书馆,1964年;

▲《尼各马可伦理学》,苗力田翻译,中国社会科学出版社,1990年;

▲《尼各马可伦理学注释》,斯图尔特注释,两卷本,克莱伦顿出版公司,1892年[*Notes on the Nicomachean Ethics of Aristotle* by J. A. Stewart, in two volums, Oxford, Clarendon, 1892];

▲《亚里士多德伦理学》,伯尼特校订并注释,麦修恩公司,

1899 年[*The Ethics of Aristotle*, *ed*. with notes by J. Bumet, London, Methuen&Co., 1899];

▲《亚里士多德伦理学》，格兰特撰文、校订并注释，两卷本，朗曼斯与格林出版公司，1885 年[*The Ethics of Aristotle*, illustrated with essays and notes by Sir A. Grant, in two volumes, London, Longmans, 1885];

▲《亚里士多德伦理学》，汤姆森翻译，特里登尼克修订、注释并编制附录，巴恩斯撰写"导言"并编制书目，企鹅书屋，1976 年[*The Ethics of Aristotle*: *The Nicomachean Ethics*, trans. by J. A. K. Thomson, rev. with notes and appendices by H. Tredennick, introduction and bibliography by J. Barnes, London, Penguin Books, 1976];

▲《亚里士多德尼各马可伦理学》，爱尔温翻译并注释，第 2 版，哈奇特出版公司，1999 年[*Aristotle*: *Nicomachean Ethics*, trans. with notes by T. Irwin, 2nd ed., Indianapolis, Hachett Publishing Co., Inc., 1999];

▲《亚里士多德尼各马可伦理学》，奥斯特沃特翻译、注释并撰写"导言"，鲍伯斯-梅瑞尔公司，1962 年[*Aristotle*: *Nicomachean Ethics*, trans. with introduction and notes by M. Ostwald, Indianapolis, Bobbs-Merrill Co., 1962];

▲《亚里士多德尼各马可伦理学》，拜沃特校订，克莱伦顿出版公司，1847 年[*Aristotelis*: *Ethica Nicomachea*, adnotatione I. Bywater, Oxonii, E Typographeo Clarendoniano, 1847];

▲《亚里士多德尼各马可伦理学》，彼得斯翻译并注释，第 5

版，基根·保罗出版公司，1893 年[*The Nicomachean Ethics of Aristotle*, trans. by F. H. Peters, 5th ed., London, Kegan Paul, 1893]；

▲《亚里士多德尼各马可伦理学》，克里斯普翻译，剑桥大学出版社，2000 年[*Aristotle: Nicomachean Ethics*, trans. and ed. by R. Crisp, Cambridge, Cambridge University Press, 2000]；

▲《亚里士多德尼各马可伦理学》，莱克汉姆校订、翻译并注释，威廉·海恩曼公司，1926 年[*Aristotle: The Nicomachean Ethics*, trans. by H. Rackham, London, William Heinemans, 1926]；

▲《亚里士多德尼各马可伦理学》，罗斯翻译并撰写“导言”，阿克瑞尔、厄姆森修订，牛津大学出版社，平装本，1980 年[*Aristotle: The Nicomachean Ethics*, trans. with an introduction by D. Ross, rev. by J. L. Ackrill and J. O. Urmson, paperback ed., Oxford, Oxford University Press, 1980]；

▲《亚里士多德尼各马可伦理学》，韦尔登翻译并注释，麦克米兰公司，1902 年[*The Nicomachean Ethics of Aristotle*, trans. with notes by J. E. C. Welldon, London, Macmillan, 1902]；

▲《亚里士多德〈尼各马可伦理学〉第五卷》，杰克森翻译并注释，1879 年版重印本，阿尔诺出版公司，1973 年[*The Fifth Book of the Nicomachean Ethics of Aristotle*, trans. by H. Jackson, Reprint of the 1879 edition, New York, Arno Press., 1973]；

▲《亚里士多德〈尼各马可伦理学〉第六卷》，格林伍德翻译并注释，1909 年版重印本，阿尔诺出版公司，1973 年[*Aristotle Nicomachean Ethics, Book Six*, with essays, notes, and translation by L. H. G. Greenwood, Reprint of the 1909 edition, New York, Arno Press. ,1973]。

希腊语本文主要参照上述格兰特校本、莱克汉姆(娄布希腊文本)校本,间或对照拜沃特校本。

-2-

关于《尼各马可伦理学》主要现代校订本同其手稿之现存古抄本[①]关系,我们可以从莱克汉姆校译的《亚里士多德尼各马可伦理

① 亚里士多德著作各主要现存古抄本,根据贝克尔(I. Bekker)校勘的《亚里士多德全集》(1831 年版)影印本(格鲁伊特公司,1970 年)编者的整理,(该书"重印者序"),可依四个系列列如下表(下述抄本的名称后面皆略去了"抄本"二字):

A 乌尔屏 35	Aa 马季安 208	Ab 劳伦丁 87—12	a 梵蒂冈 251
B 马季安 201	Ba 梵蒂冈帕拉亭 162	Bb 劳伦丁 87—18	b 巴黎 1859
c 考斯林 330	Ca 劳伦丁 87—4	cb 劳伦丁 87—26	c 巴黎 1861
D 考斯林 170	Da 梵蒂冈 262	Db 安布罗斯 F—113	d 劳伦丁 250
E 巴黎皇家 1853	Ea 梵蒂冈 506	Eb 马季安 211	e 梵蒂冈 1025
F 劳伦丁 87—7	Fa 马季安 207	Fb 巴黎 1876	f 马季安 206
G 劳伦丁 87—6	Ga 马季安 212	Gb 巴黎 1896	g 奥托鲍尼 152
H 梵蒂冈 1027	Ha 马季安 214	Hb 巴黎 1901	h 巴罗奇 79
I 梵蒂冈 241	Ia 劳伦丁 57—33	Ib 考斯林 161	i 巴黎 2032
K 劳伦丁 87—24	Ka 马季安附件 4—58	kb 劳伦丁 81—11	k 梵蒂冈 499
L 梵蒂冈 253	La 马季安 263	Lb 巴黎 1854	l 巴黎 1860
M 乌尔屏 37	Ma 考斯林 173	Mb 马季安 213	m 巴黎 1921
N 梵蒂冈 258	Na 马季安 215	Nb 马季安附件 4—53	n 乌尔屏 39
0 梵蒂冈 316	Oa 马季安 216	Ob 理查德抄本	o 考斯林 166
P 梵蒂冈 1339	Pa 巴黎 2069	Pb 梵蒂冈 1342	p 考斯林 323
Q 马季安 200	Qa 乌尔屏 38	Qb 劳伦丁 81—5	q 乌尔屏 76
R 巴黎 1102	Ra 梵蒂冈 1302	Rb 劳伦丁 81—6	r 乌尔屏 50
s 劳伦丁 81—1	Sa 劳伦丁 60—19	sb 劳伦丁 81—21	s 帕拉亭 164

(接下页注文)

学》“导言”、贝克尔（I. Bekker）校勘的《亚里士多德全集》（*Aristotelis Opera*）（1831 年版）影印本（格鲁伊特公司，1970 年）

（续前页注文）

T 梵蒂冈 256	Ta 劳伦丁 86—3	Tb 乌尔屏 46	t 帕拉亭 295
U 梵蒂冈 260	Ua 奥托鲍尼 45	Ub 马季安附件 4—3	u 克里斯蒂安皇家 124
V 梵蒂冈 266	Va 乌尔屏 108	Vb 帕拉事 160	v 劳伦丁 87—20
W 梵蒂冈 1026	Wa 乌尔屏 44	Wb 克里斯蒂安皇家 125	w 劳伦丁 87—15
X 安布罗斯 H—50	Xa 梵蒂冈 1283	Xb 梵蒂冈 342	x 马季安 259
Y 梵蒂冈 261	Ya 巴黎 2036	Yb 梵蒂冈 1340	y
Z 牛津基督学院 WA—7	Za 劳伦丁 87—21	Zb 帕拉亭 23	z 巴黎 2277

上述抄本中，Lb 巴黎抄本（Parisiensis）第 1854 号，据吴寿彭翻译的《政治学》“附录四”注为莱比锡抄本[Lipsiensis]保罗堂藏本[Bibliothecae Paulinae]第 1335 号，但据贝克尔本影印本编者，莱比锡 1335 的系列代号是 Ls 而不是 Lb。除上述四个系列外，据贝克尔校本影印本编者，亚里士多德著作还有更多的系列，这些系列可以从 Ac……Zc，Ad……Zd，一直排列至 As……Zs。这些抄本的失真程度大约更高些，所以很少会被引为根据。不过，这些其他系列的抄本中，有些也被校订者们参考，例如

Ac 巴黎抄本 1741；
Bc 乌尔屏抄本 47；
Cc 坎塔布里抄本；
Dc 梵蒂冈帕拉亭抄本 165；
O1 牛津一号抄本 112；
O2 牛津二号抄本；
O3 牛津三号抄本；
P1 巴黎一号抄本 2023；
P2 巴黎二号考斯林抄本 161；
P3 巴黎三号抄本 2026；
P4 巴黎四号抄本 2025；
P5 巴黎五号抄本 1858；
P6 巴黎六号抄本 1857，等等。

据吴寿彭，则还有

C4 劳伦丁加斯底里昂抄本 4；
H 汉密尔顿抄本，和
Harl. 哈罗抄本。

的"重印者序"和"贝克尔之后的校订、翻译本概述"，以及吴寿彭翻译的《政治学》"附录四"（第513—515页）中看到下述的联系：

▲ 贝克尔校订本（1831）所依的古抄本为

Kb，劳伦丁抄本（Laurentianus）第81—11号；

Lb，巴黎抄本（Parisiensis）第1854号；

Mb，马季安抄本（Marcianus）第213号；

Ob，理查德抄本（Riccardianus）；

Ha，马季安抄本第214号；

Nb，马季安抄本附件第4—53号。

但是贝克尔看重的是前四个抄本并常常忽略Ha和Nb。

▲ 格兰特校本（1857）所依者同贝克尔，并且比贝克尔更加忽略后两个抄本。

▲ 莱姆索尔校本（1878）以贝克尔校本为基础。

▲ 杰克森编辑的《亚里士多德〈尼各马可伦理学〉第五卷》也以贝克尔校本为基础。

▲ 苏斯密尔校本（1880）所依抄本除上述六抄本外，还包括

Q，马季安抄本第200号；

Pb，梵蒂冈抄本（Vaticanus）第1342号；

O1，牛津一号抄本（Oxoniensis），基督学院（Corpus Christi College）第112号；

O2，牛津二号抄本，所存处不详；

O3，牛津三号抄本，所存处不详；

P1，巴黎一号抄本（Parisiensis），法国藏书楼（Bibliothèque Nationale）藏书第2023号；

P2,巴黎二号抄本,同上,考斯林藏本(Ms Coisliniani)第161号;

Paris 1417,巴黎抄本,法国藏书楼第1417号。

▲ 拜沃特校本(1894)所依者同贝克尔。

▲ 伯尼特校本(1900)兼取苏斯密尔校本和拜沃特校本。

▲ 苏斯密尔校本阿佩尔特(O. Apelt)修订本,在苏斯密尔校本基础上作了一些修正。

▲ 莱克汉姆校本(1926)以贝克尔校本为基础,兼取苏斯密尔校本、拜沃特校本和阿佩尔特修订本。

▲ 德尔梅尔(F. Dirlmeier)(1958)校本亦兼取苏斯密尔校本和拜沃特校本。

-3-

《尼各马可伦理学》目前可见到的其他校本还有(依年代排列):

▲ 布鲁尔(J. S. Brewer)校本,1836年;

▲ 杰尔特(W. E. Jelt)校本,1856年;

▲ 罗杰斯(J. E. T. Rogers)校本,1865年;

▲ 摩尔(E. Moore)校本,1871年。

《尼各马可伦理学》目前可见到的其他主要现代语翻译、注释本还有以下几种(依首版年代排列):

▲ 帕吉特(E. Pargiter)翻译的《尼各马可伦理学》[*Of Morals to Nicomachus*],1745年;

▲ 吉利斯(J. Gillies)翻译的《〈伦理学〉与〈政治学〉》[*Ethica & Politica*]1797年,1804年,1813年;吉利斯翻译《亚里士多德伦

理学》[*Aristotle's Ethics*]单行本，拉伯克百书文库版，路特里奇父子公司，1893 年；

▲ 泰勒(T. Taylor)翻译的《尼各马可伦理学》[*Nicomachean Ethics*]《亚里士多德全集》版(9 卷本)，1812 年；《〈伦理学〉、〈修辞学〉、〈诗学〉》[*Ethica, Rhetorica & Poetica*]单行本，1818 年；《尼各马可伦理学》[*Nicomachean Ethics*]单行本，1819 年；

▲ 柴斯(D. P. Chase)翻译的《尼各马可伦理学》[*Nicomachean Ethics*]，达顿公司，1847 年；修订版，1861 年；刘易斯(G. H. Lewes)撰写导言的卡姆劳特古典丛书版，1890 年；米切尔(J. M. Mitchell)重编的新世界文库版，1906 年，1910 年；史密斯(J. A. Smith)撰写导言重印版，1934 年；

▲ 高尔克(P. Gohlke)编辑、翻译并注释的《亚里士多德尼各马可伦理学》[*Aristoteles：Nikomachische Ethik*]，《亚里士多德学术著作》[*Aristoteles：Dielehrschrieften*]版，费迪南德·薛宁出版公司，1847 年；重印版，1956 年；

▲ 布朗恩(R. M. Brown)翻译、注释并撰写导言的《亚里士多德尼各马可伦理学》[*The Nicomachean Ethics of Aristotle*]，博恩古典文库版，1848 年，1853 年；

▲ 威廉姆斯(R. Williams)翻译的《亚里士多德尼各马可伦理学》[*The Nicomachean Ethics of Aristotle*]1869 年，1876 年；

▲ 柯克曼(J. H. Kirchmann)翻译、编辑的《亚里士多德尼各马可伦理学》[*Aristoteles：Nikomachische Ethik*]，梅那公司，1876 年；

▲ 哈奇(W. M. Hatch)等翻译、哈奇编辑的《亚里士多德尼各

马可伦理学》[*The Nicomachean Ethics of Aristotle*]1879 年；

▲ 罗尔非斯(E. Rolfes)翻译、撰写导言并注释的《亚里士多德尼各马可伦理学》[*Aristoteles: Nikomachische Ethik*]，第 2 版[以柯克曼译本为第 1 版]，梅那公司，1921；比恩(G. Bien)编辑，第 4 版，1985 年；

▲ 向达翻译的《亚里士多德伦理学》，上海商务印书馆，1933 年；

▲ 周奇姆(H. H. Joachim)注释、评论的《亚里士多德尼各马可伦理学》[*Aristotle: The Nicomachean Ethics*]，里斯(D. A. Rees)编辑，克莱伦顿出版公司，1955 年；

▲ 特里科特(J. Tricot)翻译、撰写导言并注释的《亚里士多德尼各马可伦理学》[*Aristoteles: Ethique a Nicomaque*]，福尔林哲学文库版，1959 年；

▲ 阿珀斯托(H. G. Apostle)翻译、评论的《亚里士多德尼各马可伦理学》[*Aristotle: The Nicomachean Ethics*]，雷德尔出版公司，1980 年；

▲ 戈蒂埃(R. Gauthier)、约里夫(J. Jolif)注释的《亚里士多德尼各马可伦理学》[*Aristote: L'Ethique à Nicomaque*]，第 2 版(第 1 版年代不详)，4 卷本，卢汶大学出版社，1970 年；

▲ 德尔梅尔(F. Dirlmeier)翻译的《亚里士多德尼各马可伦理学》[*Aristoteles: Nikomachische Ethik*]，《亚里士多德著作全集》第 6 卷，学术出版社，1958 年，1960 年。

名称索引

（依汉语拼音排列）

B

C

D

E

F

G

H

P

Q

S

Z

术语索引

（依汉语拼音排列）

A

B

H

J

M

Q

R

T

Y

Z

后　　记

在将重新排版并校订的《尼各马可伦理学》译注本付梓时，我首先感谢责任编辑徐奕春先生为这本书的改版所付出的辛苦工作。2003年交付出版的《尼各马可伦理学》译注本是我自己排的版，我这个缺少专业常识的门外汉当然造成了许多不规范的处理。为避免因为需要纠正这些而不得不重新编写索引和注释中的相关的参照等等，奕春当时迁就了我的那个蹩脚版本。但是这次，由于要纳入商务印书馆的"珍藏版"，这本书不得不改版。这等于说，奕春因而要重新做一次标记，更不需说因排版而发生的大量错字、漏字方面的问题了。这的确耗费了他大量的时间和精力。我猜想他所负责的其他收入"珍藏版"的书籍一定不会花费这样大的气力。

同时，我还要感谢我的学生陈玮、仇彦斌、刘静、吴民对校订这个版本的排版校样方面的帮助。这四位同学都是我们共同组成的一个《尼各马可伦理学》"娄布"希腊语本研读小组的成员。我们每周做一次研读，有时是几行，有时是半页到一页。这个活动到现在已经坚持了两年多，在这个自学性质的小组里，没有老师、没有学生，大家都是同学。我必须说，由于他们和研读小组的其他同学都认真地做阅读前的准备，事实上我从他们那里获益要更多、更大。

感谢陈玮同学帮助校订了全部注释和附录的文字和希腊语词和短语。这几乎是这次改版所带来的最大困难的工作。由于她的出色的工作，校读的工作对于我轻松了许多。感谢仇彦斌、刘静、吴民三位同学帮助根据新版面的面码重新编订“术语索引”和“名称索引”。这是非常繁琐的工作，因为所有的页码都需要核对校样文本来订正。正是由于这四位同学的帮助，改版的《尼各马可伦理学》才得以在商务印书馆确定的时间之内，与读者见面。

不过此时，对于这本书的读者，我仍然有一种歉疚。由于时间与精力上的困难，我没有能够利用这次改版的机会全面修订这个译注本的文本。我仅仅是在我自己注意到需要修改的地方做了一些必要修改。假如我能够做全面一些修订，对这本书的读者将有更大的益处。

廖申白

2009年端午节于北京师范大学

图书在版编目(CIP)数据

尼各马可伦理学/(古希腊)亚里士多德著;廖申白译注.
—北京:商务印书馆,2024
(中外哲学典籍大全.外国哲学典籍卷)
ISBN 978-7-100-22953-1

Ⅰ.①尼… Ⅱ.①亚… ②廖… Ⅲ.①亚里士多德(Aristotle 前 384-前 322)—伦理学—研究 Ⅳ.①B502.233 ②B82-091.984

中国国家版本馆 CIP 数据核字(2023)第 170242 号

中外哲学典籍大全・外国哲学典籍卷
尼各马可伦理学
〔古希腊〕亚里士多德 著
廖申白 译注

商 务 印 书 馆 出 版
(北京王府井大街 36 号 邮政编码 100710)
商 务 印 书 馆 发 行
北 京 通 州 皇 家 印 刷 厂 印 刷
ISBN 978-7-100-22953-1

2024 年 3 月第 1 版　　开本 710×1000 1/16
2024 年 3 月北京第 1 次印刷　　印张 30¼
定价:135.00 元